CEO
시진핑

시진핑의 국가경영 리

시진핑의 국가경영 리더십

CEO 시진핑

케리 브라운 지음 ｜ 도지영 옮김

시그마북스
Sigma Books

CEO 시진핑
시진핑의 국가경영 리더십

발행일 2017년 11월 6일 초판 1쇄 발행
지은이 케리 브라운
옮긴이 도지영
발행인 강학경
발행처 시그마북스
마케팅 정제용, 한이슬
에디터 권경자, 김경림, 장민정, 신미순, 최윤정, 강지은
디자인 최희민, 조은영

등록번호 제10-965호
주소 서울특별시 영등포구 양평로 22길 21 선유도코오롱디지털타워 A404호
전자우편 sigma@spress.co.kr
홈페이지 http://www.sigmabooks.co.kr
전화 (02) 2062-5288~9
팩시밀리 (02) 323-4197
ISBN 978 - 89 - 8445 - 921 - 2 (03340)

CEO, China: The rise of Xi Jinping

이 도서의 국립중앙도서관 출판예정도서목록(CIP)은 서지정보유통지원시스템 홈페이지(http://seoji.nl.go.kr)와 국가자료공동목록시스템(http://www.nl.go.kr/kolisnet)에서 이용하실 수 있습니다.
(CIP제어번호: CIP2017025223)

* 시그마북스는 (주)시그마프레스의 자매회사로 일반 단행본 전문 출판사입니다.

증자가 말씀하셨다.

"나는 하루에 세 가지씩 나 자신을 돌이켜본다. 남을 위해 충을 다하였는가?

친구와 사귐에 있어 신의를 지켰는가? 배운 것을 남에게 전했는가?"

• 『논어』 학이편 4장

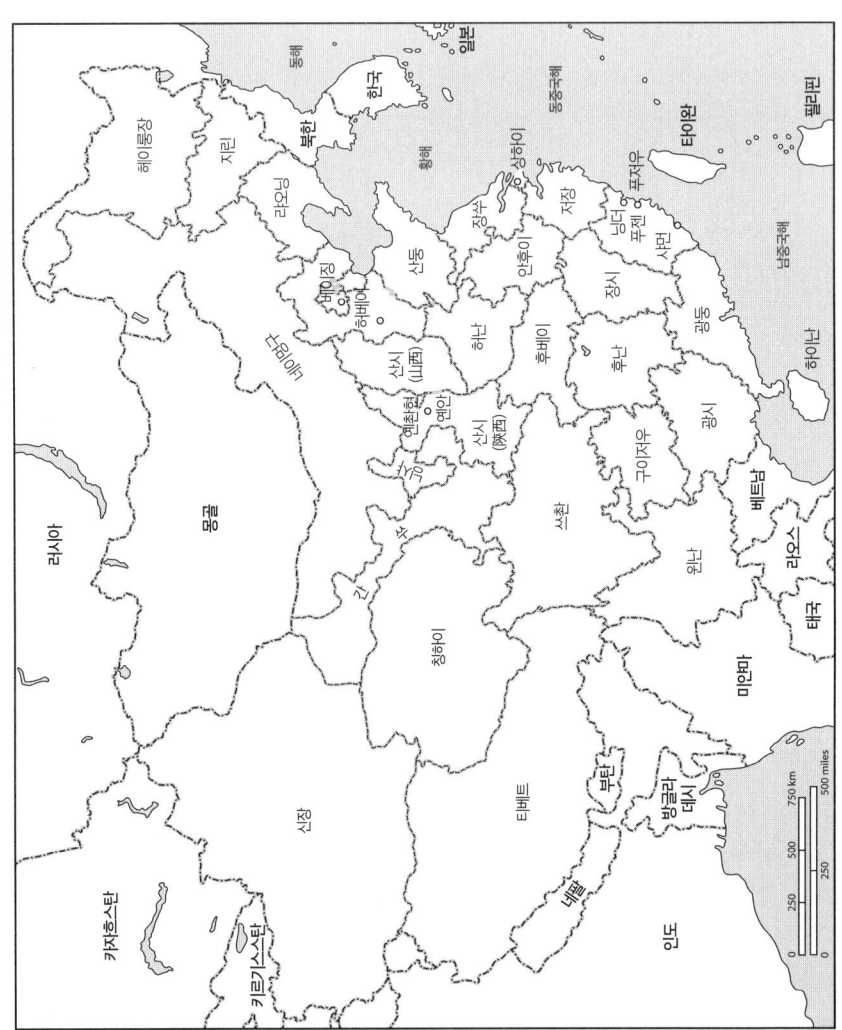

|차 례|

2010년대의 중국 정치에 대한 글을 쓰려는 사람에게는 누구나 직업병이 있다. 우리는 개방성과 정보의 시대를 살아가고 있지만 중국 정치 시스템의 내부 작동 방식, 그리고 특히 중국 정치 지도자들의 삶과 사고방식은 그 모습을 알 수 없는 불투명한 영역으로 남아 있다. 그렇기 때문에 이에 관한 글을 쓰려는 사람은 두 가지 서로 다른 종류의 비판을 받게 된다. 한쪽은 보통 중국 내에서 받는 비판으로 '외부인은 중국의 내부 정치를 진정으로 이해하지 못한다'는 것이다. 이들은 '중국이 어떻게 작동하는지 당신은 알지 못한다'는 음울한 표현을 한다.

이 말의 속뜻은 중국의 시스템은 극도로 복잡하고, 그 시스템의 깊숙한 안쪽에 자리 잡은 내부자들만 진정한 의미를 이해할 수 있는 여러 비밀들을 성공적으로 지켜왔다는 것이다. 물론 이들은 자기들이 알고 있는 내용을 절대 말하지 않는다. 또한 해외에도 중국의 '알 수 없는' 이미지를 이용한 기득권을 가진 사람들이 많이 있다. 이들은 수년간 중국을 관찰하고 주의 깊게 '명부'를 조사하는 일만이 중국을 이해할 수 있는 정당한 경로라고 생각한다. 뚜렷한 예가 될지 모르지만, 예전에 내가 함께 일했던 어느 외교관은 엘리트 중국 정치에 대해 직업적인 흥미를 갖고 있었는데, 그것은 죽은 나방 수집에 대한 흥미나 같은 것이었다. 옳은 정보를 많이 얻었지만 그 사람이 말하는 중국과 중국인은 마치 박물관에 전시된 박제 같은 느낌이었다.

다른 한쪽에는 중국에 대해 안타까운 마음을 가지고 중국 정치 내부를 중국 입장에만 치우쳐 이해하려 드는 사람들에 대해 중국 옹호자라거나 '아예 중국 사람이 다 되어' 도덕적인 정치 시스템을 외부에 선전하는 짓을 한다는 비난이 존재한다. (미국인) 작가 로버트 로렌스 쿤의 저작들이 가장 대표적으로 이런 평가를 받는다. 이전에 그가 집필했던 장쩌민 전기는 당시 중국 주석을 직접 만나 이야기한 내용을 바탕으로 한 매우 보기 드문 책이었다. 그리고 2011년 새 지도부에 대한 후속 서적을 쓸 때에도 이와 비슷하게 최고위급 지도부를 만나는 혜택을 누렸다. 하지만 로버트 로렌스 쿤의 책은 지나치게 중국을 배려하고 아양을 떨며 시진핑 같은 지도자를 무비판적으로 표현했다는 비난을 받아왔다.[1] 이러한 당파주의적 비난은 중국 정치에 대해 로버트 로렌스 쿤보다 훨씬 중립적인 어조를 사용한 사람들도 흔히 받는 조롱이다.

중국에서 권력이란 어떤 의미를 가지는지, 권력을 어떻게 행사하는지, 중국의 엘리트 지도자들이 그런 행동을 하는 이유는 무엇인지 거의 25년이 넘는 시간 동안 이해하려 애쓴 결과, 내가 깨달은 바는 혼합 접근법으로 내용을 파악하는 것, 즉 다양한 분야에서 방법론과 통찰력을 얻어 그것을 중국에서 관찰되는 모습들에 연결해 보는 방법이 가장 효과적이라는 점이다. 또한 다른 나라의 정치 관습과 행동 방식을 다루는 것과 같은 식으로 중국의 정치 행태를 바라보는 것도 좋은 방법이다. 영국이나 미국의 정치 체제나 이에 속한 정치인들의 행동 방식에는 특이한 점들이 존재한다.

하지만 대체적으로 말해서 사람들은 어디에 있든 매우 비슷한 이유에서 권력을 손에 넣으려는 의욕을 보이고 그것을 얻기 위해 노력한다. 사람은 모두 같은 종족이며, 그렇기 때문에 별로 놀라울 것도 없는 이야기이다. 다만 중요한 것은 특정 체제의 고유성과 일반성 사이의 비율을 잘 유지하는 일이다. 어느 한쪽을 지나치게 강조하거나 다른 한쪽을 지나치게 경시하는 것은 둘다 잘못된 방법이다.

이 책의 주제인 시진핑은 현재 중국을 이끄는 지도자이다. 그가 주석 자리에 오른 과정에 대해서는 거의 알려진 바가 없다. 주석 선출 과정을 지켜본 거의 모든 관찰자와 전문가들은 처음에 시진핑이 2012년 11월 중국공산당 총서기 자리에 올랐을 때, 실제 그의 영향력과 힘은 보기보다 약할 것으로 예상했다. 취임 이래 시진핑은 스스로 여러 조직의 직책과 지도자 자리를 맡았다. 적어도 서류상으로 최근 몇십 년간 시진핑처럼 강력한 권력을 가진 지도자는 없었다.

하지만 이 책을 통해 내가 주장하는 바는 다른 어떤 나라보다 중국의 권력은 이해하기 까다롭다는 점이다. 그래서 중국의 권력을 이해할 수 있는 틀, 특히 표면상 정치 시스템의 정점에 있는 시진핑 같은 인물이 행사하는 권력의 종류를 바라보는 틀을 올바르게 선택하는 일이 매우 중요하다. 중국의 정치에는 역사적, 문화적, 사회적, 지성적 맥락이 있으며, 여기에서 중국 정치의 특수성이 나온다. 그리고 앞으로 살펴볼 내용처럼 현대 중국의 권력은 여기에 남다른 특성과 자질을 부여하는 온갖 종류의 한계와 의견 표명으로 인해 제한을 받는다.

그렇다면 문제는 권력의 각 요소를 해석하는 방법과 각 요소가 지닌 중요성의 정도이다. 공산당 조직을 지나치게 강조하면서, 이념적, 감정적 기반을 들여다보지 않으면 중국의 정치 시스템은 어떤 조직인지 그리고 시진핑 같은 사람은 어떻게 이 시스템을 이끌어 나가는지에 관한 중요한 사실을 놓치게 된다. 다른 나라의 정치와 마찬가지로 중국의 정치도 매우 역동적이다. 그 역동성의 눈에 보이는 징후를 알아보는 것은 어렵지 않다. 그렇다면 중국 정치의 역동성을 확인할 방법은 무엇인지, 그리고 중국 정치에서 나타나는 보편성과 특수성 사이에서 균형을 잡는 방법이 궁금해진다. 답을 찾는 과정에 관찰의 경험과 상상력이 어느 정도 도움이 된다. 이를 위해 책 전체에 걸쳐 여러 차례 본론에서 벗어나는 이야기를 하게 될 것이다. 그만큼 이 질문의 답을 찾는 과정은 정확한 과학이 아니다. 하지만 그렇다고 해서 현대판 연금술인 것도 아니다.

중국의 정치는 보통 멀리 떨어진 곳에 존재하는 신비스러운 영역, 전문가들에게 맡겨두는 것이 제일 좋은 분야로 간주된다. 이 책은 그런 생각을 바꾸고, 가능한 한 많은 사람들이 중국의 정치 생활에 대해 생각해 보고 관심을 두도록 만들려는 시도이다. 그러다 보니 때로 상당히 개인적인 어조가 들어 있다. 뛰어난 중국학자였던 피에르 릭만스(필명은 사이먼 레이스였다)가 썼던 내용처럼 '우리는 배운 내용을 바탕으로 변화할 위험을 받아들이지 않고서는 어떠한 외국의 가치도 배울 수 없다.'[2]

그런 의미에서 세계 경제와 정치 무대에 재등장한 중국은 이미 우리를 변화시키고 있다. '그들은 공산주의고 우리는 민주주의다. 그들은 나쁘고 우리는 선하다!'는 식의 이분법적 사고는 과거에는 그걸로 충분했지만 이제 더 이상 '그들'과 '우리'의 경계는 분명하지 않다. 마치 중국의 서북 지방 끝에 있는 만리장성의 흔적은 달에서는 물론이고 바로 옆에 서 있어도 쉽게 알아차릴 수 없는 것과 비슷하다.[3]

그래서 나는 이 책이 중국 정치 문화의 역동성, 그리고 특히 현재 중국이 경험하고 있는 정치 모습의 일부분이라도 보여줄 수 있기를 바란다. 앞으로 펼쳐질 각 장에서는 권력에 관해, 대체로 시진핑 그리고 그가 이끄는 정당인 중국공산당과 시진핑과의 관계를 통해 여러 방법으로 중국 정치에 대한 질문에 답하려 한다. 현대 중국의 권력은 어디에서 나오는가? 그리고 우리는 어떻게 그 원천을 찾아 설명할 수 있는가? 이는 중요한 문제이며 답을 구하는 데 시간을 들여야 하는 질문이다. 시진핑과 주변 인물들이 내리는 결정이 결코 우리와 멀리 떨어져 있는 것이 아니기 때문이다. 그들의 결정은 세계적인 결과를 낳으며, 우리가 어디에 살고 있건 우리 생활에도 영향을 준다.

중국공산당은 보통 매우 비밀스럽지만 외부 관찰자들이 그런 모습을 따라야 하는 것은 아니다. 우리는 중국 지도부가 무슨 일을 하는지, 그들이 이끄는 중국이라는 거대한 나라를 앞으로 어느 방향으로 데려갈지 최선을 다해 이해해야 한다. 이를 위해 시진핑, 그리고 그가 지닌 권력을 알아보려면 이를 단단히 둘러싸고 있는 문제인 공산당 그 자체를 설명할 가장 좋은 방법을 찾아야 한다.

중국공산당은 어떤 조직인가? 조직의 주요 지도자들을 부유하게 만들기 위해 존재하며 견실하게 돈을 버는 기계인가?(많은 비판가들이 주장하는 것처럼?) 아니면 놀라운 성공을 가져온 지난 60년간의 중국 역사상의 정치적 지혜 및 이념적 경험의 보고인가? 두 가지 내용에 모두 해당하지는 않는가? 이 책의 제목을 통해 나는 공산당을 어떤 의미에서 기업처럼 생각하고 있다는 점을 암시하려 했다. 하지만 이 기업은 중국 안팎에 존재하는 일반적인 기업보다 훨씬 더 복잡한 가치와 목표를 가졌으며, 국내총생산의 성장과 경제적 성공뿐 아니라 시진핑이 보여주는 것처럼 국민의 충성심과 희망, 두려움에 호소하는 국가 비전을 나타내려 한다. 한 기업이 직원들의 애사심을 키우고 이해관계자들을 고려하며 핵심 운영 목표를 나타내고 달성하려는 모습과 마찬가지이다. 어떤 의미에서 중국공산당은 현재 세계에서 가장 성공적이며 복잡한 기업이다. 그러나 이 기업의 최고경영자인 시진핑은 조직을 좀 더 종교적이거나 문화적인 모습으로 만들려 한다. 이 책에서는 목표를 달성하기 위한 시진핑의 방법을 알아보고 그의 성공 가능성을 가늠해 본다.

각 장은 『논어』의 구절을 인용하며 시작한다.[4] 이유는 간단하다. 뒤에서 설명하겠지만 마오쩌둥 시대와 달리 현대 중국의 지도자들은 (특히 시진핑의 경우)

2,500년 전 공자의 도덕적 가르침을 국민에게 호소할 가치가 있는 도덕적 기준으로 삼고 여기에서 통치의 정당성을 찾으려 하기 때문이다. 그래서 『논어』 구절은 독자들이 중국 당국과 권력의 역사적, 문화적 맥락에 대해 생각해 볼 수 있는 올바른 마음의 틀을 제시한다.

또한 독자들에게 현대 중국 지도자들의 목표가 얼마나 높은지에 대해서도 다시 한 번 상기시켜 준다. 21세기 중국공산당이 진정으로 고대 공자의 가르침, 정의, 조화, 올바른 권력이라는 이상에 따라 움직인다고 말할 수 있는지 최종 판단은 독자 여러분께 맡긴다.

| 주요 인물 |

겅뱌오^{Geng Biao} (1909-2000)

전 국방부장. 1980년대 시진핑은 겅뱌오의 비서로 일한 바 있음

류사오치^{Liu Shaoqi} (1898-1969)

1959~1968년 중국 주석. 마오쩌둥이 숙청하였으나 사후 복권됨

류샤오보^{Liu Xiaobo} (1955-)

중국의 인권 운동가이자 2010년 노벨평화상 수상자. 08헌장과 관련되어 투옥 중

류윈산^{Liu Yunshan} (1947-)

중국공산당 제18기 중앙정치국 상무위원회 위원. 중국 중앙정신문명건 설지도위원회 주임. 전 중앙선전부 부장

리펑^{Li Peng} (1928-)

1987~1998년 중국 총리. 톈안먼 항쟁에 대한 군사 개입을 옹호한 것으로 유명함

리위안차오 Li Yuanchao(1950-)

중국 부주석

린뱌오^{Lin Biao} (1907-1971)

1958년부터 1971년 사망 당시까지 중국공산당 부주석을 역임. 마오쩌둥 암살 혐의로 기소된 직후 의문의 비행기 사고로 사망

마오쩌둥^{Mao Zedong} (1893-1976)

혁명가, 시인, 정치가. 1949~1976년 중국 주석

보시라이^{Bo Xilai} (1949-)

전 충칭시 당 서기. 2013년 부패 혐의로 종신형을 선고받음

보이보^{Bo Yibo} (1908-2007)

보시라이의 아버지이자 중국공산당의 '8대 원로' 가운데 한 명

시중쉰^{Xi Zhongxun} (1913-2002)

시진핑의 아버지이자 중국공산당 '8대 원로' 가운데 한 명

왕치산Wang Qishan (1948 -)	제18기 중앙정치국 상무위원회 위원이자 중앙기율검사위원회 서기
왕후닝Wang Huning (1955 -)	2002~2012년 중국공산당 정책연구사무소 주임. 제18기 중앙정치국 중앙위원. 중국 최고의 외교 정책 사상가로 평가됨
우방궈Wu Bangguo (1941~)	2003~2013년 전국인민대표대회 상무위원장
원자바오Wen Jiabao (1942 -)	2003~2013년 중국 총리
위정성Yu Zhengsheng (1945 -)	2013년부터 중국 인민정치협상회의 주석. 제18기 중국공산당 중앙정치국 상무위원회 위원
장더장Zhang Dejiang (1946 -)	중국 국가안전위원회 부주석, 전국인민대표회의 상무위원장, 제18기 중국공산당 중앙정치국 상무위원회 위원
장쩌민Jiang Zemin (1926 -)	1989~2002년 중국공산당 총서기. 1993~2003년 중국 주석
장칭Jiang Qing (1914 - 1991)	마오쩌둥의 네 번째 부인이자 4인방의 주도자
저우융캉 Zhou Yongkang(1942 -)	전 중앙정법위 서기. 2007~2012년 중앙정치국 상무위원회 위원. 2015년 6월 부패와 권력 남용 혐의로 종신형 선고받음
주룽지Zhu Rongji (1928 -)	1998~2003년 중국 총리
천시Chen Xi (1953 -)	중국공산당 중앙조직부 부부장. 시진핑의 가까운 친구이자 멘토
천윈Chen Yun (1905 - 1995)	'8대 원로' 가운데 한 명이며 덩샤오핑의 경제 전략 개발에 공헌한 주요 인물
펑더화이Peng Dehuai (1898 - 1974)	1954~1959년 중국 국방부 부장. 마오쩌둥 리더십을 비판하다 숙청됨
후진타오Hu Jintao (1942 -)	2002~2012년 중국공산당 총서기. 2003~2013년 중국 주석
후야오방Hu Yaobang (1915 - 1989)	1982~1987년 중국공산당 총서기. 1989년 그의 죽음이 톈안먼 항쟁의 도화선이 됨

(1949년 이후 중국 역사상 주요 사건 포함)

- 1949   중화인민공화국 설립
- 1950-1953   한국전쟁. 중국은 북한의 편에서 참전
- 1953   베이징에서 시중쉰과 치신의 아들 시진핑 탄생
- 1956-1957   마오쩌둥의 백화운동. 이는 마오쩌둥을 비판하는 사람들을 대상으로 삼은 반우운동으로 변화
- 1958-1961   대약진운동. 중국의 산업화를 가속화하려는 목적으로 실시한 경제·사회 운동이었으나 대기근으로 이어짐
- 1960-1962   중-소 분쟁
- 1963   마오쩌둥을 비판하는 소설을 지원했다는 이유로 시중쉰 경질
- 1964   중국 첫 핵폭탄 실험
- 1966   문화혁명으로 시진핑 학업 중단. 아버지는 베이징에서 축출되어 육체노동자가 됨
- 1969-1975   시진핑은 중국 중부 지방의 농촌 지역인 산시성으로 보내져 '하방된 청소년' 시절을 보냄
- 1972   미국 닉슨 대통령의 역사적인 중국 방문. 미-중 관계 회복 신호
- 1974   시진핑 열 번의 실패 후 공산당 가입 성공
- 1975   시진핑 칭화대학 화학공정과의 학업을 위해 베이징으로 복귀
- 1976   마오쩌둥 사망. 4인방 체포
- 1978   시중쉰이 완전히 복권되어 광둥성 부서기로 임명됨. 덩샤오핑 '개혁 개방' 정책 시작

1979	시진핑 칭화대학 졸업 후 중앙군사위원회에서 국방부 부장 겅뱌오의 비서로 사회생활 시작. 중국-베트남 전쟁 발발
1982	시진핑 허베이성 정딩현에서 근무 시작. 처음에는 부서기, 후에 서기가 됨
1985	시진핑 미국 방문. 농업 사절단의 일원으로 아이오와주 여행. 푸젠성 샤먼으로 옮겨 부시장이 됨
1987	시진핑 펑리위안과 두 번째 결혼
1988	시진핑 푸젠성 닝더의 당 서기가 됨
1989	톈안먼 항쟁. 시중쉰 군사 개입을 반대하다 선전으로 이동. 사망할 때까지 선전에 머뭄
1990	시진핑 푸젠성 푸저우의 당 서기가 됨
1992	덩샤오핑 푸저우 지역을 포함하여 '남순강화' 행보에 나섬. 이를 통해 개혁에 다시 박차를 가함
1996	시진핑 푸젠성의 부성장으로 승진
1997	시진핑 공산당 중앙위원회 후보위원 선출 선거에서 151위를 기록하며 낙마. 아시아 금융위기 발생
2000	시진핑 푸젠성 성장이 됨
2001	중국 세계무역기구 가입
2002	시진핑 저장성 당 서기가 됨. 같은 해 아버지 시중쉰 사망. 장쩌민의 후임으로 후진타오가 중국 주석 및 공산당 총서기로 취임
2007	시진핑 상하이 당 서기로 취임. 중앙정치국 상무위원회 위원, 공산당 중앙당교 교장이 됨
2008	시진핑 베이징 올림픽 준비위원회 위원장으로 취임. 올림픽 시작 4개월 전, 티베트 자치구 라싸에서 폭동 발생. 쓰촨성 원촨 지방에 대지진이 발생해 8만 명이 사망하고 심각한 피해 발생. 글로벌 금융위기 발생
2009	중화인민공화국 창립 60주년이자 공산당 티베트 통치 50주년. 신장 자치구에서 시위 발생
2010	시진핑 중앙군사위원회 부주석으로 임명

- 2012   제18기 전국인민대표회의 석상에서 시진핑 공산당 중앙위원회 총서기 겸 중앙군사위원회 주석으로 임명

- 2013   시진핑 중국 주석으로 취임

- 2014   홍콩의 '우산혁명'과 타이완의 '해바라기운동' 발생. 보시라이 부패 혐의로 유죄 판결을 받고 종신형을 선고받음

- 2015   중국의 전 공안 황제 저우융캉 부패와 권력 남용 혐의로 종신형을 선고받음

| 서론 |

2007년에 나는 리버풀-상하이 파트너십이라는 조직의 운영을 일부 맡고 있었다. 어느 정도는 우연에 의해, 또 어느 정도는 계획적으로 리버풀과 상하이는 1990년대에 공식적으로 자매결연 도시가 되었다. 하지만 이 조합은 다소 이상하다고 보아야 한다. 상하이는 1990년 당시 최고지도자였던 덩샤오핑이 특별경제구역Special Economic Zone, SEZ으로 지정한 곳으로 인구가 1,300만 명이 넘었고, 한때 농장 및 황폐한 창고들이 들어서 있던 황푸강 이남의 광활한 푸둥 지역을 재개발하여 전 세계에서 가장 현대적인 스카이라인을 가진 도시였다. 초고층 빌딩들이 이미 지어지고 있었고, 이 가운데 상하이의 상징인 동방명주탑은 건너편 강변에 위치한 오래된 와이탄 지역의 건물들과 마주보게 되어 마치 와이탄 지역의 빌딩에 도전하려는 것처럼 보였다.

이에 반해 리버풀은 한때는 대영제국 제2의 도시로 빅토리아 시대에는 교역과 성공을 나타내는 도시였지만 1990년대에는 길었던 수십 년간의 불황에서 천천히 벗어나고 있는 중이었다. 1980년대는 특히 힘들었던 시기로 폭동과 도시의 쇠퇴를 겪었고, 이 때문에 시민들은 더 나은 주거 환경을 찾아 도심을 떠나는 경우가 많았다. 당시 리버풀이 가진 자산은 대체로 무형의 것들이었다. 리버풀은 머지비트Merseybeat(1960년대 초반에 생겨난 로큰롤 사운드로, 리버풀에 흐르는 머지강에서 이름을 가져왔다-역주)와 비틀즈가 탄생한 지역으로 많은 작가, 예술가, 사상가를 배출한 문화적인 활기가 넘치는 곳이었다. 2000년대 들어선 이후로 리버풀은 과거의 영화를 일부 회복했다. 넓은 지역을 성공적으로 재건해 냈고, 그중에는 특히 머지강가에 있는 세계적으로 유명한 삼미신Three Graces 빌딩도 있었다. 그렇지만 리버풀은 상하이와는 아주 다르게 보이는, 다른 느낌의 도시였다. 리버풀은 저녁이 되면 거리에 인적이 끊겼으며, 인구 증가 속도는 느렸고, 도시의 경제는 힘든 재조정기를 겪고 있었다.

리버풀과 상하이는 이렇게 상이한 도시였지만 단 하나, 두 도시를 단단하게 이어주는 연결 고리가 역사 속에 있었다. 19세기로 거슬러 올라가면 두 도시는 항구를 통해 서로 연결되어 있었던 것이다. 리버풀은 중국 청 왕조의 선원들이 배를 타고 도착해 자리를 잡은 유럽 내에서 가장 빨리 차이나타운이 형성된 도시라는 의미이다. 리버풀의 사회·경제적 역사에 중국인들이 등장하기 시작한 시기는 유럽의 다른 어느 도시보다 빨랐다. 성공회 교회 근처 몇 구역 안 되는 거리들에 자리 잡은 리버풀의 차이나타운은 2000년대 초반에 리버풀이 그랬던 것처럼 아담하고 눈에 잘 띄지 않으며 다소 허름했다. 하지만 이곳은 상하이와 리버풀이라는 서로 아주 다른 모습의 두 도시를 실제로 이어주는 긴 역사를 실제로 보여주는 장소였다.

리버풀 대표단의 일원으로 지구 반대편에 있는 자매 도시를 찾는 사람은 언제나 시야를 넓히게 되었다. 이전에 한 번도 중국에 가본 적이 없어 중국의 모습이 어떠할지 미리 마음의 준비를 하지 못한 경우 보통 할 말을 잊은 채 푸둥 지역의 야경을 바라보았다. 도시의 밤은 번쩍거렸고, 화물선과 여객선, 그리고 소형 선박들로 붐비는 물길을 따라 위치한 빌딩에서는 네온사인이 번쩍이며 중국어와 영어로 된 광고 문구들을 쏟아냈다. 상하이가 가진 에너지는 전염성이 높은 것으로 이름이 났다. 경제학자인 황야성 교수는 1990년대와 2000년대에 상하이를 방문했던 인도의 기업가들과 정치인들이 상하이에 매료되었다고 이야기했다. 그들은 상하이를 둘러본 뒤 인도를 상하이처럼 만들겠다는 열망을 가지게 되었다.[1] 황 교수는 자신의 책에 이러한 일화를 소개한 뒤에 상하이에 대해 다소 정신이 번쩍 들게 만드는 비판을 가했다. 불명예스럽게 퇴진한 첸량위가 과거 상하이 당 서기를 지냈던 2000년대 중반, 그가 자랑했던 상하이는 85퍼센트 이상 국가가 운영을 맡고 있었으며 멋진 초고층 빌딩들이 새로 지어진 땅은 농부들에게 헐값을 주고 수용한 토지가 대부분으로, 그 후 농민들은 도시 중심에서 밀려나 멀리 떨어진 곳에서 더욱 힘들고 고립된 삶을 살아야 했다. 이러한 상황은 거대한 분노를 불러일으켰다. 황 교수에 따르면 상하이는 여러 면에서 기념비적인 도시이다. 현대 중국의 기업가주의, 급진주의, 개방성을 나타내는 도시이기 때문이다. 하지만 동시에 무법천지이자 불법 행위를 상징하는 도시이기도 하다.

2007년 상하이는 정치 드라마로 인해 발칵 뒤집어졌다. 상하이 지역의 공산당을 이끄는 가장 강력한 당원이자 사실상 상하이시 정부 그 자체였던 첸량위가 부패 혐의로 기소되어 무너지고 만 것이다. 첸량위는 상하이 출신으로 영국 정부에서 지원하는 쉐브닝Chevening 장학생으로 선발되어 잠시 영국에서 교육을 받기도 했다. 당시 첸량위의 실각은 지난 10년간 권력의 뒤안길로 사라진 인물들 가운데 가장 고위직 인물에게 일어난 일이었다. 첸량위는 그저 단순한 지역 정치인이 아니라 중국공산당 중앙정치국 소속 위원이었다. 그는 중요하고 영향력 있는 인물이었으며 적극적으로 친親상하이 정책을 추진하여 도시의 위상을 높였고, 상하이에 점점 더 큰 자율성을 부여하려 애썼다. 아마 이 점이 그의 낙마를 불러온 진짜 이유였을 것이다. 하지만 표면적으로는 그가 시에서 운영하는 연기금에서 막대한 금액을 빼돌렸고 이를 친구 및 사업 동료에게 나누어주었다는 것이 이유였다. 연루된 사람들 가운데 한 명은 의혹이 제기되기 시작했을 때 자살을 했고, 다른 사람들은 구금되었다. 첸량위는 사건 직후 모습을 감추었다가 몇 달 후에 16년형을 선고받았다.

이 사건은 제17차 전국대표회의가 있은 지 불과 몇 달 뒤에 일어난 것이었다. 전국대표회의는 중국공산당의 주요한 행사에 속한다. 이즈음 베이징 중앙정부는 2010년대와 2020년대를 이끌어갈 새로운 지도부를 막 발표하려던 참이었다. 첸량위 사건으로 인한 극적인 혼란은 그렇지 않아도 긴장감이 고조되어 있던 시기에 한층 더 분위기를 심각하게 만들었다. 이유는 매우 간단하다. 중국에서는 지도부 교체가 편안하게 이루어진 적이 한 번도 없었기 때문이다. 지도부 교체에 대한 규칙은 거의 전무했고, 이에 대한 선례도 드물었다. 이전에 후임자를 인선하려는 시도는 늘 끝이 좋지 않았다. 마오쩌둥이 선택했던 린뱌오는 비행기 사고로 숨을 거두었고, 덩샤오핑이 처음으로 골랐던 후보인 후야오방은 덩사오핑이 정계를 완전히 은퇴하기도 전에 시위를 제대로 진압하지 못했다는 이유로 실각하고 말았다. 이후 덩샤오핑이 두 번째로 고른 후보자였던 자오쯔양은 1989년 톈안먼 항쟁 이후 오랫동안 가택연금을 당하는 처지에 놓이고 말았다. 2001~2002년에 걸쳐 진행된 후진타오의 취임은 그 이전까지의 상황에 비해서는 원만하게 이루어지기는 했지만 그는 자신이 주석 자리에 취임한 이후에도 여전히 강력한 영향력을 행사하고 있던 전임자 장쩌민의 요구에 끌려다녀야 했다. 그래서 소위 '5세대'라고 불리는 지도부에게 정치적 안정성은 아주 중요한 문제였다. 국가에 중요한 변화가 일어나기 불과 몇 달 전에 밖으로 드러나는 정치적인 싸움은 절대 환영받을 수 없었다.[2]

중국공산당의 회복 탄력성과 위기를 기회로 바꾸는 능력을 사람들은 자주 간과한다. 사실 때로 중국공산당이 최고의 능력을 발휘할 때는 악재가 생겨 그동안 공산당이 감추려던 내용을 밝혀야 할 때인 것 같다. 첸량위가 갑자기 실각하게 되면서 즉각적으로 생긴 문제는 앞으로 몇 달 동안 상하이를 운영할 임시 후임자를 찾는 일이었다. 결국 이 자리에 낙점된 인물은 당시 상하이 인근 저장성의 서기였다. 그는 저장성 서기에 취임하기 전에는 중국 남부의 여러 성을 돌며 대체로 지방에서 경력을 쌓은 사람이었다. 하지만 그에 대해서 중국 사람이라면 누구나 다 알고 있을 만한 사실이 하나 있었다. 바로 그가 중국에서 가장 인기 있고 화려한 가수 중 하나였던 펑리위안과 결혼했다는 점이다. 그 사람의 이름은 시진핑이었다.

시진핑은 2007년 가을 중국공산당 중앙정치국 상무위원회에서 지극히 중요한 자리를 맡을 만한 적합한 자리의 인물 가운데 하나로 거론되었지만 그의 이름이 알려지기 시작한 것은 그로부터 얼마 전일 뿐이었다. 1990년대의 시진핑은 중국공산당 중앙위원회의 일원으로 겨우 선출될 정도의 수준에 불과했으며, 지방의 여러 성에서 보여주었던 리더로서의 그의 능력도 그다지 눈에 띄지는 않았다. 2000년대 초반에 앞날이 촉망된다는 평가를 받았던 것은 오히려 리커창이나 리위안차오 같은 인물들이었다.[3] 2007년 런던에서 나와 이야기를 나누었던 어느 중국 언론인이 나에게 홍콩에서 출판된 시진핑의 전기를 건네주며 '이 사람을 주목하라'고 말해주었다. 하지만 나는 이 사람을 두고 왜 그렇게 호들갑인지 궁금할 뿐이었다.

시진핑이 상하이시의 서기로 재직하던 시절 가까이에서 그를 관찰할 기회가 한 번 있었다. 내가 리버풀 대표단에 속한 정재계의 리더들과 함께 상하이와 리버풀, 두 도시의 관계를 다시 활성화시키려는 생각으로 상하이를 방문했을 때는 시진핑이 상하이 서기로 취임한 지 몇 주 지나지 않았을 때였다. 으레 하는 로비활동을 통해 당시 상하이 시장이었던 한정이라는 인물과 회의를 잡을 수 있었다. 그러나 대부분의 사람들은 상하이의 실세는 공산당 서기라는 것, 하지만 그와 회의를 하는 것은 거의 불가능에 가깝다는 것을 잘 알고 있었다. 실무를 처리하는 기관인 상하이시 외무국 측에서는 상하이시 서기의 집무실에 우리의 방문 사실을 알리고 그에게 예방을 부탁하겠다고 말했지만 예의상 하는 말일 뿐이라는 것을 알고 있었기에 큰 기대는 하지 않았다. 우리는 상하이 시장을 만나는 것만으로 충분했다.

하지만 놀랍게도 방문 첫날 일정을 소화하고 있던 중에 시진핑 서기가 우리를 만나고 싶어 한다는 소식을 접하게 되었다. 이는 매우 드문 일이었기 때문에 우리를 응대하는 임무를 맡고 있던 상하이시의 하위 공무원은 소식을 듣고 놀란 표정을 감추지 못했다. 우리처럼 그다지 중요하지 않은 사람들에게 조만간 세상에서 가장 영향력 있는 인물이 될 것으로 예상되는 사람을 만날 수 있는 황금 기회가 찾아왔다는 사실이 놀라웠던 것이다. 2007년 중국공산당 전국대표대회 이전 시진핑의 미래에 대해 궁금한 점은 그가 5년 내에 1급 지도자가 될 것인가 아니면 2급 지도자가 될 것인가라는 것뿐이었다.

중국에서 고위 지도자를 만나는 일은 언제나 극적인 요소가 따라다니는 이벤트이다. 예전에 베이징에서 영국 정부의 외교관으로 근무하던 시절 나는 엘리트 고위 지도자를 만날 때면(중국인들이 장소 선정이나 각종 연출에 극적인 요소들을 가미하며 어찌나 방문객들의 마음을 잘 사로잡는지) 언제나 인상 깊었다. 영국의 기업인, 정치인이나 학자 등이 중국을 방문하면 아무리 냉정하거나 현실적인 사람이라도 베이징의 교통 흐름을 뚫고 전조등을 깜빡이며 카퍼레이드를 하면서 정부 청사가 몰려 있는 베이징 중심부의 중난하이 입구나 톈안먼 광장이 한눈에 보이는 인민대회당의 대계단에 이르면 흥분으로 전율할 수밖에 없고, 이 과정에서 언제나 사람이 변한다. 최소한 반사적인 행동을 하게 되고 최악의 경우 히죽히죽 웃음을 감추지 못하고 아부성 태도를 취하게 된다. 이러한 전체적인 과정은 한 번의 예외 없이 방문객들에게 어떤 식으로든 영향을 미쳤다.

시진핑 서기를 만날 때도 마찬가지였다. 두 대의 검은 차량이 우리가 탄 차를 앞에서 호위했고, 나머지 한 대는 우리 뒤에서 따라왔다. 이 차량들은 우리 일행이 보통 이런 종류의 환영 연회가 열리곤 하는 정부 영빈관 근처에 도착할 때까지 신호용 전조등을 비추며 상하이의 좁은 길을 터주었다. 목적지 안으로 들어가는 여러 문을 하나씩 통과할 때는 하나의 영역에서 다른 영역으로 넘어가는 것 같았다. 상하이에서 일상적으로 볼 수 있는 번잡스러움과 부산한 광경은 완전히 사라져버렸다. 대신 그 자리에는 깔끔한 푸른 잔디와 외부 세계로부터 차단된 느낌, 그리고 으스스할 정도의 고요함만이 존재했다. 우리와 함께한 차량의 행렬은 가장 눈에 띄는 건물 앞에 멈춰 섰고, 일단 우리는 두꺼운 카펫이 깔려 있고 나무로 된 육중한 칸막이가 설치되어 있는 커다란 대기실로 안내를 받았다. 그러고 나서 약속 시간이 되자 직원들이 우리에게 대기실 가장자리 쪽으로 따라오라고 말했다. 거기에는 직원들이 줄지어 서 있었고 맨 앞에는 풍채가 좋은 한 남자가 있었다. 직원들은 대부분 남성이었고, 양복을 차려입고 있었다. 사절단으로 간 우리 일행 전원은 줄지어 서 있는 직원들과 악수를 하며 지나가야 했다. 시진핑 서기는 이런 인사 방식에 능숙했다. 악수를 할 때는 상대방의 손을 가볍게 당겨주었고, 이에 사람들은 그 자리에 오래 머무르지 않고 다음으로 넘어갔다. 그래서 빠르게 회의를 시작하고 끝마칠 수 있었다.

후에 중국의 지도자가 된 시진핑 서기가 당시 무슨 말을 했었는지 거의 아무것도 기억나지 않는다. 늘 그랬던 것처럼 그는 우리 사절단의 대표자를 마주하는 자리에 앉았다. 사절단 대표자는 리버풀의 정치인이었는데 그는 다소 애처롭게도 지방 의회와 마찬가지로 그 자리의 분위기를 이끄는 것이 제일 좋을 것이라고 생각했다. 그래서 그는 연설조의 목소리로 대화를 이어갔다. 그보다는 좀 더 일상적이고 친밀한 대화체가 더 좋았을 텐데 말이다. 반면 시진핑 서기는 주요 사항을 적은 서류를 가지고 있었고 그 내용을 빠르게 살펴보았다. 두 도시 간의 교역량, 교역의 중심 분야, 최근의 교육적·문화적 협력 등의 내용이었다. 당시 중국에 대해 잘 알려져 있던 사실 한 가지는 중국을 지배하는 기술 관료들은 업무지침서의 사용법을 잘 알고 있는 사람들이라는 점이었다. 시진핑 서기도 실수하지 않았다. 회의는 정확히 예정된 시간에 끝났고, 우리는 각자의 운명이 이끄는 길을 향해 헤어졌다. 우리 사절단에게는 우리의 운명이, 시진핑 서기에게는 그의 운명이 있었던 것이다.

이 회의를 하고 나서 며칠 후 우리는 상하이에 주재하는 영국 언론인들에게 시진핑 서기를 만났다는 자랑을 늘어놓았다. 그랬더니 그들은 웃음을 터뜨렸다. 언론인들의 이야기를 들어보니 그들은 최근 다른 무리의 사람들이 똑같은 경험을 했다는 이야기를 들었다고 했다. 그 무리의 사람들도 그다지 주목받지 못하는 경제 사절단으로 상하이에 도착했고 그저 상하이의 부시장, 또는 기껏해야 시장을 만날 예상을 하고 있다가 시진핑 서기를 만나게 되었다는 것이다. 우리의 이야기를 들은 언론인 가운데 한 명은 다음과 같이 말했다. "추측건대 시진핑 서기는 당시에 무엇보다 위험 부담이 적고, 절대 실패하지 않을 일을 해야 했을 것이다. 자신에게 각을 세울 수 있는 대립적인 자세의 사절단이나 사람들은 멀리했다. 하지만 위험 부담이 없는 사소한 일들은 괜찮았다. 그가 절대로 하고 싶지 않은 일이 있다면 마지막 승진이 코앞에 다가와 있는 시점에 업무상 오점을 남기는 일일 것이기 때문이다." 우리에게 호의적이지는 않은 이야기이지만 우리가 그런 고위층의 관심을 받는 행운을 누린 데에 어떤 이유가 있는 것이라면 아주 적절한 설명이라고 느껴졌다. 그 설명은 또한 현대 중국에서 최고지도자의 자리에 오르기까지의 방법과 관련된 상당히 심오한 내용도 포함하고 있었다.

이 책은 그날 오후 우리가 만났던 남자, 시진핑에 대한 이야기이다. 그리고 당연히 현대 중국의 권력 문제에 대해서도 다룰 것이다. 나는 1990년 처음으로 실제적인 현대 중국의 역사, 언어, 그리고 문화를 접한 이래 25년 동안 이 주제에 대해 생각해 왔다. 당시에 나는 일본에 살면서 한자를 막 배우기 시작하던 때였다. 1991년 5월 나는 처음으로 중국에 갔다. 내가 중국에 갔던 바로 그 주에 마오쩌둥의 부인이었던 장칭이 베이징의 교도소 안에서 나일론 스타킹으로 목을 매 자살했다는 소식이 전해졌다. 그녀의 사망 소식은 현대 중국의 권력관계에서 나타나는 예상 밖의 변화들과 복잡성을 어느 정도 보여주었다. 1930년대 산둥성에서 3류 여배우로 출발하여 어렵게 영화계에 진출한 뒤 상하이에서 전성기를 맞았던 장칭은 혁명의 근거지였던 옌안에서 생을 마감하였다. 옌안은 그녀가 젊은 시절을 보낸 곳이자 공산당 지도자였던 마오쩌둥에게 끌려 두 사람이 결혼을 했던 곳이다. 장칭과의 결혼은 마오쩌둥에게는 네 번째 결혼이었다. 그리고 당시 공산당의 다른 지도부 당원들에게는 그리 달갑지 않은 결혼이었다. 전쟁으로 정신없고 생존을 위해 싸우던 시절이었다. 하지만 장칭과 마오쩌둥의 결혼은 그녀가 정치에 개입하지 않는다는 조건하에 당의 허가를 받을 수 있었다.

결혼 후 20년 동안 장칭은 이 조건을 잘 따르며 되도록 눈에 띄지 않으려 애썼다. 하지만 1960년대 중반이 되자 공산당을 집권당으로 만든 마오쩌둥이 장칭을 다시 행동주의 노선으로 돌려놓고 싶어 했다. 그다음 10년간 장칭은 중국에서 가장 영향력 있는 인물이 되었고 중국 대륙에 엄청난 충격을 몰고 온 문화혁명을 밀어붙였다. 문화혁명은 표면적으로는 마르크스주의적 이상향을 맹렬하게 추구하는 것으로 알려졌지만 혁명 기간 동안 이면에서는 오래된 정적들을 대상으로 한 무자비한 숙청이 이루어졌다. 감히 그녀에게 직접 맞서려는 사람은 거의 없었다. 그나마 맞섰던 사람 가운데 성공한 사람도 아주 드물었다. 심지어 미국의 닉슨 대통령도 1972년 중국을 방문하는 동안 장칭이 냉담하고 그다지 마음에 들지 않는다고 생각했다.[4] 하지만 장칭의 권력도 오래가지는 못했다. 1976년 마오쩌둥이 사망한 후 몇 주 지나지 않아 장칭은 체포되었고 4년 뒤 사형유예 판결을 받았다. 장칭만큼 그토록 가파르게 그리고 굉장한 모습으로 나락으로 떨어진 사람도 별로 없었다. 장칭의 이야기는 사람들에게 경종을 울리는 이야기이며, 중국에서 권력을 소유한 자와 권력을 빌린 자 사이의 거의 알 수 없는 차이점을 드러낸다.

앞으로 알아볼 내용처럼 시진핑의 경력은 세계에서 두 번째로 큰 경제대국이자 최다인구를 거느린 국가, 그리고 세계 주요국 가운데 가장 빠른 속도로 성장하고 있는 현대 중국에서 권력이란 무엇인지, 권력은 어떻게 얻어야 하는지, 그리고 그 권력의 속성은 어떠한지에 대한 도덕 교과서 같은 모습을 보여준다. 권력에 따라오는 환상에 불과한 일들이나 진짜 영향력인 것처럼 보였던 힘이 얼마나 빨리 사라질 수 있는지 알기 위해서라도 장칭의 이야기는 마음에 새겨둘 만하다. 시진핑은 장칭의 남편이었던 마오쩌둥이나 마오쩌둥의 후계자였던 덩샤오핑 같은 인물들과 철저하게 비교되었다. 2014년 말 미국 오바마 대통령은 시진핑이 현대 중국의 그 어떤 지도자보다 빠른 속도로 권력을 통합했다며 그를 칭찬했다.[5] 미국으로 망명한 작가 위제는 2014년 홍콩과 미국에서 중국어로 출간한 책에서 시진핑을 '중국의 대부'라고 불렀다.[6] 다른 사람들은 좀 더 듣기 좋도록 시진핑을 '독재형 지도자strongman'라고 말한다.[7] 작고 한 전前 싱가포르 총리 리콴유는 심지어 시진핑이 농촌 지역에서 경력을 쌓았다는 이유로 '아시아의 만델라'라고 주장했다.[8] 하지만 2007년 상하이에서 시진핑 서기와 만남을 가졌을 때 비록 잠깐이지만 내가 본 시진핑 서기는 그때까지 텔레비전에서 보았거나 직접 만나보았던 중국공산당의 다른 관료들과 똑같이 보이고, 똑같이 말하고, 똑같이 행동하는 그런 사람이었다. 만일 시진핑이 일부 사람들이 생각하는 것처럼 강력한 힘을 지니게 되었다면(이 책을 통해 뒤에 증거를 제시하겠지만 우리가 권력이라고 할 때 의미하는 바가 무엇인지 일단 알고 나면 시진핑이 지녔다고 하는 커다란 힘은 많은 사람들이 생각하는 것만큼 극적인 힘은 아니라는 것을 알게 된다), 다음으로 그가 어떻게 그런 중요한 힘을 얻게 되었는가 하는 질문을 떠올리게 된다. 그리고 시진핑이 가진 힘도 보기보다 빠르게 사라질 수 있다는 생각도 완전히 떨쳐버릴 수 없다.

무력에서 나온 권력 :
마오쩌둥 주석의 긴 그림자

마오쩌둥 사상은 심지어 마오쩌둥이 사망한 지 거의 40년이 다 되어가는 오늘날까지 중국 사회에 길고 깊은 그림자를 드리우고 있다. 누군가 본능적으로 권력을 이해하고 그 권력을 어디에서 찾아야 하는지, 그리고 어떻게 행사해야 하는지 아는 사람이 있었다면 그 사람은 바로 마오쩌둥일 것이다. 그는 성격상 권력욕이 넘쳐나는 사람이었고 물리적으로 그의 가까이에 있는 사람들조차 대다수가 그의 옆에서 불안과 불편함을 느낄 정도였다. 마오쩌둥이 권력을 획득하고 통합하는 과정에서 희생한 것은 가족(그의 아들 중 한 명은 아버지가 참전을 결정한 전쟁에서 전사했다. 바로 1950년에서 1953년까지 이어졌던 한국전쟁이다. 그리고 그의 아내 중 한 명은 1930년대에 마오쩌둥 및 그의 정당과 관련이 있다는 이유로 처형당했다)과 **가까운 지인들**(류사오치나 린뱌오 같은 후계자들은 위협적인 존재로 여겨지자 사정없이 축출되었고, 둘 다 나중에 끔찍한 죽음을 맞았다), 그리고 **자신의 이상**(마오쩌둥은 말년에 자신은 엄청나게 노력하며 살았지만 중국을 그다지 개혁하지는 못했다고 스스로 말했다)이었다. 하지만 1940년대 초 마오쩌둥이 중국공산당의 지도자가 된 순간부터 1976년 9월 그가 죽음을 맞이하던 날까지 마오쩌둥을 축출하려고 시도하거나 후계자가 그의 자리를 대신하는 일은 결코 일어나지 않았다.

21세기 중국에서 마오쩌둥의 동상은 많이 없어졌을지 모른다. 그리고 벽에는 더 이상 마오쩌둥의 어록이 도배되어 있지 않을 수 있다. 중국 젊은이들의 삶 속에서 마오쩌둥은 과거 문화의 아이콘으로 톈안먼 광장에 걸려 있는 초상화 속에서 무심히 광장을 내려다보는 남자 정도의 존재감이다. 중국 젊은이들은 마오쩌둥이 현재 자신들이 살고 있는 나라의 건국의 아버지라고 생각할 뿐 실제로 정치적 영향력이 있다고 생각하지는 않는다. 하지만 2008년 베이징 올림픽 개막식에서 드러난 것처럼 중국에서는 마오쩌둥이라는 브랜드를 제외하려는 시도조차 비판을 불러일으키며, 보통 그 비판은 아주 치명적이다. 중국에서 마오쩌둥의 이미지는 직접 드러나지 않는 사람, 공자를 격렬하게 비판했던 사람이라는 내용이 주를 이룬다. 중국의 전 총리 원자바오는 임기 말에 연설문에 마오쩌둥에 대한 내용이 포함되어 있지 않고 마오쩌둥의 역사적 유산에 대한 존경을 표하지 않았다는 이유로 비평가들로부터 크게 비판을 받았다. 하지만 마오쩌둥은 계속해서 중국 사회에 모습을 드러낸다. 2013년 마오쩌둥 탄생 120주년을 맞아 베이징에 있는 그의 묘에서 엄숙한 방문 행사가 치러졌을 때 당시 중국의 모든 엘리트 지도자들이 존경을 표하기 위해 그곳을 방문하기도 했고, 여러 연설문이나 공산당에서 발표하는 성명서 속에서 계속해서 마오쩌둥과 관련된 내용이 불쑥 나타나곤 한다. 마오쩌둥의 존재를 덮으려 하는 현재 중국의 혼합자본주의 체제를 비웃기라도 하는 것처럼 마오쩌둥의 초상화는 현대 중국에서 넘쳐나는 지폐에 그 모습을 드러냄으로써 중국이 부유해져 가면서 슬픔과 논쟁거리가 되어버린 돈을 통제하는 것만 같다.

마오쩌둥이 권력을 행사했던 방식은 현대 중국의 정치인들에게는 부러움의 대상이었을지 모른다. 하지만 따라 하기에는 너무 위험하다. 보시라이는 동세대 정치인들 가운데 가장 눈부신 존재였지만 2007년부터 충칭시 서기로 재직하면서 예전 마오쩌둥 시대의 혁명에 관한 노래와 캠페인 등을 부활시키려 했다는 비난을 받았다. 정치적 동료들에 따르면 보시라이는 그의 아내가 영국인 사업가 닐 헤이우드의 살인에 연루되었다는 이유로 낙마했지만 무엇보다 마오쩌둥의 유산과 이름을 정계의 분열을 초래하는 자신의 정치적 목적을 위해 남용했다는 점이 가장 큰 비난의 대상이 되었다. 보시라이의 정치 생명이 끝날 것이라는 조짐은 2012년 3월 베이징에서 당시의 원자바오 총리가 날선 내용의 발표를 했을 때 나타났다. 원자바오 총리는 이례적으로 감정을 드러내면서 중국은 결코 또 다른 문화혁명을 원하지 않는다는 점을 분명히 했다.[9] 원자바오 총리의 발언에는 정당한 이유가 있었다. 책의 본문에서 설명하겠지만 시진핑과 그 주변의 거의 모든 사람들에게 문화혁명은 착잡하고 혹독한 경험이었다. 따라서 그들에게는 그런 사건이 다시 일어나기를 바란다는 것은 충격적인 일이다.

그러나 권력에 다가서는 마오쩌둥의 방식은 그가 사망한 이후로도 오랫동안 정치인들에게는 유혹적이었다. 마오쩌둥은 이상적인 이념 추구를 목표로 카리스마 넘치고 고도로 조작된 인물상을 드러내고 대중 운동과 선전을 이용해 수많은 중국인들의 마음 깊은 곳에 침투했고 그들의 남은 인생을 바꾸어 놓았다. 이러한 방식은 정말로 중국 국민들의 마음을 사로잡았다. 이것이 중국에서 오늘날까지 마오쩌둥 스타일이 계속 따라다니는 이유이다. 절반의 존경과 절반의 거부감이 섞여 있기는 하지만 말이다. 시진핑이 '마오쩌둥주의자'인지 아닌지 여부는 중국에서 활발히 논의되는 문제이다. 이는 결국 다음의 간단한 질문으로 귀결된다. 시진핑은 마오쩌둥이 그랬던 것처럼 정치적 목적을 달성하기 위해서라면 가차 없이 개인숭배를 옹호하고, 다수의 정적을 죽음에 몰아넣으며, 대중의 마음을 선동해도 괜찮다고 생각하는가? 1970년대 후반 이래로 중국공산당은 공식적으로 이런 활동을 반대한다는 입장을 취해 왔다. 그러나 위기와 도전의 시기, 중국이 한 번 더 강하고 부유하며 힘찬 나라로 비상할 수 있는 절호의 역사적 기회가 찾아왔을 때, 적어도 지금 바람직한 목표를 달성하기 위해 마오쩌둥식의 전략을 추구해야 한다고 말하는 지도자에게 반박할 수 있는 사람은 누구일 것인가?

마오쩌둥 사상이 가진 어두운 부분은 현재 이미 잘 알려져 있다. 대담한 관찰자였던 고故 피에르 릭만스(사이먼 레이스라는 필명으로 활동했다) 같은 이들은 일찍이 한 사람에게 이 정도로 권력이 집중되는 일은 위험하다는 점을 지적했다. 하지만 당시는 1970년대 말 덩샤오핑이 막 떠오르기 시작했던 시기로 마오쩌둥에 대한 재평가에 신중하던 때였다. 하지만 이후 수십 년간 마오쩌둥 사상으로 인해 치러야 했던 대가에 대한 증거가 쌓였다. 가족들을 망치고 지성인들을 말살하고 사회를 분열시킨 정치 캠페인과 1960년대 초반 농촌 지역 주민들의 떼죽음과 대기근, 그리고 마오쩌둥이 사망할 때까지 이어진 무시무시한 권력층의 내부 다툼 등이다. 당시의 유산을 살펴보면 우리가 가진 도덕적 직관이 산산이 부서지는 느낌이다. 문화혁명 시기에 중국에서 성장한 모보 가오 교수가 말했던 것처럼, 중국이라는 나라에서는 1949년 이후로 개발 목표들을 빠른 속도로 상향시켰고, 경제도 매년 성장했지만 일련의 엄청난 비극도 함께 목도해야 했다. 이 과정에서 숨진 사람들이 4,000만 명은 될 것이다.[10] 결과가 과정을 정당화시킬 수 있는가? 이러한 재앙을 피할 수 있는 방법이 있었는가? 근현대 중국사를 공부한 사람에게는 누구나 마오쩌둥의 권력 스타일을 냉정하게 평가하는 것이 어려운 일이다. 마오쩌둥의 방식은 지난 60년간 중국 전체 사회에서 피해 갈 수 없는 부분으로 좋든 나쁘든 중국인들의 존재와 성취 안에 깊이, 그리고 움직일 수 없게 자리 잡고 있다.

시진핑은 이에 대한 자신의 입장을 아주 분명하게 밝혀왔다. 그는 마오쩌둥이 남긴 유산과 함께 살아가는 것을 자랑스러워한다. 시 주석은 1978년 이전과 이후의 시대를 나누어서 생각하기보다 함께 묶어야 한다고 자주 말한다. 마오쩌둥과 덩샤오핑을 연결하여 전체를 이루는 두 부분으로 파악하고 있

　　　　　　　　　　　　　　　　　　　　　　　　CEO 시진핑

으며, 과거에 큰 실수가 있었지만 여기에서 교훈을 얻었고 이를 바탕으로 더 나은 통치를 향해 나아간다는 생각을 바탕으로 공산당을 이끌고 있다. 시진핑이 지닌 의견은 분명하게 나타난다기보다는 암시적으로 드러나는데, 그 요지는 '중국이 한 번 더 진정으로 자랑스럽고 강하며 부유한 나라로 활기를 되찾게 되는 순간이 오면 과거에 행해진 모든 실수와 고통은 그럴 만한 가치가 있는 일들이었다'는 말인 것 같다. 시간이 지나고 보면 시진핑이 옳을지도 모른다. 매사가 잘 풀린다면 아마 지나간 모든 일은 정말 용서받을 수도 있다. 하지만 이는 현대 중국의 지도자로서 마오쩌둥주의에 대한 책임을 드러내는 것 이상의 의미를 지닌다. 그와 더불어 역사적 목적론 그리고 완벽한 결과물을 만들어낼 수 있다는 강한 신념을 나타내는 것이다. 시진핑은 점점 더 마오쩌둥처럼 꿈의 실현을 위한 신념을 이야기하는 이상주의자의 모습을 보여주고 있다. 어느 곳에서든 이상주의자들이 정치에 몸담고 있을 때면 걱정이 된다. 토머스 에드워드 로렌스는 걸작 『지혜의 일곱 기둥The Seven Pillars of Wisdom』(1922)에서 "누구나 꿈을 꾼다"라고 말했다.

> 마음이 쉬어가는 밤에 꿈을 꾸는 사람은 아침에 눈을 떠 꿈은 그저 헛될 뿐이라는 점을 알아차린다. 하지만 낮에 꿈꾸는 자들은 위험하며, 그들은 눈을 뜨고도 꿈을 현실로 이루기 위해 행동에 나설지 모른다.

시진핑은 낮에 꿈을 꾸는 이런 부류의 지도자인가?

이 책의 구성은 간단하다. 제1장은 '현대 중국에서 권력이란 실제로 무엇인가'라는 간단한 질문에 대해 다룰 것이다. 권력이 드러나는 방식, 다양한 행사 경로, 유형과 형태, 그리고 이를 어떻게 이해하면 가장 좋을지에 대해 설명하며, 중국의 정치권력이라 불리는 문제에 대해 내가 관찰하고 이해하려 애쓴 내용을 바탕으로 한다.

제2장에서는 시진핑 본인의 경력과 이야기를 살펴볼 것이다. 제1장에서 논증하겠지만 시진핑이 권력을 행사하는 방식에 있어 현저하게 나타나는 특징 가운데 하나는 직전 전임자였던 후진타오에게서는 그다지 찾아볼 수 없었던 점으로, 국민들과 연결 고리를 만들기 위해 주석 개인에 대한 서술, 자신의 인생 이야기를 풀어내어 대중에게 호소한다는 것이다. 이는 전임자였던 후진타오와 극명한 대비를 이룬다. 후진타오는 대중을 향한 발표 내용에 있어 개인적인 모습을 드러내기를 단호히 거부했고, '배경 이야기' 따위는 전혀 존재하지 않는 사람처럼 보였다.

제3장에서는 시진핑 주변의 인맥에 대해 살펴본다. 가장 끈끈한 사이인 가족관계에서부터 시작해 정계의 인맥, 동지와 친구들을 알아보고, 지난 몇십 년간 인맥을 쌓은 방법과 그 사이에 충성심을 쌓은 과정도 함께 살펴볼 것이다. 그러고 나서는 시진핑과 적대적 관계에 있는 사람들을 몇몇 알아본다. 이 장은 시진핑의 아군 아니면 적군으로 구분되는 특정 인물들에 의해 지배되는 세계인 중난하이의 한가운데에 서 있는 시진핑이 바라보는 세계를 묘사하고자 했다.

제4장에서는 시진핑이 지닌 권력의 핵심 수단 가운데 하나인 그의 정치 프로그램에 대해 알아본다. 여기에서 전제하고 있는 내용은 시진핑의 정치 프로그램이 그 자체로 힘을 얻기 위한 것이 아니라 이를 이용해 권력을 행사하고 다른 목적을 이루기 위한 것이라는 점이다. 중국공산당에는 선거공약이 없고 시진핑은 주석의 자리에 올랐을 때 정책안을 자세히 설명할 필요가 없었다. 다만 그가 지난 정권의 정책을 중단하지 않고 이어나갈 것이라는 사실을 전제할 뿐이었다. 하지만 실은 시진핑이 내세우는 새로운 정책안이 있으며, 이는 2013년과 2014년의 중국공산당 전회의 내용을 보면 알 수 있다. 시진핑은

2013년 3중전회의 발표 내용에 개인적인 해설을 더했다. 시진핑은 직접 핵심 부문은 어디인지, 정책이 강조하는 내용은 무엇인지, 그리고 그가 직접 이름을 걸고 진행하는 정책과 후원하는 정책이 무엇인지 알려주었다. 우리는 이를 시진핑의 정치 프로그램이라고 부를 것이다. 그 내용이 바로 정부와 당을 통해 시진핑이 달성하기를 원하는 목표들이다.

제5장은 시진핑 통치 아래의 중국이 세계 속에서 차지하는 위치에 관한 내용이다. 시진핑이 그리고 있는 향후 중국과 세계와의 관계, 중국 주변의 여러 국가들과의 서로 다른 외교관계 등을 알아본다. 이 장에서는 시진핑 개인의 관계를 살펴보았던 것과 마찬가지로 가장 우선순위의 관계(미국, 유럽연합과 중국 간)에서부터 시작하여 중요도가 약간 낮은 관계(아프리카, 중동과 중국 간)의 지형도를 차례로 알아본다. 하지만 현재 중국처럼 세계적으로 영향을 미치는 나라와 관련이 없다고 할 수 있는 나라는 사실 어디에도 없으며, 마찬가지로 중국에 관심이 없다고 말할 수 있는 나라도 없다. 마지막 장에서는 중국의 비전에 대해 다룰 것이다. 시진핑, 그리고 그와 함께하는 지도부가 그리는 향후 20년간의 세계의 모습, 그리고 그들은 어떤 세계가 되기를 바라는지에 대해서 살펴본다. 그리고 시진핑과 그 지도부가 현재 추진하고 있는 내용을 바탕으로 중국의 미래를 향한 그들의 비전을 살펴보고, 그들이 진행 중인 정책의 결과가 미래에 어떤 모습으로 나타날지 자세히 알아볼 것이다. 이를 통해 시진핑의 비전이 공산당의 권력을 추구하고 강화하는 방법을 알게 될 것이다.

이번 장의 시작 부분에 언급했던 리버풀 대표단과 시진핑의 짧은 만남이 있었던 즈음 그는 비록 짧은 기간이었지만 중국에서 가장 역동적이고 현기증이 날 정도로 변화하는 도시에서 자신의 이름을 떨쳤다. 시진핑은 상하이 당서기로 재직하는 동안 세 가지 놀라운 일이 있었고, 이를 살펴보면 어느 정도 그를 이해하는 데 도움이 된다. 첫째, 시진핑은 정부가 상하이의 공산당 최고

지도자에게 넘치도록 제공하는 물품과 특전을 거부했다. 그는 자신에게 배정된 아파트보다 크기가 작은 아파트를 요청했고, 또한 재직 중에 그를 위해 언제나 대기하고 있는 여러 대의 의전 차량도 필요하지 않다고 주장했다. 둘째, 보도에 따르면 시진핑은 가족들에게 자신이 상하이 당 서기로 재직하는 동안 상하이의 그 어떤 사업에도 개입하지 말 것을 요구했다고 한다. 그리고 이를 어길 경우에는 자신에게 어떤 도움도 요청할 수 없음을 분명히 했다. 셋째, 시진핑은 상하이에서 능력 있는 개인 비서관 딩쉬에샹을 만났다. 몇 년 뒤 베이징에서 완전히 자리를 잡은 이후 시진핑이 다시 불러 올렸을 정도로 딩쉬에샹은 시진핑이 상하이에 근무하던 시절 그에게 도움이 되는 사람이라는 강렬한 인상을 남겼다. 상하이에서의 9개월은 나중에 전혀 기억나지 않는다 해도 이상할 게 없을 정도의 기간이었지만 시진핑에게는 생각보다 큰 영향을 미친 시간이었다. 그 시간 동안 시진핑은 세상, 특히 중국에 전하고 싶은 이야기를 분명히 했다. 시진핑은 사람을 들뜨게 만들고, 그 자체로 들떠 있는 도시인 상하이의 자극적인 매력조차 거부할 수 있는 사람이라는 점이다.

시진핑은 중국, 그리고 전 세계에 그의 전임자인 후진타오와는 상당히 다른 모습을 보여주었다. 후진타오는 시진핑보다 훨씬 대중에게서 떨어져 있는 느낌이었고 베일에 싸여 있었다. 시진핑은 전임자로부터 넘겨받았거나 수년간 공산당 조직을 통해 얻은 내용보다는 자기 자신의 경험을 믿고 실제로 이를 자신의 세계관에 반영한다는 느낌을 주는 사람이다. 그가 가진 주된 신념 중 하나는 중국이 다시 한 번 위대한 나라가 될 것이며 다만 이는 그가 평생 몸 바쳐왔고 지금은 자신이 이끌고 있는 공산당의 지침과 지휘에 따를 때에만 가능하다고 하는 믿음이다. 시진핑은 이 믿음을 중국 내에서 분명하게 밝히고 있다. 이를 통해 시진핑이 얻은 권력은 더욱 확대된다. 왜냐하면 그 권력은 더욱 크고 장대한 목표를 달성하기 위한 수단으로 나타나고 정당화되기 때문이다. 이처럼 중국의 위대함을 수호하는 존재로서의 공산당과 그 근본적인 중요성에 대한 시진핑의 신념으로 인해 그가 지원하는 반부패 정책들은 더욱 통쾌하게 느껴진다. 돈에 매수되고 무책임한 그의 동료들 가운데 일부에 대해서는 시진핑이 개인적인 감정을 갖고 있는 것처럼 보일 정도이다. 이들은 시진핑이 달성하려는 더 큰 목표에 위협이 되는 인물들이기 때문에 이들에 맞서기 위해서 그는 큰 위험을 감수해 왔다. 주석의 자리에 오르기 전에는 시진핑이 이러한 야망을 가졌다는 점을 알아챈 사람은 거의 없었다. 하지만 이 정도의 야망에는 위험이 함께 따른다. 시진핑은 그 어느 곳보다 특이하고 평범하지 않은 세계 속에서 살고 있으며, 여기서는 정상적인 상황과 달리 제약이라는 것을 찾아보기 어렵고 정직한 조언은 얻기 힘들다. 그래서 정직한 조언이 더없이 소중하다. 시진핑의 야망이 과도한 권력욕의 모습으로 변할 것이라고 말하기는 시기적으로 너무 이르다. 2016년 4월 현재 이 주장을 뒷받침할 만한 증거는 모호하다. 외부 세계에 있는 대부분의 사람들이 말할 수 있는 것은 그가 자기 자신을 위해서가 아니라 여전히 자신이 이끄는 조직의 이익을 위해 일하는 것으로 보인다는 것뿐이다. 적어도 그의 비전은 그렇다. 하지만 권력이란 사람을 도취시키며 근본적으로 사람을 변화시킬 수 있다. 이 책에서는 시진핑이 지닌 권력의 속성과 소재, 양쪽을 보여주려 애쓸 것이다. 또한 중국이 근대화를 이루기 위해 한 세기에 걸쳐 이어진 고통스럽고 비극적인 투쟁이 마침내 실현되어 현대적이고 강력한 부국이 되는 운명의 순간을 맞이할 수 있도록 시진핑이 나라를 이끌어 나가는 동안 그가 마주치게 될 유혹의 손길에는 어떤 것이 있는지에 대해서도 알아본다. '차이나드림'이 무엇이든 간에 이것이 바로 시진핑의 비전임에 틀림없으며, 그의 행동과 세계관을 정의하여 보여주고 있다.

현대 중국의 권력 사냥
우리는 무엇을 찾고 있는지 아는가?

덕으로 정치를 하는 것은 마치 북극성이 제자리에 있어도
다른 별들이 이를 받들며 도는 것과 같다.
• 『논어』 위정편 1장

중국의 권력은 어디에 있는가?

21세기 중국의 권력은 어디에 있는가라는 질문에 대해 누구나 할 수 있는 뻔한 대답은 이런 것이다. '중국의 권력은 공산당에 있다. 중국은 현재 시진핑이 이끄는 공산당 일당 체제로 운영되며, 공산당의 유일한 관심사는 체제 유지이며 오직 권력에만 관심을 두고 있으니까.' 이것은 인간에게는 음식이 필요하고 사람은 누구나 살고 싶어 한다고 말하는 것만큼이나 분명한 사실이다. 이보다 더 궁금한 내용은 중국공산당이 원하는 권력은 어떤 종류의 것이며, 공산당은 그 권력을 어떻게 사용하고 싶어 하는지에 관한 것이다. 그러나 중국의 정치권력(물리적으로 인력을 편성하고 물적 자원을 통제하는 능력)에 대해 말할 때 누구도 반박할 수 없는 점은 이와 관련된 그 어떤 논의라 하더라도 중국공산당을 제외할 수는 없으며, 따라서 이에 대한 이해가 필요하다는 사실이다. 중국에서 진정한 정치적 영향력이

발생하는 곳이 바로 공산당이기에 현대 중국에서 정치권력이란 무엇인가라는 질문의 대답은 공산당에서 찾아야만 한다.

중국공산당은
모든 이들을 위한 정당인가?

시진핑이 이끌고 있는 중국공산당은 현대 세계의 불가사의 가운데 하나이다. 중국공산당은 1921년 제3인터내셔널 또는 코민테른이라 알려진 공산주의 인터내셔널 조직의 분파로 설립되었다. 그해 7월 첫 번째 대회가 열렸을 때 참석자는 13명에 불과했고, 그나마 그 가운데 2명은 외국에서 온 참관인이었다. 그 자리에서는 당규의 아주 기본적인 내용만 겨우 정할 정도였고, 이후 공화국 시기 동안 공산당은 주로 중부 허난성과 후난성을 중심으로 지하 공작활동을 진행했다. 이 시대에 공산당원으로 지내는 것은 힘든 일이었다. 공산당은 당시 중국을 지배하고 있던 국민당과 산발적으로 느슨한 연합관계를 맺고 있었으며, 대체로 모스크바에서 내리는 고압적인 명령에 따랐지만 그 결과는 적어도 중국공산당에게는 그리 좋지 않았다. 1927년 4월 어느 끔찍했던 밤에는 공산당원으로 알려진 사람들이 5,000명 이상 체포되어 살해당하기도 했다. 그때부터 중국공산당의 활동은 더욱 지하로 숨어들었고 농촌 지역으로 활동 전선을 후퇴시켰으며, 이제 막 생겨나기 시작해 세력이 약한 도시 프롤레타리아가 아니라 농민들을 중심으로 지지기반을 다지려 애쓰게 되면서 정통 마르크스주의를 위배하게 되었다. 중국공산당이 농민들의 정당으로 거듭날 수 있었던 것은 농민들의 황제였던 마오쩌둥 덕분이다. 마오쩌둥은 그럭저럭 부유했던 지주의 아들로 태어나 베이징에서 보잘것없는 도서관 사서로 일하는 동안 공산주의 운동의 주변부에서 서성였다. 그러다 중국공산당이 생긴 지 얼마 안 되었던 시절에 당 지도부 내에서 점점 더 중요한 역할을 맡을 기회를 잡았다. 마오쩌둥이 정상의 자리까지 오르는 과정은 쉽지 않았고, 1930년대에는 고통스러운 일들도 겪어야 했다. 외부와의 전쟁뿐 아니라 내부적인 반대도 심했다. 하지만 마오쩌둥은 심리 상태가 매우 특별한 사람이었다. 개인적인 트라우마 때문인지 다른 근본 원인이 있는지는 모르지만 그는 자기 자신, 그리고 중국공산당의 더 큰 이상을 위해 필요하다고 생각되면 동맹이나 유대관계를 가차 없이 버렸다. 그가 공산당을 이끌게 되면서 공산당과 마오쩌둥의 야망이 합쳐져 그 후로 몇십 년간 중국공산당과 마오쩌둥의 이해관계는 하나인 것처럼 보였다.[1]

초창기 중국공산당의 이상주의적이고 평등주의적인 원칙이 무엇이었든, 공산당이 원하는 것을 얻기 위해 가차 없는 전략을 사용했던 것은 마오쩌둥의 뜻이었다. 그에게는 매사 온건한 접근이란 없었다. 그의 여러 적들 중 상당수가 목숨을 내놓으면서까지 마오쩌둥이 목표 달성에 집중하는 거친 방식을 배우려 했다. 마오쩌둥의 세계에서는 폭력이란 그것이 얼마나 엉망진창으로 실행되건 간에 원하는 결과물을 얻을 수만 있다면 정당화될 수 있는 것이었다. 마오쩌둥의 논리에도 일리는 있다. 당시 공산당을 반대하던 진영에서 공산당을 탄압하기 위해 끔찍할 정도로 잔인한 만행을 저질렀기 때문이다. 이러한 이유로 일찍이 죽임을 당한 사람 가운데 하나가 차오예쑨이다. 그의 사례는 공산당원이라는 이유만으로 치러야 했던 대가를 생생하게 보여준다. 그는 공산당 지하 조직원으로, 1931년 홍콩에서 국민당 경찰에 의해 납치되어 광둥성으로 끌려갔다. 국민당은 이미 그의 아내를 무참히 살해한 상태였다. 차오예쑨의 운명은 이보다 더 가혹했다. 공산당 운동을 하는 다른 동지의 이름을 대라며 끔찍한 고문을 가했지만 그는 버텼고 공산당을 배신하지 않았다. 결국 그는 팔과 다리에 쇠못이 박혀 감옥의 벽에 고정되어 꼼짝하지 못한 채 뜨

겁게 달궈진 쇳덩이에 지져지는 방법으로 처형당했다. 중국공산당은 권력을 차지하기까지 권력이란 무엇인지, 권력을 가지지 못한 이에게 어떤 일이 일어나는지를, 그리고 일단 권력을 손에 넣으면 목숨을 잃을 때까지 결코 놓아서는 안 된다는 것을 처절하게 배웠다.

시진핑, 그리고 위커핑 교수를 포함한 동세대의 인물들은 중국공산당의 초기 시절은 혁명의 과정이었으며 1946년에서 1949년에 걸친 국공내전의 승리 이후 공산당이 국가 경영의 주체가 되었다고 지적한다.[2] 시진핑은 공산당 발전 과정에서 초기에 통치하려 애쓰던 시기에 여러 교훈을 얻었다고 이야기한다. 이러한 맥락에서 오늘날의 중국을 창출했다는 성과는 이를 얻는 과정에서 치렀던 엄청난 사회 운동, 1949년부터 1978년까지 이어진 기근과 혼란의 비용을 정당화시킨다. 공산당은 이때는 그저 통치를 배우던 시기였기 때문이다. 이제 공산당은 당시에 배운 교훈을 내면화했고, 효과적인 통치력을 발휘하여 중국을 위대한 국가, 다시 활기를 되찾은 나라로 만들어 세계의 중심 자리를 되찾는다는 과업을 이루기 위해 중국을 이끄는 것이다.

이는 공산당에게 위안이 되는 이야기이다. 하지만 이전 공산당의 권력 문화와 공산당이 수단으로 삼았던 폭력과 강압을 쉽게 구분 지어 생각하기는 어렵다. 마오쩌둥의 특별한 재능은 어느 정도 폭력의 특정한 형태에 대해 이해하고 이를 철칙으로 삼았다는 데 있다. 자신을 거스르는 사람은 예외 없이 죽였다. 불충한 행위에 대해서는 아무리 노여움을 풀어주려 해도 소용이 없었다. 공산당의 권력 문화는 폭력 수단을 독점한다는 사실, 그리고 정보 및 물리적 자원을 전체적으로 관리하고 있다는 사실과 관련되어 있다. 중국이라는 나라는 사실상 공산당의 인질이나 다름없다. 공산당은 경제 계획에서부터 뉴스의 유포, 국민들의 직장생활과 사회 운동, 국방과 외교 정책에 이르기까지 중국의 모든 틀을 제공한다. 마오쩌둥 시대에는 중국 내부의 운영 방식이 복잡하고 외부에 잘 알려지지 않은 뭔가가 있다고 생각되었지만 역설적이게도 권력의 원천에는 오직 한 사람만 있을 뿐이었다. 외부에서는 마오쩌둥의 중국은 미스터리가 많다고 생각했지만 알고 보면 놀라울 정도로 단순하게 작동하고 있었던 것이다.

권력은 총구에서 나온다는 마오쩌둥의 유명한 말이 있다. 마오쩌둥은 필요하다는 생각이 들면 언제든 방아쇠를 당길 수 있는 사람이라는 점을 분명히 했다. 하지만 1978년 이후 개혁 노선에 접어든 중국에서 마오쩌둥과 같은 방식을 택하는 일은 쉽지 않았다. 비록 1989년 톈안먼 항쟁이 발생했을 당시 이 방법을 선택하여 유혈 진압을 하기는 했지만 말이다. 그 여파로 중국은 이후 몇 년간 국제사회에서 외면당했고, 공산당은 도덕적 명분을 크게 잃어버렸다. 이는 정치 수단으로서 폭력이 이전 역사 속에서는 효과적으로 작용했지만 더 이상은 그렇지 못하다는 것을 뜻한다. 이제 공식석상의 지배적인 담화 주제는 평화, 조화, 그리고 '윈-윈win-win'이다. 평화와 조화의 비전을 세우면서 무력을 사용한다면 혼란과 원한만 낳을 뿐이라고 해도 전혀 과장이 아니다. 시진핑 통치 아래의 공산당은 국민들이 당의 성공, 당과 중국 전통 문화 간의 연결성, 그리고 당의 개방성을 좋아해주기를 바라는 것이지 당의 방침에 반대하는 자들이 입을 열자마자 이들을 제압하거나 반대 의견을 억압하고 반체제 인사들을 감옥에 잡아 가두는 모습을 지지해 주기를 바라는 것이 아니다. 그래서 21세기의 현대적이고 달라진 당의 모습을 내보이는 데 있어 마오쩌둥 및 그 이전 시대의 역사는 대부분 걸림돌이 되며 시진핑 같은 이에게는 문제투성이의 유산이다. 하지만 그렇다고 (뒤에서 살펴볼 내용처럼) 중국공산당이 과거를 전부 청산하고 모든 것이 바뀌었다고 말하려는 것도 아니다. 다른 모든 방면에서 그렇듯이 중국공산당은 전부 손에 쥐고 있으려 한다.

오늘날 중국공산당은 세 가지 핵심 영역에서 스스로 정당성을 부여하고 있다. 이 세 가지 영역은 공산당이 권력을 보유할 권리의 기본이 된다. 이 내용은 2011년 발행된 첫 공식 중국공산당 역사에서 다루어졌다. 첫 번째는 제2차 세계대전에서 일본군을 물리치기 위하여 연합전선에 가담한 일이며 두 번째는 1946~1949년 국공내전 이후 중국을 통일한 것이다. 이 두 가지 내용은 역사에 바탕을 둔 정당성이다. 마지막 세 번째는 '개혁 개방' 정책을 실시한 일로서 이 정책은 1978년 이래로 지속되고 있다.[3] 첫 번째와 두 번째 내용에는 각각 문제의 소지가 있다. 라나 미터를 비롯한 여러 역사학자들이 밝힌 것처럼 일본을 상대로 한 전쟁에서 연합전선이 승리한 데 있어 중국공산당은 대체로 부수적인 역할을 맡았을 뿐이었다.[4] 그 전쟁에서 선두에 섰던 쪽은 국민당이었다. 국공내전에서 승리했다는 주장은 좀 더 확실한 이야기이긴 하지만 이것도 역시 완전히 해결된 문제라고 볼 수는 없다. 국공내전의 상대였던 타이완이 전쟁으로부터 70년이 지난 지금도 여전히 존재하고 있기 때문이다.

하지만 세 번째 영역인 경제 개혁에 대해서는 반대의 목소리나 논쟁의 여지가 별로 없다. 중국 정부는 지난 40년간 스타카토 스타일의 인상적인 길고 긴 경제 발전 상황 목록을 제시할 때면 설득력이 넘치고 자신에 차 있었다. 이에 관한 이야기들은 이미 널리 알려져 있으므로 여기에서 반복하지는 않을 것이다. 1978년 이후로 중국 정부는 기적이라는 표현을 즐겨 사용해 왔다는 정도만 이야기해도 충분하다. 중국의 경제 성장은 세계적으로 중요한 의미를 가졌으며 여러 측면에서 일찍이 없었던 일이었다. 적어도 경제 발전의 규모와 속도 면에서 그렇다. 이 사실을 부정하는, 아니 부정할 수 있는 사람은 중국에 대한 평가에 몹시 인색한 사람뿐일 것이다. 중국공산당은 가능한 한 최대로 경제 발전의 공로를 드러내려 애쓴다. 결국 이 세 번째 영역이 공산당의 정당성을 입증하는 세 가지 영역 가운데 가장 강력하며, 중국공산당이 원하는 대로 권력을 이어갈 수 있는 핵심 근거이다.

이러한 모든 내용을 이용하여 공산당은 현재의 위치를 유지할 권리를 가진다고 주장하고 있으며 중국공산당은 간단히 말해 권력을 위해 존재한다. 중국의 사회와 경제를 이끄는 권력이 없으면 중국공산당은 처음 형성되었을 당시의 모습처럼 존재감이 약한 무리들의 연합 상태에 불과해질 것이다. 중국공산당은 소비에트연방의 붕괴를 통해 얻은 교훈들을 철저히 반영하여 가능한 모든 방면에서 소비에트연방에서 일어난 일을 피하려 애쓰고 있다. 이런 방식으로 중국공산당은 그 모든 차이점에도 불구하고 여전히 마오쩌둥의 후손 자리를 지키고 있다. 무엇보다 마오쩌둥 시대와 지금의 공산당의 가장 큰 차이점은 마오쩌둥이 폭력을 통해 권력을 유지한 데 비해 현재는 다른 방법으로 권력을 행사할 수밖에 없다는 점이다. 지금의 중국은 그 어느 때보다 문화적, 법률적, 경제적 영역에서 다양하고 복잡해졌음에도 불구하고 누가 중국을 지배하는지, 누가 권력을 잡고 있는지, 앞으로 일어날 일을 누가 결정할지 알아보기 위해서는 공산당에 주목할 수밖에 없다. 시진핑이 이끄는 조직이 바로 이 공산당이며, 이처럼 진화하는 공산당의 전통 위에 시진핑이 자리하고 있다. 공산당에 대한 이해 없이 시진핑을 이해하려 하는 일은 음감이 없는 사람이 음악을 이해하려 애쓰는 것과 마찬가지이다. 시진핑과 중국공산당은 떼려야 뗄 수 없는 관계이다. 공산당의 권력이 시진핑의 권력이며, 시진핑이 가진 권력은 오롯이 공산당으로부터 나온다. 외부인 가운데 이 문제를 제대로 이해하는 사람은 지금까지 거의 없었다.

새로운 마키아벨리즘

공포 조장과 불법 행위, 그리고 혁명 활동에 뿌리를 두고 있는 공산당이 무력, 모반, 전쟁을 통해 권좌에 오른 지 60년 후에 안정과 정의의 수호자를 자처하는 모습을 보인다는 발상은 상당히 대담하다. 만일 21세기 현재에 공산당과 같은 세력이 새로 생겨난다면 과연 공산당은 어떤 방식으로 그 세력에 대응할 것인가 하는 점이 궁금하다. 적을 파악하고 있다는 점은 공산당이 지닌 능력 가운데 하나이다. 공산당은 적을 미연에 방지하고 진실이 드러나는 순간까지는 그들과 손잡았다. 그러나 보통은 적을 살려두기에는 이미 너무 늦은 뒤인 경우가 많았다. 유연성, 실용주의, 그리고 스스로의 모습을 바꿀 수 있다는 점이 중국공산당의 뛰어난 강점이었지만, 오늘날의 공산당 지도부에게 이러한 복잡한 과거사는 많은 시간을 들여 해명하려 애쓰는 문제가 되었다.

시진핑은 1978년 이전과 이후의 역사는 사실 나뉘어 있는 것이 아니라는 이야기를 자주 했다. 두 시기는 빈틈없이 하나의 역사를 이루고 있으며, 마오쩌둥주의와 덩샤오핑주의는 같은 역사를 이루는 서로 다른 부분일 뿐이라는 해석이다. 시진핑이 이 문제를 여러 번 언급했다는 사실로 미루어 볼 때 그가 같은 설명을 지겨울 정도로 여러 번 하는 것은 사실 완전히 적절한 설명은 아니라고 본인도 생각하고 있기 때문일 가능성도 있다. 시진핑은 마오쩌둥 시대에 태어나 완전히 다른 세상이 된 덩샤오핑 시대를 거쳐 살아오면서 모순과 갈등을 경험한 세대에 속한 사람이다. 두 시대는 완전히 서로 다른 세계였으며, 두 시대를 이어주는 연결 고리를 설명하기는 무척 어렵다.

그러나 중국공산당이 권력을 위해 절대 버릴 수 없는 단 하나의 수단을 꼽으라면 그것은 바로 당의 역사를 통제하는 일이다. 공산당이 권력을 잡기까지의 과정을 정당화시키고 그럴 수밖에 없었던 필연성과 그 뒤에 자리 잡은 도덕적 이유 등을 관리한다. 뒤에서 살펴보겠지만 이러한 내용이 시진핑의 공식 발표문이나 연설의 안과 밖에서 엮여 있다. 이는 앞서 이야기했던 공산당의 정당성을 뒷받침하는 세 가지 영역을 넘어서 중국공산당이 서 있는 바탕이자 현재의 공산당 엘리트 지도부에서 많은 시간과 자본을 투자하는 이유의 근거가 되는 거대담론이다. 시진핑처럼 공산당 지도부에서는 중국의 권력은 공산당이 차지하고 있으며, 공산당은 그 권력을 지닐 권리가 있다고 말한다. 왜냐하면 외국인들의 손에 권력이 넘어가 한 세기 동안 수모를 겪었던 중국인들의 존엄성을 회복시켜 주었기 때문이다. 현재 중국 헌법상의 문구에 따르면 오직 공산당만이 '중국 인민에게 국가의 권력을 장악하게 하고 국가의 주인'이 될 수 있도록 해주었다. 중국 국민들이 한동안 빼앗겼던 스스로의 운명을 결정할 권리를 되찾도록 해준 것이다.[5] 공산당은 분열되고 약해진 국토를 다시 통합했고 중국이 있어야 할 자리, 즉 세계의 중심으로 되돌려놓았다. 중국의 영토는 현재 중국공산당이 정해놓은 국경을 기준으로 하고 있으며, 어느 누구도 이에 이의를 제기하거나 또는 도전하려는 시도를 하는 것이 용납되지 않는다.[6] 지난 한 세기 반 동안 일어난 복잡한 역사에 대해 논쟁하려는 자는 애국심이 결여된 외세의 수하이자 공산당이 하는 일에 반대하는 적으로서, 중국이 다시 한 번 약하고 가난하며 분열된 모습의 국가가 되기를 바란다는 죄목으로 기소될 위험에 처하게 된다. 공산당이라는 존재를 좋아하든 싫어하든 많은 중국인에게 이는 부정하기 어려운 내용이기 때문에 드러내어 저항하기도 어렵다. 실제로 중국공산당은 중국 국토의 거의 대부분을 재통합하고 1978년 이래로 중국 경제를 회복시켜 중국을 더 부유하고 강한 나라로 만들었다. 만일 중국에 공산당 외의 통치 세력이나 통치 모델이 있었더라도 공산당과 마찬가지로 잘 작동했거나 아니면 더 나은 성과를 낳았을지도 모른다는 주장은 중국의 발전을 이루어내는 동안 이 과정을 주도한 것은 공산당뿐이었다고 하는 간단하고 부정할 수 없는 사실 때문에 쉽게 묵살된다. 그래서 공산당이 저지른 과거의 잘못된 행동과 죄악들은 현재의 결과가 좋다는 응수 방식으로 쉽게 무시된다. 중국공산당의 강력한 처방은 효과가 있었다. 그리고 적어도 지금까지는 공산당이 주장한 내용이 옳았다는 사실을 근거로 향후의 권력도 공산당에게 있다는 점을 정당화한다.

상황을 좀 더 분석적으로 보고자 하는 사람이라면 이러한 주장 안에서 공산당이 당과 중국 전체의 운명과 임무를 융합하려는 성향이 보인다는 점을 쉽게 발견할 수 있다. 중국의 이익과 당의 이익은 모양 좋게 서로 묶여 마치 하나로 보인다. 이러한 방식으로 공산당은 당이 추구하는 목표를 지지하는 수단으로 전통 문화를 이용할 수 있었다. 마오쩌둥 시대에는 전통 문화는 절대 환영받을 수 없는 존재였으며, 과거 중국의 사고방식이나 창조성의 대부분은 봉건주의적이고 사람을 노예화한다는 이유로 폄하되었다. 물론 공산당을 중국과 동일시한다는 생각은 논쟁을 불러일으킬 가능성이 매우 높다. 중국인이 조국과 조국의 문화유산, 자연환경 등을 매우 자랑스러워하지만 중국을 통치하는 공산당을 몹시 싫어한다는 주장은 전적으로 타당하다. 하지만 많은 중국인들은 1978년 이후로 개혁주의 노선을 추구하고 있는 공산당이 크게 보아 자신들이 사랑하고 속해 있는 조국의 이익에 도움이 되는 정책을 추구하는 한 적어도 오늘날까지는 실용주의적 관점에서 공산당을 받아들이고 있으며, 공산당이 펼치는 주장도 수용할 것이다. 중국공산당은 국민이 국가에 대해 가지는 신망이나 감정적 애착에 기생하고 있는 셈이며, 여기에 공산당은 자신이 국가의 성장에 가장 도움이 되고 강력하며 국가의 이상적인 모습을 지켜나가는 데 도움이 되는 존재로 국민들에게 인식시키려 애쓰고 있다. 이러한 노력으로 인해 공산당은 자신의 역할과 속성에 대해 웅장하면서 모든 것을 아우르는 듯한 표현을 주로 사용한다. 공산당 관리들은 중국공산당이 서구의 정당과는 다르다는 점을 열성적으로 강조한다. 그들은 서구의 정당은 특수 이익 집단이나 일부 계층의 우려 사항만을 대변하는 정치적 노리개에 불과하다고 생각한다. 중국의 공산당은 일반 정당보다 더 거대하고 위대하며,

좌파부터 우파에 이르기까지 모든 의견과 생각을 전부 아우를 수 있다. 이러한 맥락에서 중국공산당은 국가 안의 국가와 같은 위치이며 자신만의 보편성과 포괄성을 지니고 있다고 생각한다. 단순한 정치적인 행동이나 고급 기능으로 영역을 국한하지 않고, 문화적, 윤리적, 정신적 문제를 다룰 수 있는 집단인 것이다. 이러한 측면은 자신만의 자율성과 완전성을 지닌 로마가톨릭교회와 섬뜩하게 닮았다. 이 둘 사이의 유사성에 대해서는 이 책 전체를 통해 여러 번 반복해서 다룰 것이다.

현대 중국공산당의 역사는 현대 중국의 역사였고, 공산당의 비전과 이상 또한 중국의 비전과 이상이었기 때문에 공산당은 힘의 상당 부분을 나라의 운명을 통제하는 데 사용할 수 있었다. 이는 중국공산당이 공식 성명에서 '리더십' 기능이라고 부르는 내용에 해당한다. 이 기능 덕분에 공산당은 당에게 좋은 일이 나라에 좋은 일이며, 나라에 좋은 일이 곧 공산당에게 좋은 일이라는 전제하에 모든 분야에서 폭넓은 의사결정을 내릴 권리를 가진다. 공산당은 이처럼 나라의 운명과 역사적 발전 그리고 중국의 역할을 통제할 수 있다. 그리하여 공산당이 권력을 지닐 권리가 있다는 주장의 핵심에 바로 이 생각이 자리 잡고 있다. 이제 다음 질문은 그 권력이 어디에 놓여 있는가 하는 것이다. 시진핑 같은 인물이 자기 자신과 연결 짓고, 거기에서 이득을 얻을 수 있었던 바로 그 권력 말이다.

중국공산당 리더십의 역할 :
규칙, 그리고 공포의 힘

2013년부터 시진핑은 중국의 국가 주석이자 공산당의 지도자로서 8,000만 명 이상의 당원을 거느린 조직의 수장 자리를 맡고 있다. 공산당이 하나의 국가였다면 세계에서 인구가 가장 많은 나라였을 것이다. 그리고 앞서 이야기했던 바와 같이 중국공산당은 내부적인 전통, 규제, 그리고 규칙들이 있어 여러 면에서 국가 안의 또 다른 국가처럼 보일 때가 많다. 공산당의 국경은 벽으로 둘러싸여 있고, 그 안에는 신비에 싸여 강력해 보이는 사무실들이 있고, 비밀 출입문과 통로가 주요 집무실들로 이어진다. 공산당 당원들은 프리메이슨(18세기 초 영국에서 시작된 세계시민주의적·인도주의적 우애를 목적으로 하는 비밀 단체-역주)과도 같이 형제애를 가지며 의식에 참여하고 통과의례를 거친다. 중국공산당은 고유의 행사를 통해 1년을 보낸다. 여기에는 중화인민공화국의 건국을 기념하는 10월 1일 국경절부터 중국 의회의 회기들, 즉 봄에 이루어지는 전국인민대표회의와 그 어떤 행사보다 가장 중요한 의미를 지니고 있으며 공산당 통치 시간의 흐름을 알려주는 전회와 전국대표대회까지 포함되어 있으며 당의 집권 역사가 길어지고 세가 커짐에 따라 1년 내내 각종 행사들로 활기가 넘친다.

이 조직의 일원이 된다고 해서 그 자체로 힘을 가질 수 있다고 말할 수는 없다. 많은 경우 당원이 되어 얻을 수 있는 혜택은 이따금 유용한 인맥에 접근할 수 있다는 것과 지방 정부나 중앙 정부에 취업하고자 할 때 우대를 받을 수 있다는 정도이다. 종교적 신념을 가진 사람들과 마찬가지로 대부분의 당원들은 아주 가끔씩 당내 행사에 참여하거나 살고 있는 지역의 공산당 지부와 때때로 연락을 주고받는 정도로 공산당원 자리를 고수한다. 공산당 내부의 핵심 부류에 들어가는 당원은 실제적인 영향력을 행사하는 사람과 만나게 된 경우뿐이다. 다른 8,000만 명의 당원들과 달리 전국인민대표대회에 참석하는 당원은 3,000명으로 이들은 현대 중국의 권력 행사에서 중요한 역할을 맡는다. 그렇지만 이들이 행사할 수 있는 영향력에도 한계가 있으며, 대개는 그저 진짜 당원을 선출하기 위한 투표를 정당화하기 위한 역할에 그친다.

진짜 당원이란 200명의 중앙위원회 중앙위원과 150명의 '후보'의원을 의미한다(후보의원은 주요 회의 가운데 일부에만 참여할 수 있다).

그러나 이러한 기준 속에서도 누군가가 어느 정도의 영향력을 행사할 수 있는지에 대해서는 의문점이 남아 있다. 마오쩌둥 시대 이후로 중앙위원회(마오쩌둥 시대에 중앙위원회는 그저 때때로 베이징을 오가며 마오쩌둥을 찬양한 뒤 해산할 뿐이었다)는 떨어져 있는 조직망을 모아 점점 밀접하게 연관시키게 되었고, 이는 기득권의 이해관계와 생각들을 중심으로 움직인다. 중앙위원회는 말하자면 화합이 불가능해 보이는 연합체들의 모임인 것이다. 각 성의 지도자들이 군사 지도자들과 의기투합하고, 때로 학계와 지식인층의 유력 인사들과 함께 한다. 중앙 부처의 장관들은 장관직과 함께 수많은 국유기업의 사장 자리도 함께 맡는다. 가끔은 형식적으로 정부 인사가 아닌 저명인사가 한 자리를 차지할 때도 있다. 2000년대 초반 가전제품 회사인 하이얼의 사장이 중앙위원회의 위원 자리에 오른 것이 가장 잘 알려진 사례이다. 하지만 전체적으로 보아 중앙위원회는 진정한 권력을 향한 문을 열어줄 뿐이며, 이를 보장해 주지는 않는다.

중앙위원회의 역할은 마치 공산당 내 핵심에 자리한 방과 마찬가지이며 이 방에는 소규모 위원회로 통하는 많은 문들이 있다. 이 문을 통과하면 갑자기 대화의 내용이 중요하고 흥미로워지며, 더 넓은 주변 세계와 풍부하고 복잡한 관계를 맺게 된다. 이러한 소규모 위원회의 지도 그룹이나 자문 기구에서 자원을 어디에 어떻게 분배할 것인지에 대한 진짜 문제를 논의하고 구속력 있는 결정을 내린다. 일부 위원회에서는 중앙 정부의 선전 메시지나 주요 이념 문구들을 정하고, 또 다른 위원회에서는 외교 정책의 우선순위를 결정한다. 그리고 개혁의 전반적인 틀은 가장 핵심적인 위원회에서 정한다. 뒤에서 살펴보겠지만 시진핑은 이러한 위원회 대부분의 위원장 자리를 본인이 맡거나 또는 최측근 인사를 배치했다. 이들이 바로 실제로 중국을 움직이는 사람들이다.

이와 같은 각종 위원회보다 한 단계 상위의 조직이 있다. 여기에서는 가장 개괄적인 정치 프로그램의 내용을 정해 각 위원회들을 그 기준 안에서 운영할 수 있도록 한다. 이 상부 조직의 이름은 중국공산당 중앙정치국이며 25명의 위원으로 구성되어 있다. 그리고 7명의 상무위원이 중앙정치국 상무위원회를 구성해 중앙정치국을 이끈다. 최고위급 지도자들이 집결한 곳이 바로 이 조직인 것이다. 중국 중앙정치국은 월간 피정 기간이나 출타 기간을 갖는 등 정치 조직이라기보다는 마치 철학 토론 그룹처럼 운영되며, 현대의 정치 조직 가운데 가장 잘 알려져 있지만 동시에 제대로 이해하는 사람이 거의 없는 조직이다. 중국의 중앙정치국은 서구 정치 시스템의 정부 내각보다 더 중요한 역할을 맡지만 표면상으로는 일상적 의사결정 과정에서 떨어져 있다. 그러나 이념적, 정신적 그리고 정치적 리더십을 분배하는 데 있어 중요한 역할을 담당한다. 다시 말하면 중국의 중앙정치국은 아무 일도 하지 않는 동시에 모든 일을 하고 있는 셈이다. 중앙정치국에서는 각 기관 운영의 바탕이 되는 가장 폭넓은 틀을 만들기 때문에 중국의 행정 및 정부 활동의 모든 분야에 개입할 수 있다. 하지만 플라톤의 「국가」에 묘사된 이상적인 도시처럼 중국은 이상한 방식이기는 하지만 실제로 철학자 왕 모델을 바탕으로 운영된다. 중앙정치국의 생각을 알 수 있는 몇몇 보고서들을 살펴보면 대부분 중년 남성들이(여성은 극히 적다) 시장 대 정부, 국내총생산GDP 대 인간개발지수, 물질에 바탕을 둔 행복 대 무형의 가치에 바탕을 둔 행복 가운데 어느 쪽이 더 좋은지 심사숙고한다. 그리고 학자들을 초청해 강연을 듣는데, 강연을 하러 온 학자는 두꺼운 카펫이 깔린 복도에서 대기하다가 현재의 중국을 움직이는 신과 같은 존재들이 자리한 회의실로 안내받는다. 이때는 대단히 걱정스러운 마음이다. 발표에 관해 엄격한 주의사항을 듣고 나서(시간도 엄수해야 한다) 계속 남아 있으라는 별도의 지시가 없는 한 발표가 끝나면 바로 일어나서 자리를 떠야 한다. 엄청나게 유명하지만 인간적인 유대관계를 맺을 수 없는 사람들 앞에 서는 일은 약간 초현실적인 느낌을 준다. 발표자와 청중 사이의 상호작용은 최소한도로 이루어지거나 아예 이루어지지 않는다. 냉소적인 사람이라면 이 과정을 두고 중국도 평범한 일을 하는 평범한 사람들이 운영하는 나라라고 외부 세계를 속이기 위해 사실은 외모가 비슷한 배우를 대역으로 기용하여 발표를 듣게 하는 것은 아닌가 하는 의문을 가질 수 있을 정도이다.

이처럼 중국 정계의 가장 안쪽에 있는 문을 열어 중대한 내용을 심의하는 7명의 구성원을 살펴보면 시진핑이 가장 명백하게 힘을 발휘하는 곳, 그리고 다른 곳으로 영향력을 확대하기 위해서 장악해야만 했던 곳이 어떤 모습인지 어렴풋이 알 수 있다. 이 작은 모임이 바로 가장 중요한 최고의 장소인 것이다. 이 사람들을 지배하는 사람이 다른 모든 곳을 지배한다. 이 모임에서 현대 중국 정계의 핵심 권력 조직을 전반적으로 관리하기 때문에 이 그룹 내의 1인자가 권력의 심장부에 서 있는 셈이다. 중국공산당을 이념적 그리고 전략적으로 통치하게 되는 것이다.

중국공산당은 자치왕국이며, 고유의 기준과 목표가 있다. 서구 사회에서 권력의 원천을 찾으려면 의회, 법정, 내각, 군대나 재계를 살펴보아야 한다. 하지만 그 어느 기관도 중국공산당처럼 이 모든 분야를 궁극적으로 통제하는 절대 자율성을 지니지는 못한다. 공산당은 궁극적으로 이 모든 분야를 전부 통제하고 있으며 이 모든 분야를 한 번에 아우르는 최고 권위를 지니고 있다. 공산당이라는 조직의 위계질서를 통해 위로 올라가는 사람은 여러 종류의 권위를 아찔할 정도로 많이 얻게 된다. 간단히 사실을 말하면 중앙정치국의 위원들은 자신이 원하는 바에 따라 아주 적은, 혹은 아주 많은 활동을 할 수 있다. 이들에게는 위임사항도 없고 달성해야 할 목표도 없으며 책임을 물을 다른 조직도 없다. 중앙정치국의 위원이라면 모든 정책 분야를 감독할 수 있으며, 이에 대한 최종결정권을 가진다. 안보, 경제 발전 목표, 사회적 안정, 그리고 국제 문제까지 모든 분야의 활동은 중앙정치국에서 정한 권한 내에서 이루어진다. 그렇지만 중앙정치국은 처리해야 할 업무의 목록이나 마감일자 등이 없는 일을 한다. 이들이 하는 일은 다른 부서들에게 할 일을 정해주는 것이기 때문이다.

중국공산당이 사회의 주요 지도자 자리를 차지한다면 그런 공산당을 통치하는 쪽은 이 모든 과정의 최상위에 존재하는 강력하게 짜여 있는 소규모의 대인 그룹이다. 레닌주의적 뿌리에 걸맞게 이러한 소규모 핵심 엘리트 정치 지도자들의 역할은 아주 중요하다. 그간의 엄청난 변화에도 불구하고 중국공산당은 처음 생겨났던 90년 전에 그랬던 것과 마찬가지로 당의 제도나 당을 이끄는 이념들이 이러한 지배 구조에 여전히 매우 충실하다. 1990년대 소비에트 연방이 맥없이 무너진 후 중국공산당은 당헌과 헌법에서 레닌주의와 관련된 내용들을 신중히 삭제했지만 레닌주의 정신의 유산은 여전히 사라지지 않고 남아 있다. 프롤레타리아 계층의 독재라는 생각은 과거의 산물로 1990년대 후반 이후 '3개 대표론Three Represents'이 부상하면서 약화되었다. 사회의 모든 생산력은 공산당이 포괄하며, 공산당이 지닌 리더십 임무의 일부가 되었지만 권력이 널리 분산되고 공산당 이외의 조직으로 권력을 나누겠다는 개념은 여전히 받아들여지기 어렵고 절대 반대해야 할 것으로 남아 있다. 공산당원은 당에 가입할 때 조용히 복종 맹세를 하는데, 이 맹세는 당의 지혜, 정의, 권위는 최고지도자가 가장 잘 표현한다는 생각을 받아들인다는 뜻이다. 그래서 이러한 최고위 정치인들은 정치적 지도자이자 이념적 지도자, 그리고 도덕적 지도자 역할을 동시에 수행하는 별난 위치에 있다. 여기에서 다시 한 번 가톨릭교회의 모델을 유용하게 비교할 수 있다. 만일 공산당원을 교회의 신자라 하면 중앙위원회는 추기경들의 집회인 셈이고, 공산당의 최고위 지도자들은 바티칸의 국무원과 같은 역할을 하며, 마치 교황처럼 교리적 무과실성으로 무장한 주석은 규칙을 만드는 사람이자 정신적 지주, 당의 교리적 순수성과 올바름을 나타내는 목소리이다.

규율을 바탕으로 권력을 세우는 것은 중요하다. 그리고 21세기 중국에서 이를 강제하는 기관은 중앙기율검사위원회이며, 이곳은 아마 현대 중국에서 사람들이 가장 두려워하는 조직일 것이다. 중앙기율검사위원회를 방문하는 일은 사람을 불안하게 만든다. 중앙기율검사위원회 건물은 베이징의 서양 정부 공관들이 밀집해 있는 지역에 이름 없이 서 있다. 그 건물에는 아무런 표시가 없고, 건물 외부에도 중요성을 나타내는 그 어떤 표지판도 걸려 있지 않다. 심지어 건물 내부의 앞뜰에서도 여전히 안을 알 수 없으며 그저 다른 사무실 건물들과 마찬가지로 지어져 평범한 대리석 로비와 회의실들이 있을 뿐이다. 하지만 뒤편에 있는 좀 더 규모가 작은 빌딩들이 바로 중추적 역할을 하는 곳이며, 부패와 싸우는 핵심 장소이다. 방문객(방문객이 있는 경우는 아주 드물다)은 주 강의실로 들어가기 전에 이 기관 내부의 모습을 살짝 엿볼 수 있다. 이곳이야말로 중앙기율검사위원회에서 말하는 혁신적인 사찰을 실시하고, 반부패 캠페인을 진행하는 장소이다. 중앙기율검사위원회에서 인터넷을 더욱 빈번하게 사용할 것을 강조하는 것이나 대중을 위한 면을 드러내는 일은 새로 생겨난 모습이다. 이처럼 새롭게 등장한 대중적인 면모에는 중앙기율검사위원회가 하는 일의 일부를 외부 세계에 알리려는 목적도 있다. 하지만 사실 중앙기율검사위원회의 소박한 모습은 이 조직이 실제로 얼마나 힘이 있는 곳인지를 나타내는 표시이자 공산당을 위해 공산당원들에게 규율을 요구할 능력이 있는 조직이라는 점을 알려준다.

영도소조의 힘

지배자의 특성 가운데 하나는 현존하는 지배 구조를 자신의 이익에 맞추어 바꿀 수 있는 능력이다. 그리하여 전에는 충분히 사용되지 않았던 경로를 통해 자신의 정책을 펼칠 수 있게 된다. 어쨌든 공산당은 거대한 단일 조직이 아니다. 앞서 밝혔던 것처럼 공산당의 일부 조직은 다른 조직보다 더 큰 영향력을 발휘한다. 너무 많은 의견을 받아들이면 혼란스러워질 뿐 아니라 최고위층이 가지는 의지나 집중하려는 초점을 흐릴 수 있다. 1980년대 덩샤오핑은 1982년 이후로는 공식적인 역할은 거의 맡지 않았다. 하지만 중앙고문위원회라는 조직을 통해 커다란 영향력을 계속해서 행사했다. 중앙고문위원회는 표면상으로는 은퇴한 지도자들의 모임이었지만 1989년 톈안먼 항쟁이 일어났을 때 거의 모든 주요 문제에 대해 중앙고문위원회의 조언을 받았다. 중앙군사위원회 주석 자리와 더불어 중앙고문위원회를 통해 덩샤오핑은 필요한 모든 권력을 행사할 수 있었다.

시진핑의 통치 스타일은 부분적으로 이러한 '영도소조領導小組 구조에 해당한다. 중국공산당에서 영도소조는 오래전부터 존재했다. 문화혁명 당시 극단주의자들이 주로 사용했던 수단이 바로 장칭이 주도했던 영도소조였다. 개혁이 시작된 이래 40년 동안 영도소조는 중요한 역할을 맡아왔다. 공산당 엘리트 지도자들이 영도소조 방식을 선호하는 이유 가운데 하나는 영도소조가 부처 수준을 넘어선 조직으로 여러 정책 영역을 오가며 활동할 수 있다는 사실 때문이다. 그리고 영도소조의 기능은 아주 추상적이고 모호하다. 영도소조가 존재하는 것은 정책에 대한 고차원적인 조언을 하기 위해서일 뿐 실행은 다른 조직에서 담당한다. 그렇기 때문에 영도소조의 가장 중요한 특성은 강력한 권한을 가졌지만 책임을 지지 않는다는 데에 있다. 그리고 조직을 투명하게 운영할 필요도 없다.

시진핑의 별명은 '모든 것을 결정하는 사람the Chairman of Everything'이다. 가장 유명하고 가장 영향력이 큰 8개의 영도소조 가운데 시진핑은 4개의 조장을 맡고 있다. 놀라운 이야기는 아니지만 시진핑이 조장을 맡고 있는 4개의 영도소조가 가장 관할권이 넓은 조직들이다. 예를 들면 시진핑은 전면심화개혁영도소조의 조장을 맡고 있으며, 또한 새로 창설한 국가안전위원회의 초대 위원장을 맡았다. 이 외에도 시진핑은 외사공작영도소조와 대타이완공작영도소조의 조장이다. 즉, 시진핑은 사회, 정치, 안보, 외교 등 폭넓은 문제 해결에 중요한 역할을 담당하고 있다는 의미이다.[7] 시진핑의 뒤를 이어 그의 동료 4명이 각각 하나의 영도소조를 이끌고 있다. 중앙재경영도소도를 이끄는 리커창, 홍콩마카오공작영도소조를 이끄는 장더장, 당건설공작영도소조를 맡고 있는 류윈산, 그리고 정법위원회를 이끄는 멍젠주이다(멍젠주는 중앙정치국 소속이기는 하나 상무위원회에 속해 있지는 않다). 영도소조들은 중국의 국가 헌법이 아닌 공산당의 당헌에 규정되어 있는 조직이다. 격식에 얽매이지 않는 의사결정 기구이므로 영도소조의 활동이나 업무 소관의 측면에서 조직의 규모나 자유성, 그리고 여러 엘리트 간부들을 이을 수 있는 능력과 결정 내용을 정당화시킬 수 있다는 점은 매우 유용하다. 그러므로 시진핑이 영도소조를 적극 활용하는 것도 당연한 일이다.

이념의 힘

지금까지 설명한 내용이 우리 몸의 뼈나 혈관처럼 현대 중국 권력의 조직 구조에 해당한다면 이러한 기관에 흘러들어 생명과 힘을 불어넣는 혈액은 무엇인가? 권력이란 그저 명령을 내리고 실행시키는 것만이 아니다. 권력은 생각을 바꾸는 일, 영향력을 미치는 일,

사람들의 몸을 넘어서 그들의 마음과 영혼에까지 닿는 일이다. 마오쩌둥의 권력은 그가 사용한 강압에서만 나온 것이 아니었다. 중국의 역사에서 자주 있었던 일이지만 국민은 그러한 독재에 맞서 반항할 수 있다. 마오쩌둥이 중국 공산당을 이끌게 된 날부터 그가 가지고 있던 가장 강력한 자산은 많은 중국인들이 느낄 수 있었던 매우 특별한 감정적, 지성적 호소력이었다. 하지만 문화혁명 기간 동안 마오쩌둥에게 위협이 가해질 수도 있었다. 그랬다면 그는 공산당직에서 물러나 농촌 지역으로 후퇴하여 새로운 당을 만들고, 또 다른 혁명을 시작하여 권력을 다시 되찾아야 할 수밖에 없었을 것이다. 마오쩌둥은 분명 그렇게 했을 것이며, 그럴 능력이 있었다.

중국공산당의 역사를 통해 권력의 방정식에는 물리적인 힘의 요소뿐 아니라 지성적, 관념적인 힘의 요소도 포함된다는 사실을 알 수 있다. 공산당이 권좌에 오른 이래 지성적, 관념적인 힘의 중요성이 점점 더 두드러졌다. 21세기가 되어 중국공산당은 중국을 이끌기 시작한 지 70년째에 접어들면서 새로운 이념을 갈구하게 되었다. 이는 중국 경제에 힘을 불어넣을 자원이나 에너지를 갈구하는 것과 거의 동일한 수준이다.

중국을 바라보는 외국인들은 이데올로기(이념)라고 하면 보통 대수롭지 않게 여긴다. 그래서 많은 사람들이 중국에는 현재 이데올로기가 존재하지 않으며 이념 대신 자본주의가 지배하는 사회라고 말한다. 이는 정치 투쟁의 역사가 종료되고 자유로운 정치 조직체가 흔들림 없이 헤게모니를 가질 것이라는 미래가 보장되어 있는 서구 사회에게는 듣기 좋은 소리이다. 하지만 중국의 현실은 좀 더 복잡하다. 일반적인 중국인들에게 이데올로기가 중요하지 않다는 점은 사실이다. 이들에게 이데올로기란 유럽인이나 미국인들이 자유 시장 자본주의의 철학적 기초에 대해 심사숙고하는 일이나 다름없다. 하지만 중국의 엘리트 정치인들에게 이데올로기는 매우 중요한 의미를 지니며, 보통 정치적

생사가 달린 문제이다. 잘못된 이데올로기 쪽에 줄을 선 사람은 힘든 일을 겪게 된다. 공산당의 정치 투쟁은 보통 유명인사와 그들의 인맥 간의 싸움으로 표현된다. 하지만 이런 모습 뒤에는 이념이 자리 잡고 있다. 시장의 역할에 대한 이념, 자유 기업 활동에 대한 이념, 사회 관리 및 국가, 그리고 국가의 최종적인 기능에 대한 이념 등이다. 중국공산당은 이러한 이념들을 내부 문서 상에 알아듣기 어렵고 복잡한 언어로 표현하며, 대부분의 사람들은 절대 그런 문서들을 살펴보지 않는다. 하지만 정책 결정자들에게 이러한 서류는 매우 중요하다. 뒤에서 설명하겠지만 시진핑의 사고방식 속에도 이데올로기는 결코 멀리 떨어져 있는 존재가 아니며, 그가 권력을 차지할 수 있었던 주요한 비결 가운데 하나이다.

결국 공산당의 근본적인 주장을 뒷받침하고 강조해 주는 것이 이데올로기이다. 마오쩌둥의 급진적인 이데올로기가 중심이었던 1978년 이전과 중국 스타일의 자본주의를 받아들인 1978년 이후로 나뉘어 있는 시대를 잇기 위해서는 어마어마한 생각과 독창성이 필요했다. 이는 어쩌면 불가능한 일일 수도 있다. 하지만 공산당의 이념적 지도자들(이들은 지구상에서 가장 강력한 힘을 가진 사람들일 것이다)은 이처럼 동그라미를 네모로 만드는 것과 마찬가지인 이 일에 엄청난 시간을 들였다. 시진핑과 그의 지도부 인사들의 주장은 간단히 말해 마오쩌둥 시대의 계층 투쟁과 대중 운동이 사회와 국민에게 미친 영향이 아무리 좋지 않았다고 해도 두 번째 시기, 즉 '중국식 사회주의'를 건설하기 위해 치를 만한 대가였다는 것이다. 이 시기는 1978년부터 그 이후로, 이 시기에 중국이 충분히 통합되고 안정되어 산업화를 실시하고, 외국 자본과 자유 기업 체제를 받아들이고, 정부 주도로 국내에 시장 경제 시스템을 도입했다. 이 기간 내내 각종 정책 변화는 이념적 정당화와 함께 이루어졌다. 1980년대에는 외국 자본을 받아들여야 했기 때문에 '중국식 사회주의'라 불리는 방향으로 이념을 변화시킬 필요가 있었다. 장쩌민 주석이 재임하던 시절에는 비국유 부문이 발전하여 점점 더 중요한 경제 성장의 수단이 되었고, 마침내 이는 '3개 대표론'을 통해 당의 인정을 받게 되었다. 후진타오 주석 통치기에 중국은 순수하게 국내총생산만 성장시키는 일을 멈출 수밖에 없었고 엄청난 무역수지 불균형과 사회적 불평등으로 인해 '화해사회harmonious society'와 '과학적 발전scientific development' 같은 이념적 표현이 나왔다. 시진핑이 표방하는 '차이나드림China Dream'은 더 큰 자신감과 희망을 주는 국가가 되고 싶다는 열망을 나타내며, 자본주의 중국과 이에 수반되는 모든 역설적인 상황을 긍정하고 있다. 하지만 이 모든 이념적인 변화는 마르크스가 제시한 틀, 변증법적 유물론을 일관성 있고 꾸준하게 따르고 있으며, 현대 사회주의 국가를 세우기 위해 꼭 해야 할 일이었다. 이러한 맥락에서 이데올로기는 중국의 권력층이 사용하는 언어인 셈이며, 중국에서 권력을 잡고자 하는 사람은 이 언어를 능숙하게 사용할 수 있어야 한다. 비록 공산당 밖에 있는 대부분의 일반적인 중국인들이 그 내용을 거의 이해하지 못하더라도 말이다.

공산당이 홍보하고 관리하며 분명하게 표현하려는 중요한 이념이 있다면 권력층에는 이를 표현하는 언어가 있다. 바로 지도부의 담화 방식이다. 특정 위치에 있는 지도자는 듣는 사람이 귀 기울여 듣고 행동으로 옮기며 존중할 수 있는 내용을 말할 권리가 있다. 현대 중국의 엘리트 지도부에는 이들만이 사용하는 분명한 '어휘'들이 있다. 이 때문에 정치 선언문들은 일반인들이 쓰는 언어와 아주 다른 중국어를 쓰는 것처럼 들린다. 아마 후진타오 주석이 이런 성향이 가장 강했던 것 같다. 그의 말투에서는 인간미가 거의 느껴지지 않았고, 개성이 없는 연설문과 구호를 통해 메시지를 전달했으며, 듣고 나면 기억에 남는 것이라고는 무슨 이야기를 들었는지 전혀 기억나지 않는다는 점뿐이었다.

시진핑의 경우 좀 더 직접적으로 표현하는 편이다. 그리고 시진핑 주변의 동세대 지도부 인사들도 공개적으로 말할 때에는 약간은 좀 더 자유롭게 표현하려 애써왔다. 하지만 공산당의 문서들은 여전히 공산주의자들의 어조를 굳게 유지하고 있으며, 내부적으로 '마오쩌둥 사상'이나 '덩샤오핑 이론', '3개 대표론'과 '과학적 발전 이론'들을 많이 참조한다. 여전히 이러한 언어를 사용한다는 사실은 중국의 관료들이 이념의 영향과 권위를 친숙하게 느낀다는 점을 가장 잘 보여준다. 이 같은 권력층의 언어는 의사소통을 하기 위해서라기보다 권위를 확고히 하려는 성격이 강하다. 심지어 같은 관료들도 이러한 언어를 사용하는 이야기를 들을 때에는 다른 생각을 하고 있거나 아니면 반쯤 자고 있다. 그럼에도 이 언어를 사용하는 이유는 엘리트 공산당원으로서 특정 특권층의 용어와 어휘를 사용할 권리가 있다는 점을 보여주는 것이며, 일종의 연기를 하는 것과 마찬가지이다. 그러므로 중국공산당은 고유의 조직, 이야기, 관습뿐 아니라 자신만의 표현 방식도 가지고 있는 것이다.

메시지 및 메시지 전달자 통제의 힘

현대 중국의 권력층에게는 이념이 매우 중요한 것처럼 정보의 유포를 통제하는 일 또한 몹시 중요하다. 선전을 이끌고 '사고 방향'을 정하는 작업을 담당하는 사람은 중요한 위치에 있는 공산당 엘리트 간부들이며 이들은 의사결정 과정에 가장 깊숙이 관여한다. 중국공산당에서는 초기부터 메시지를 정확히 전하는 일이 언제나 중요했다. 공산당이 전하려는 메시지를 만드는 일은 마오쩌둥의 핵심 기술 가운데 하나였다. 그는 문서로든 아니면 선전 문구로든 자신이 지지하는 메시지를 만들어냈다. 구호, 캠페인, 모범 노동자, 해방과 권한 위임의 이야기 등 공산당 지도부가 그 중심에 놓여 있는 것은 모두 전하려는 메시지의 요소였다. 실질적으로는 신문, 영화, 문화 조직 등을 통제하는 방법도 한몫을 했다. 「런민일보」나 중국중앙텔레비전방송^{CCTV}, 신화통신과 기타 여러 정보를 취급하는 기관들을 정부가 통제하고 있으며, 이는 공산당에서 전달되는 메시지의 내용을 관리하고 있다는 의미이다. 그리고 언제나 공산당 내의 중요 인물이 이를 총괄한다.

시진핑은 2013년 공산당 노동자들을 상대로 한 연설에서 정보 통제가 그 어느 때보다 중요하며, 이처럼 복잡했던 적은 없었다는 점을 스스로 인정했다. 마오쩌둥 시대에는 언론 통제가 비교적 간단했다. 중국은 봉쇄되어 있는 상태였고, 이념은 주로 한 곳에서 나왔다. 공산당 조직에서 재빨리 뉴스를 내보내거나 멈출 수 있었고 이를 통해 이념을 퍼뜨렸다. 그래서 국민들에게 철저하고 완전하게 이념을 주입시킬 수 있었다. 문화혁명 시대 마오쩌둥의 이념은 큰 포스터에 한자로 커다랗게 쓰여 전국 곳곳에 나붙었고, 회의나 대중 운동을 통해 강요되었으며, 8개의 '양판희^{樣板戲}(혁명모범극을 의미하는 말로 원래 1960년대 초부터 벌어졌던 경극의 현대화 과정에서 제시되어 문화혁명 시기에 확정된 모범극을 일컫는다. 중국공산당의 혁명 과정과 영웅담을 주 내용으로 하고 투쟁성을 고취하기 위한 연극적 장치와 과장된 표현이 특징이다-역주)' 속에 묘사되었다. 당시에는 문화 공연은 오직 양판희만 볼 수 있었다. 이러한 이념의 공습으로부터 벗어나려는 생각을 하는 사람은 그 생각만으로도 큰 위험에 처할 수 있었다. 다른 선택지는 없었던 것이다.

21세기의 중국에서는 인터넷이 산불처럼 번져 나갔다. 공산당은 인터넷의 거친 영향에 맞서 이를 통제하기 위해 전략적인 수단들을 택했다. '만리방화벽^{Great Firewall}'은 공산당의 이념을 더럽히는 내용들을 차단한다. 자발적인 또는 정부가 고용한 집행자들의 무리가 잘못된 생각을 나타내는 게시물들을 내리는 방법으로 웹사이트를 감시한다. 때로는 실수가 생기거나 잘못된 조치가 취해지기도 한다. 하지만 전체적으로는 인터넷의 발달로 중국 정부의 이념 선전 노력이 힘들어질 것이며 중국에 긍정적인 변화가 있을 것이라는 인터넷 시대 초기의 장밋빛 전망은 지금까지는 빗나간 것으로 증명되었다. 오히려 에브게니 모로조프가 밝힌 것처럼 중국 정부에게 인터넷은 저주스런 도구인 만큼 축복의 존재이기도 했다. 지도부는 대중의 의견을 더 잘 알 수 있게 되었을 뿐 아니라 공산당의 이념을 교묘하고 서서히 퍼지게 하는 방식으로 인터넷에 흘려 넣어 대중에게 영향을 미칠 수 있다.[8] 중국 정부만 그런 것이 아니다. 2013년 변절한 미 중앙정보국[CIA] 요원 에드워드 스노든이 폭로했던 것처럼 미국이나 영국처럼 분명한 민주주의 국가들도 중국과 비슷한 수법을 사용해 왔다. 인터넷은 각국 정부에게 드러나지 않는 장소를 보여주는 너무나 과분한 기회를 제공했다. 이제 정부에서는 사람들의 겉모습뿐 아니라 마음속까지 염탐할 수 있기 때문이다.

중국의 권력 체제하에서 인터넷은 여전히 위험을 수반한다. 공산당원들이 다른 지적인 또는 정치적인 이념에 흔들릴 수 있고, 때로 당 지도부 인사 자신이나 그들의 제멋대로인 가족, 사적인 인맥에 관해 인터넷에 떠도는 추문이나 소문이 골치 아픈 일을 안겨줄 수도 있다. 인터넷에 밝은 네티즌들은 강력하게 암호화된 사적인 컴퓨터 언어를 만들어냈고, 이를 이용해 공산당의 공식적인 메시지에 도전하는 체제 전복적인 메시지를 표현해 왔다. 중국어의 많은 말장난과 동의어가 이러한 네티즌들의 무기가 되었고, 아마도 역사상 가장 큰 규모로 쫓고 쫓기는 추격전이 생겨났다. 온라인상에서 은유적인 표현들을 찾아내고, '나쁜' 메시지들을 근절하며, 당의 건전한 메시지를 손상시키지 않도록 하는 것이다. 공산당은 이런 활동을 끊임없이 해야 하고, 이는 선전을 담당하는 부서가 항시 매우 분주하다는 의미이다.

하지만 공산당이 영원한 우위를 점하고 있는 분야가 하나 있다. 거의 모든 사람이 관심을 보이는 이 분야에 대한 정보는 오직 공산당만이 권위 있는 출처이며, 공산당을 통해서만 소식이 전해진다. 그것은 바로 공산당 자신에 대한 뉴스이다. 중국, 홍콩, 타이완을 비롯하여 세계 각국에서 중국공산당의 움직임을 주시하는 사람들은 공산당 내부 정보를 감지하고 읽어내려 애쓴다. 가끔씩 보시라이의 낙마와 같은 사건이 공산당 내부 정보를 둘러싸고 있는 철벽에 작은 균열을 일으키기도 한다. 하지만 대부분의 관찰자들은 중앙정치국의 회의에서 어떤 일이 일어나는지, 그리고 중국의 주요 지도자가 다른 유력한 지도부 인사를 만났을 때 실제로 어떤 일이 일어나는지 외부 세계에서는 알 길이 거의 없다고 생각한다. 다른 나라의 정부와 마찬가지로 중국에서도 가끔씩 하나의 정치 그룹이 다른 정치 그룹에 위해를 가하려는 목적으로 전략적으로 뉴스를 흘리기도 한다. 지난 몇 년의 일을 살펴보면 리커창이 아마 이러한 수법의 피해자가 되었던 것 같다. 2014년 말과 2015년 중반에 그의 건강에 대한 이야기가 비공식적으로 돌았는데, 리커창이 총리 임기를 한 번밖에 채우지 못할 가능성이 있다는 소문이었다. 하지만 이 정도의 귀띔은 공산당 내부의 소식에 목마른 외부 세계에는 여전히 목마른 이야기일 뿐이다. 지금까지 중국공산당은 내부 소식이 새어나가지 않도록 놀라울 정도로 잘 관리해 왔다. 공산당은 내부 정보의 관리만큼은 절대 자진해서 포기하지 않을 것이다.

여전히 언어를 통해 전달되는 아이디어들과 그 속에서 권력층의 계획을 홍보하는 데 핵심적인 역할을 하는 언어의 사용 방식을 관리하는 것은 대단히 흥미로운 일이다. 반복되는 이야기이지만 마오쩌둥이 대표적인 예였고, 그가 이 분야에서 워낙 뛰어난 솜씨를 보였기 때문에 '마오어^{Maospeak}'라는 새로운 이름까지 생겨났다. 이 표현을 만든 리투오 교수는 마오쩌둥이 사용하는 언어는 자신만의 곳 위에 홀로 서 있는 모양새이며 다른 종류의 연설, 행동, 담화와는 다르다고 말했다.[9] 마오쩌둥의 언어, 그리고 이에 수반되는 신화적인 이야기들과 이념적인 기반은 마오쩌둥의 조언자 그룹에서 만들어냈다. 활동 시기는 다르지만 예를 들어 여기에는 「런민일보」 편집자 후차오무, 이론가 천보다, 그리고 작가이자 급진주의자였던 야오원위안 등이 포함되며, 이들을 살펴보면 마오쩌둥의 언어를 만드는 데 얼마나 큰 노력이 들었는지 알 수 있다. 마오쩌둥의 언어는 상징주의와 감성에 호소하는 언어 자체의 힘을 통해 중국인들의 마음과 충성심을 사로잡는 능력이 대단했다. 본질적으로 언어는 권력과 연계되어 있으며, 권력의 외관을 감싸는 옷과 같은 것이다.[10]

후진타오 주석 시대에 접어들자 엘리트 지도부의 언어는 특색이 부족하고 정형화되었으며, 특히 유력 인사일수록 더욱 그런 언어를 사용했다. 후진타오 주석은 한 번도 자신의 이야기를 한 적이 없었으며, 개인적인 어조로 들리지 않도록 가능한 한 아무런 색깔이 없는 언어를 사용했다.[11] 후진타오 주석의 언어는 권위적이었고, 여러 구호들을 주로 사용했다. 그러므로 중국 정부의 선전부를 이끌고 있던 류원산이 2005년 공산당 관료 교육 기관인 공산당 중앙당교의 연설에서 당원들의 언어는 친근하게 느끼기 어려우며 다른 공산당 간부들조차 내용에 집중하기 어렵다고 이야기한 것도 무리는 아니다.[12] 중국어는 그 자체로도 대단히 상징적이며 문학적인 언어라서 본인이 원하기만 하면 어떤 지도자에게나 엄청난 언어적 자원을 제공할 수 있다.[13]

시진핑은 좀 더 개인을 드러내는 어조를 사용하고, 자신의 과거 이야기를 한다는 점에서 후진타오 전 주석이 사용했던 언어와는 확연히 다른 언어를 사용한다. 2012년 이후로 시진핑이 지도자가 되기 전 자신의 삶이나 자신이 좋아하는 것 아니면 관심을 가지는 것이 무엇인지에 대해 매우 직접적인 어조로 이야기한 예가 매우 많다. 심지어 시진핑은 스스로를 지도자라고 직접적으로 칭하며, 지도자 자리의 어려움에 대해서도 이야기한다. 2014년 2월 러시아의 텔레비전 방송과의 인터뷰에서 시진핑은 이렇게 말했다. "중국 같은 나라를 통치한다는 것은 쉬운 일이 아닙니다. 그래서 저는 멀리 떨어진 곳에서의 전망을 즐기기 위해 높은 곳에 올라야만 합니다. 반면 저의 두 발은 땅에 단단히 고정되어 있어야 합니다." 그리고 시진핑은 자신의 경험에 대한 이야기를 이어갔다. "저는 오랫동안 중국 내 여러 지역에서 일했습니다. 그렇기 때문에 중국의 동쪽과 서쪽이 얼마나 큰 차이가 나는지 잘 알고 있습니다."[14]

시진핑은 중국의 고전 문학에 나오는 문구를 즐겨 인용하기도 한다. 2013년 10월에 시진핑은 혁신을 주제로 연설을 하면서 송나라 시대의 학자 범중엄, 한나라 시대의 「주역」, 그리고 현대 중국의 핵물리학자 첸쉬에썬에 대한 이야기를 했다.[15] 시진핑이 연설할 때 이런 예를 드는 것은 2012년 이후로 여러 번 있었던 일이다. 이보다 더 눈여겨보아야 할 점은 시진핑은 전임자들에 비해 추상적인 이념 표현을 훨씬 적게 한다는 것이다. 시진핑도 정신적 가치, 내부 세계, 도덕적 비전 등의 개념에 대해 계속 이야기할 생각은 있지만 이러한 개념이 어떤 의미인지 그리고 일상생활에는 어떻게 관련되어 있는지 구체적인 예를 제시하려 애쓴다.

그렇기는 하지만 고쳐지기 어려운 습관도 있다. 시진핑은 2012년 각종 구호들과 '빈말empty talk'을 사용하는 일을 비난했음에도 불구하고 2015년 자신의 집정 방침인 '4개 전면四個全面'을 발표하면서 그 '핵심'을 설명하기 위해 그다지 끌리지 않는 일련의 구호들을 사용했다. 4개 전면의 구호는 '전면적인 소강사회小康社會(중산층 사회), 전면적인 개혁심화, 전면적인 의법치국依法治國(법에 따른 국가 통치), 전면적인 당풍쇄신(엄격한 당 통치)'이다.[16] 중국에서는 여전히 권위와 인간미가 조화를 이루고, 감성과 이성이 균형을 잡은 언어를 찾기 위한 권력층의 노력이 계속되고 있다.[17]

백지 수표의 힘

마오쩌둥 시대의 중국과 그 이후의 중국에는 한 가지 커다란 차이점이 있다. 바로 돈이다. 마오쩌둥 시대의 중국에서는 가난이 일상적인 현실이었다. 마오쩌둥이 집권하던 시절에도 경제는 성장했지만 오늘날 그러한 사실은 잊혔고, 대신 가장 고통스러웠던 건국 시절 그리고 피와 땀, 눈물의 세월로 기억될 뿐이다. 마오쩌둥 시대에는 대약진운동이나 문화혁명 같은 사건들이 부의 생성을 지연시켰다. 마오쩌둥은 권위나 권력을 유지하는 수단 등 여러 방면에 흥미를 가지고 있었지만 돈은 그에게 관심의 대상이 아니었다. 기업가들은 박해를 받았고 1950년대부터 경제의 민간 부문은 폐쇄되었다. 심지어 집에 있는 닭이 낳은 달걀 몇 개나 손바닥만 한 땅에서 난 곡식을 내다파는 등 자유 시장 경제 비슷한 일을 하려는 것만도 위험한 짓이었다.

기업가의 활동을 막는 이념적인 장애물은 1970년대 후반부터 사라졌다. 이때 이후로 상거래를 하는 부유한 중국인들이 다시 나타났다. 짧은 시간 내에 소규모이기는 하지만 점점 사업을 확장하는 사람들이 나타나 부유해졌고 노동의 열매를 즐길 수 있게 되었다. 2000년대가 되자 이러한 모습을 보이는 사람들이 더 많아졌고, 사회적으로 더 중요해졌다. 그래서 이들은 공산당원의 자격을 가지게 되었다. 거의 모든 정치 문화권에서 재력과 물질적인 부는 권력의 수단이 된다. 그렇지만 부와 정치적 영향력 사이의 관계는 복잡하다. 러시아에서는 푸틴이 집권하기 전 한동안 과두제가 시행되었던 적도 있지만 중국은 자국 내에서 그런 일이 절대 일어나지 않도록 했다. 그보다 더 힘든 난제는 돈이 관료들과 그 가족, 인맥에 미치는 부식 효과였다. 시진핑에 대해 더 자세히 알아볼 때 언급하겠지만 이는 중요한 문제이다. 왜냐하면 여러 측면에서 볼 때 시진핑의 권력은 점점 더 도덕이나 이념 같은 무형적 수단보다 돈에 기반하고 있는 것처럼 보이기 때문이다.

돈은 핵심적인 측면에서 중국공산당과 그 권력에 중요한 의미를 지닌다. 중국에서는 공산당이 부를 창출할 수 있는 주요한 분야 가운데 하나인 국유기업을 통제하고 있기 때문이며, 국유기업은 지금도 여전히 국가 경제의 주도권을 상당 부분 가진다. 그리고 공산당은 세수와 재정수입을 관리하여 예산에 대한 권한을 유지한다. 이는 각 성이 중앙 정부의 규칙을 잘 지키도록 관리하는 중요한 방법이다. 중앙 정부에서 예산을 움켜쥐고 있기 때문에 어느 성이 중앙 정부의 방침에 반대할 경우 중앙 정부는 그저 예산 지원을 멈추고 그 성이 예산 부족으로 힘들어지기를 기다리기만 하면 된다.

공산당은 돈, 그리고 공산당 자체 예산에 대해서는 철저히 비밀을 유지한다. 공산당을 위한 예산회계 내역을 공개하지 않으며 어떠한 감사도 받지 않는다. 헌법상 '국가의 최고 권력 기관'으로 표현되는 전국인민대표회의National People's Congress, NPC에서는 매년 봄 정부 예산 내역 전부를 볼 수도 있다. 하지만 그 내역에 공산당의 지출 내역과 관련된 의미 있는 내용은 거의 없으며, 하나의 조직체로서 공산당을 운영하는 데 드는 연간 비용이 어느 정도인지도 알기 어렵다.

무력

마리오 푸조의 1969년 작 인기 소설 「대부」는 영화로도 제작되어 막대한 흥행수입을 기록했다. 이 소설에서 주인공의 논리는 다음과 같다. 자신은 언제나 이치를 따지고 사람들과 논쟁을 벌이지만 어느 순간 상대방이 뜻을 굽히기를 거부하면 총을 꺼내서 쏜다. 중국공산당도 창건 초기에 지성적인 면과 잔혹한 면이 어우러진 이 같은 이

분법적 사고방식을 비슷하게 따랐다. 공산당의 뜻에 따르기를 거부하는 낌새가 보이면 때리고 고문했으며, 극단적인 경우에는 처형이 공산당의 뜻을 강요할 수 있는 강력한 힘이 되었다. 그리고 공산당은 힘을 사용하는 모습을 숨기지 않았다. 마오쩌둥 스스로도 혁명을 대하는 일부 사람들의 태도를 두고 '유쾌한 저녁식사 모임' 같다고 냉소적으로 묘사했고, 그들의 태도를 고쳐놓았다. 혁명이란 '하나의 폭력 행위'였다. 그리고 공산당은 필요한 곳에서 폭력을 행사했다.

지금의 공산당은 존경받을 수 있는 훌륭한 조직이라는 이야기를 몹시 듣고 싶어 하지만 군대와 국가 안보 등 강제력 있는 수단에 대한 정치적, 행정적 권한을 전부 가지고 있다는 단순한 사실만으로도 공산당이 정치력의 독점을 유지할 뿐 아니라 이를 이용하여 물리적인 강제력도 완전히 통제하려 한다는 점을 알 수 있다. 마오쩌둥과 덩샤오핑에게 물리력의 통제는 비장의 카드와도 같았다. 문화혁명 당시 공산당이 반체제적인 모습을 보이고 마오쩌둥의 자리가 위험했을 때 최후의 보루는 인민해방군People's Liberation Army, PLA이었다고 말해도 무방할 것이다. 이전에 민간 조직이었던 곳에 군인들이 들어가 운영을 맡았고, 린뱌오로 대표되는 군부 지도자들이 최고 정치권력을 지닌 자리에 앉았다. 마찬가지로 덩샤오핑도 1989년 톈안먼 항쟁을 진압할 때 인민해방군 두 연대의 정예부대에 의지했다.

인민해방군은 현대적인 전투력을 갖추고 군대로서 전문화하려는 갖은 노력을 기울이고 있지만 여전히 공산당의 군사 진영이며, 군 통수권은 중앙군사위원회에서 가진다. 그리고 중앙군사위원회의 주석은 군인이 아닌 민간인, 바로 중국공산당의 총서기이다. 개혁주의를 추구하는 중국에서 인민해방군의 핵심 지령은 공산당이 경제를 강화시키고, 국가 자원의 접근성에 어려움이 없도록 하며, 중국이 내부적으로나 외부적으로 안정적인 상태에 있을 수 있도록 돕는 것이다. 공산당과 군부의 이 같은 '순치lips and teeth' 관계는 충성심을 분산시키는 일은 있을 수 없다는 의미이며, 지금까지 군부 지도자가 공산당을 위협하는 군사 쿠데타를 일으킨 역사는 거의 전무하다. 본질적으로 공산당과 군부는 하나의 같은 조직이므로 굳이 군부에서 쿠데타를 일으킬 필요가 없으며, 둘은 같은 배를 타고 운명을 함께한다.

항간에는 중국군이 일견 인민해방군의 역할을 설명하는 국가주의자들의 생각처럼 처음에는 보조적인 역할을 맡고 있는 것 같지만 실제로는 보기보다 엄청난 힘이 숨겨져 있고 더 넓은 정치 영역을 통제할 수 있으며, 중국의 이익을 지켜주는 최후의 방어자라는 이야기가 있다. 최근 몇 년간 예를 들어 류위안 장군이나 시웅광카이 등 인민해방군의 장성급 인사들이 호전적인 발언을 했으며, 그것은 마치 군부가 정책의 지침을 설정하며 공산당 지도부에서 이에 따라야 한다는 것처럼 들렸다. 하지만 이러한 이야기는 아마 지나친 주장일 가능성이 높다. 비록 초기 공산당 지도부는 대부분 군부의 훈련을 받은 군부 출신 인사들이 대부분이기는 했지만 역사적으로 인민해방군은 공산당 지도부의 충실한 심복이었다. 공산당의 첫 대회가 열린 해로부터 6년 뒤인 1927년에 창설된 홍군(인민해방군의 전신)은 공산당의 자식이었다. 인민해방군에 대한 이야기, 정치 전략 그리고 원대한 지침들은 공산당에서 나오며, 군부의 핵심 지도자들도 사실상 거의 전부 공산당에서 임명한다. 이러한 이유로 인민해방군은 공산당의 통치와 권력을 지켜주는 존재로 남아 있다. 그리고 군부가 최종 주인인 공산당에게 진정한 위협이 될 일은 아마 없을 것이다. 2013년 이후로 부패 근절의 움직임이 군부에도 영향을 미쳐 몇몇 중요한 인물들을 낙마시켰고 이는 공산당 내부의 부패 근절 움직임과 동일한 모습이다. 이를 통해 공산당과 군부 사이의 경계가 얼마나 흐릿한지, 그리고 두 조직이 얼마나 깊고 친밀한 관계를 맺고 있는지 알 수 있다.

CEO 시진핑

공산당에게는 안보 기관을 통제하는 일도 언제나 중요했다. 마오쩌둥 시절에는 주민위원회를 통해 국민들을 엄격하게 감시했고, 인물 감시를 위해 유급 또는 무급으로 수백만 명을 고용했다.[18] 공산당이 권력을 잡기까지의 여정을 생각하면 그들의 편집증적인 모습이 이해되며, 공산당 지도부는 사람들을, 그리고 사람들이 무엇을 하는지를 감시하는 일이 중요하다는 점을 아주 잘 알고 있었다. 계급별, 신뢰성 순위별, 그리고 충성도별로 복잡한 분류표가 만들어졌다. 이 모든 작업을 이끈 대부는 캉성이었다. 그는 현대 중국의 지도부 인사 가운데 가장 불쾌한 사람으로 매도당했지만 마지막까지 마오쩌둥의 신임을 받았다. 21세기 중국의 안보 활동은 권력층의 은밀한 영역으로 남아 있다. 안보란 원래 숨김없이 드러내어 이야기할 수 있는 분야가 아니기 때문이다. 그리고 지금의 중국 지도부는 예전처럼 많은 수의 반혁명분자들을 색출하지는 않지만 전국 및 지역 단위의 국가안전부, 공안국과 인민경찰부대에서 분리주의자, 체제 전복주의자, 그리고 일반적인 범죄자들을 대상으로 하는 작전을 맡고 있다.

2000년대 이후로 중국 정부는 티베트 자치구, 신장 자치구, 네이멍구 등에서 발생한 일련의 예상치 못했던 매우 체제 분열적인 시위로 인해 위협을 받았고, 연금 지급이나 토지 소유권 등의 문제로 일어나는 시위가 급격히 늘어나는 사태도 해결해야 했기에 '치안 유지' 정책을 실시하고 있다. 특정 종류의 시위를 주도하는 사람을 투옥하고 희생시키는 모습을 통해 이 정책의 일반적인 실시 예를 알 수 있다. 안보 관련 부서에는 넉넉한 예산이 배정되는데 이는 9.11 사태 이후 세계의 다른 나라에서도 마찬가지로 나타나는 모습이다. 대테러 활동을 위해 더 많은 노력을 기울여야 하기 때문이다. 이러한 활동의 상당 부분은 적법한 활동이지만 안보 조직은 인민해방군과 마찬가지로 공산당에게 최고의 정치적 유용성을 제공하는 도구이며, 완전히 공산당 관리하에 있다. 2007년부터 2012년까지 중앙정치국 상임위원회의 구성원이었던 저우융캉 휘하에서 중국 안보 조직의 활동은 더욱 활발해졌고, 더 많은 자율권을 행사하게 되면서 개인을 위한 조직과 유사해졌다. 안보 조직의 요원들은 적대적 인물들을 급습할 수 있게 되었고, 사법 절차를 따르지 않는 온갖 종류의 활동을 펼쳤다. 여기에는 법적 허용 기간 이상의 구금이나 협박 또는 실제 물리적 폭력의 행사, 위협과 뇌물 수수 등이 포함된다. 안보 조직은 비밀과 암호들로 둘러싸여 있으며, 요원들은 공산당을 위해 지저분한 일을 하기 때문에 최고의 대접을 받고 있었다. 안보 조직은 단순히 하는 일의 속성상 불가해의 왕국이었으며 놀라울 정도의 특권을 누리는 요새였다. 아마 2015년 초 마젠 국가안전부 부부장이 부패 혐의로 낙마한 배경에는 이러한 이유가 있었을 것이다. 이는 국내총생산의 성장이 줄어들고 허리띠를 졸라매야 하는 시대에는 강력한 힘을 자랑하는 국가안전부조차 지금까지의 흐름과는 달리 효율성을 생각해야 하는 때가 왔다는 신호이다.

형제자매 집단의 힘

현대 중국에서는 기관 및 단체를 이용하여 권력에 접근하는 형태와 더불어 이보다 정형적이지 않은 요소들도 존재한다. 바로 큰 영향력을 발휘하는 일족들과 해당 집안들 간의 상호관계이다. 공산주의를 받아들인 중국은 봉건 제도를 버리고 칙령에 등을 돌렸다. 1950년대 공산주의 운동이 펼쳐지는 동안 지주들은 난폭하게 쫓겨났다. 하지만 너무나 광활한 사회인 중국에서는 지역 중심이든 가족 중심이든 아니면 기관 중심이든 언제나 서로 관계를 맺을 필요성이 있었다. 이러한 관계에 속하는 일은 정말 중요하다. 공산당 창립 초기 시대에 당에 자본을 투자했던 사람과 혈연으로 맺어진 가족들은 당시 투자에 대한 배당금을 현재 넉넉하게 받고 있다.

중국에는 200개의 핵심 유력 집안이 있지만 이 가운데 실제 의미 있는 영향력을 가진 가문은 20~30개를 넘지 않을 것이다. 가장 두드러지게 힘 있는 쪽은 덩샤오핑과 관련된 집안이며, 최근에는 장쩌민의 가족이 유력하다. 마오쩌둥의 가족 또한 나름의 독립적인 역할을 하지만 아마 외부에서 기대하는 만큼 두드러지게 힘 있는 가문이라고는 할 수 없을 것이다. 마오쩌둥의 손자는 최근 중국인민정치협상회의의 미팅에 모습을 드러냈다. 하지만 대부분 회의 내용과 관련 없는 발언을 하고 가벼운 사람처럼 보였기 때문에 선조 이야기를 제외하면 그다지 언급할 만한 인물이 못 된다고 외신에서 완곡한 방식으로 조롱을 당했다. 씨족들 간의 관계는 대를 이어 지속된다. 이처럼 소속 가문에 따른 역할은 불공정한 특권과 엘리트 의식을 심어준다는 주장을 불러일으키기 때문에 언제나 어느 정도 사람들에게 불편한 느낌을 주며 논쟁의 소지가 된다. 시진핑의 경우에는 아버지 때부터 이러한 분위기에 깊숙이 관련되어 있었으며 극적인 재기를 한 것으로 보인다. 간단히 사실을 말하자면 프롤레타리아와 소작농의 혁명으로 세워진 공산당의 창립 90년 뒤의 모습은 점점 더 제국주의의 유산과 같은 선상에 서 있다. 드러내지는 않지만 왕족과 같은 존재인 것이다.

권력을 추구하는 사람이 씨족관계에 속하거나 그와 연줄이 닿으면 많은 혜택을 볼 수 있다. 공산당 엘리트들과 지도부 내의 다른 의사결정자들에게 접근할 수 있고, 왜 특정 인사들이 신뢰를 받고 특정 자리를 맡아 일하면서 기득권을 누리는지 그 이유를 직접 알게 된다. 그리고 '브랜드 가치'와 유사하게 미국 정계에서 부시나 클린턴 같은 이름이 갖는 가치와 상당히 비슷하게 적어도 이름만으로도 유용하다. 뒤에서 이야기하겠지만 최고지도자의 자리에 오르기까지 시진핑이 걸어간 길을 보면 그는 가족 배경 덕분에 군대와 공산당, 그리고 중요한 엘리트 당원들을 이끌 수 있었다. 이러한 조직들은 시진핑이 위로 올라갈 때마다 그를 지지해 주는 기반이었다. 투표 또는 다른 유형의 지지를 통해 충성심을 드러내는 사람들만큼 노골적인 도움이 되지는 않지만 가족 관계에 기반한 폭넓은 조력자들을 가지고 있다는 것은 당연히 이루 말할 수 없을 정도로 도움이 된다.

또한 특별히 손에 꼽힐 정도로 유력한 가문의 경우 국가의 핵심 자산이나 국유 경제 부문에 대한 관리를 맡는 식으로 힘을 드러낸다. 리펑 전 총리는 톈안먼 항쟁 진압에 가장 깊이 연관된 지도자 가운데 한 명으로 그의 가족들은 최근 몇 년간 전략적으로 중요하며 방대한 규모를 자랑하는 에너지 부문에서 영향력이 아주 크다. 장쩌민 전 주석의 가족들은 통신 분야에 깊이 관련되어 있으며, 통신 분야 또한 상당히 수익성이 좋은 기업들로 이루어져 있다. 그리고 장쩌민 주석 시절 크게 존경을 받았던 주룽지 가족은 금융 분야에 이해관계를 갖고 있다. 유력 가문들과 수익성 좋은 기업들 간의 연관관계는 당연히 양날의 검과 같아서 거의 무한정의 물질적, 금전적 이익을 가져다주는 동시에 비판과 분노를 집중시키는 피뢰침 같은 존재가 되기도 한다. 공산당과 역사적으로 오랜 관계를 맺고 있는 개별 가문들의 이러한 모습은 자신만의 좁은 기업적 이익을 추구하다가 공공의 분노와 적개심을 사는 기업 활동과 비슷하다. 이 현상은 시진핑이 집권한 이래로 점점 반부패 운동의 대상이 되고 있다. 그렇기는 하지만 지금까지 확인된 바에 따르면 특히 지도부의 가족들 그리고 공산당과의 연관성 및 특권을 이용해 부를 쌓으려는 그들의 욕망을 잠재우기는 매우 어렵다. 국가가 부유해지면서 중국을 통치하는 공산당으로서는 금융자본과 정치자본을 함께 분배하는 일을 좀처럼 피할 수 없게 되었다. 하지만 또한 가문 및 가족적 연관성은 공산당이 가진 권력의 수단 가운데 가장 취약한 부분이며 급격한 변화를 겪는 것도 당연하다. 하지만 역설적이게도 이를 주도하는 시진핑 자신도 이러한 배경의 가문 출신이다.

정의의 공산당

지금까지 설명한 다양한 힘의 주요 수단은 제도적 혹은 유형적인 것이라 할 수 있다. 이로 인해 힘의 존재를 알 수 있으며 영향력을 발휘하고 상황을 통제, 명령, 지휘할 수 있는 힘이 생긴다. 하지만 이 시스템 속을 흐르는 피는 또 다른 2개의 메타파워meta-power, 즉 윤리와 감정에 기반한다. 이 두 영역에 대해서는 기술된 바가 거의 없으며 이해하는 사람도 드물지만 아마 중국공산당의 가장 중요한 힘의 수단일 것이다.

공산당은 최근까지 폭력적 성향을 보였기 때문에 당의 윤리적 기반에는 문제가 있다. 중국공산당은 물리력, 강압, 있는 그대로의 힘이라는 언어를 유창하게 구사할 수 있다. 하지만 지금까지 공산당이 했던 일이나 행동의 과정을 정당화하는 것은 상당히 복잡한 일이다. 공산당은 자신의 행동이 생래적으로 옳다는 생각을 바탕에 두기 때문이다. 마르크스주의는 결국 소비에트연방이나 다른 어떤 곳의 어떠한 체제에도 도움이 되지 않았으며 특히 논리 정연한 윤리적 사고로 보기는 어려웠다. 그리고 마오쩌둥 시대 이래로 중국의 지도부에서는 애국심이나 나라를 위한 희생, 공산당의 임무와 심지어 정의(예를 들어 과거의 악폐와 중국이 겪은 수치를 바로잡는 일)와 같은 미덕에 대해 즐겨 말해 왔지만 전체적으로 보아 이러한 미덕들이 객관적 견지에서 옳다고 이야기하는 사람은 없었다.

그 원인은 공산당의 창설 당시부터 세워진 무신론적 운영 방식과 강력한 유물론적 철학에 기반한 공산당 고유의 가치에서 어느 정도 찾아볼 수 있다.

오늘날까지 시진핑 같은 공산당 지도부에서는 국민이 먹고 살 걱정을 하거나 물질적으로 부유하지 않다면 의미 있는 문화 생활이나 정신적 만족감을 주는 생활은 누릴 수 없다는 문제적 발언을 한다. 하지만 물질에 초점을 맞춘 결과 마오쩌둥 이후로 중국은 자잘한 이해관계를 다투는 격전장이 되었고, 개인과 조직은 서로 자신의 이익을 위해 끝까지 싸우게 되었다. 공산당이 혁명으로 이룬 자신의 뿌리를 버리고 나라를 통치하는 조직으로 변모하면서 공산당 체제가 겪을 수밖에 없었던 도덕적 어려움에 대해 가장 이해하기 쉽게 논쟁적인 비판을 가하는 사람은 아마 노벨상 수상자인 류샤오보일 것이다. 그는 강력한 힘을 가졌지만 대체로 이해하기 힘든 공산당 간부들이 힘이 있는 것이 곧 옳은 것이라는 원칙하에 자신들이 저지르는 거의 모든 행동을 정당화시키는 세계 속에 살고 있다고 설명하며, 그 세계에서는 때로 말 그대로 살인을 저질러도 빠져나갈 수 있다고 말한다.[19] 대부분의 생활 영역에서 이기적이고 자기 잇속만 차리는 행동이 나타나고, 특정 계급 이상의 간부들은 단지 공산당원이라는 이유만으로 공공재를 자유롭게 사적으로 사용하며, 자신의 인맥을 챙기고 물질적, 세속적, 금전적 혜택을 누릴 수 있는 평행 세계를 만든다. 중국이 점점 더 부유해지고 있고 공산당 엘리트 당원에게 해명을 요구할 수 있는 사람은 아무도 없기 때문에 그들은 원하는 일을 무엇이든 할 수 있다는 것이 지난 30년간 중국을 지배하고 있는 생각이다. 승진의 기준으로 국내총생산 성장을 가져오는 것이 주요 목표인 상황에서 윤리적 기준의 이행에 대해 이야기하는 것은 관념적인 사치로 간주되었다.

하지만 공산당도 윤리 문제를 무시할 수는 없다. 간부들의 불법 행위가 드러나면서 국민들이 엄청난 적개심을 보이기 때문이기도 하고, 사회의 핵심 조직이자 삶의 주요 영역 전반을 지도하는 입장에서 공산당의 통치를 체계적으로 설명할 수 있는 철학적 기초가 없는 것이 잘 어울리지 않는 상황인 데다 공산당의 정통성을 좀먹을 위험이 있기 때문이기도 하다. 공산당은 자신이 편협한 기득권보다 훨씬 더 많은 것을 대표하는 조직이라고 지속적으로 말한다. 하지만 자신의 존재를 넘어서는 이념, 원칙, 가치가 없어 전체 사회에 이를 적용할 수 없는 상황에서는 어떻게 진정한 대표가 될 수 있는가?

도덕적 권위는 공산당의 잠재적 권력 유지의 핵심 수단이며, 역사적으로 공산당은 스스로 정의를 구현했고 '해방' 기간 동안 중국인들을 위해 억압에 대항해 싸웠다는 주장을 펼쳐왔다. 하지만 권력을 잡은 이래로 공산당의 도덕적 권위는 지나친 마오쩌둥주의로 인해 손상을 입었고, 그 후 물질적 풍요의 시대가 도래하자 공산당이 초기에 주장하던 정의에 대한 이야기의 상당 부분이 사회에서 잊히게 되었다. 시진핑이 보이는 행보 가운데 흥미로운 부분은 과거의 도덕적 우위를 되찾으려 한다는 점이다. 이를 위해 공산당 핵심 간부들의 기강을 잡고 부패를 척결하여 윤리적 적합성을 회복하려 하거나 공산당을 정의, 건강하고 깨끗한 삶, 이타적 선행의 편에 선 조직으로 묘사하기도 한다. 예를 들어 2014년 2월 중앙정치국 학습 시간에 시진핑은 "우리(공산당을 지칭)는 반드시 도덕적 기준을 존중하고 따라야 하며 고귀한 이념을 추구하고 중국식 특색을 반영한 사회주의의 이념적, 도덕적 기초를 강화해야 한다"고 말했다. 계속해서 그는 "공산당은 사회 내에 시민적 덕성이 조성되도록 국민들이 도덕적 기준을 높이는 일을 도와야 한다"고 주장했다.[20] 현실과는 맞지 않는 모습이지만 유교와 유교에서 말하는 '역지사지의 황금률(내가 대접받고 싶은 대로 남을 대접하라)' 같은 고대 철학 체계의 지략 가운데 일부가 이러한 공산당의 노력에 동원되었다. 후진타오 주석은 공산당에는 사람 중심의 정책이 필요하고 사람을 핵심으로 여겨야 한다고 말했고, 시진핑 자신도 "핵심 사회주의 가치를 함양하려면 우리는 중국의 전통 문화를 기반으로 삼아야 한다"고 말했다.[21]

시진핑이 취임한 이래로 부패는 특히 중국 정부의 핵심 사안이 되었고 이에 대해서는 앞으로 그 내용을 다룰 것이다. 또한 윤리 문제를 생각하면 그 이유를 이해할 수 있다. 중국공산당은 부패가 본질적으로 잘못된 일, 다른 사람을 생각하지 않는 사리사욕을 추구하는 일이라고 생각하는 것인가? 사실 현대 중국의 반부패 관련 담화 내용을 보면 경제협력개발기구^{OECD}가 제시하는 반부패의 정의, 즉 개인적 이득을 위해 관료들이 자신의 공적 지위를 이용하는 일은 어떤 상황에서도 잘못된 행동으로 간주한다는 내용과는 다르다는 것을 알 수 있는 증거가 아주 많다.[22] 일부 관료들이 인정한 바와 같이 중국에서는 자신의 인맥을 위한 이득을 생각하면서 공적인 지위를 이용하지 않기란 거의 불가능하다. 사실 중국에서 일부 인간관계는 거의 통제가 불가능하고, 실질적이고 활발한 관계가 아니라 할지라도 엘리트 지도부 인사와의 관계를 바라보며 거래가 이루어지는 실정이다. 앤드류 위더맨 같은 학자들이 지적한 바와 같이 중국에서 부패는 급속한 성장 과정에서 나오는 더러운 찌꺼기의 일부로 거의 용인받는 존재이며, 부패에 반대하는 운동(적어도 시진핑이 진행하고 있는 반부패 운동)은 중국의 공산당 및 정부 관료들에게 더 나은 처신이 몸에 배도록 하기 위한 것이라기보다 전략적인 방안의 하나로 이를 고도로 정치 이슈화시켜 공산당의 권한을 행사하기 위한 수단이었다.[23] 2012년 이후 진행 중인 시진핑의 반부패 운동을 살펴보면 두 영역 간의 경계가 흐리기는 하지만 정치적인 면이 윤리적인 면보다 우선시되고 있다. 공산당 내부의 적을 대상으로 일련의 조사와 숙청 작업을 실시하고, 저우융캉이나 보시라이와 같은 잠재적 대항세력을 제거하였으며, 성장 속도가 줄어든 시대에 접어들자 공산당의 안정적 통치에 위협이 되는 국유 부문의 비효율적 기업 운영을 맹비난하고 있다. 부패 행위 단속 활동을 살펴보면 시진핑의 통치하에서도 공산당의 행동이 사리를 추구하기 위해서가 아니라 진정한 객관적 윤리 가치에 기반하고 있다는 주장을 펼치기가 얼마나 어려운지 잘 알 수 있다. 그렇지만 공산당의 활동이 실제로 어떤 근거에 기반하고 있건 반부패 운동을 실시하면서 당이 객관적 정의, 미덕, 그리고 도덕적 가치의 편에 서 있다고 말하는 이유는 이러한 점들이 공산당 권위와 권력의 주요 원천이기 때문이다. 바로 이러한 이유 때문에 윤리 문제에 대한 공산당의 담화는 항상 어느 정도 애매모호한 부분이 있고, 때로는 이야기의 일관성이 결여되어 있기도 하다.

감정의 힘

여러 연구들을 살펴보면 중국공산당은 마치 기계 같다. 여러 자료를 투입한 후 운영 시스템 내부의 합리화 과정을 거쳐 신중하게 계산된 결과물을 낸다.[24] 하지만 공산당은 언제나 감정적 지지를 호소했고, 마오쩌둥의 지도 아래에서 공산당은 언제나 감정을 이성적 계산보다 우선시했다. 나라의 영광, 자부심, 존엄성, 지위 같은 개념이 주요 메시지에서 중요한 역할을 했고, 주요 이론가들은 공산당의 권력 유지를 위해 역사 이야기, 대중 운동, 그리고 선전물에 그런 내용을 담았다. 1982년 중국 헌법은 공산당이 중국 국민들을 '집의 주인'으로 만드는 역할을 했다는 내용을 담았다. 그리고 공산당은 미술, 음악, 언어 작품 등을 후원하는 방식으로 국민의 감성을 자극했다.

공산당이 과거부터 당 지지를 위해 어느 정도 감정의 힘에 호소했는지는 알기 어렵다. 덩샤오핑 같은 지도자들은 되도록 의기양양한 미사여구의 사용을 피하고 정책 실용주의를 고수했으며 이에 걸맞은 언어를 사용했다. 장쩌민의 경우 마오쩌둥보다는 조금 더 감정을 표현하는 편이었고 가끔씩 대중 앞에서 자신의 감정을 폭발시키곤 했다. 1997년 덩샤오핑의 장례식에서 연극 같은 눈물의 홍수를 보이기도 했고, 2000년에는 자신을 현대판 황제에 비유한 홍콩 언론인을 대상으로 격렬한 분노를 표출하기도 했다. 하지만 공산당의 감정 없는 통치가 절정에 다다랐던 시기는 후진타오의 통치 시대였다. 앞서 말한 바와 같이 후진타오의 연설에서는 개인적인 어조는 전혀 묻어나지 않았고, 장황한 구호와 이론적 이야기들로 점철되어 있었기에 그가 공산당 대회에서 연설을 할 때면 가장 독실한 공산당원들조차 잠에 빠져들기 일쑤였다. 가끔씩 억지로 애쓴 듯 화려한 어구를 사용할 때도 있기는 했지만 후진타오의 연설 스타일은 전체적으로 로봇 같았기 때문에 많은 청중에게 열정을 불어넣거나 동기를 부여하기는 어려웠다. 이보다 더 나쁜 효과는 후진타오의 연설 방식으로 인해 엘리트 권력층과 나머지 사람들이 쓰는 언어가 조화를 이루지 않는다는 점을 부각시킨 것이다.

2013년 후반부터 시진핑이 사용하기 시작한 '차이나드림'이라는 표현은 많은 사람의 입에 오르내렸다. 여기서 의미하는 '꿈'이 정확히 무엇인지를 두고 중국 내외부적으로 열띤 토론이 벌어졌다. 다만 의심의 여지가 없는 부분은 이 표현이 다시 한 번 중국 사람들의 감정에 호소하며 공산당과 이상향, 희망을 연결시키고 있다는 점이다. 이를 위해 후진타오 시절에는 다른 아무것도 시도하지 못하는 대신 물질적 발전에 총력을 기울였다. 감정의 힘은 중국의 지도자들이 어느 정도 두려움을 가지고 국민에게 호소하는 부분이다. 마오쩌둥이 특히 이에 능했고, 대중 운동에 기반한 문화혁명이 진행되었던 10년간 마오쩌둥이 전했던 이상주의적 메시지는 중국 전역에 격변을 가져왔고, 제멋대로 폭주하는 폭력과 깊은 사회 분열을 일으켰다. 중국인의 감정을 사로잡는 타고난 능력을 지녔던 마오쩌둥은 맹목적 신앙과 숭배의 대상이 되었다. 유럽 출신으로 베이징에 오랫동안 거주했던 어떤 이는 마오쩌둥 시대를 두고 '가장 폐쇄적이었던 중국이 종교 운동을 벌였던 시기'라고 표현한 바 있다. 하지만

CEO 시진핑

마오쩌둥 이후의 세대에게 감정적으로 동원되어 봉기를 일으켰던 중국인들이 얼마나 무서웠는지 보는 것만으로도 정신이 번쩍 드는 경험이다. 2007년부터 충칭에서 대중의 감정을 동원하여 마오쩌둥의 통치 방식을 일부 되살리려 했던 보시라이의 과시적 캠페인을 통해 이를 가장 잘 알 수 있다. 보시라이의 '홍가red song' 운동, 그리고 그가 마오쩌둥식 구호 및 메시지들을 다시 사용하자 원자바오 같은 중앙 정부 지도부의 마음은 몹시 불편해졌다.

하지만 중국에서조차 국민들의 감정에 호소하지 않기란 불가능하다. 마사 누스바움이 서구식 정치 체제를 다룬 자신의 책에 썼듯이 감정이란 대중의 지지를 얻기 위한 가장 중요한 방법에 속한다.

> 대중의 감정은 때로 격렬하며 한 국가가 나아가는 목표에 큰 결과를 가져올 수 있다. 국가
> 의 목표를 추구하는 데 있어 새로운 활력과 깊이를 더하기도 하지만 목표를 향해 뻗어 있
> 는 길에서 벗어나게 하거나 사회적 분열, 계급, 그리고 무시 또는 무지라는 형태로 나타나
> 거나 이를 강화할 수도 있다.[25]

통치 정책이나 통치 철학을 주제로 지적인 논쟁을 벌이거나 미래 활동을 위한 이성적인 방법을 토론하는 것도 좋은 방법이다. 하지만 제한적인 사람들만 그러한 논쟁의 내용을 접할 수 있으며, 탄탄한 이론으로 뒷받침되어 있다 하더라도 보통 감정적 지지를 노리는 메시지에 비해 대중에게 미치는 효과가 훨씬 떨어진다. 공산당이 사용하는 대부분의 감정의 힘은 국가주의에 호소하거나 세계를 이끄는 주요 국가로서 중국이 가져야 할 지위와 명예를 회복한 활기찬 중국에 대한 느낌을 전하는 데서 나온다. 이러한 흐름으로 인해 보통 일본 혹은 때로 베트남까지 '과거의 적국'에 대한 대항을 목표로 한 캠페인을 실시하기도 한다. 중국의 정치는 앞으로 점점 더 '감정적'으로 발전할 가능성

이 높다. 감정에 호소하는 방법은 가장 중요하고, 강력한 '무형'의 정치력 가운데 하나이기 때문에 이는 불가피한 현상일 것이다.

현대 중국의 권력 지형

중국을 바라보는 사람들 가운데 일부는 중국공산당의 관심은 오직 권력 유지, 그리고 이 목표를 흔들림 없이 지키는 일에만 초점이 맞추어져 있다는 단순한 설명을 한다. 하지만 중국공산당이 다양한 제도적, 조직적, 그리고 그다지 유형적이지 않은 힘을 옹호하고 권위를 표명하는 방식에 대해서도 고찰해 볼 만하다. 철학자 미셸 푸코가 보여준 유명한 내용처럼 권력은 동적이고 복잡하며 유기적이다. 그래서 쉽게 이름표를 붙일 수 없다.[26]

권력은 강성 그리고 연성의 원천을 오가며, 때로는 무력, 때로는 유인을 사용하고, 유혹적인 면과 공포스러운 면을 동시에 드러낸다. 중국공산당의 엘리트 지도부는 권력이 어디에서 오는지, 그리고 이를 얻을 수 있는 최고의 방법이 무엇인지에 대해 본능적으로 이해하고 있음을 보여주었다.

지금까지의 모든 세세한 상황 설명과 중국의 권력 지형을 살펴본 후 떠오르는 질문은 아주 근본적인 질문이다. 결국 이 권력은 무엇을 위한 권력인가? 권력을 위한 권력이라는 대답은 만족스럽지 않다. 어느 시점이 되면 이는 사리사욕 추구로 변질되고, 감정 및 윤리의 붕괴, 그리고 대중의 저항에 직면하고 말 것이다. 물론 이는 자멸을 가져올 뿐이다. 중국공산당은 자신들이 권력을 유지하는 데에는 구체적인 이유가 있다고 말한다. 중국을 위대한 강국으로 만들기 위한 진정한 길과 진정한 생각을 품고 있는 것은 오직 공산당뿐이라는 논리이다. 그리고 지도부는 공산당의 통치하에서 중국은 위대한 강국이 될 것이라고 말한다. 공산당이 중국을 위한 지성적, 문화적, 정신적 비전을 갖추고 있기 때문이라는 것이다. 그래서 민주주의 국가의 지도자들과는 달리 중국공산당 지도부는 국가의 비전에 대해 놀라울 만큼 원대한 주장을 펼친다. 그저 삶의 기준 향상, 더 나은 환경 속의 세계, 평화로운 생활 보장 등의 약속에 그치지 않고 이를 넘어서는 비전을 제시한다. 국민들의 물질적, 문화적, 정신적 필요성을 완벽하게 충족시키는 사회를 만들겠다는 것이다. 이제 21세기에 들어선 지도 벌써 20여 년이 되었지만 중국공산당은 여전히 자신의 이상향적인 뿌리를 지키고 있다. 최근 서구의 정치 지도자들과는 달리 중국 공산당은 여전히 과학적 발전에 대한 신념을 유지하고 있다. 그래서 과학적 발전을 위한 사실, 절차, 규칙 등이 중국을 더 나은 국가가 될 수 있도록 이끌어준다고 믿고 있으며, 이를 통해 중국이 천천히 완벽한 국가의 모습에 접근하고 있다고 생각한다. 마르크스주의 시절부터 공산당은 정반합을 통한 역사적 발전에 대한 신념을 유지하고 있다.

공산당의 비전은 통치의 중요한 요소이며, 공산당의 정통성을 나타내는 주요 원천이다. 하나의 조직으로서 공산당은 (그리고 공산당만이) 전체적 비전을 가지고 있으며 무엇보다 중요한 것은 이를 실현하는 수단이 권력의 독점이라는 점이다. 다당제 의회민주주의 체제에서는 선거 때마다 정치 상황이 바뀔 수 있어 혼란스럽고, 더 나은 미래를 향한 추상적인 생각들을 계획하지만 전체적으로 보아 상황을 조금씩 향상시키려 할 뿐이며 실용적이고 측정 가능한 결과물만 만든다. 하지만 선거로부터 자유로운 중국공산당은 2021년까지 첫번째 '100년 목표'를 달성하기 위해 노력할 수 있고, 2049년 달성을 목표로 이보다 더 원대한 계획을 세웠고 이 비전을 현실화하려는 열망을 가지고 먼 미래까지 가는 길 곳곳에 표식으로 삼을 만한 내용을 정해 두었다.[27] 기업가, 외교관 또는 해외 정부 관료 등 실제로 공산당을 겪어본 많은 사람들은 공산당이 이처럼 이상주의적이고 공상적인 이면이 있다는 사실을 알면 깜짝 놀랄 것이다. 그들의 눈에 비친 공산당은 냉철하고, 편협하며, 무자비한 기계 같았을 것이다. 하지만 그런 시각은 중국공산당이 과거부터 미래에 대해서까지 국민의 감정에 호소하고 마음을 뒤흔드는 이야기를 독차지하는 정교한 방법에 대해 무지한 셈이며, 마오쩌둥 시대 이래로 이어져온 중국과 중국공산당의 열망을 무시하는 것이다. 그리고 시진핑은 이러한 공산당의 과업이 중대 기로에 서 있는 시점에 중국을 이끌어야 할 책임을 맡게 된 사람이다. 이제 시진핑에 대한 이야기를 할 차례이다.

제2장

사람 시진핑

인간은 세 가지 방법으로 진리에 도달할 수 있다. 첫째, 사색에 의해서이다.
이것은 가장 고귀한 길이다. 둘째, 모방에 의해서이다. 이것은 가장 쉬운 길이다.
그리고 셋째는 경험에 의해서이다. 이것은 가장 고통스러운 길이다.

・공자

2012년 이후로 중국 내외에서 정치적 안건을 장악하는 데 성공한 시진핑을 보면 정계에서 그가 부상한 데에는 어떤 불가피한 이유가 있었을 것이며, 지금의 자리에 오르기로 미리 정해져 있었던 것이 아닌가 하는 생각을 떨치기 어렵다. 여기서 우리가 상기해 보아야 할 점은 2000년대 중반까지만 해도 그는 거의 알려지지 않은 인물이었고, 그 후에도 주석 자리에 오를 만한 인물로 이름이 오르내리던 사람들 가운데 유력한 후보도 아니었고, 그저 예상되는 경쟁 상대 가운데 한 명에 불과한 수준이었다. 국내외에서는 중국 정계를 두고 엄청난 정보를 수집하는 공산당이 고도의 심의와 구조화된 과정을 거쳐 최선의 결론을 내리고 그 방향으로 상황을 이끌어나간다고 말한다. 하지만 사실 이는 중국 정계에서도 단편적이고 혼란스러운 과정이 존재하며 신중하게 계획된 결론보다 우연한 결론이 더 자주 내려진다는 수많은 증거들을 무시하는 이야기이다.

1990년대에 시진핑이 중국 주석이 될 것이라고 예견하는 사람이 있었다면 그는 아마 미쳤다는 소리를 들었을 것이다. 시진핑이 얼마나 인기가 없는 인물이었는지 보여주는 일례로 1997년 그가 공산당 중앙위원회 위원 선출 선거에서 떨어진 유명한 사건이 있었다. 후보위원 선출에서도 한 자리 차이로 위원이 될 수 없었지만 정원보다 한 자리를 늘리는 교묘한 수법을 통해 겨우 마지막 자리를 차지할 수 있었다. 2000년대 초반 미국 브루킹스연구소의 청리와 같은 논평가들은 새로 취임한 후진타오 주석의 후임으로는 리커창이 확실할 것이라고 말했다.[1] 시진핑의 아버지는 중일전쟁과 국공내전 동안 마오쩌둥 치하의 군부 주요 장성이었으며, 중화인민공화국 창립 후 첫 10년간 국가 엘리트 지도부의 핵심 그룹 구성원이었다. 시진핑에게 그런 아버지와의 관계는 인생 대부분의 시기에 걸쳐 큰 자산인 동시에 가장 큰 부담이기도 했다. 어린 시절에는 아버지 때문에 배척받거나 피해를 감수해야 했고, 중년이 되어서는 정적들에게 공격당하기 쉬운 표적이 되었다. 구세대의 후광을 업은 전직 엘리트 지도부 후손 무리에 속한 사람이라는 인상을 주기 십상이었고, 이 무리에 대해서는 능력보다는 선대의 후광을 이용해 자기 잇속만 차리는 사람들이라는 시선이 있었기 때문이다.

2012년 시진핑이 광저우를 방문하는 동안 공식 국영 뉴스 통신사인 신화통신은 시 주석의 인생을 성인聖人처럼 설명하면서 여러 급의 정부 기관에서 전반적인 경험을 쌓은 지도자이자 유년 시절이었던 문화혁명 기간에는 하방 생활을 하며 진정한 시대상을 느낀 사람이며 나이가 든 뒤에야 대학에 진학할 수 있었고 그래서 중국의 일반인들과 적당한 연결점을 가진 인물이라면서 '시진핑은 잃어버린 세대의 10대 청소년으로 이 마을(산시성 소재)에 들어와서 사람들을 위한 어떤 일을 하겠다는 각오를 가지고 22세의 청년이 되어 마을을 떠났다', '사람들이 필요로 하는 것들이 시진핑의 가슴을 무겁게 짓눌렀다'

CEO 시진핑

등으로 표현했다. 시진핑이 이런 말을 했다고 기사는 덧붙이고 있다. '공무원들은 자신의 부모를 사랑하듯 국민을 사랑해야 하고, 국민의 이익을 위해 일하며, 국민이 잘살 수 있도록 이끌어야 한다.'[2]

몹시 온정적으로 들리는 데다 이 말을 통해 시진핑을 서민들과 진짜 인맥을 가진 사람, 차지하고 있는 자리를 정당화시킬 수 있을 만큼 구체적인 이야기가 있는 사람으로 표현한다는 점이 놀랍다. 시진핑은 전임자였던 후진타오 주석과는 여러 면에서 다른 인물이다. 아마 가장 두드러지게 다른 부분은 스스로 정치적 타당성을 검증하기 위해서 자신의 인생 및 개인적인 이야기들을 기꺼이 풀어놓는다는 점이다. 그런 이야기들을 통해 자신은 다양한 경험을 쌓았고 평생 동안 중국 농촌 지역의 주민들을 위해 일해 왔으며 그들과 이야기할 수 있고 공산당의 임무에 대해 근원적인 믿음을 가지고 있기 때문에 주석 자리에 오를 권리를 얻었다고 전한다. 시진핑과 당의 이해관계에 대한 이야기가 생략된 부분은 복잡한 설명이 필요하므로 나중에 다시 다룰 예정이다. 하지만 자신을 공산당 최고의 지도자로 묘사하기 위해 자신의 전기를 사용하는 부분에 대해서는 다소 논쟁의 여지가 있을 수 있다. 시진핑은 덩샤오핑이나 장쩌민 이상으로, 그리고 진면목을 알기 어려웠던 후진타오에 비해서는 훨씬 더 자기 자신에 관한 이야기, 특히 자기가 권력을 잡기까지의 여정에 대한 이야기를 많이 하려 애쓴다. 그리고 그런 이야기 속의 많은 부분은 자신과 군부와의 관계, 엘리트 공산당 지도부와의 관계, 공산당 그리고 공산당의 다양한 이야기와의 연관성 등 앞서 제1장에서 다루었던 권력의 원천들과 긴밀하게 관련되어 있다. 또한 점점 더 분명하게 시진핑이 드러내려는 것은 이처럼 다양한 곳에 존재하는 권력을 함께 모으는 방법, 그리고 이를 자신에게 유리하도록 동원하고 사용하는 방법을 자신이 본능적으로 이해하고 있다는 점이다.

어린 시절

시진핑은 1953년 6월 1일 베이징에서 시중쉰과 치신 부부의 아들로 태어났다. 이름에 들어간 '핑平'자는 베이징의 옛 이름, '베이핑北平'에서 따온 글자이다.[3] 시진핑은 4남매 가운데 셋째이다. 위로는 누나가 2명(1949년생 치차오차오와 1951년생 치아난) 있고, 아래로 남동생이 1명(1955년생 시위안핑) 있다. 시진핑의 아버지는 중일전쟁과 국공내전 시기에 군에서 눈에 띄는 활약을 펼쳤고, 1950년대에는 선전부propaganda ministry에서 일했다. 시진핑의 어머니 역시 공산당 간부 출신으로, 시진핑의 출생 및 유아기에 마르크스-레닌주의 연구소에서 일했다. 어머니는 월요일부터 금요일까지 출근을 했고 자주 출장을 가기도 했다. 그래서 어린 시절 시진핑을 주로 돌보았던 사람은 그의 아버지였다.

어린 시절 시진핑은 전형적인 엘리트 계급의 삶을 살았다. 베이징 중심에 있는 베이하이 유치원을 다녔는데, 이곳은 새로 등장한 최고 엘리트 계층의 자녀들이 많이 다니는 유치원이었다. 동기들 중에는 당시 중국의 주석이었던 류사오치, 영향력이 큰 경제학자였던 천윈, 그리고 누구보다 중요한 보이보의 자녀들도 있었다. 어른이 된 후 이들 가운데 상당수가 시진핑의 동지가 되었고, 보시라이(보이보의 아들)의 경우 적이 되었다.

현재 중국은 1950년대를 평온했던 시기로 기억하고 있다. 힘들게 해방을 이루어냈고, 좋은 통치와 이상주의를 누렸던 황금기였다. 마오쩌둥의 통치 초기였던 이때는 1960년대와 1970년대를 너무나 비참하게 만들었던 그의 과도한 권력 본능이 아직 나타나지 않은 때였다. 나라의 통치는 대체로 합의를 바탕으로 이루어졌고, 밝고 멋진 미래를 위해 중국을 일으키고 재건해야 한다는 절박감이 있었다. 중국의 하늘에 구름이 드리우기 시작한 것은 1956년 백화제방운동Hundred Flowers Campaign과 뒤이어 반우운동anti-rightist campaigns이 시작된 이후부터였다. 마오쩌둥은 이 운동들을 통해 막 나타나기 시작한 반대 세력들의 입을 막았다. 하지만 사람들의 말에 따르면 시진핑의 어린 시절은 이렇다 할 사건 없이 즐거웠다고 한다. 유치원을 졸업한 후에는 역시 당시 고위 지도부에서 선호했던 교육기관인 8.1초등학교에 입학했다.

상대적으로 조용했던 시절은 1962년 여름 되돌릴 수 없이 끝나고 만다. 베이징 정계에서는 점점 더 긴장감이 흘렀다. 야심 차게 시작했지만 전혀 도움이 되지 못했던 대약진운동Great Leap Forward의 실패 이후 지도부 내에 균열이 일어나기 시작했다. 중국의 경제적 입지를 향상시키고 선진국들과 어깨를 나란히 하겠다는 취지로 시작한 대약진운동은 지금에 와서는 중국이 스스로를 기근 상태로 몰아넣은 것이라고 본다. 1959년부터 3년간 수백만 명이 고통을 겪었고 무려 5,000만 명이나 사망했다. 대약진운동의 좋지 못한 결과로 인해 1959년 이후로 최고지도부 내부에서는 격렬한 논쟁이 벌어졌으며, 가장 잘 알려진 것은 마오쩌둥과 그의 중요 동지였던 당시 국방부장 펑더화이 사이의 갈등이다. 펑더화이는 농촌 경제가 근본적으로 무너졌다고 말하며 공격했다. 마오쩌둥은 이를 펑더화이가 권력을 잡으려는 시도라고 판단했으며, 그는 잠시 동안 일선에서 물러나 있는 척했지만 단지 때가 오기를 기다린 것뿐이었다.

시진핑의 아버지 시중쉰은 과거 중국 북부 지역에서 군 생활을 했다는 이유로 마오쩌둥에게 좋은 평가를 받았다. 하지만 이로 인해 마오쩌둥 주변의 다른 인물들에게는 눈에 더 띄는 표적이 되고 말았다. 가장 위험한 적은 중국 비밀경찰의 창시자이자 정신병자에 가까운 사람들이 많았던 공산당 핵심 지도부 내에서도 가장 기분 나쁜 인물, 캉성이었다. 캉성은 소비에트연방에서 훈련을 받았고 많은 가명을 썼으며, 어둠의 조직을 장악하게 되자 크게 기뻐했다. 공산당이 국내에서 추방 상태에 처해 생존을 위해 싸우던 옌안 시절 캉성은 마오쩌둥 첩보 조직의 황제가 되었다. 이 시기 캉성은 상당한 정치적 자산을 손에 넣었고 이는 상당 부분 가오강과 같은 마오쩌둥의 정적으로 여겨지는 인물들에 대한 가차 없는 숙청을 추진한 결과였다. 시중쉰의 약점은 그의 지위, 선전부 부부장의 자리였다. 시중쉰이 관할하던 업무 가운데에는 문화 작품 중에 은밀하거나 바람직하지 못한 메시지가 섞여 있지 않은지 점검하는 일이 있었다. 1956년 시중쉰은 중국공산당 설립 초기 혁명 순교자였던 류즈 둥에 관한 소설의 출판을 허가했다. 작가는 궁런출판사 출신이었다. 출판은 광범위한 논의와 수정 작업을 거쳐 이루어졌다. 그러나 이 소설이 출판되었을 때 문제가 된 부분은 가오강을 두고 마오쩌둥의 정적으로 부상한 이후 기본적으로 '환영받지 못하는 인물persona non grata'이 되었으며 드러내놓고 그에 관한 이야기를 하는 것이 전면 금지되었다는 내용이었다. 가오강 자신은 1954년 낙마 후 자살했다. 캉성은 시중쉰의 약점이 드러난 순간을 놓치지 않았다.

캉성이 그 책을 읽지 않았다는 사실에는 의심의 여지가 없다. 뿐만 아니라 그 책의 내용에 대해서도 크게 신경 쓰지 않았다. 다만 책 속에 언급이 금기시되는 인물이 등장한다는 사실 자체가 캉성에게 시중쉰을 공격할 절호의 기회를 주었을 뿐이다.⁴ 문화혁명 시작 후 3년이 지나자 내용이 모호한 문학 작품과 그 주제가 현실에서의 정치적 결과를 몰고 왔다. 시중쉰은 가오강의 사후 명예회복을 주장하는 작품을 지원했다는 혐의로 기소되었다. 마침 마오쩌둥과 그 측근들이 여기저기서 마오쩌둥을 몰아내려는 음모와 시도들을 색출하고 있던 때였다. 시중쉰은 거의 즉각적으로 직위해제되었고, 캉성은 시중쉰의 당적을 박탈해야 한다고 주장했다. 시중쉰에게는 사형 선고나 다름없었다. 하지만 마오쩌둥이 드물게 관용을 베풀어 캉성의 요구를 묵살했다. 시중쉰은 집에서 살림하는 남편이 되어 아이들을 돌보았다. 그에게는 공산당 내에서 직장도 없고 미래도 없었다.

하지만 이보다 한층 더 나쁜 일이 기다리고 있었다. 1966년 문화혁명이 시작되면서 시중쉰이 연루되었던 사건이 재조사를 받게 되었고, 이번에는 그에 대한 혐의가 전보다 더 커졌다. 시중쉰은 '동북 반당 집단'의 핵심 지도자라는 명목으로 기소되었다. 반당 세력에 대한 숙청으로 6만 명 이상이 괴로움을 당했고, 1,000명 이상이 사망했다. 시중쉰은 1966년 초 사실상 베이징에서 추방되었고, 힘든 노동을 통한 '사상 개조'를 받게 되었다. 당시에는 그렇게 생각할 수 없었지만 시중쉰에게는 다시 한 번 운이 따른 셈이었다. 베이징의 정치 온상을 벗어나자 캉성의 관심의 대상에서 벗어날 수 있었기 때문이다. 캉성은 마치 시중쉰을 잊어버린 듯했다. 당시 캉성은 시중쉰 이상의 거물급 인사들, 특히 중요한 인물로는 류사오치 주석과 그의 측근 덩샤오핑을 위시하여 많은 사람들을 관리하느라 정신이 없었다. 덕분에 시중쉰은 폭력적인 '투쟁 회의'를 대체로 피할 수 있었다. 투쟁 회의에서는 군중들이 모여 계급의 적으로 지목된 사람을 격렬히 비난했고, 펑더화이 같은 인물들에 대한 대중의 비판이 쏟아졌다. 펑더화이는 베이징으로 다시 끌려와 화장실에 감금되었고, 100개 이상의 대규모 비판 회의에서 표적이 되어 여러 번 부상을 입기도 했다.

하방 생활을 했던 시진핑의 청소년기

후진타오 주석을 비롯한 대부분의 중국 엘리트 지도부 인사들과는 달리 시진핑의 문화혁명 기간 동안의 삶은 널리 알려져 있다. 그 이유는 아마도 시진핑이 우파에 속해 있었기 때문일 것이다. 그의 아버지가 문화혁명 기간 동안 불명예를 안아야 했다는 것은 시진핑이 당시 만들어졌던 홍군에 가입할 수 없었다는 의미이며, 그래서 홍군의 폭력 활동과 전혀 무관하다는 의미이다. 그는 그 외에도 다른 어떤 급진적인 운동에도 가담하지 않았다. 시진핑이 겪었던 가장 고통스러웠던 일은 청소년기였던 1969년에 가까운 가족과 떨어져 시골로 가야 했던 것이다.

하지만 이는 그에게만 일어난 일은 아니었다. 문화혁명 기간 동안 성장기를 보낸 이들을 정의하는 특징 가운데 하나가 하방下放을 경험한 것이다. 하방이란 농촌 생활을 직접 경험하도록 도시에서 농촌 지역으로 내려보내는 일을 뜻한다. '1968년에서 1980년 사이에 약 1,700만 명의 도시 청소년들이 중학교를 마친 뒤 강제로 시골로 보내졌다.' 하방 현상을 연구하는 프랑스의 학자 미셸 보닌 박사의 설명은 다음과 같다.

> 이처럼 조직화된 대규모 이주는 중화인민공화국 사상 가장 급진적인 정치 운동의 일부였다. 시골로 보내진 청소년들은 원칙적으로 하방 기간이 끝날 때까지 농부의 삶을 살아야 했기 때문이다. (중략) 이 경험은 도시 인구 전체의 인생에 깊은 흔적을 남겼다. 이에 관련된 수백만 명의 청소년의 인생, 그들의 부모, 형제, 자매의 인생을 송두리째 바꾸어놓았고, 도시 사회에 큰 영향을 끼쳤을 뿐 아니라 이처럼 부담스러운 손님을 맞아야 했던 광범위한 농촌 지역에도 큰 영향을 주었다.[5]

보닌 박사의 연구를 통해 하방 생활의 경험이 고유의 이야기와 문화를 만드는 방식에 대해 자세하게 알 수 있다. 당시를 경험한 세대 전체는 아주 특수한 기간에 속했던 소속감을 가지게 되었다. 이 세대에 속한 사람들은 혼란스러움과 가족 해체를 경험했고, 낯선 장소로 보내져 이방인으로 살면서 소외되는 상황을 겪었다. 서구 사회에서 이와 가장 비슷한 경험을 꼽으라면 제2차 세계대전 중 영국에서 도시 청소년들이 시골로 피난했던 일이다. 여러 면에서 중국의 문화혁명은 전쟁으로 보아야 할 것이다. 마오쩌둥의 아내이자 문화혁명의 주요 주창자 가운데 하나였던 장칭이 말했던 것처럼 문화혁명은 '사람들의 영혼을 어루만지기 위한' 행동이었다기보다는 말로 벌이는 전쟁이었다. 하방 생

CEO 시진핑

활을 해야 했던 청소년들은 이 전쟁에 투입된 군사이자 전쟁의 희생자였다. 이 시기를 경험한 이들의 애매모호했던 상태는 오늘날까지 여전히 그대로 남아 있다.

시진핑이 2012년부터 위원장을 맡고 있는 중앙정치국 상임위원회의 위원 7명 가운데 청소년기에 하방 생활을 겪었던 사람은 시진핑 혼자만은 아니다. 리커창, 왕치산, 류윈산 모두 이런 식으로 도시 지역에서 시골로 보내져 그곳에서 교육을 받았다. 또 다른 위원 위정성의 경우 더 분명하게 충격적인 경험을 했다. 그의 여동생은 자신의 손으로 또는 남의 손을 빌려 목숨을 끊었다. 남매의 아버지가 마오쩌둥과 결혼하기 전 장칭의 연인이었다는 이유로 이어진 악랄한 보복성 공격의 결과였다. 시진핑의 경우 부모님과 오랫동안 떨어져 지내는 고통을 감내해야 했지만 적어도 농촌 지역 사회에 속해 그곳에서 새 삶을 일구려 애쓸 수는 있었다.

이 모든 불편함과 괴로움을 감수하며 청소년기에 하방 생활을 했던 경험은 시진핑에게 정치적 이익으로 돌아왔다. 중국 공영 언론 매체에서 다루는 시진핑의 전기 내용에 따르면 이 시기의 경험 덕분에 시진핑은 중국 농촌의 삶에 정통하게 되었고, 농민들의 어려움을 이해할 수 있게 되었다. 2010년 실시한 전국 인구조사 결과에 따르면 2010년에도 여전히 농민은 중국 전체 인구의 거의 절반을 차지했다. 그래서 시진핑은 농민들의 황제와 비슷한 위치(농민들의 황제라는 용어는 때로 마오쩌둥을 묘사할 때 사용된다)에 오르게 되었고, 하방 시기는 그의 인생에 있어 재난이었다기보다 중국의 넓은 농촌 지역이 어떤 상황인지 직접 배울 수 있었던 행운의 시기로 표현된다. 어떤 묘사 속에도 시진핑이 그 기간 동안 얼마나 힘든 상황 속에 있었는지를 보여주는 이야기는 전혀 들어 있지 않다. 하지만 농촌 주민들은 자신들에게 도움이 될 만한 이렇다 할 기술도 없을뿐더러 음식이나 기타 여러 면에서 부담만 될 뿐인 이 청소년들을 그다지 반기지 않았다. 하방 생활을 하면서 농촌 주민들에게 매를 맞거나 괴롭힘을 당하거나 심지어 때로는 살해당한 청소년들의 예는 아주 흔하다. 대다수의 청소년들이 궁핍함과 외로움을 겪어야 했다.[6]

시진핑은 1969년 산시성으로 보내졌다. 그의 입장에서는 또 다른 행운이었다. 산시성은 국공내전 당시 1935년 대장정이 그곳에서 마무리된 이래로 혁명의 핵심 기지가 되었고, 나중에는 현대 중국에서 가장 신성한 장소 가운데 하나로 격상된 곳이기 때문이다. 또한 1949년 이전 시진핑의 아버지가 수년 동안 기반으로 삼았던 장소이기도 했다. 시진핑은 1960년 말부터 1970년대 초까지 량자허라는 작은 마을에서 지내면서 여러 일을 했다. 의료 보조원(당시 중국에 있었던 현상으로 전혀 의료 자격이 없는 사람이 농촌 등 낙후된 지역에서 의료인의 역할을 했다)부터 육체노동자, 농기계 수리공으로도 일했다. 1972년이 되어 중국과 미국 간에 화해 분위기가 조성되고 문화혁명의 강도가 줄어들면서 당시 총리였던 저우언라이에게 부탁한 끝에 아버지를 만나러 갈 수 있었다. 아버지는 여전히 구금 상태였고 5년 전 문화혁명이 시작한 이래로 처음 아버지를 만나는 것이었다. 그로부터 2년 뒤 아버지 문제는 여전히 해결되지 않은 상태였지만 시진핑은 마침내 10여 차례 이상 시도한 끝에 마침내 공산당에 입당할 수 있었다. 하방 생활을 했던 몇 년 동안의 시진핑에 대한 대부분의 설명에 따르면 농촌 지역에서 일하던 당시의 시 주석은 사람들에게 인기 있고 현실에 밝은 사람이었으며, 그 지역을 떠난 뒤에도 량자허 마을과의 인연을 이어갔다. 독서를 즐기는 것으로 알려졌지만 동시에 실용적이며 힘든 육체노동도 할 수 있는 사람이었다. 그리고 나이에 비해 키가 컸으며 베이징 출신이라며 으스대는 태도가 없었다고 한다.

시진핑의 하방 생활은 그 시작만큼 끝도 갑작스러웠다. 그는 '노동자 단체 장학생'이라는 신분으로 공부를 하기 위해 베이징으로 돌아왔다. 노동자 단체

장학생은 사실상 10년 전 교육이 중단되고 대학이나 고등교육을 받을 기회를 잃어버린 이들을 위한 특별 제도였다. 이후 시진핑은 농촌 지역에서 보냈던 시절에 대해 스스로 생각하는 시간을 가질 수 있었고 책이나 공부를 통해서가 아닌 경험을 통한 배움을 얻을 수 있었으며 어느 정도의 강인함과 회복성을 키울 수 있었던 시기였다며 애정을 담아 이야기해 왔다. 시 주석은 7년간의 하방 생활은 자신에게 두 가지를 가르쳐주었다고 여러 번 말했다.

> 첫 번째는 현실적이란 것이 무엇인지, 실사구시란 어떤 의미인지, 그리고 사람의 실제 모습은 어떤지 이해할 수 있었던 것이다. (중략) 두 번째는 내 자신감을 강하게 만든 것이다. 옛 속담에 칼은 돌에 대고 갈아야 날카로워진다는 말이 있듯이 사나이는 고난을 통해 더 강해진다.[7]

하방 시절 시진핑을 알던 사람들의 이야기에 따르면 시 주석은 그 작은 시골 마을에서 인기인이었고 사람들과 잘 어울렸다고 한다. 엘리트 출신이라는 배경은 시골에서의 그의 삶에 도움이 되지도 방해가 되지도 않았다. 그는 독립적이었고 스스로의 힘으로 일어섰다.

그렇지만 부모형제로부터 버려지고 떨어져 있어야 했던 시간은 그에게도 분명히 고통스러웠을 것이다. 그렇기 때문에 시진핑이 그의 운명, 그리고 그와 같은 상황을 겪어야 했던 수백만 명의 운명을 만든 장본인인 마오쩌둥을 그토록 존경하는 모습을 보이는 점이 흥미롭다. 마오쩌둥을 대하는 시진핑의 태도에 대해서는 뒤에서 더 자세히 다루겠지만 여기서 언급해 둘 만한 사실은 시진핑 개인의 입장에서만 생각한다면 마오쩌둥이 권력을 잡고 있던 기간에 그와 그의 아버지가 겪어야 했던 고통 때문에 마오쩌둥을 원망할 만한 온갖 이유를 다 가지고 있는 셈이다. 하지만 시진핑은 간접적으로라도 마오쩌둥을 원망하는 기색이 보이는 발언은 단 한 번도 하지 않았다.

초기의 경력

시진핑이 베이징에 돌아온 때는 마침 베이징에 극적이며 획기적인 변화가 일어나던 시기였다. 1970년대 중반 베이징에는 바그너 오페라의 마지막 장 같은 일이 일어나고 있었다. 중국 신들의 쇠퇴기가 찾아온 것이다. 그 한가운데에는 나이 들고 병들어 허약해진 마오쩌둥과 그런 마오쩌둥을 둘러싸고 서로 다툼을 벌이는 부하들의 파벌이 있었다. 각 파벌들은 마오쩌둥의 죽음을 기다리며 호시탐탐 그의 자리를 차지하려 애썼다.

흥미로운 사건들은 거의 지속적으로 일어났다. 1974년 농촌 지역에서 노동일을 하고 있던 덩샤오핑이 다시 베이징으로 돌아왔다가 1976년 다시 낙마했다. 덩샤오핑의 큰 후원자로 그를 보호해 주던 저우언라이도 인후암에 걸렸고 마침내 1976년 1월 세상을 떠나고 말았다. 적어도 공산당 내부의 역사적 측면에서 이 시기는 마오쩌둥의 부인이 이끌던 급진주의 4인방이 권력을 독점하려는 목적으로 병으로 정상적인 생활을 하지 못하는 독재자를 이용하고 호도했던 때라고 묘사할 수 있다. 물론 당시의 정세는 이렇게 정리하기에는 훨씬 더 복잡했을 것이다. 이 시기 베이징 정계는 혼란스럽고 소모적이었으며, 마오쩌둥이 제시했던 이상향적 정책들은 신뢰를 잃어 중국은 변화의 때가 무르익은 상태였다. 그렇지만 1976년 9월 마오쩌둥이 사망할 때까지는 아무런 변화도 일어날 수 없었다. 마오쩌둥이 사망한 뒤 몇 주 만에 4인방과 그 인맥들은 체포 및 구금되어 그들의 영향력은 역사의 뒤안길로 사라져버렸다.

그 이전 10년의 세월 동안 살아남은 사람들에게는 마치 전쟁이 끝난 듯한 느낌이었다. 자신의 집, 혹은 적어도 원래 집이 있던 자리로 돌아갈 수 있었고, 살아남은 가족들과 재회할 수 있었다. 시진핑의 아버지도 1978년 마침내 베이징으로 돌아올 수 있었다. 아들 시진핑이 명문 칭화대학에서 화학공학 과정의 공부를 거의 끝마치려던 무렵이었다. 하지만 마오쩌둥 치하에서 일어난 살상과 교육 붕괴로 인해 대학 입학 이전의 시진핑은 정식으로 교육 과정을 모두 마치지 못했다. 대학을 다니면서 시진핑에게 큰 도움이 된 일이라면 천시와 친분을 쌓은 것이다. 천시는 시진핑이 1990년대 말 떠오르는 관료였던 시절 그의 박사학위 취득을 도와주었고 이후에도 시진핑의 멘토이자 가장 가까운 친구가 되었다.

칭화대학은 시진핑이 입학하기 불과 10년 전만 하더라도 문화혁명 초기 당시 급진적인 학생 운동의 온상 가운데 하나였다. 하지만 시진핑이 입학할 즈음에는 당시의 류빙 총장이 반마오쩌둥주의라는 이유로 소란스럽기는 했지만 1966년 시진핑의 전임자인 후진타오 주석이 칭화대를 졸업하던 시절처럼 폭력적인 사태가 일어나지는 않았다.[8] 칭화대학 재학 시절 시진핑은 가족의 운이 역전되는 기쁨을 누릴 수 있었다. 1976년 시진핑의 아버지 시중쉰은 공산당의 위대한 엘리트 지도자 가운데 한 사람이었던 왕리의 지원을 받게 되었고 1978년에는 완전히 명예를 회복했다. 그러고 나서 바로 그해 5월에 중국 남쪽 지방 광둥성 제2 서기로 임명되었다. 이곳은 현대 중국의 역사에서 가장 큰 변화가 생겨나는 일선이 막 되려던 참이었다. 당시 중국은 어떠한 형태의 시장 경제 활동이나 외국 자본을 외면하고 기업가 활동을 막으려 했던 그간의 상태를 극적으로 변화시켜 이 세 가지를 전부 받아들이려 했다. 이 과정에서 광둥성이 핵심 장소가 되었고 시진핑의 아버지가 눈에 띄는 역할을 했다.

개혁할 것인가 아니면 사라질 것인가

16세 이후로 중국공산당의 충실한 당원으로 살아왔고 1950년대 반우운동 당시 가차 없는 숙청을 실시했으며, 그 후 1960년대와 1970년대에는 (한 번이 아니라 두 번이나) 무지막지한 실각을 경험한 중국 정치인이 있었다. 21세기 중국 정치의 가장 큰 미스터리 가운데 하나는 이 70대의 인물이 다시 부상하여 중국을 거의 180도 바꿔놓은 변화를 시작한 일이다.

덩샤오핑은 현대 중국에서 가장 유명한 실용주의자로 묘사된다. 공산주의에 대한 헌신보다는 다시 한 번 조국이 발전에 성공하여 강하고 힘찬 모습을 볼 수 있기를 마음 깊이 바랐다. 덩샤오핑이 중국의 변혁에 나선 이유 중 일부는 우리가 상상할 수 있듯이 1960년대 말부터 1970년대까지 그가 정치권에서 쫓겨나 고립되어 있던 어두운 시절에서 기인한다. 시중쉰과 마찬가지로 덩샤오핑도 공산당원 자격을 박탈당하지는 않았지만 영향력을 미칠 수 있는 모든 유효한 자리에서 물러나야 했고 장시성의 트랙터 공장에 갇혀 보잘것없는 일을 하며 지냈다. 좌천되어 장시성에 머무른 지 7년이 지난 1967년 덩샤오핑은 베이징에서 폭력적인 비판 대회에 끌려갔던 아들 푸팡이 불구의 몸이 되었다는 소식을 듣는다. 이와 함께 매일 끝도 없이 계속되는 농촌 지역의 가난과 발전의 부재를 그는 직접 볼 수 있었다. 중국의 유명한 반체제 인사인 웨이징성처럼(역설적이게도 웨이징성은 1970년대 말 엄청난 처벌을 받아야 했다) 덩샤오핑의 머릿속에서는 '20년 이상 사회주의를 표방해 온 나라에서 어떻게 이런 가난이 여전히 존재할 수 있는가'라는 질문이 끊임없이 맴돌았다. 1973년경부터 1974년에 들어설 무렵 덩샤오핑이 베이징으로 복귀하기 이전 시절, 그의 영혼은 분명 깊은 어둠 속에 있었으며, 마음속에서는 자신이 평생 동안 믿어왔던 하나의 공산주의 모습이 다른 모습으로 바뀌었다. 이는 이전까지의 자신의 신

CEO 시진핑

넘을 부인하는 것과 다를 바 없는 일이었지만 공산주의를 버리는 것이 아니라 공산주의와 중국의 성장, 중국 국민의 부유하고 나은 삶을 결합시키려는 바람이 된 것이다.[9]

1976년 마오쩌둥 사망 후 자신의 지위가 점차 회복되면서 덩샤오핑은 높은 명망을 이용해 권력을 다시 잡았고 공산당과 정부 내 주요 자리에 측근들을 심었다. 그가 중용한 사람들은 대체로 계급투쟁을 중시하고 사회에 변화를 강제하는 수단으로 폭력을 사용했던 마오쩌둥주의의 신봉자들보다는 독단적이지 않은 이들이었다. 이미 중국은 그런 일은 겪을 만큼 겪었다고 덩샤오핑은 느꼈다. 이제는 경제 성장을 핵심 임무로 삼는 다른 길을 걸을 때였다. 생각하기에는 간단했지만 그간 수없이 겪었던 고통에도 불구하고 여전히 마오쩌둥의 카리스마를 잊지 못하는 공산당 지도부의 여러 인사들의 생각에는 반하는 아이디어였다.

덩샤오핑과 그를 비롯한 지도부(시중쉰이 핵심 인사였다)에서 일으킨 변화에 대해서는 이미 많이 언급되었다. 그런 관심은 당연한 것이다. 그들은 중국과 세계의 모습을 근본적으로 바꾸었고 오늘날 중국이 누리고 있는 지위를 공고히 하는 데 큰 역할을 담당했다. 여러 면에서 덩샤오핑은 마오쩌둥의 사망으로 인한 권력 공백을 차지하려는 여러 그룹 간의 심각한 파벌 싸움으로 인해 자체 파멸할 위기에 놓여 있던 공산당을 구했다. 병적으로 자기중심적인 정치가들이 다들 그렇듯이 마오쩌둥도 이렇다 할 후계자를 남기지 않았다. 그가 살아 있는 동안에는 자신을 대체할 만하다고 여겨지는 사람들은 전부 망가뜨렸다. 하지만 덩샤오핑은 대단한 생존자였으며, 자신을 위한 순간과 자리를 고르는 데 있어 군사 전략가만큼 명민한 사람이었다. 그로부터 수년 후 '개혁 개방'으로 불리게 된 덩샤오핑의 정책들이 중국에서 금방 받아들여진 것은 아니다. 그보다는 점진적으로 변화가 일어났고 선전부터 주하이까지 중국 본토의 작은 지역들에 마카오, 홍콩, 타이완 등 선진 외부 시장과의 지리적 근접성을 활용할 수 있도록 제조업 지역을 형성했다. 이렇게 지정된 지역에서는 중국에 풍부한 한 가지 생산 요소, 저렴한 노동력을 십분 활용했다. 덩샤오핑 정부에서 시작한 이러한 경제특구Special Economic Zones, SEZs에는 공장들이 우후죽순처럼 들어섰고, 해외 수출을 목적으로 상품들을 만들었다. 이는 간단하지만 엄청나게 효과적인 계획이었음이 확인되었다. 선전 지방은 주로 어업에 의존하던 작고 조용한 지역이었다가 1980년대 중반 40~45퍼센트의 성장률을 보이는 도시로 탈바꿈했다. 선전에는 고층 건물들이 제멋대로 엄청난 속도로 들어섰고 그러다 여덟 번째 건물이 완공된 지 1년이 채 되지 않아 붕괴하고 말았다.[10]

덩샤오핑의 개혁이 처음부터 일반적으로 널리 받아들여진 것은 아니었다. 요즘에는 자주 언급되지 않지만 공산당 지도부 내에는 덩샤오핑의 정책을 걱정스러워하거나 직접적으로 반대하는 간부들도 많았다. 그들에게는 마오쩌둥의 꿈이 여전히 남아 있었다. 가장 치명적인 마오쩌둥주의는 이전 문화혁명의 4인방이 악명 높았던 범죄 행위로 인해 숙청될 때 함께 사라졌다. 하지만 많은 공산당원들이 덩샤오핑의 개혁을 공산주의에 대한 배신이라며 불만을 터뜨리거나 반대했다. 그들에게 자본주의 체제와 해외 자본을 받아들여 제조업을 일으킨다는 것은 가장 근본적인 신념에 반하는 일이었다. 좌파 인사들은 당내 주요 흐름을 강력하게 반대했고, 오늘날까지도 여전히 머리 위로 마오쩌둥식 원리주의의 깃발을 흔들고 있다. 하지만 1980년 광둥성 제2 서기로 승진했던 시중쉰 같은 당원들이 있었기 때문에 중국은 경제 개혁을 밀어붙일 수 있었다.

시중쉰은 어쩌면 경제 개혁에 좀 더 직접적인 공헌을 했을 수도 있다. 많은 사람들이 애초에 경제특구의 아이디어를 낸 사람이 시중쉰이었다고 말한다.

CEO 시진핑

출처는 불분명한 이야기이지만(공산당에서 내놓은 시중쉰의 경력에 대한 공식 자료에서는 어디에서도 이런 이야기가 나오지 않는다) 시중쉰은 광둥성에 시찰을 갔을 때 지역 주민들의 억눌린 기업가 본능을 보았고 이를 이용해야겠다는 생각을 했다고 한다.

1978년 집단 공동체인 코뮌이 해체되고, 그해 '실사구시'라는 이념이 부상하고 자유로운 생각이 가능해지자 시중쉰은 신중하게 지역을 정해 기업의 인큐베이터로 활용하는 것도 나쁘지 않겠다는 생각을 했을 것이다. 만일 실패한다 해도 나쁜 결과는 특정 지역에만 제한적인 영향을 미칠 것이다. 결국 광대한 대륙 국가에서 한 손에 꼽을 정도의 몇 안 되는 도시를 대상으로 삼는 것뿐이다. 하지만 만일 실험이 성공한다면 경제 개혁에 반대하는 진영에 반격을 가할 수 있을 것이며 다른 도시의 롤모델이 될 수 있다. 베이징에서 덩샤오핑과 함께 일하며 공산당 총서기로 새로 취임한 후야오방이 1980년 광둥성을 방문했고 이 아이디어에 확신을 가졌다. 그 후의 일들은 역사가 되었다.

공산당이 권력을 잡은 이래로 가장 성공적이면서 인기를 얻은 정책 변화 과정에 직접 연관이 있다는 점은 시진핑에게 엄청난 정치적 자산이 되었다. 그런 의미에서 이보다 더 큰 아버지의 후광을 입을 수는 없었을 것이다. 극좌주의와 전혀 무관하고(1966년 문화혁명이 일어나기 훨씬 전에 시중쉰은 이미 당내에서 열외 취급을 받고 있었다) 아버지는 경제 개혁을 막 시작하던 때에 개혁파에 속해 있었다. 1978년 이전 시기의 다른 인물들은 모두 과거에 대한 짐을 지고 있다. 당내에서 논쟁이 벌어지는 인물이거나 아니면 다른 정치적 빚을 가지고 있다. 공산당 지도부의 창립 세대에 속하는 '8대 원로' 가운데 한 명인 보이보는 아들 보시라이를 정계에 입문시켰다. 하지만 보이보는 언제나 다른 인물을 공격하곤 했다. 특히 후야오방을 대상으로 삼아 1987년 그를 공산당 지도부에서 몰아내는 일을 지지했다. 하지만 시중쉰에게는 그런 분위기가 없었다. 광둥성에서 일한 기간은 짧았지만 타이밍은 최고였다. 그 덕분에 아들은 '개혁 개방'에 대해 말할 때 강력한 진정성을 가질 수 있게 되었기 때문이다. 시중쉰은 경제 개혁 정책을 추진하기에 위험 부담이 높았던 시절부터 경제 개혁의 한복판에 있었다.

군부 경력

1970년대 말에서 1980년대 초까지 시진핑은 베이징에서 지냈다. 당시 베이징대학에서 법학을 공부하던 리커창과 달리 시진핑은 1978~1979년 겨울에 있었던 '민주의 벽$^{Democracy Wall}$' 운동과 아무런 관련이 없었다. 민주의 벽 운동은 비록 지속 기간은 짧았지만 베이징 시단 지구에 있는 벽에 시민들이 불만이나 정치적 변화를 요구하는 대자보를 붙일 수 있었던 운동이다. 시진핑은 학위를 마치고, 아마도 아버지의 소개를 받아 중앙정치국 위원이자 중앙군사위원회의 핵심 지도부 가운데 한 명을 보좌하는 일자리를 얻게 되었다. 중앙정치국과 중앙군사위원회는 인민해방군을 통솔하는 당과 군부 인사들로 구성된다. 공산당 '무력 통치'의 최종 병기로서 중앙군사위원회는 덩샤오핑의 핵심 정치 자산이었으며, 덩샤오핑이 다른 공식적인 직책에서 전부 물러난 지 한참이 지난 1989년까지도 직접 위원장을 맡았다. 중앙군사위원회에서는 중국의 거대한 군사력에 대한 전반적인 전략 방향을 정한다. 1979년 시진핑이 겅뱌오를 보좌하는 일을 시작했을 무렵 인민해방군에 대한 근본적인 재평가가 이루어지고 있었다. 인민해방군은 1979년 베트남과의 전투에서 참담하게 패배했다. 서남쪽 국경에 이웃한 국가 베트남의 기세에 휘말려 인민해방군은 엄청난 손실을 입었고, 인민해방군의 장비와 대원 모두가 시대에 뒤떨어지고 비효율적이라는 점이 드러났다. 군

CEO 시진핑

전체의 현대화 과정의 일부로 마오쩌둥에 의해 창군되었을 때와 같은 농민 출신의 게릴라 부대에서 현대적인 전쟁 상황에서 전투 능력을 발휘할 수 있는 병력으로 탈바꿈해야 했다. 이를 위해서는 기술적, 문화적, 정치적 변화가 필요했다.

경뱌오는 전통적인 군부 출신 인사였다. 청년 시진핑이 경뱌오를 만났을 때 그는 이미 60대의 매우 존경받는 군인이었으며, 여러 번의 군사 및 정치 전쟁을 겪은 베테랑으로 보였다. 시진핑은 경뱌오의 미국 방문 준비를 도왔다. 경뱌오는 중국의 기술 및 경제 개혁을 위해 롤모델이 될 만한 국가를 둘러보고 아이디어를 찾기 위해 중국 밖으로 나갈 수 있도록 허가받은 지도부 인사에 속했다. 하지만 경뱌오가 중국에 돌아온 후 홍콩이 문제가 되기 시작했다. 1997년 홍콩의 주권이 중국에 반환된 이후 그곳에 군사력과 부대를 주둔시키기 위해 무엇을 할 것인지 생각해야 했다. 덩샤오핑은 홍콩 신계新界(신계 지역은 중국 본토에 속해 있는 홍콩의 일부로, 홍콩 섬과 달리 영국에 영속된 것이 아니라 임대 형식으로 양도된 곳)의 사용 기한을 기존의 99년보다 더 길게 늘려달라는 영국 외교부의 초기 제안을 퉁명스럽게 거절했다. 마오쩌둥은 홍콩의 거취를 두고 '일국양제one country, two system'를 주장했지만 이를 실행하기 위해서는 여전히 많은 세부 사항들을 조율해야 했다. 그 가운데 국방의 역할과 홍콩과 중국이 일관적으로 함께 정책을 시행하는 방법 등이 포함되어 있었다. 경뱌오와 덩샤오핑은 명시적이지는 않았지만 이 문제에 있어 견해의 차이가 있었고, 그래서 전하는 바에 따르면 경뱌오는 1981년 혹은 1982년경 시진핑에게 다른 곳에서 좀 더 장래가 밝은 일을 찾아보라고 말했다고 한다. 자신과 너무 가까이 지내는 것이 빠른 시일 안에 시진핑에게 부담으로 작용할 수 있다고 판단한 것으로 보인다. 경뱌오의 의도가 어땠건 그의 조언은 옳았다. 1983년 시진핑은 군부에서 경력을 쌓는 일을 그만두고 지방에서 일하기 위해 베이징을 떠났다.

그리고 그 후 25년간 다시 중앙 정계 무대로 복귀하지 않았다. 이를 두고 시진핑이 사회생활 초기부터 아주 야망이 넘치는 사람이었고 운명적인 행보라고 생각하기 쉽지만 사실은 아마 그런 의도보다는 실용주의적으로 생각해 이동을 결정했을 것이다. 군부에서 경력을 쌓으면 장래의 선택권이 좁아진다. 중국 사회는 점점 군부가 아닌 민간 위주로 변화 중이었고, 단순한 사실들만 살펴보아도 야망이 있는 사람에게 영향을 줄 수 있는 분야는 군부보다는 다른 분야들이었다.

지방에서 보낸 시간

지금에 와서 돌아보면 1980년대는 개혁의 황금기로 중국이 가장 자유롭고 모험을 즐기던 때였다. 후야오방이 공산당 총서기로서 이 시기의 대부분 동안 집권했는데 그는 현대 중국의 중앙 지도부 인사들 가운데 가장 높은 평가를 받는 사람에 속한다. 후야오방은 남다른 경력을 가지고 있었다. 중일전쟁 때는 일본군에게 잡혀 총살형 집행대에 올랐으나 살아남았고 이후 문화혁명 때에는 정계에서 열외로 배제되기도 했다. 1980년대 런던을 방문한 후야오방을 만났던 어느 영국 정부 인사는 언어의 장벽에도 불구하고 그의 에너지와 카리스마가 자신에게 전해졌다고 말했다.[11]

후야오방은 농업 부문의 근본적인 개혁을 추진하게 되었다. 농부들이 잉여 농작물을 국가에 되팔아 수익을 남길 수 있는 제도를 도입하여 농촌 경제에 대한 국가의 통제를 상당한 폭으로 줄이는 일이었다. 이러한 관리 시장 경제의 도입은 눈 깜짝할 사이에 생산성을 향상시켰다.[12] 거의 20년 동안 비극적인 기근에 시달리는 것으로 알려졌던 국가가 이제 잉여 농산물을 생산하게 된

CEO 시진핑

것이다. 문화혁명 기간 동안 농촌 지역 주민들은 끔찍한 고통을 겪어야 했다. 보통 무법천지였고 잔인한 폭력이 난무했다. 하지만 1980년대에 들어서 중국의 농촌은 변화와 변혁의 장소가 되어 향진기업Town and Village Enterprises, TVEs들을 필두로 기업가 정신이 나타났고 정식은 아니었지만 소규모 비공식 은행들이 이제 막 자라나는 중국의 개인 기업가들에게 자금을 대출해 주었다.

시진핑은 이런 분위기의 세계로 들어온 것이다. 그는 처음에 베이징 근처인 허베이성 정딩에서 일을 시작했다. 관료가 되기 위해 중국의 여러 행정부 가운데 가장 낮은 단계의 행정부를 선택한 것은 폭넓은 경험을 쌓고 바닥에서부터 시작해 위로 올라가라는 아버지의 조언을 따랐기 때문일 것이다. 1982년 중국의 개정헌법이 나왔을 때에도 촌민위원회는 공식적인 위치를 인정받지 못했다. 촌민위원회는 진townships 아래에 속해 있었고 막연히 '반자율 조직semi-autonomous entities'이라고 일컬어졌지만 재정적인 힘은 거의 없었다. 하지만 1987년부터는 직선 개혁을 실시할 정도로 중요해졌다.

촌에는 당시 여전히 중국 인구의 약 85퍼센트가 살고 있었다. 그리고 촌에서 무엇보다 중요한 점은 가장 인기 없는 중앙 정부의 정책을 실행해야 했다는 것이다. 아마 세금 징수와 한 자녀 정책이 가장 대표적인 두 가지 예일 것이다. 여러 면에서 촌 행정부의 지방 관리들은 일선에 서 있었고 많은 이들에게 경험 많은 인물로 보이는 국가의 얼굴과도 같은 존재였다. 보통은 주민들에게 인기가 없고 악랄하고 비도덕적이며 부패한 사람들로 간주되었다. 심지어 2000년대에 들어서 실시한 설문조사에서도 촌 행정부의 지방 관리들은 사람들이 가장 좋아하지 않는 부류의 관리들로 꼽혔고, 형편없는 정책은 이들의 탓이라는 의견이 가장 많았고, 이들이 권력을 남용한다는 결과가 나왔다. 2000년대 초반 안후이성의 두 언론인이 그림을 그렸는데, 자기가 가는 길에 방해가 되는 사람들에게 무자비한 폭력을 행사하는 등 신과 같은 권력을 휘두르는 관리들을 그린 그림이었다. 그렇기 때문에 민초들의 지도자가 된다는 것은 힘들고 험난한 정치 훈련을 받는 길이었다.[13]

아마도 두 가지 요인 때문에 시진핑에게 이 길은 더욱 힘들었을 것이다. 첫째는 베이징에 머무는 동안 홍콩 문제에 깊숙이 관련되어 있던 어느 외교관의 딸과 결혼을 한 것이다. 당시 그 외교관은 영국 주재 중국 대사관에 파견되면서 시진핑을 중국에 남겨둔 채 딸을 데리고 출국했다. 현재 반공식적semi-official인 설명에 따르면 이 결혼이 실패로 돌아간 것은 단순히 두 사람이 같은 집에 살 수 없었기 때문이라고 한다. 시진핑 또한 아내를 따라 외국으로 따라나가거나 동세대에게 처음 열리기 시작한 기회인 해외 유학의 길을 택하지 않았다. 두 사람은 1983년경 이혼했다. 전하는 바에 따르면 시진핑의 전처는 그후 영국에서 수년간 살다가 홍콩으로 이주했다고 한다. 그래서 아주 역설적이지만 가족 문제에 있어 보수적이라는 이야기를 듣는 나라인 중국에서 지난 70년 동안 국가를 이끈 핵심 지도자 5명 가운데 3명(마오쩌둥, 덩샤오핑, 시진핑)이 이혼 경력을 가지고 있다. 반면 자유주의의 보루라고 일컬어지는 미국과 영국에서는 같은 기간 동안의 국가 지도자 가운데 이혼한 사람은 단 2명, 앤서니 이든과 로널드 레이건뿐이다.

두 번째 요인은 좀 더 조짐이 나쁜 일이었다. 오늘날 여러 증언에 따르면 시진핑은 열심히 일하고, 능력 있으며, 인기가 많은 촌 행정부의 관리였다. 산시성에 살았던 경험과 문화혁명 기간의 배경이 좋은 영향을 주었다. 하지만 그의 상사였던 허베이성 공산당 서기 가오양은 눈에 띄게 시진핑을 싫어했다. 가오양이 보는 시진핑은 능력보다는 엘리트 출신의 배경을 이용해 가족의 연줄로 허베이성에 들어온 사람이었다. 전하는 바에 따르면 가오양은 시진핑이 친족등용과 비슷한 특혜를 누렸다고 의심했으며, 시진핑의 리더십 스타일이나 또는 시진핑이라는 개인에 대해 알려는 시간을 거의 갖지 않았다. 그의 의심에는 사실이 어느 정도 포함되어 있었을 수도 있다. 이 시기 베이징의 중앙 정부 지도자들은 후계자 문제에 대해 논의하고 있었다. 이른바 '8대 원로' 세대, 즉 1930년대와 1940년대에 걸쳐 공산당이 권력을 잡고, 1949년부터 온갖 고난을 무릅쓰고 나라를 운영하는 데 중요한 역할을 했던 인물들이 이제 대체로 7~80대에 접어들었기 때문이다. 몇몇은 건강 상태가 매우 좋지 못했다. 하지만 후계자 논의에는 진짜 문제가 하나 있었고, 덩샤오핑이 분명하게 인지하고 있었던 문제는 당내의 고위직을 이들의 자녀로 채우는 일이었다. 문화혁명 기간 동안에는 훌륭한 혁명가라는 점을 주장하려면 기본적으로 혈통이 바탕이 되어야 했고, 출신 가문이 나쁘다는 것은 개인이 짊어질 수 있는 가장 나쁜 오명이었다. 하지만 개혁 시대에 접어든 중국에서 새로 리더의 자리에 오르려는 사람에게 무엇보다 필요한 조건은 출신 배경이 아니라 능력과 기술이 되어야 했다.

이러한 이유 때문에 나이 든 지도부 인사들은 자식들 가운데 한 명이 앞으로 정계에서 일할 수 있도록 자신의 잠재적 후계자로 드러낼 수 있을 만한 자리에 보내기 위해 비공식적으로 손을 썼다. 보이보가 아들 가운데 한 명인 보시라이를 선택했다는 이야기는 널리 알려졌고, 시중쉰의 경우 두 아들 가운데 장남을 낙점했다. 보이보와 시중쉰의 다른 자녀들은 대체로 사업을 하는 쪽으로 미래를 구상했다. 뒤에서 다루겠지만 이 또한 복잡한 문제를 낳았다. 간단히 구조적인 문제만 말하자면 이들이 정계에서 강력한 힘을 가진 친척과 가깝다는 사실이 자명했기 때문에 이를 사업에 이용했고 이는 종종 매우 큰 논쟁을 불러왔다. 중국이 점점 더 부유해지면서 혈연을 이용해 막대한 돈을 버는 문제가 공공연하게 도마에 올랐고 시진핑도 이 문제에 직접 맞닥뜨려야 했다.

이 외에도 가오양이 시진핑을 탐탁지 않게 여길 만한 이유는 얼마든지 있었다. 시진핑은 겨우 서른 살 남짓이었고 낙하산 인사였다. 그리고 시진핑이 지닌 야망도 가오양의 신경을 건드렸을지 모른다. 중국공산당이 권력을 잡은 이래로 대부분의 세월 동안 공산당 엘리트 집안 출신이라는 배경을 가진 사람에게는 여러 가지 혜택이 따랐지만 이는 양날의 검이었다. 문화혁명 기간에는 엘리트 가문들끼리 서로를 공격했고, 이 기간에는 덩샤오핑과 같은 인물과의 관련성은 그다지 좋은 일이 아니었다. 무참히 불구자가 된 덩샤오핑의 아들을 보면 이를 잘 알 수 있다. 후에 상황이 안정되고 난 후에도 고위 지도부의 자녀라는 사실은 어느 면에서는 축복이었고 다른 면에서는 저주였다. 1990년대는 특히 힘든 시기였다. 이때에는 점점 더 많은 사람들이 공산당 인사들이 사리사욕만 채우고 자신의 가족만 돌본다고 느끼게 되었다. 이 같은 공산당의 족벌주의적 이미지는 후진타오 주석처럼 가족이 공산당 전현직 지도부와 아무런 관련이 없는 외부인이 공산당 총서기가 되고 나서야 겨우 조금 나아졌다. 시진핑의 경우 아버지의 존재에 대한 이야기를 거의 하지 않아 왔고, 오늘날에도 그에 대해서는 잘 말하지 않는 편이지만 1997년 시진핑이 공산당 중앙위원회 위원 선거에 출마했을 때 적절한 수를 득표하지 못했던 이유 가운데 하나임에 틀림없다. 적어도 시진핑이 경력을 쌓기 시작했던 초기에는 여러 면에서 엘리트 가문 출신이라는 점과 무관하게 성공을 거두었다. 하지만 그가 집안 배경 덕분에 불공평한 특혜를 누렸다는 주장은 결코 사라지지 않았다.

푸젠성의 나날들

　　　　　　　　　　푸젠성은 타이완 섬을 바로 마주 보고 있는 넓은 해안 지역이다. 역사적으로 이곳은 중국에서 가장 번성하는 무역 지구 가운데 하나로 과거 왕조 시대에는 상인들이 무역을 하러 인도네시아와 남중국해, 동중국해의 먼 바다까지 출항하던 해안이었다. 푸젠성의 주요 도시 가운데 하나인 샤먼은 1980년 경제특구로 지정되었다.

시진핑은 1985년 진 행정부에서 일하기 위해 이곳에 도착했다. 북부 출신인 시진핑에게 푸젠성은 마치 영국인이 업무상 이탈리아에 파견되었을 때 느낄 정도의 문화 충격을 주었을 것이다. 심지어 이 지방의 사투리도 베이징 표준어와는 완전히 달랐다. 음식도 베이징 지방에 비해 육류는 적고, 해산물과 채소가 주를 이루었다. 따뜻한 아열대 기후의 날씨에 여름은 덥고 습하며 겨울의 추위도 그리 혹독하지 않았다.

오늘날까지도 푸젠성에는 다른 지역에 비해 해외 출신의 중국인들이 훨씬 많이 산다. 푸젠성의 긴 해안선은 자연스럽게 더 넓은 세상을 오가는 통로 역할을 한다. 그래서 푸젠성은 개방적이라는 평판을 듣는다. 시진핑이 푸젠성에 갔을 때 그곳 또한 몇 년 전에 시작된 경제 개혁의 바람이 자유롭게 불고 있었다. 푸젠성은 특히 가까이 있는 타이완의 발전된 경제 덕분에 엄청난 규모의 투자와 무역을 유치할 수 있었다. 비록 타이완과는 약 160킬로미터 정도의 해협으로 분리되어 있고 정치적 의미에서는 수백만 킬로미터나 떨어져 있긴 하지만 말이다. 푸젠성에서 시진핑에게는 경험 많고 노련한 지도자인 시앙난과 함께 일할 수 있는 행운이 따랐다. 어느 평론가는 덩샤오핑이 전국적인 '개혁 개방' 정책의 위대한 설계자라면 시앙난은 푸젠성 개혁의 대가이며, 시진핑의 아버지가 광둥성에서 했던 것처럼 시앙난도 자신이 관할하는 푸젠성을 위해 똑같은 일을 했다고 말했다.[14]

샤먼에서 보낸 3년은 시진핑에게 개인적으로 깊은 인상을 남겼다. 그것은 아마도 푸젠성에서 처음으로 '개혁 개방'이 실제로 어떤 의미를 갖는지 실제적인 경험을 했기 때문일 것이다. 북쪽 허베이성의 농촌 지역은 개혁 정책의 실행과는 거리가 멀었다. 하지만 샤먼에서 시진핑은 1980년대에 진행했던 경제 개혁의 최전선에 서게 되었다. 샤먼 시내에는 타이완, 일본, 한국 기업들의 자본을 바탕으로 하는 공장들이 들어서 각 기업의 제품 가운데 일부를 생산했다. 시진핑은 바로 이곳에서 경제 개혁에 의한 부의 창출을 목격했을 것이다. 그리고 동시에 경제 개혁에 따른 부작용도 함께 확인하였다.

시진핑의 인생 경로에서 샤먼은 단순히 일을 위한 근무 장소 이상의 의미를 지닌다. 그는 샤먼에 있는 동안 사랑에 빠졌고, 1987년 9월 두 번째 부인 펑리위안과 결혼한다. 펑리위안은 중국에서 가장 유명한 인민 가수 가운데 한 명이었으며 마오쩌둥의 부인 장칭과 마찬가지로 산둥성 출신이었다. 하지만 펑리위안은 청소년기와 사회 초년병 시절의 대부분을 국립음악학교에서 훈련을 받으며 베이징에서 보냈다. 여러 보도에 따르면 그녀는 시진핑을 처음 만났을 때 그다지 감명을 받지는 않았다고 한다. 결혼 후 부부는 오랫동안 떨어져 살아야 했다. 시진핑은 여러 성을 돌아다니며 지냈고, 펑리위안은 베이징에 머물렀다. 2000년대 말까지도 중국에서 펑리위안은 남편보다 훨씬 더 유명한 사람이었다. 이들의 부부 사이와 인척들의 역학관계에 대해서는 다음 장에서 더 자세히 다룰 것이다.

닝더 : 기본으로 돌아가다

샤먼에는 도시의 활기가 있었다. 하지만 공산당 지도부는 당의 인재 관리를 담당하는 지방 및 중앙조직부를 통해 당원들에 대한 여러 평가와 경력 발전 과정을 점검했다. 점검의 핵심 목적은 지도자들의 경험을 늘리고 승진이 가능한 사람일지 확인하기 위해 새로운 상황 속에서 시험해 보는 것이었다. 그래서 시진핑은 상대적으로 발전된 도시인 샤먼을 떠나 닝더로 보내졌다. 닝더는 푸젠성에서 가장 빈곤한 지역에 있는 진이었다. 비록 지리적으로 더 넓은 곳을 맡게 되었지만 이는 시진핑에게 또다시 고난이 찾아왔다는 뜻이었다. 하지만 어쨌든 승진의 일환으로 이루어진 이동이었다. 이제 시진핑은 지역 공산당의 서기가 되었고, 마오쩌둥 시대 이후 개혁주의자들의 열의에 서광이 비치기 시작하던 시점에 새로운 중압감과 책임을 안고 복잡한 지역을 관장하게 되었다. 당시 물가는 치솟고 있었고, 공산당 부패에 대한 학생들의 불만이 높았다. 그리고 1987년 4월에는 공산당 고위 지도부 내의 갈등이 원인이 되어 전 공산당 총서기 후야오방이 밀려나게 되었다. 이는 또한 후야오방의 정치적 협력자들 가운데 많은 이가 더 이상 아무런 영향력을 발휘할 수 없었다는 의미이기도 했다. 이 가운데 시진핑의 아버지, 시중쉰도 있었다. 시중쉰에게 다시 한 번 먹구름이 드리워졌다. 아이러니하게도 후야오방의 낙마로 인해 가장 큰 이익을 얻은 사람은 시중쉰의 공산당 동료들과 보이보였다. 보이보는 시중쉰이 정치적 성향이 우파로 기울었고 지나치게 자유주의적인 경향이 있다며 열성적으로 비판했고, 시중쉰을 격렬하게 비난하는 모임에 참가했다.

만일 시진핑이 아버지에게 일어난 일로부터 영향을 받았다면 그의 공개 발언에 이 시기의 내용이 나타나지 않았을 것이다. 하지만 나중에 시진핑은 닝더에 있는 동안 자신이 배운 내용에 대해 원대한 주장을 펼쳤다. 시진핑이 '사고를 자유롭게 하고, 좋은 간부에 대한 생각을 키우고, 빈곤에 대처하는 법과 위에서부터 아래까지 마음을 열고 숨김없는 분위기를 만드는 법을 배운' 곳이 바로 닝더였다.[15] 그리고 경제 개혁의 문제점들 가운데 하나인 점점 더 심해지는 관료들의 부패를 직접 경험하게 된 곳도 닝더였다. 결국 중국의 다른 여러 성들과 마찬가지로 푸젠성도 빈곤한 상태에서 출발해 돈을 버는 새로운 방법과 새로운 수준의 부를 경험하게 되었다. 닝더에는 좋은 집들이 들어섰다.

그리고 관료들은 어느 날 갑자기 직업적 지위를 이용해 돈을 많이 벌 수 있었다. 뇌물을 받거나 불법 보수를 챙기는 것이다. 많은 이들이 이를 그저 예전 마오쩌둥 시대에 수십 년간 겪었던 고통에 대한 보상쯤으로 받아들였다. 주로 부동산 개발업자들에게 상업 용지로 개발할 토지를 지방 관리들이 매각하는 과정에서 부패가 발생했다. 이 방식은 이후 25년간 중국에서 가장 많은 논쟁을 불러일으켰으며, 국민들이 가장 싫어하는 일이었다. 그리고 이미 많은 땅이 매각되어 더 이상 돈이 될 만한 땅이 그리 많이 남지 않았기 때문에 강도가 약해지기는 했지만 오늘날까지도 여전히 그 모습은 사라지지 않고 있다. 농민들의 땅을 제대로 보상도 해주지 않고 싼 값에 사들여 공장이나 고층 주거 시설을 짓는 방식은 현금 재원이 부족한 지방 정부에게는 풍요로운 수익처였다. 푸젠성 내 다른 지역과 마찬가지로 닝더도 예외는 아니었다. 1988년 11월 이 지역의 공무원 불법 행위에 대한 기습 단속 기간 중 시진핑은 수천 명의 공무원들이 토지 매각 과정에서 돈을 받고 있지만 이들에게는 그럴 권리가 없다며 불만을 표현했다. 시진핑은 닝더에서 처음으로 공산당과 정부 공무원들이 자신의 배를 불리기 위한 정치를 해서는 안 된다는 논지를 다루기 시작했다.

하지만 1990년 5월 시진핑이 푸저우시의 공산당 서기로 이동할 때까지 상황은 전혀 나아지지 않았다. 푸저우는 푸젠성에서 가장 큰 성도이고 당시 겨우 몇 년간 투자받은 금액만으로도 신공항과 도로, 사회기반시설을 갖춘 화려하고 현대적인 모습의 장소가 되었다. 하지만 1990년은 경제 개혁을 진행하기 쉬운 때가 아니었다. 바로 전해인 1989년 6월 톈안먼 항쟁이 발생하여 수도인 베이징을 발칵 뒤집어놓았고, 대부분의 다른 도시로 사태가 퍼져 나갔다(농촌 지역에 미친 영향은 미미했다). 심지어 샤먼에서도 시위가 발생했다. 2년 전 후야오방이 물러나면서 모습을 드러낸 공무원들의 부패 문제와 이에 따른 불만이 사라지지 않았다. 치솟는 물가는 불에 기름을 붓는 셈이 되었다. 시위

CEO 시진핑

발생 초기에 지도부 내에서 의견 합의가 이루어지지 않아 우유부단하게 구는 사이에 5월 말이 되자 학생들은 베이징 시내 중심부에 완전히 진을 쳤고, 심지어 소비에트연방의 대통령 미하일 고르바초프의 방문에도 지장을 주었다. 덩샤오핑과 공산당 원로 지도부 인사들은 군사 개입을 승인하면서 여전히 당내에서 가장 큰 영향력은 자신들에게 있음을 증명했고, 이 결정으로 약 1,000명 이상이 사망했다(중국 정부는 정확한 사망자 통계를 한 번도 발표하지 않았다).

시진핑의 아버지가 받은 영향은 분명했다. 전하는 바에 따르면 시중쉰은 군사 개입에 반대하는 입장을 취했으며, 그해 4월 심장마비로 사망한 후야오방에 대한 충성을 유지했다고 한다. 나이가 매우 많고 당내에서 상당히 중요한 인물이었기 때문에 시중쉰은 숙청 대신 먼 남쪽 지방의 선전으로 보내졌다. 시중쉰은 그곳에서 사망할 때까지 10년을 살았다. 시중쉰의 아들인 시진핑에게 1989년의 톈안먼 항쟁은 사회적, 정치적 안정성의 문제보다는 베이징의 상황이 몹시 불확실한 가운데 지방 정부에서 경제 발전과 개방의 흐름을 유지할 수 있는 방법을 고민하게 만들었다. 덩샤오핑은 6월 중순의 반란 사태 진압을 이끈 정예 부대에 감사를 표하면서 사태를 촉발시킨 원인 가운데 일부는 중국 밖의 복잡한 국제 정세 탓이라며 불길한 경고를 했다.[16] 그로부터 몇 달이 채 지나지 않아 베를린 장벽이 무너졌고 동유럽의 공산주의 국가들이 무너졌다. 공산주의 자체가 영구적인 공격을 받는 것 같았고, 공산주의를 바탕으로 하는 정부가 유효한 것인지 매우 의심스러워졌다.

1989년 말부터 1990년에 들어서까지 중국이 개혁 전략을 전부 멀리하게 될지 모른다는 두려움이 매우 커졌다. 해외 투자자들이 투자를 철회했고, 중국은 국제사회에서 더욱 외면당했으며, 특히 미국과 유럽연합은 중국에 일련의 무기 금수 조치를 내렸다. 중국공산당에는 장쩌민이 이끄는 새 지도부가 들어섰다. 장쩌민은 이전 상하이의 공산당 서기였는데 그다지 별 볼 일 없는 인물이며 덩샤오핑의 꼭두각시로 여겨졌다(나중에 잘못된 생각으로 판명되었다). 무서운 인물인 덩리췬과 같은 당내 좌파주의자들은 보복의 목소리를 높여 1989년 6월의 톈안먼 항쟁은 중국이 마오쩌둥의 정통주의를 벗어난 결과로, 피할 수 없는 일이었다는 식의 의견을 드러냈다. 중국의 경제성장률은 10년 내 최저치로 떨어졌다.

1992년 초 연로한 덩샤오핑이 샤먼을 포함하여 경제특구 시찰에 나서 중국은 개혁의 길로 다시 나설 것임을 분명히 했다. 시진핑은 덩샤오핑의 유명한 '남순강화'의 현장을 직접 목격했다. 덩샤오핑은 경제특구들을 방문하여 중국이 개혁과 개방을 계속하겠다는 선언과 함께 톈안먼 항쟁과 같은 문제들이 일어나면서 이를 처리하는 지방 관리들에게 힘을 실어주고 지지를 표하려 했다. 시진핑도 그 가운데 한 명이었다. 이는 푸저우 같은 도시도 두 번째 기회를 얻을 수 있다는 뜻이었다. 또한 시진핑의 경력도 더 발전할 수 있다는 의미이기도 했다. 시진핑은 1996년 드디어 부성장이 되어 성省급의 지도부로 승진했다.

성의 관리가 되면서 시진핑은 1997년 전국대표회의에서 전국구인 공산당 중앙위원회의 위원 자리에 출마했다. 이 선거에 대한 논란은 계속되고 있다. 왜냐하면 선거 결과 시진핑은 주요 조직인 후보위원단에 출마한 전체 후보자 가운데 굴욕적으로 151위를 기록했는데 당시 후보위원단의 정원은 150명밖에 되지 않았기 때문이다. 후보위원단에 들어가게 되면 진정한 권력이란 어떤 것인지 경험할 수 있다. 이 문제를 정리하기 위해 후보위원단의 수를 151명으로 늘리는 간단한 방법이 시행되었는데 이는 그때까지 150명으로 유지되던 위원단의 수에 변화가 생긴 것이며 시진핑을 후보위원단에 넣기 위해 공산당 총서기였던 장쩌민이 명령한 것이라는 의혹이 높았다. 2000년이 되어 시진핑은 부성장에서 성장으로 한 번 더 승진한다. 하지만 그 후 2년 만에 중국 북부 해안가에 위치한 저장성으로 옮기면서 이번에는 공산당 서기가 된다. 중국 내에서 널리 알려진 바와 같이 성장보다는 당 서기에게 실질적인 권력이 있다. 사실상 시진핑에게는 스스로 운영할 수 있는 성이 주어진 셈이었다.

저장성에서 : 풍요로웠던 시절

저장성은 푸젠성처럼 초기부터 경제특구로 지정되었던 지역은 아니었지만 원저우 모델을 통해 알려진 바와 같이 세계적으로 유명한 독창적인 기업가 정신이 살아 있는 곳이었다. 저장성에서 가장 낙후된 지역 가운데 하나였던 원저우의 주민들은 오랫동안 가급적 공무원이나 정부에 의존하지 않고 스스로의 힘으로 일어서 세계로 나아가는 길을 닦았다. 1990년대에 들어섰을 때까지 사회기반시설은 미흡했고 교육이나 금융 자산에도 한계가 있었지만 원저우의 주민들은 놀라운 능력을 발휘하여 중국 국내, 그리고 더 넓은 세계로 나아갔고 대체로 가족 중심으로 경영하는 지역 내 수출 기업들을 지원해 줄 네트워크를 구축하며 세간의 큰 주목을 받았다.[17] 원저우의 기업가들은 제조업, 섬유업, 요업에 종사했다. 일부는 베이징으로 가서 사업을 시작하면서 고향에 남아 있는 지인들과 함께 일해 전국 시장에 상품을 판매했고, 또 일부의 원저우 기업가들은 유럽으로 진출하여 큰 성공을 거두었다. 이탈리아 현지의 섬유 업체 상당수가 실질적으로 폐업을 하게 되면서 그 원인이 원저우 출신 기업들과의 경쟁 때문이라는 비난을 들을 정도였다. 이탈리아 북부의 고대 도시 프라토에 중국인들이 쇄도했고 이들 가운데에는 원저우 지역 출신이 많았다. 이 외에도 원저우 기업가들은 뉴욕이나 시드니, 그리고 나중에는 아프리카나 중앙아시아로 진출했다.

전통적으로 저장성은 순수 농업을 기반으로 삼는 지역이었다. 하지만 지리적으로 상하이에 가까웠기 때문에 1990년 상하이가 경제특구로 지정되면서 사실상 그 영역이 저장성까지 확대되었다. 저장성의 당 서기였던 장더장(북한에서 경제학으로 유학을 했다)이 신문에 비국유 부문에는 문제가 많고 정치적 충성심이 부족하다는 글을 신문에 기고하기도 했지만 1990년대 말이 되자 저장성 국내총생산 성장의 70퍼센트 이상이 사기업들로부터 나오는 현상을 막지는 못했다.[18] 해안과 넓은 중서부 내륙 지역 사이라는 지리적 이점 이외에도 시진핑이 당 서기로 부임하기 직전 저장성에는 간접적으로 두 가지 활력소가 생겼다. 첫째는 2001년 중국이 세계무역기구WTO에 가입한 것이다. 이를 통해 경제 개혁과 국제화를 향한 새로운 에너지가 생겼다. 둘째는 기업가들이 공산당원이 될 수 없다는 규제가 사라진 일이다. 2002년 장쩌민은 비국유 부문의 기업가들도 여전히 사회가 점진적으로 발전할 수 있도록 선봉대에 서 있는 세력 가운데 하나이기 때문에 당의 동지이며 그래서 당원으로 가입할 자격이 있다고 말했다. 덕분에 민간 기업가들에게는 새로운 정당성이 부여되었고 저장성처럼 이미 민간 기업가들의 비공식적 영향력과 중요성이 거대한 지역에서는 몹시 중요한 변화였다.[19]

시진핑이 저장성 당 서기로 부임했던 때에는 성의 경제성장률이 모든 인사 평가의 기준이 되는 관행이 절정에 달해 있었다. 환경 문제로부터 사회 문제에 이르기까지 다른 모든 고려 사항들은 그다음 순위였다. 그리고 그 시절에는 마치 틀어놓은 수도에서 물이 쏟아지는 것처럼 경제가 성장했다. 시진핑 업무의 최우선순위는 지역 기업을 지원하는 일이었다. 저장성에는 지역 출신으로 영어 교사에서 기업가로 변신한 잭 마(마윈)가 세운 인터넷 스타트업 알리바바와 같은 기업들이 있었다. 시진핑은 알리바바와 마찬가지로 민간 기업가가 소유한, 떠오르는 내수용 자동차 업체인 지리를 힘껏 도왔다. 10년이 되지 않아 두 기업은 모두 중국 밖에서 이름을 떨치게 되었고 해외에 이름을 알린 기업들 가운데에서도 최고의 기업이 되었다. 2014년 말 알리바바의 창업자는 아시아에서 가장 부유한 사람이 되었다. 하지만 이 모든 정신없는 발전 과정 속에서도 저장성장인 시진핑은 수출 실적 하회와 내부 투자 저하 문제에 시달렸다. 이 문제를 해결하기 위해서 시진핑은 저장성에 맥도날드, 모토로라, 시티은행의 지점을 유치했다. 그가 저장성장으로 근무한 4년 동안 수출은 연간 대비 33퍼센트 성장하는 대단한 실적을 냈고 이는 전국 4위 수준이었다. 또한 시진핑은 거의 2,000개에 달하는 기업들이 해외 116개국에 투자하도록 장려했다.[20] 미국의 작가 로버트 로렌스 쿤은 2005년 중국 지도부에 대한 책을 쓰고 있었다. 시진핑은 저장성의 해외 인지도를 높이기 위해 이 작가와 인터뷰를 하는 동안 미국에 저장성 주간을 만들 수 있도록 협조해 달라는 부탁을 하기도 했다.[21]

시진핑이 저장성장으로 근무하는 동안 아버지 시중쉰이 사망했다. 시중쉰은 여전히 선전에 머무르고 있었지만 1999년 중화인민공화국 창립 50주년 기념행사 때에는 미약하나마 명예도 회복하여 10월 1일 베이징에서 열린 국경절 행사에 참석하라는 초대를 받았다. 시진핑은 효자라고 알려졌으며 아버지의 기대에 부응하는 삶을 살고 싶어 했다. 하지만 부자관계는 자주 외부 세력의 영향을 받았고 이 때문에 문제들이 생기곤 했다. 아들인 시진핑의 입장에서는 족벌주의라는 인상을 줄 수 있기 때문에 아버지를 드러내는 데 어려움이 있었다. 또한 1960년대 초반부터 1978년까지 너무나 긴 세월 동안 부자는 사실상 떨어져 지냈기 때문에 둘 사이가 얼마나 가까웠는지에 대한 문제도 있었다. 이에 대해 시진핑은 아버지를 원망하고 아버지가 자신을 버렸다고 느꼈을까? 아니면 아버지가 당한 일들을 되갚아주겠다고 마음먹고 이를 실현하기 위해 애썼을까? 보시라이가 낙마했을 무렵, 시진핑과 보시라이 사이에는 깊은 적의가 있다는 소문이 돌았다. 두 사람의 집안이 문화혁명 때, 그리고 후야오방이 낙마했을 때 충돌한 적이 있기 때문이다. 후야오방의 낙마 당시 시중쉰은 명백하게 후야오방의 편에 섰고 보시라이의 아버지 보이보는 적극적으로 시중쉰에 반대하는 입장을 취했다. 이 때문에 2010년 시진핑이 충칭을 방문하여 보시라이의 화려함에 대해 매우 긍정적으로 표현하고 보시라이가 충칭에서 진행하는 일들을 극구 칭찬했을 때 묘한 분위기가 있었다. 시진핑과 아버지 사이의 관계가 어떠했는지 우리는 짐작만 할 수 있을 뿐이다. 부자간의 관계와 같은 개인적인 문제가 실제로 어땠는지 시진핑이 우리에게 알려주는 일은 없을 것이다.

예상되는 지도자 후보 :
시진핑, 그리고 리커창, 리위안차오

2005년 즈음 2년 후에 있을 전국대표회의를 준비하는 기간에 2012년 후진타오의 공산당 총서기 임기가 끝났을 때 누가 후임자가 될 것인지 관심이 모아지기 시작했다. 후진타오가 취임했을 때에는 '퇴임한' 전 주석 장쩌민이 끊임없이 간섭하는 바람에 권력을 완전히 행사할 수 있는 자유가 없다는 소문으로 시끄러웠다.

후진타오의 취임 이후에도 장쩌민은 중앙군사위원회에 공식적인 자리를 유지했고 2004~2005년에 중국 정계에서 항상 으뜸 자리에 있었다. 그리고 후진타오 취임 후 첫 중앙정치국 모임에서 후진타오 주변을 장쩌민 자신에게 충성하는 사람들로 채웠다는 추측이 돌았다. 가장 눈에 띄는 인물은 쩡칭훙으로 그는 당시 중국 정계의 스벵가리Svengali(소설 『트릴비Trilby』의 등장인물에서 유래하여 다른 사람의 마음을 조종할 힘을 지니고 있는 사람을 의미-역주)와 같은 사람이었다. 쩡칭훙의 마키아벨리적 방식과 교활한 기술들은 전설적이었고, 그는 중앙정치국 상임위원회의 위원일 뿐 아니라 부위원장의 자리를 맡고 있었다.

후진타오와 장쩌민 사이의 '충돌'에 대해서는 구체적인 증거가 있다기보다는 추측과 소문이 돌 뿐이었다. 하지만 후임 계획은 중요했다. 2007년에 부상하는 사람이 누구든 5년 뒤에 후임자로 발돋움할 것이 거의 확실했기 때문이다. 중요한 문제는 후임자가 될 사람이 발표되었을 때 그의 조직 내 서열이었다. 2007년 직전에는 주로 3명의 이름이 추측 속에 거론되었다. 리커창, 리위안차오, 그리고 시진핑이었다. 그리고 오랫동안 시진핑보다는 리커창이나 리위안차오의 가능성을 점치는 사람들이 더 많았다.

여기에는 여러 가지 이유가 있었다. 첫 번째 이유는 단순하게 리커창이 후진타오와 더 가까운 사이로 보였고, 그래서 공산당 최고의 자리에 오르기 위한 경쟁에서 현직자의 지지를 받을 수 있을 것 같았기 때문이다. 시진핑과 마찬가지로 리커창도 매우 좋은 평가를 받는 성省의 관리로 북동쪽의 랴오닝성부터 중부의 허난성에 이르기까지 다양한 지역에서 근무했다. 그리고 두 사람 모두 어려운 도전 과제를 해결해야 했다. 랴오닝성의 어느 나이트클럽에서 끔찍한 화재가 일어났을 때 지역 공무원의 일처리에 미숙한 점이 있었는데 궁극적으로는 성에서 가장 높은 관리인 리커창이 최종 책임을 져야 했다. 허난성에서의 문제는 더 심각했다. 허난성의 주민들은 돈을 받고 헌혈을 했는데 그가운데 에이즈 바이러스HIV에 감염된 혈액이 있었고 이로 인해 성 내의 일부 지역에서 에이즈 환자 수가 급작스럽게 늘어나는 사건이 있었다. 그런데 이 문제가 오랫동안 제대로 해결되지 못하고 있는 상태였다. 리커창이 허난성에 부임한 것은 이 사건이 터진 후였지만 사건의 후폭풍을 제대로 해결하지 못했다. 이 때문에 리커창은 운이 없는 사람, 더 나쁘게는 위기 대응 능력이 부족한 관리로 보였다.

리위안차오의 상황은 이보다 나았다. 2007년 이전 리위안차오의 주요 행정 경험은 북쪽의 저장성에 이웃하고 있으며 재정 상황이 여유로운 장쑤성의 성장으로 근무한 것이 전부였다. 이곳에서 리위안차오는 진鎭급 관리 선거와 관련하여 많은 개혁을 추진했고 진보주의자들의 칭찬을 받았다. 리위안차오는 동료들에 비해 좀 더 개방적이고 국제적인 관점을 가진 사람으로 비쳐졌는데 그것은 그가 1990년대 하버드대학교 존 F. 케네디 행정대학원에 잠시 다녔다는 사실 덕분이기도 했다.

리커창도 리위안차오도 대체로 당시에 슈퍼 엘리트 지도부 내에서 압도적인 비중을 차지하던 기술 관료 타입은 아니었다. 후진타오 주석 주변의 사람들은 공학을 전공한 경우가 압도적으로 많았다. 하지만 리커창은 법학을 공부했고, 리위안차오는 역사학 전공이었다. 이들은 시진핑과 그다지 공통점이 많지는 않았지만 셋은 모두 공산당 명문가의 자제였다. 리위안차오의 아버지는 상하이의 전직 고위 지도부 인사였고 리커창의 장인은 중국 공산주의 청년단의 중요한 자리에 있었다. 리커창도 이 조직에 가입했었고 1980년대에는 조직 내에서 영향력이 있었다. 사실 리커창은 1980년대에 이 공산주의 청년단에서 자신의 후원자가 될 후진타오를 만났다. 당시 후진타오는 공산주의 청년단의 단장이었다.

2007년이 다가오면서 후진타오의 후임자가 누가 될 것인지의 단서들이 수면 위로 올라왔고 후보자들의 명성도 알려졌다. 시진핑-리커창-리위안차오 트로이카의 존재가 굳건한 가운데 왕양에서 보시라이까지 다른 인물들의 이름도 거론되었고 정기적으로 모습을 드러냈다. 특히 보시라이가 점점 더 중요 인물로 부상하는 듯 보였다. 그는 처음에는 북동 지방의 성에서 모습을 드러냈고 그 후에는 중국 상무부 부장이 되어 세계적으로 진행되던 무역 전쟁에서 중국의 권리를 지키는 모습을 보여줄 수 있었다.

시진핑의 경력을 살펴보면서 신기한 사실이 있다면 대체로 시진핑 본인과는 거의 아무런 상관없이 중요한 순간마다 그의 경쟁자들에게 운이 따르지 않아 결국 상황이 시진핑에게 유리해지는 경우가 정말 자주 있었다는 점이다. 2006년 상하이의 당 서기 첸량위에게 문제가 생겼다는 소문이 돌기 시작했다. 일부 사람들은 첸량위가 중앙정치국 회의석상에서 두어 번 당시 총리였던 원자바오와 소리 지르며 싸웠다고 이야기했다. 주로 상하이 같은 성급 조직을 운영하는 데 허용되는 권력과 관련된 다툼이었다고 한다. 이보다 더 널리 알려진 사실은 상하이시에서는 중국 전역에서 일어나는 문제, 연금 재원 부족 문제를 해결하기 위해 혁신적인 수단을 사용해 오고 있다는 점이었다. 중국의 생활수준이 높아진 데다 정부의 한 자녀 정책 때문에 은퇴 인구에 지급해야 할 재원 문제가 심각해졌다. 그래서 정부 예산 가운데 엄청난 금액이 노인들을 돌보는 데 사용되었다. 이 노인들 가운데 많은 수가 정부 복지 차원에서 또는 대형 국유기업이나 군에서 근무한 경력을 바탕으로 정부의 연금에 전적으로 의존하고 있었으며 항상 정부의 도움을 얻을 수 있을 것으로 기대했다. 하지만 직접세와 간접세를 통해 지방 정부에서 재원을 조달하는 방식과 중앙 정부에 지급해야 할 금액(2000년대 초반부터 인상되었다)이 달라진 데다 사회복지 수요나 다른 공공 지출이 늘어나면서 지방 정부에서는 거액의 연금을 제공하는 것이 점점 더 어려워지기 시작했다.[22]

성급 조직의 혁신은 중국처럼 드문드문 그리고 불규칙적으로 중앙집권화 되는 체제에서는 언제나 다루기 힘든 문제이다. 이 주제는 뒤에서 다시 다룰 예정이다. 개혁 시대에 변화한 정책은 많은 부분 지방 정부에서 기인했다. 가장 대표적인 예가 '농가책임제'이다. 이 제도는 마오쩌둥 사후 안후이성 펑양에서 불법적으로 시작되었고 몇 년이 지난 후에야 전국적으로 허가되었다. 마을 선거 제도도 마찬가지였다. 이 제도는 벽지인 광시성과 쓰촨성 일부 지역에서 처음 시작되어 후에 마침내 넓은 지역에 적용할 수 있게 되었고 중국 전역으로 확대된 것은 그로부터 10년도 더 지난 뒤였다. 아래로부터의 혁신이 시작된 덕분에 중국은 검증된 정책 수단을 가질 수 있었다. 하지만 새롭게 시도하는 모든 정책 가운데 성공적이라는 평을 들어 정부의 윗선에서 채택되는 경우도 있었지만 반면에 실패로 끝나 담당자가 징계를 받거나 관료로서 출세의 길이 막히는 경우가 더 많았다. 중국의 정책 체제는 위험을 부담할 수밖에 없는 구조였음에 반해 실패로 끝난 정책에 대한 처벌이 엄청나게 심했다.

주룽지가 총리로 재직하던 시절 이미 국가 연기금을 만들려는 시도를 했었지만 구조가 너무 복잡하다는 평을 들었다. 그러므로 그로부터 10년이 지난 뒤에도 지방 정부에는 은퇴 연령층에서 신청하는 연금을 지불할 만한 충분한 재정이 있는지 확인할 수 있는 체계적인 방법이 여전히 존재하지 않았다.[23] 첸량위가 이끌던 상하이에서는 연금 재원 확보를 위해 더 많은 상업용 투자 수단을 확보하려고 애썼다. 운용 수익을 연기금에 사용하려는 의도였다. 하지만 중앙 정부의 주장에 따르면 이 정책을 실시하는 과정에서 결과적으로 첸량위가 사적인 용도로 기금을 불법 사용했고 전면적인 부패 행위가 있었다. 베이징 지도부에서 이에 대한 조치를 취하겠다는 첫 번째 경고로 이 연기금 계획 및 투자와 관련 있는 상하이 지역의 기업가를 심문하기 위해 체포했다. 2006년 말이 되자 첸량위의 정치 생명은 끝났다는 소문이 너무 커져 마치 그가 이미 정계에서 사라진 것처럼 보일 지경이었다. 그래서 2007년 초 조사를 위해 첸량위가 정식으로 구금되었을 때는 아무도 놀라지 않았다. 그보다 사람들의 관심은 당시에 정치인들에게 상하이가 경력의 주요 발판이 된다는 점을 생각해서 그의 후임으로 누가 임명될 것인가 하는 쪽에 쏠려 있었다 (첸량위의 경우처럼 제대로 성과를 내지 못할 경우에는 마찬가지로 정치 생명의 무덤이 될 수도 있었다).

그해 말 전국대표회의를 겨우 몇 달 앞두고 아직 중앙정치국의 후보위원에

CEO 시진핑

불과했던 시진핑이 첸량위의 후임이라는 발표가 났다. 이는 마침내 시진핑이 간발의 차로 리커창과 리위안차오를 앞서기 시작했다는 신호였다. 이 때문에 서론에서 설명했던 것처럼 시진핑은 겸손한 자세를 유지하려 무던히 애써 잠재적 경쟁자나 정적들에게 어떠한 꼬투리도 잡히지 않으려 했다. 그래서 전혀 위험 부담이 없고 진부한 일들을 맡았다(예를 들어 사절단과 회의를 하는 일처럼 말이다. 나 같은 사람을 포함해서!). 그의 전략은 효과가 있었다. 2007년 10월 시진핑은 바로 중앙정치국 상무위원회의 위원으로 지명받았다. 이보다 더 중요한 일은 시진핑이 인민대회당의 문 밖으로 걸어 나올 때 리커창보다 몇 걸음 앞서 나오며 리커창보다 한 단계 윗자리를 차지했다는 점이다. 시진핑이 경쟁에서 이긴 것이다. 그가 명백한 후계자가 되었다.

여기에서 후기를 조금 보탠다. 으스스하게 대칭적인 모습이지만 2012년 예정된 지도부 교체와 거의 같은 시기에 새로운 자리를 다투는 경쟁자들 가운데 가장 야망에 불타오르는 인물이자 실질적인 경쟁자인 보시라이가 경쟁 레이스에서 탈락했다. 보시라이의 부인이 영국 사업가 살인사건에 연루되어 보시라이가 정계에서 낙마했기 때문이다. 이에 대한 이야기가 나온 적은 거의 없지만 첸량위와 보시라이의 낙마 모두 시진핑에게 이보다 더 좋을 수 없는 타이밍에 일어나 그가 최대 수혜자가 되었다. 이를 해석하는 두 가지 방법이 있다. 첫째, 중국에서 놀라울 정도로 많이 퍼져 있는 이야기는 지도부 가운데 시진핑을 지지하는 인사들의 의도적인 계획이라는 해석이다. 둘째는 내가 동의하는 해석인데 단순히 시진핑이 억세게 운이 좋기 때문이라는 것이다. 마이클 이그나티에프가 캐나다의 정치에 대해 쓴 훌륭한 저서에서 확실히 밝힌 것처럼 정치의 세계에서 포르투나Fortuna(운명의 여신-역주)는 이루 말할 수 없이 중요한 존재이다. 아마 인간의 다른 어떤 노력보다도 더 중요할 것이다.[24] 그렇다면 사람이 이를 어떻게 잘 활용할 것인가라는 문제가 남는다.

중국 성ோ장의 삶

'누가 현대 중국을 움직이는가?' 라는 질문에 대한 간단한 답은 아마 다음과 같은 것이다. 중국공산당 중앙위원회, 특히 200명 남짓한 위원들이다. 이들을 중국 정계의 엘리트라 부를 수 있다. 이들이 공산당을 운영하며 중앙정치국을 구성하고 영도소조와 같은 조직을 통해 모든 주요 정책 결정 과정에 직접 전략적 조언을 제공한다. 물론 이 대답에는 수많은 주의사항이 따른다. 하지만 본질적으로 중앙위원회가 가장 큰 영향력을 행사하는 단일 조직이다.[25]

최근 중앙위원회 위원은 각 성의 지도부, 중앙 부처의 부장, 군부대의 장군, 핵심 국유기업의 대표, 교수 그리고 싱크탱크의 책임자로 이루어져 있으며, 매우 드물게 비국유기업의 대표가 참여하기도 한다. 이들 사이의 단 하나의 공통점은 모두 공산당원이라는 점이다. 이러한 여러 그룹 가운데 가장 큰 규모는 각 성의 지도부 인사들로 이들이 가장 큰 의결권 블록을 형성하고 있다.

현대의 공산당에 있어 각 성의 지도부는 몹시 중요한 존재이다. 장쩌민, 후진타오, 시진핑 모두 성장 출신으로 공산당 총서기의 자리에 올랐다. 특히 후진타오와 시진핑은 대부분의 경력을 베이징 밖에서 쌓았다. 몹시 다른 모습의 두 사람이지만 최소한 이 부분에서는 공통점을 갖는다. 또한 이해가 되는 이야기이기도 하다. 중국 성들의 주민 수는 세계의 다른 국가의 인구수를 쉽게 뛰어넘는다. 허난성과 쓰촨성의 인구는 각각 1억 명이 넘는다. 이 '성'들의 국내총생산은 유럽이나 아시아 주요 국가들의 국내총생산과 맞먹는 수준이다.[26] 상하이 경제는 핀란드와 비슷한 규모이며 광둥성의 경제는 인도네시아와 비슷하다. 그래서 중국에서 성장은 대단한 존재이다. 성 내의 안정과 번영을 위한 중앙 정부의 최종 노력은 이들에게 달려 있다. 운영 실패에는 즉각적인 비난이 따른다. 잘 자리 잡은 인물이었던 왕러취안이 2010년 신장 자치구 사태를 통해 경험한 바 있다. 2009년 7월 발생한 폭동을 예측하지 못했고 그 여파를 제대로 수습하지 못했기 때문에 그는 자리에서 물러나게 되었고 정계에서도 밀려나 낮은 직급으로 강등되어 베이징으로 이동했다.

성장의 삶은 고되다. 주어진 목표를 달성해야 한다는 압박감뿐만 아니라 이동 발령에 따라 출신지가 아닌 지역으로 가기 때문에 거의 언제나 지역 출신 인사들에 둘러싸인 외부인으로서 일을 해야 한다. 이는 중국의 성급 정치에서 족벌주의의 속성을 약화시키려는 의도적인 구조적 장치이다. 지방 성의 지도자들은 많은 기득권을 가진 것으로 여겨진다. 그래서 지역 출신 인사가 지도자가 되면 해당 지역만을 위하는 좁은 지역주의의 틀을 벗어날 수 없기에 신뢰하기 어렵다. 그리고 지도자에게 간섭하고 압력을 가하는 지역 세력도 문제가 된다. 외부인은 지역에서 '소유'하기가 더 어렵다. 첸량위를 둘러싼 문제 가운데 하나는 그가 경력의 대부분을 상하이에서 쌓았다는 점이었다. 그래서 그는 상하이가 너무 편해진 나머지 거의 자신의 영지처럼 여겨 지나치게 보호하려 들었다. 지방의 성이 지나치게 힘을 키워 베이징과 대결할 수 있다는 마음을 먹기 시작하는 일은 중앙 지도부의 주요 골칫거리이다. 이를 피하기 위해 외부인을 성장으로 임명하는 방법을 쓰는 것이다.

하지만 여기에도 문제가 발생한다. 성의 지도부는 외로운 자리이다. 푸젠성에 이어 저장성에서 근무하는 동안 시진핑에게는 가족과 보낼 수 있는 시간이 거의 없었다. 아내 펑리위안은 베이징에서 화려한 경력을 쌓고 있었고 1993년에 태어난 딸 시밍쩌는 대부분의 시간을 아버지와 떨어져 지냈다(마치 시진핑 자신이 어린 시절의 대부분을 어머니와 떨어져 지냈던 것과 마찬가지였다). 이에 더해 시진핑은 가족들이 자신의 권역으로 들어와 자신의 지위를 이용해 사업을 시작하지 못하도록 매우 큰 주의를 기울였다. 전하는 바에 따르면 시진핑은 상하이에 근무하던 시절 남동생에게 자신이 상하이에 있는 동안 도시를 떠나 있으라고 지시했다고 한다. 그러나 다른 여러 성장들은 이러한 유혹을 뿌리치기 힘들어했다. 신장 지역의 왕러취안에게 가해진 최종 공격은 바로 그가 산둥 지역의 친구들을 자신의 '왕국'으로 들어오도록 하여 부유하게 만들어주었다는 주장이었다.

이러한 문제들이 없어도 각 성의 공산당 서기들은 자기가 속한 세계 속에서 살아가야 하며 일이 잘 풀리면 그 지역을 거쳐 그저 앞으로 나아간다. 자기 경력의 앞길을 망칠 위험 부담이 있는 일에는 거의 관심을 두지 않는다. 또한 해당 지역 인사들이 소외감을 느끼거나 적대시하지 않도록 신경 써야 한다. 그렇지 않으면 이들이 정책 실행 명령을 무시하거나 아니면 방해할지 모르기 때문이다. 부副성장이나 성 내 다른 조직의 수장들, 그리고 모든 행정 직원들이 해당 지역 출신이며 성장이 교체된 이후에도 직원들은 같은 자리에 머물 가능성이 매우 높기 때문에 인기가 없거나 비난이나 공격에 취약한 정책적 변화 실행에 이들을 참여시킬 만한 유인은 더 드물다.

현대 중국에서 성의 지도자들이 이러한 시련 속에서도 성공을 거두었을 경우에 따르는 포상은 매우 크다. 그만큼 시련도 컸기 때문이다. 성과를 내는 사람은 승진을 한다. 이미 많은 성의 당 서기들이 중앙정치국 위원이다. 핵심 권좌인 상무위원회에서 한 발짝 떨어진 곳까지 다가간 셈이다. 2012년 임명된 상무위원회 위원 7명 가운데 6명이 지방 성의 지도부로 경력을 쌓았으며 그 가운데 5명(시진핑, 리커창, 위정성, 장가오리, 장더장)은 인생의 대부분을 베이징 밖에서 지낸 인물들이었다. 그렇기 때문에 중국에서 돈을 벌려면 정계에 입문해서는 안 된다는 시진핑의 말은 옳은 말이다. 금융이나 재정적 권력이 아니라 중국의 진짜 권력에 다가서기 위해서는 이미 고립된 곳에서 자신을 더욱 고립시켜야 하는 힘든 길을 지나야 한다. 하지만 베이징에 입성하기 위한 가장 확실한 방법이 지방 성의 지도자가 되는 일이기도 하다. 그렇기 때문에 이 길을 가려는 사람이 매우 드물고, 여정 중간에 재난과 고난을 경험하는 사람이 그토록 많은 것도 놀랍지는 않다.

정해진 후계자 : 줄타기

성장보다 더 힘든 자리가 하나 있는데 그것은 바로 명백한 후계자 자리일 것이다. 중국의 최고 권력자 자리를 이어받으려 했던 사람들을 살펴보면 탄식이 절로 나온다. 중국 최고 권력의 명백한 후계자 자리보다 실패율이 높은 직업은 드물다. 마오쩌둥의 잠재적 후계자들의 경우 1명은 실각 후 감옥에서 암을 치료받지도 못한 채 버려져 사망했고(류사오치), 또 1명은 쿠데타라고들 말하는 사건을 일으킨 후 국외로 도망치려다 의문의 비행기 사고로 목숨을 잃었다(린뱌오). 오직 마지막 한 사람 화궈펑은 목숨을 건질 수 있었지만 노련한 덩샤오핑에게 압도당해 천천히 밀려나고 말았다. 덩샤오핑도 크게 다르지 않았다. 그가 선택한 후계자들도 약간 더 나은 대접을 받은 정도였다. 후야오방에 대해서는 앞서 이야기했다. 자오쯔양은 1989년 톈안먼 항쟁에 적절하게 대처하지 못했다는 이유로 16년간 가택 연금을 당했다.

세 번째로 정한 후계자에 장쩌민이 될 가능성은 낮아 보였지만 다른 후보자들이 너무 분열되어 있어서 공산당 지도부의 가장 폭넓은 층에서 그나마 제일 반대가 적을 듯하다는 이유로 후계자가 될 수 있었다. 장쩌민 이후 후진타오에게 '승계'된 이유는 후진타오가 사회 초년병 시절에 관료로 근무하면서 덩샤오핑의 총애를 받았기 때문이었고 장엄하게 후계자로 권한을 위임받았다. 이상의 설명을 들으면 점잖고 간단해 보인다. 하지만 사실 2002년 후진타오 취임 이후까지도 권력 승계 과정은 산만했고 장쩌민의 입김이 너무나 오랫동안 남아 있어 후진타오의 권위를 어느 정도 약화시켰다. 다른 어느 곳에서나 마찬가지이겠지만 중국에서 권력은 끊기 어려운 마약 같은 존재이다.

하지만 2012년 권력 승계가 제대로 이루어지면서 2002년 이전의 사례는 바로 잡혔다고 보인다. 중국학의 용어로 말하자면 권력 승계 과정이 '제도화'되었고, 공산당이 더 이상 전능한 지도자의 노리개가 아니라 준수해야 할 규칙과 규정, 그리고 내부 절차를 갖춘 조직이라는 것을 보여주는 가장 중요한 부분이었다. 그렇기는 하지만 2007년 도입된 변화들 가운데에는 2012년 11월 중순 시진핑이 전면에 등장하는 순간까지 불확실한 내용들이 여전히 많이 남아 있었다. 시진핑이 정말로 최종 후계자가 되어 자리를 물려받을 수 있을 것인지 정해진 것은 아무것도 없었고 자동적으로 이루어지는 일도 전혀 없었다.

시진핑에게 처음 주어진 일은 1년 뒤인 2008년 8월 개최될 베이징 올림픽 준비위원회의 의장 자리였다. 해결해야 할 과제가 산더미 같은 자리였다. 보도된 바와 같이 중국 정부는 올림픽 준비에 약 420억 달러를 쏟아 부었다. 수도 베이징을 리모델링했고, 이 과정에서 정부에서 바람직하지 않다고 판단한 많은 수의 주민들을 이주시켰다. 이들은 평생 동안 살아온 집을 떠나 베이징 변두리의 새로 지은 교외 주택으로 이사해야 했다. 보상을 둘러싼 갈등도 격화되었다. 올림픽 준비에 투입된 거액의 예산 가운데 일부가 이미 사라져버린 문제가 있었고 탐욕스러운 공무원들과 그 지인들의 주머니로 들어갔다는 소문이 돌았다. 게다가 공기의 질이 저하되는 한층 더 심각한 문제가 있었다. 베이징은 수년 전부터 나쁜 공기 때문에 주민들이 고통을 겪고 있었고 이제는 올림픽 출전 선수들의 기록을 방해하는 위협적인 존재가 되고 있었다.

2008년에 들어서 대회를 준비하는 과정 내내 일련의 사건들이 발생하여 상황은 더욱 나빠졌다. 4월 말 티베트 자치구의 수도 라싸에서 일이 터졌다. 처음에는 작은 충돌로 보였지만 이내 1987년과 1989년 해당 지역을 뒤흔들었던 폭동과 비슷한 전면적인 사태로 발전했다. 티베트는 1959년 중화인민공화국에 완전히 흡수되었지만 이후 중국 중부 지역에서 언제나 통치가 까다로운 지역이었다. 하지만 국제사회의 이목이 중국에 쏠려 있는 상황에서 이 폭동은 베이징 지도부가 만들고 있는 논리에 벗어나는 행위였기에 특히 문제가 되었다. 중앙 정부에서는 경제 성장의 낙수효과로 티베트와 그 지역 주민들이 현재 상황에 대한 정치적, 문화적 의구심을 내려놓고 부유하고 강한 미래를 위해서는 베이징의 중국 정부와 잘 지내는 것이 최선의 방안이라는 생각을 할 것으로 확신하고 있었다. 하지만 이 생각에 동의하지 않는 주민들이 많았고 라싸 중심부의 많은 건물들이 불태워졌다. 넘칠 만큼 많은 수의 중국 공안이 라싸에 파견되었다. 그 지역에 있던 몇 안 되는 외신 기자들은 수색 끝에 쫓겨났고 관련 뉴스의 유포는 금지되었다. 올림픽 개최까지 4개월밖에 남지 않은 시점에 이는 후진타오 정부에게는 가장 환영받지 못할 뉴스였다.

몇 주가 지나자 반대로 엄청나게 비극적인 소식이 전해져 중국 정부는 국제사회의 동정을 받게 되었다. 중국 남서쪽 쓰촨성 내 원촨 지방에서 대지진이 일어나 8만 명 이상의 주민이 목숨을 잃는 일이 발생한 것이다. 이번에는 원자바오 총리가 처음부터 상황을 지휘했고 피해 지역을 빨리 방문하여 중앙 정부가 피해 복구에 전력을 기울이겠다고 선언했다. 수천 명의 자원봉사자들 (전하는 바에 따르면 여기에는 시진핑의 부인 펑리위안과 아주 어린 딸 시밍쩌도 있었다고 한다)이 구호 기금을 모으는 일을 돕거나 재난 구조 활동에 직접 참여했다. 이는 최근까지도 자원봉사라는 개념이 전혀 없던 사회에서 나타난 최상의 자원봉사 활동이었다. 일본부터 영국까지 해외의 도움도 기꺼이 받았다. 단 하나의 문제는 후에 학교나 공공시설용 건물은 많이 무너진 데 비해 정부 기관의 건물들은 명백하게 더 까다로운 기준으로 건설되어 그 끔찍한 흔들림 속에서도 무너지지 않았다는 점을 제기하며 정부에 불만을 표한 주민들과 사회 운동가들에게 내린 처분이었다. 탄쭤런 같은 사회 운동가들은 이러한 차이점에 대한 의문을 제기했는데 그는 2009년 국가전복 혐의로 재판에 회부되었다. 청두에서 열린 재판에 탄쭤런의 편에서 증언하기 위해 참석했던 예술가 아이웨이웨이는 지역 안보 요원에게 구타당했다.

이 모든 사건들은 외부 세계와 관련된 두 가지 문제와 함께 발생했다. 하나는 아프리카에 있는 중국 국유기업들의 활동에 대한 국제적 비판이 고조된 일이다. 아프리카에서 중국은 도덕관념이 없는 행동으로 비판을 받았는데 이를테면 탐욕과 투자 원칙의 부재로 인해 인권 문제로 비판받는 수단 정권을 지원하는 일 등이었다. 이 때문에 '집단 학살 올림픽'이라는 표현이 생겼고 개막식의 예술 고문을 맡았던 스티븐 스필버그 감독이 사퇴했다. 두 번째 문제는 앞서 설명한 국제사회의 비판과 국내 우려 사항과 관련하여 올림픽 성화가 베이징으로 가는 길에 세계 각국을 지나면서 엄청난 논란에 휩싸였다는 것이다. 다소 순진하게도 성화 봉송 길을 계획한 쪽에서는 성화를 봉송하는 길에 중국, 그리고 중국의 명성에 대해 국제적인 축하를 받을 수 있는 기회라고 생각했던 것이다. 하지만 해외, 특히 미국과 유럽에서 이 문제에 대해 얼마나 다른 생각을 가지고 있는지 매일 확인하는 일이 되었을 뿐이다. 가장 반응이 나빴던 장소는 프랑스 파리로, 시위대가 중국의 여성 장애인 운동선수를 거칠게 밀쳐 중국 내에서 엄청난 언론의 관심을 받았다. 프랑스계 기업들은 공격 목표가 되었고, 왕샤오둥 같은 우파 민족주의 블로거들은 기세등등하게 목소리를 높였다. 왕샤오둥은 그로부터 1년 후 출판된 민중 선동 서적 『중국은 불쾌하다中国不高兴』의 저자 가운데 하나이다. 이들의 시각에서는 해외의 많은 사람들이 중국 같은 아시아의 국가가 다시 부상하는 모습을 적대적으로 바라보고 있다는 사실을 보여주는 완벽한 사례였다. 중국 사람들은 모욕을 느낀 데 따른 강한 분노를 억제하지 못했고 그래서 성화 봉송은 연성 권

력의 정점을 보여주기는커녕 관련된 거의 모든 사람에게 홍보 재앙이 되고 말 았다.[27]

지나고 나서 보니 베이징 올림픽과 관련된 일련의 사건들은 모두에게 굉장한 공부가 되었다. 세계는 새롭게 되살아난 글로벌 강국 중국에 대해 한층 더 깊은 의구심을 지니게 되었고, 중국은 해외 국가들의 이해와 지지를 얻기 위해서는 얼마나 더 노력해야 하는지 명백하게 알게 되었다. 이러한 연성 권력의 전쟁에서 중국 정부와 관련된 행사에 대부분 해외 유학 중인 중국 학생들로 구성된 충성스러운 관중을 실어 와서 목이 쉬도록 응원시키는 정도로는 부족했다. 중국과 세계, 양측이 각각 상대방에게 큰 불만이 있다는 점은 분명했다. 하지만 그렇다고 해서 서구 국가들의 감정이나 생각이 모두 같았다는 결론을 내릴 수는 없다. 영국에 있는 중국 옹호자들은 중국이 지금까지 이룬 업적에 대해 낭랑한 목소리로 긴 칭찬을 늘어놓는 반면 중국에 반대하는 사람들은 자신들이 보기에 사악한 독재 국가일 뿐인 중국 같은 나라가 어떻게 국제사회에서 정당성을 인정받을 수 있는지 모르겠다며 분노에 찬 독설을 내뱉었다. 이러한 의견불일치를 해결할 만한 쉬운 답은 없었다. 하지만 이는 아마 좋은 일이었을 것이다. 2008년 베이징 올림픽 덕분에 이로 인한 다른 모든 일은 차치하고서라도 중국에 대한 판단을 쉽게 내리던 흑백논리에는 작별을 고했다. 자신의 정치적 견해에 따라 쉽게 중국을 칭찬하거나 비난하던 순수의 시대는 끝나고 말았다.

하지만 시진핑에게는 이 모든 논쟁은 비실용적인 일이었다. 그의 최우선순위 과제는 사람들에게 베이징 올림픽은 성공적이었다는 인상을 심어주는 일 뿐이었다. 만일 예상대로 잘 풀리지 않으면 선두에 있는 자신의 자리는 위험에 처하게 될 것이다. 곤란하게도 올림픽 선수들이 참가하는 경기와 달리 시진핑이 치러야 할 경기는 위험성이 아주 높았다. 테러 공격(특히 개막식이나 폐막식 도중)이 한 번이라도 일어나거나, 세계 주요 정상들이 머무는 동안(아니면 어떤 식으로든 이들이 관련된 일이 있을 때) 티베트 지역에서 한 번이라도 시위가 일어나거나, 또는 (아마 이 가운데 가장 나쁜 경우일 텐데) 경기에 출전한 중국 선수들의 성적이 좋지 못했을 경우 그의 야망은 산산조각날 수도 있었다. 하지만 그런 일들은 일어나지 않았고 3주간의 행사는 성공적으로 끝났다. 중국은 사상처음으로 올림픽 종합 순위 1위에 올랐으며 심각한 보안 문제도 발생하지 않았다. 올림픽 경기를 취재하러 온 성가신 외신 기자들의 무리도 이렇다 할 치명적인 기사를 내지 않은 채 다들 돌아갔다. 심지어 베이징의 날씨도 좋았다. 2008년 8월의 올림픽 행사를 통해 가장 큰 이득을 본 사람은 경기장이나 수영장에 있던 선수가 아니라 중앙정치국 위원으로 VVIP 지정석에 앉아 있던한 사람이었다.

체제 안정

물리적으로 올림픽 경기는 베이징과 중국의 다른 여러 도시에 기념비적이지만 대체로 사용하지 않은 경기 관련 시설들을 여기저기 남긴 채 끝났다. 하지만 올림픽 경기는 중국 지도부의 통치 철학에 엄청난 변화를 남겼음은 분명했다. 신장 자치구의 북서쪽에 위치한 광대한 지역인 티베트에서 일어난 봉기는 2009년 7월 다시 한 번 혼란스러운 상황으로 이어졌고 후진타오와 원자바오 등 중국 지도부는 이를 위협적이라고 생각하게 되었다. 티베트 지역의 봉기로 인해 중국 지도부는 조마조마함을 느꼈고, 더욱 통제의 끈을 놓지 못하게 되었다. 그리고 해외 상황에도 더욱 주의를 기울였다. 2000년대 중반 소비에트연방의 위성국가였던 동유럽과 중앙아시아의 여러 나라들에서 발생한 '색깔 혁명colour revolution' 같은 사건이 일어나면 중국의 사상가들과 이들이 조언을 주는 베이징의 지도부 인사들은 다시 한 번 중국 내 상황을 점검했다.

이러한 사건들의 배후에는 해외 세력, 특히나 열성적인 국가인 미국이 사회 불안의 주요 원천으로 지목받았다. 미국과 미국의 동맹국들이 보는 정부가 해야 할 역할과 조치들은 베이징의 중국 정부가 생각하는 것과 달랐다. 이 때문에 중국의 여러 관리들과 정책 결정자들은 미국이 어떤 목적이나 안건을 숨기고 있다고 생각하게 되었다. 그래서 티베트부터 신장 자치구, 타이완, 홍콩, 그리고 심지어 중국 내 다른 지역에 이르기까지 중국 정권을 약화시키려는 해외 세력의 지원을 받는 적들이 있다는 생각이 점점 더 강해졌다.

그리하여 2008년부터 중국은 두 가지 새로운 특성을 보였다. 첫째는 치안을 위한 예산이 급격하게 증가했고 치안 관련 지시가 많아졌다는 것이다. 중앙정치국 위원인 저우융캉의 지휘 아래에 있는 치안 조직들은 점점 많은 중앙 정부의 지원을 받게 되었다. 치안 조직은 엘리트 지도부에 직접 접근할 수 있었고 '안정 유지維穩' 철학을 바탕으로 지지를 받았다. 체제 안정을 유지하기 위하여 불법 행위 주동자나 안정에 위협이 되거나 문제를 일으키는 인물들을 제거하고 이를 사람들에게 본보기로 삼았다. 이러한 움직임을 전형적으로 보여주는 예가 베테랑 반체제 인사인 류샤오보를 체포하여 기소한 일이다. 류샤오보는 중국 정부의 정치 개혁을 요구하는 08헌장이라는 문서를 작성하고 유포하는 데 주도적 역할을 했고, 후진타오 정부는 이를 선동행위로 보았다. 사실 08헌장에 담겨 있는 내용 가운데 공산당의 생각에 반하거나 아니면 하다못해 공산당의 표현 방식에 반하는 문장은 별로 없었다. 하지만 당이 참여한 것도 아니고 최소한 사전에 당과 상의한 정치적 활동이 아니었기 때문에 정부에서는 사나운 반응을 보일 수밖에 없었다. 류샤오보와 08헌장에 대한 죄목은 성문화되지 않은 중국공산당 규칙의 위반인데, 그 규칙이란 바로 중국에서는 정치적 논쟁의 언어를 표현할 수 있는 권리가 오직 공산당에게만 있다는 것이다. 공산당 외의 존재는 당을 위협하려는 의도가 아니고서는 이 영역에 발을 들일 수 없다. 그래서 류샤오보는 자신은 한 번도 공산당에 폭력적으로 맞서려는 시도를 하지 않았고 건설적 토론을 원한다고 말해 왔지만 그의 존재는 국가 안정에 위협이 된다고 받아들여졌다. 사실 더 정확하게 표현하자면 그의 존재는 공산당의 안정에 위협이 되었고 그가 저지른 죄는 여러 면에서 더욱 공산당에게 위협적이었다.

두 번째는 해외의 통치 방식, 시민 사회의 모습, 정치 개혁 방식에 대한 이념적 반대가 한층 커졌다는 점이다. 중국 정부가 스스로를 개혁하겠다는 약속에는 아무런 의문이 없었다. 후진타오 이하의 지도부는 중국에는 여전히 개혁의 필요성이 남아 있다고 말했다. 하지만 중국에서 정치 개혁은 그들만의 방식으로 이루어져야 할 문제이며, 나쁜 의도를 가진 서구식 개혁안을 바탕으로 삼지 않겠다는 뜻이었다. 의회민주주의, 지나치게 입김이 세고 정부에 간섭적인 법원, 또는 사회 안정에 방해가 되는 시민 사회 운동가들은 전부 중국의 평화로운 발전과 강하고 위대한 국가로 부상하는 길에 방해가 될 뿐이라고 생각했다. 오직 공산당만이 소비에트연방이나 이를 따랐던 다른 국가들의 전철을 밟지 않으면서 국가의 목표를 달성할 수 있는 가장 확실한 방법이었다. 그래서 중앙정치국에서 후진타오 다음의 2인자이자 전국인민대표회의 의장직을 맡고 있던 우방궈 같은 사람은 중국은 전혀 서구의 방식을 원하지 않으며 중국만의 개혁의 길을 찾고 싶다는 점을 다시 한 번 주지시키는 이야기를 아주 길게 전하기도 했다.

시진핑은 2012년 취임 이래로 중국을 더욱 국수주의적이고 독단적인 예외주의 방향으로 몰아간다는 비판을 받았다. 하지만 이러한 흐름은 그가 취임하기 전부터 이미 진행되고 있었으며 해외에서 기인한 두 가지 주요 사건, 글로벌 금융위기와 튀니지에서 시작된 중동의 '재스민 혁명Jasmine Revolution'으로 인해 더욱 굳건해졌다. 두 사건으로 인해 중국의 엘리트 지도부와 일반 대중이 가진 자유주의 그리고 다당제 민주주의 체제에 대한 이미지가 더욱 복잡해졌다. 글로벌 금융위기로 인해 미국과 유럽연합의 통치 방식에 따르는 문제들이 보수주의 중국인들의 사고방식에 파고들었다. 그래서 최상의 경제적, 정치적 결과를 가져올 것이라는 가정하에 단순히 외부 모델을 따르는 일은 순진한 짓이라는 것을 알게 되었다. 또한 여러 면에서 중국공산당이 외부 세계에서 얻을 수 있는 도움에 만족할 것이라는 생각을 약화시켰다. 공산당은 설령 경제 분야라 하더라도 중국 내의 문제 발생을 막기 위해 유럽연합이나 미국 같은 주요국에게 의지할 수 없었다. 자유주의를 신봉하는 중국인도 사회 안정과 효율성 측면에서 유럽이나 미국 모델이 최상이라고 주장하기 어려워졌다. 유럽과 미국에서는 진짜 위기를 겪고 있었고 이들 또한 근본적인 개혁 방안에 대한 성찰이 필요했다.

튀니지, 이집트, 리비아를 거쳐 마침내 시리아에 도달한 재스민 혁명은 중국의 지도부에게는 몇 년 전 있었던 '색깔 혁명'에서 얻은 교훈을 강조하는 사건일 뿐이었다. 이 사건들을 통해 미국과 그 동맹국들의 간섭은 영원히 끊이지 않으며 결과적으로 당시 고통받고 있던 국가에 자신들의 이념을 떠맡기는 셈이라는 점을 알게 되었다. 서구 사회에 대한 불신은 사회적 영향력이 큰 중국인들 사이에 점점 더 퍼져 나갔다. 그 가운데에서도 극단적인 생각을 하는 사람들은 미국 정부가 중국의 안정을 해치고 힘을 약화시키기 위한 운동을 벌인다고 확신하게 되었다. 이들에게는 중국이 나아가는 길의 고유성을 강조하고 가능한 한 중국 스스로의 힘만을 사용하는 것이 핵심이었다. 시진핑도 이러한 기준 안에 있는 사람이다. 시진핑은 단지 중국의 독특한 상황에 맞추지 않은 채 해외의 생각을 받아들이는 일은 회의적이라는 점을 계속해서 표현할 뿐이었다. 하지만 이러한 중국의 독특한 속성이 정확하게 어떤 본질을 가지는 것인지 자세한 세부 사항은 거의 알려진 바가 없다. 중국이 자신만의 길을 찾아 자신의 생각대로 일을 처리해야 한다는 구호만이 남아 있다.

2009년은 기념할 만한 해였다. 중화인민공화국 창립 60주년이라는 사실은 즐겁게 기념할 수 있었지만 최근 중국공산당이 전하려는 메시지가 얼마나 복잡해졌는지 강조하기라도 하는 것처럼 1919년에 발생했던 5.4운동 90주년 같은 크게 무리 없는 행사도 간단히 기념할 수 없는 분위기였다. 1919년 당시 중국의 학생들은 제1차 세계대전 이후 체결된 베르사유 평화협정에서 전쟁 기간 동안 중국이 중립을 지켰음에도 중국의 북동 지방이 분할되고 그 일부가 일본에게 넘어가는 등 중국이 부당한 대우를 받자 이에 저항하는 운동을 벌였다. 이는 1839년부터 시작된 제국 열강들의 중국 침입, 그리고 제1차 아편전쟁(1839~1842) 때부터 이어진 모욕감의 연장선상에 있었다. 심지어 독일까지 중국 내 조차지를 받았다. 중국의 학생들은 과학과 민주주의를 외쳤고 이것은 현대 중국 정치사에서 가장 뛰어난 집회 구호였다. 이들의 요구 사항은 세월이 지나서도 변함없이 이어져 그로부터 30년 뒤 공산주의자들이 정권을 잡았을 때까지 지속되었고 이들은 요구 사항의 실행을 약속했다. 하지만 이 시기를 연구하는 역사학자 라나 미터의 이야기를 들어보자.

> 20세기 초반 짧은 기간 동안의 약속에 대한 실행 경험과 그 가능성을 짚어보지 않고서 10억이 넘는 인구를 가진 (중국) 사회가 100년이라는 짧은 시간 안에 얼마나 속속들이 바뀌었는지 이해하기란 불가능하다.[28]

과학에 대해 말하자면 아마 공산당은 약속을 지킨 셈이다. 덩샤오핑의 개혁, 그리고 이를 위한 '4대 현대화' 속에 과학은 권력과 발전이라는 아이디어와 주의 깊게 이어져 있었다. 교육과 산업의 발전은 신세대 중국 과학자들을 지원했고 위대한 혁신가라는 역사 속의 역할을 되찾을 수 있도록 토착적인 과학 능력을 쌓았다. 관련 내용은 영국의 중국학자 조지프 니덤이 집필하고 편집한 총서 『중국의 과학과 문명Science and Civilization in China』에 담겨 있다. 하지만 민주주의의 문제는 훨씬 더 복잡하며, 2009년 5.4운동 기념식은 중국식 특성을 반영한 정치 변화가 핵심 요구 사항이라는 맥락에서 치러져야 했다.

2009년의 기념일 가운데 단연코 가장 큰 논란이 되었던 날은 티베트의 (보는 이의 관점에 따라) '합병' 혹은 '평화적 해방'의 50주년 기념일이었다. 2008년의 혼란스러웠던 소동이 베이징 지도부의 마음속에 아직 크게 남아 있는 가운데 이는 기념하기 쉽지 않은 날이었다. 조촐한 '기념식'이 라싸와 자치구 내다른 지역에서 개최되었고, 베이징에서는 고위급 인사들의 모임이 소집되었다. 여기에는 달라이라마의 대표단도 일부 포함되어 이 지역에서 어떤 일이 진행되어야 할지 논의했다. 그럼에도 불구하고 2009년에는 내내 긴장감이 감돌았고 베이징에서 열린 주요 회의들의 결과 티베트 지역의 관리 방법을 제시한 새로운 가이드라인이 발행되었다. 공산당의 주요 목표는 여전히 체제 안정, 경제 발전 그리고 민족 통합이다.

권력 승계 : 그림자 밖으로 나오다

2012년이 되어 정치권력 승계 시점이 눈에 보일 즈음 시진핑이 가진 자산은 쉽게 알 수 있었다. 곧 다가올 전국인민대표회의에서 은퇴할 사람을 제외하고 그는 공산당 조직 내에서 가장 높은 자리에 있었다. 시진핑을 홍보하는 측에서 중국 여러 지역에서 그가 쌓은 다양하고 깊은 인맥들을 열심히 선전한다는 사실은 이미 알려져 있었다.

2008년경 런던의 한 중국 관영 신문사에서 일하는 어느 기자가 최근 홍콩에서 발행되었다며 시진핑의 전기를 나에게 건넸다. 그는 무엇인가 아는 것 같은 표정으로 이 사람을 지켜볼 필요가 있다며 거창한 설명을 곁들였다. 나중에 다른 지인이 통해 들은 이야기에 따르면 기자라고 칭하는 사람 가운데 많은 수가 중국 국가안전부를 위해 일한다는 의심을 받고 있다고 했다. 사실상 이들은 스파이였다. 그렇다면 이들은 아마 기자보다 훨씬 더 많은 정보를 알고 있었을 것이다.

이런 식으로 메시지를 얻게 되다니 흥미로운 일이라고 생각했다. 하지만 시진핑이 이런 지원을 받는 이유가 무엇인지 궁금해졌다. 그는 후계자로서 마지막 숙제인 베이징 올림픽 준비위원장 자리를 꽤나 뒤늦게 맡았다. 하지만 해외에서 시작해 2008년을 강타했던 글로벌 금융위기가 중국의 눈앞에도 희미하게 모습을 드러냈을 때 앞장서 이에 대응한 사람은 시진핑이 아니었다. 그리고 부총리로서 복지와 거시경제 발전을 담당했던 동료 리커창과 달리 시진핑은 곤란한 사회 문제에 관련되지도 않았다. 해외에서 리커창을 제일 유명하게 만든 사건은 그가 2010년 멕시코를 방문했을 때 '이미 많은 발전을 이룬 외국인들이 중국을 공격하는 일밖에는 잘하는 일이 없다'는 불만을 크게 쏟아낸 일이었다. 보시라이가 실각했을 때조차 시진핑의 모습은 잘 보이지 않았다. 정말 문자 그대로 그는 2012년 9월에는 거의 2주간 모습을 감추었다. 거의 신과 같은 존재인 당시 미국 국무장관이었던 힐러리 클린턴을 만나기로 한 약속도 취소했다(나중에 힐러리 클린턴 팀의 어느 직원이 나에게 해준 이야기에 따르면 이 일로 인해 미국인들이 특히 분노했다고 한다. 처음에는 시진핑이 일부러 이 약속을 무시했다고 느꼈기 때문이다). 전국인민대표회의는 11월에나 열리기로 되어 있는데 어째서 시진핑은 그렇게 강력한 지위에 이미 올라 있었나? 경쟁자들은 가지지 못했지만 그가 가지고 있던 비결은 무엇이었나?

CEO 시진핑

이 질문의 답을 구하는 데 있어 가장 큰 문제는 2012년 권력 승계 이후로 수억 개의 단어로 갖은 글이 나왔지만 기저의 내용 가운데 확연한 사실은 하나뿐이라는 점이다. 권력 승계 과정은 동시에 이를 위한 규칙이 정해지는 과정이었다. 선례를 살펴보면 약간의 정보를 얻을 수 있었지만 단지 어느 정도에 불과했다. 공산당 중심에는 분명한 후계자에게 정당성을 부여하고 이후 지명을 하는 방식과 과정을 정리한 매뉴얼이나 깔끔한 규정집 등이 없었다. 하지만 이전부터 사용해 온 업무 처리 방식은 있었다. 예를 들어 공산당은 특정 자리가 비었을 때 언제까지 후임을 임명해야 한다는 일정 제한이나 추상적으로 모든 계급의 공산당원 전부와 상의한 후 이 자리에 누구를 임명해야 할지 의결하고 당원들의 생각을 조사하여 정리, 반영한다는 추상적인 약속 등이다. 그러나 2012년이 지나자 중국공산당은 정량화할 수 있는 결과가 나오는 내용(예를 들어 공산당원 투표수)을 명확한 내부 규칙으로 정하는 조직이라기보다 그 안에서 복잡하고, 대체로 눈에 보이지 않는 화학 반응 같은 것이 일어나는 조직이라는 인상을 받았다. 이러한 이해하기 힘든 과정을 거쳐 어떻게든 질문의 답이 나왔지만 그 답은 결코 2~3명 또는 그 이상의 후보자 이름을 칠판에 적고 투표를 하여 가장 득표수가 높은 사람을 승자로 발표하는 방식처럼 보이는 그대로의 방식을 절대 따르지 않았다. 그보다는 어떤 이견이 있을 때 천천히 사람들의 마음을 다루어 움직이고, 합의를 도출하려는 시도를 하며, 마법처럼 최종 결과가 나올 때에는 관련된 모든 사람들에게 선출 과정에 참여하고 기여했다는 느낌을 주는 방식이다. 비록 이 결과가 어떻게 나왔는지 또는 누가 후계자가 되는 것이 좋을지에 대한 자신의 생각이 결과에 어떤 영향을 주었는지 알 수는 없지만 말이다. 이렇듯 중국의 권력 승계는 보기 드문 방식으로 이루어지며 당원들끼리 서로를 납득시키기도 하고, 이해하기도 하면서 거의 유기적인 과정을 통해 이루어진다. 그래서 이는 정치학의 영역이라기보다 마법의 영역에 더 가깝다.

결국 이 모든 과정 속에는 하나의 대단히 중요한 타당성이 들어 있고, 이를 위해 다른 모든 고려 사항은 뒤로 밀린다. 역설적이게도 공산당에게 지극히 중요한 체제 안정의 문제로 귀결되는 것이다. 공산당이 때로 상당한 물리력을 동반하여 중국 사회에 '안정 유지' 규칙을 강제하는 것과 마찬가지로 공산당 내부에도 통제가 불가능한 갈등이나 당내 투쟁 또는 분파가 생겨나지 않도록 스스로에게 제약을 가한다. 보시라이가 실각하던 무렵 이에 대한 우려가 가장 고조되었다. 이때에 당내, 특히 엘리트 그룹 사이에 각자의 몫을 두고 경쟁하는 분파가 있다는 점을 믿을 수밖에 없는 진짜 이유들이 나타났기 때문이다. 공산당은 여러 측면에서 한 지붕 아래에서 잘 지내려 애쓰는 정치적 연합체이다. 표면상으로는 조화를 이루고 있지만 실제로는 그렇지 않다는 사실을 보여주는 시나리오는 얼마든지 있다. 보시라이의 경우 적어도 자신이 근무하던 지역에서는 대중의 지지를 받았고 인기가 높은 지도자였다. 적절한 비용의 주택affordable housing 제공이나 근로 환경 개선 등 인기 있는 정책들을 실시했고 일반 민중을 이해할 수 있는 사람, 그들의 목소리에 귀를 기울이는 사람이라는 느낌을 주었다. 하지만 공산당 내 엘리트층에서는 설령 그를 지지하겠다는 무모한 생각을 떠올리는 사람조차 지역주의적 이득을 얻기에 적합하지 않은 시기에 집단주의 공산당을 내파시킬 위험을 고려하여 한 번 더 자신의 선택을 재고할 수밖에 없었다. 보시라이의 처벌을 두고 불만을 표시한 사람은 저우융캉 한 사람뿐이었다는 소문으로 미루어 당내에 반대 의견도 있었을지 모른다고 짐작할 뿐이다.[29] 전체적으로 공산당의 엘리트 당원들은 체제 불안정을 불러올지 모른다는 불안감을 바탕으로 그들만의 질서를 흐트러뜨리지 않으려 애쓴다.

시진핑의 권력은 어디에서 오는가?

앞서 제1장에서는 현대 중국에서 권력의 원천은 무엇인지에 대해 다루었다. 그 내용을 다시 살펴보면 권력의 각 원천과 시진핑과의 연관관계와 그가 각 권력의 원천으로부터 어떻게 지원을 받고, 어떻게 정치 그리고 힘의 자본을 얻는지 그 방법을 알 수 있다. 권력의 원천은 크게 두 가지로 나뉜다. 제도적, 유형적, 물질적 원천(공산당, 중앙부처 및 행정부의 권한, 그리고 인민해방군)과 추상적, 무형적, 이념적 원천(이야기의 통제, 새로운 이념, 표현 방식과 감정적 호소)이다.

중국 인구는 13억이 넘지만 실제로 공산당 총서기 자리를 다투는 사람은 극소수에 불과하다. 이 자리에 오르려면 일단 공산당원이어야 한다. 그러면 13억이 8,200만으로 줄어든다. 다음으로 일정 연령이 넘어야 한다(50세 이하의 사람이 받아들여질 확률은 극히 희박하다. 행정 훈련과 실적이 매우 중요한 시스템 속에서 낮은 연령은 경험 부족을 의미하기 때문이다). 그리고 군 관련 인사들은 대상에서 제외된다. 마찬가지로 중앙위원회 위원이 아닌 사람은 후보가 될 수 없다. 그러면 8,200만 명이 200명으로 줄어든다. 사실 중앙위원회 위원 중에서도 중앙정치국 소속이 아닌 사람은 고려하기 힘들다. 여기서 200명이 24명으로 줄어든다. 여기 24명 가운데 2012년 기준 절반의 위원이 은퇴를 앞두고 있었으며, 후보자는 어쨌든 상임위원회의 위원이어야 했다. 이 조건을 충족시키는 사람은 단 2명, 시진핑과 리커창뿐이었다. 이렇게 따져보면 중국에 엄청나게 많은 지도자 후보가 있을 것 같아도 실제 가능성이 있는 경우는 거의 없다시피 하다.

그렇다면 리커창과 시진핑의 차이는 무엇이었는가? 이는 후원을 얼마나 받았는가라는 단순한 질문이 아니다. 사람들은 시진핑을 '장쩌민의 남자' 그리고 리커창을 '후진타오의 남자'라고 부르기도 했다. 일각에서는 덩샤오핑이 미래의 지도자로 후진타오를 골랐던 것처럼 장쩌민도 차차기 후보를 지정할 수 있었을 것이라는 주장도 있었다. 이는 단순하고 간결하여 솔깃한 생각이 드는 주장이지만 후보 결정 과정을 지나치게 간단하게 표현했다. 지도자 후보에게는 후원자가 있을 수도 있겠지만 그 외에도 다른 여러 요소들이 필요하다.

제1장에서 이야기했던 권력의 원천을 보면 유형과 무형의 원천, 상징적 그리고 실제적 원천이 있는데 시진핑에게서 나타나는 흥미로운 모습은 권력의 여러 원천들을 함께 결합하여 이용한다는 점이다. 확실히 그는 아버지로부터 공산당 엘리트 계층 내의 알찬 지지 인맥을 물려받았다. 후야오방을 중심으로 하는 좀 더 자유주의적인 세력과 덩샤오핑, 거슬러 올라가면 마오쩌둥에까지 이르는 공산당의 창립 중심에 있는 전통적인 세력의 인맥을 함께 물려받았다. 이를 통해 적어도 시진핑이 당내에서 잘 알려진 사람이라는 것, 그리고 이미 구축된 인맥을 통해 당내 엘리트들에게 접근이 가능하다는 점을 알 수 있다. 하지만 여기에는 또한 이야기의 문제도 있다. 시진핑과 비슷한 인맥을 가진 사람은 얼마든지 있다. 예를 들어 보시라이나 위정성, 왕치산(혼맥)이 있다. 중국에서는 이전 지도부의 후손들이 결국 정계에 입문하는 경우가 많다. 이것은 드물지 않은 일이다. 그런데 왜 그 많은 사람들 가운데 시진핑이 주석의 자리에 오를 수 있었는가? 그의 아버지가 적이 별로 없고, 당원들의 폭넓은 지지를 받았으며, 당내의 험악한 당원 청산 활동에 참여하지 않았고, 공산당의 통치를 위한 수상쩍은 일이 아니라 긍정적이고 개혁을 추구하는 활동을 펼쳤다는 사실과 관련이 있는가? 공산당 엘리트 가문 출신이라는 사실이 언제나 도움이 되는 자산인 것은 아니다. 때로는 그 사실이 문제가 되기도 했다. 과거의 공산당 지도부 인사들은 그다지 유쾌하다고는 할 수 없는 일을 수없이 해야 했고 후손들이 정계에서 미래를 기약하려 할 때 그러한 선대의 과거에 발목을 잡힐 수도 있었다. 시진핑의 아버지는 상대적으로 과거에 큰 문제가 없는 편이었다. 하지만 시진핑의 성공이 오직 아버지의 지원 때문이었다는 주장도 증명

CEO 시진핑

하기 어렵다. 그 주장이 사실이라면 시진핑은 보다 안전한 길을 택했을 것이고 1980년대 초반부터 그대로 군에 남아 거기에서 화려한 경력을 쌓았을 것이다. 그가 지방 행정부로 이동했다는 사실로 미루어 보아 적어도 그는 스스로 어느 정도 본능적인 정치적 야망이 있었던 것 같다. 시진핑은 중국의 진정한 권력은 결국 군에 있는 것이 아니라는 사실을 알았고, 이에 지방 행정부로 내려가는 위험을 감수하기로 했다. 이런 선택을 하는 사람은 드물었다.

일반 대중, 나아가 일반 공산당원에게는 시진핑에게 자신만의 이야기가 있다는 점이 그다지 중요하지 않았지만 공산당 엘리트 리더들 사이에서는 중요한 의미가 있는 일이었다. 시진핑에게는 아버지의 이야기에 더해 자신의 이야기가 있었다. 덕분에 시진핑은 몹시 중요한 권력의 원천인 제도적 지지를 얻었다. 2007년 중국공산당은 차기 지도자 후보 가운데 시진핑을 전면에 내세웠고 이후 5년간 그를 지원했다. 그때까지는 시진핑이 원만하게 성공가도를 달리는 것이 공산당의 집단 이익에 도움이 되었기 때문이다. 만일 그러는 사이 시진핑에게 어떤 문제가 발생했다면 그때는 물론 그가 뒤로 밀리거나 또는 아예 사라질 수도 있었다. 외부인인 우리는 중국공산당의 후계자 선발은 확실한 철칙이 존재하지 않는 하나의 과정이라는 점을 잊어서는 안 된다.

이에 더해 시진핑은 또한 이념적인 호소를 했다. 여기서 나타나는 중요한 특징은 그의 이념이 대담하거나 장대한 새로운 생각이 아니라 공산당이 중심이며, 덩샤오핑 개혁주의의 연장선상에 집요하게 매달려 있고 공산당의 뿌리인 마오쩌둥에 대한 존경을 잃지 않는다는 점이다. 2007년에서 2012년에 걸쳐 시진핑이 제기했던 한 가지 주제는 공산당은 인민을 섬겨야 하며, 공산당이 맡은 주요 책임은 인민이라는 내용이었다. 그는 2012년 말 신화통신과의 인터뷰에서 인민은 '부모'처럼 대해야 한다고 말했다.[30] 이는 인민이 핵심이라고 말했던 후진타오의 의견과 같은 선상에 있지만 시진핑의 인민주의자적 배경으로 인해 후진타오보다 한층 더 빛이 난다. 시진핑은 비록 인민 계층 출신은 아니지만 적어도 다른 방식으로 이 주제를 표현할 수 있는 길을 걸어왔으며, 그래서 자신의 생각에 주인 의식을 가질 만하다.

또한 시진핑이 지방의 성에서 일한 경력도 정치적으로 크게 도움이 되었다. 중앙 부처에서만 일하며 당내 엘리트주의와 나쁜 행동에 물든 내부자가 아니라 농촌 지역에서 실제로 생활한 경험이 있는 사람이라는 주장을 정치적으로 활용할 수 있기 때문이다. 또한 청소년 시절 농촌으로 보내졌던 사람, 엘리트 집안 출신이기는 하지만 본인도 약자였던 시절이 있었다고 말할 수 있는 사람, 평범함 속에서 효율적인 성과를 낼 수 있는 능력이 있는 사람이라는 점을 공산당 내 다른 인물들에게 증명할 수 있었다. 그의 이력 속에는 대중적인 인기를 얻을 수 있을 만한 요소뿐 아니라 철저한 공산당 정보원들이 보더라도 당이 가장 필요로 하고 원할 때(정권을 유지하는 일) 믿고 일할 수 있는 사람으로 볼 수 있는 요소들도 있어 여러모로 훌륭했다. 이러한 부분은 리커창이 쉽게 따라올 수 없었다. 그의 출신은 평범했기에 '농민들의 황제'라 불리면서도 당내 후원 그룹이 탄탄하여 양쪽에서 최고의 지지를 받았던 시진핑에 비해 후원 세력이 약했다. 마지막으로 2007년부터 중국공산당 중앙당교의 교장을 맡아 이념의 영역까지 염두에 둘 수 있었던 시진핑과 달리 리커창은 매우 인상 깊기는 하지만 상대적으로 폭이 좁은 자신의 핵심 분야, 경제학에 대한 이야기만 주로 했다. 리커창은 주어진 안건을 충실히 따르며 지냈고 쉽게 자신을 남달리 돋보이게 만들 방법이 마땅치 않았다.

그래서 만일 두 후보자, 또는 이름이 거론되는 다른 경쟁자들에게 직접 '자신이 공산당 총서기로 지명되어야 한다고 생각하는 근거는 무엇인가?'라고 묻는다면 (이런 질문을 할 수는 없겠지만) 대답을 통해 총서기 자리에 요구되는 일을 할 수 있는 능력과 더불어 이보다 훨씬 더 어려운 조건, 도덕적으로나 행정 경험적으로나 그 자리에 오를 권리가 있는 사람이라는 점을 증명할 수 있어야 한다. 이를 보면 중국공산당의 총서기 자리가 얼마나 특이한 성격을 갖는지 알 수 있다. 결국 공산당 총서기의 핵심 업무는 무엇인가? 공산당 총서기는 어떤 구체적인 선언서의 내용을 바탕으로 권력을 얻으려는 자리가 아니다. 공산당은 합의를 바탕으로 하는 조직으로 권력은 이미 공산당이 쥐고 있으며 기능하고 있다. 그렇다고 정부 조직을 이끌기 위한 자리도 아니다. 다만 정부 기관에 폭넓은 정치적, 이념적 리더십을 제공할 뿐이다. 그런 의미에서 공산당 총서기는 교황이나 캔터베리 대주교(영국 성공회의 최고위 성직자-역주)처럼 정신적인 지주인 셈이다. 공산당 총서기의 역할은 나라의 비전을 제시하고, 특정 덕성의 귀감이 되며, (무엇보다 중요한 역할은) 공산당, 그리고 공산당의 임무에 대한 깊은 신념과 확신을 보여주는 일이다. 그렇기 때문에 공산당 총서기의 자리는 사람이 자리를 만든다기보다 자리가 사람을 선택한다고 말하는 편이 더 정확하다. 중국에서는 최고의 자리에 오르기 위해 적극적인 유세활동을 펼칠 일은 없다. 수동적으로 수용하는 것이 최고의 자리에 오르는 비결이며, 이는 정치적 야망을 가진 후보자들 가운데 한 사람에게만 직관적으로 부여되는 특전이다. 그렇다는 것은 이 자리에 오르려는 후보자들은 당에 실제적이고 깊은 헌신을 해야 하고, 자아나 개인적인 이득을 생각하지 않고 당을 생명으로 여기며, 당이야말로 자신이 완벽하게 속해 있는 곳, 충실하게 섬기는 대상이라는 점을 보여야 한다는 의미이다. 중국공산당이 세계에서 가장 역동적인 경제를 관리하고 있는 시점에 그 성공의 물질적 과실을 누릴 수 있는 핵심 지위에 있으면서 이런 태도를 유지하기는 정말 어렵다.

2012년 11월 시진핑이 공산당 총서기의 자리에 오를 수 있었던 이유는 결국 그가 이 자리에 올라도 무방하다고 당내 핵심 엘리트층이 확신했기 때문이다. 출신 배경, 인생 스토리, 행정 근무 경력으로 볼 때 시진핑은 공산당의 임무 그리고 공산당이 가진 통치의 도덕적 권리에 대해 깊고 완전한 신념을 가지고 있었다. 시진핑은 공산당의 임무를 완전히 믿고 있는 유일한 사람일지 모르지만 그래야만 하는 한 사람이기도 하다. 시진핑은 조직을 옹호하기 때문에 총서기 자리에 있는 것이 아니다. 그가 그 자리에서 옹호하는 것은 신념이다. 1980년대 이후로 그는 자신이 진정한 믿음을 가진 신자라는 점을 일관성 있게 보여주고 있다.

마술사인가 군사령관인가?

현재 중국의 정치 체제를 이해할 수 있는 쉬운 모델을 만들려 하는 사람은 누구라도 즉시 중국의 정치 체제에 얼마나 많은 내용이 혼합되어 있는지 깨닫고 어려움에 처하게 된다. 여기에는 과거 제국시절의 흔적, 공산당의 뿌리로서 여전히 남아 있는 군사령관 정신(폭력의 사용), 그리고 현재의 포스트모던, 발전 시장 국가의 기술 관료적 담론에 이르기까지 여러 요소가 섞여 있다. 그래서 중국의 정치인들을 보면 당연히 혼란스럽기만 하다. 이들은 세 영역에 전부 속해 있는 듯 보이며, 세 가지 재원을 전부 사용한다. 이러한 거대 조직의 한가운데에 놓인 개인이 어떻게 자신의 역할을 이해하는가? 위대한 사회주의자였던 막스 베버는 1920년대 정치인의 소명에 관한 강의에서 과거의 리더는 주로 두 가지 유형으로 나타났다고 말했다. 하나는 마술사와 예언가 유형이며 다른 하나는 군사령관과 폭력단 두목 유형이다.[31] 그리고 현대에서는 이러한 리더상이 정당의 지도자에게서 나타난다고 했다. 정당의 지도자는 맡은 일을 할 수 있도록 자신을 완성시키는 소명을 가진 사람이다. 그렇다면 시진핑은 둘 중 어느 유형에 속하는 지도자인가? 마술사와 예언가 유형인가 아니면 군사령관과 폭력단 두목 유형인가?

시진핑이 2012년 취임한 이래로 예상보다 훨씬 더 많은 관심을 쏟고 있는 마오쩌둥의 경우 두 가지 유형에 모두 속한다고 말할 수 있다. 하지만 덩샤오핑, 장쩌민 그리고 후진타오의 경우에는 권력을 표현하는 방식에 큰 특징이 없었다. 그렇다면 시진핑의 소명, 내면의 부름은 어떤 성격을 가지고 있는가?

어느 나라에서든 정치에서 신념은 중요하다. 그렇다면 정치인들이 마음속에서 실제로 믿고 있는 것은 무엇인가라는 질문을 계속할 수밖에 없다. 생각이 지나치게 유연하면 철새 정치인, 원칙이나 생각이 없는 사람이라는 소리를 듣기 십상이다. 하지만 하나의 원칙에만 강하게 집착하면 마찬가지로 독단주의적이라는 이야기를 듣게 된다. 캄보디아의 정치인 폴 포트는 일관성을 가졌고 논리 정연한 신념을 분명하게 마음 깊이 가지고 있었다. 그러나 그의 신념이 불러온 끔찍한 결과를 보면 신념을 가지는 것이 좋다고 합리적인 주장을 펼칠 수 있는 사람은 아무도 없을 것이다. 사람들은 덩샤오핑은 좀 더 실용적인 인물이라고 생각한다. 하지만 그가 중국의 최고지도자 자리에 오르기 전까지 비판가들은 덩샤오핑이 믿고 주장하는 내용의 많은 부분을 무시했다. 하지만 지금은 그가 펼친 정책들이 성공적이었다는 평가를 받고 있다.

중국 정치를 연구하는 사람들은 흔히 중국의 지도자들에게 정치는 신념의 문제가 아니라고 말한다. 신념으로서의 공산주의는 사망했으며 대신 중국은 모순되는 두 가지 생각을 동시에 가진 이중사고에 바탕을 두고 운영되는 나라라는 주장이다. 이들에 따르면 중국공산당은 한편으로 자본주의를 바탕으로 하면서 다른 한편으로는 실제로 마르크스-레닌주의를 신봉한다는 인상을 주기 위해 화려한 수사의(적어도 말로는) 선언문에 빠져 있다. 중국의 지도자들은 오직 권력 유지에만 신경을 쓰는 사람들이며, 위선적이고, 겉과 속이 다르거나 아니면 아무것도 모른다. 이는 중국의 지도자들을 몹시 깔보는 시각이다. 다른 나라에서는, 특히 민주주의 국가라면 지도자가 지닌 진정한 신념이 무엇인지 알아볼 수 있다. 하지만 중국의 지도자에게는 통하지 않는다. 중국 지도자들의 신념은 복잡하지 않다. 그들은 나라를 더 부유하게 만들어야 한다는 생각 외에는 아무것도 믿지 않으며, 무슨 일이 있어도 권력을 놓지 않고, 그 권력으로 무엇을 할 것인지에 대해 그 이상의 비전도 없다. 이러한 주장이 적어도 지금까지 중국 지도자들을 바라보는 지배적인 의견인 듯하다.

이에 비해 사실 중국의 지도자들에게도 신념이 있고, 그들도 자신이 믿는 바를 말한다고 주장하는 사람은 드물다. 하지만 중국의 지도자들은 자신의 신념을 옹호하기 위하여 무자비해질 정도로 강한 신념을 가지고 있다. 이러한 맥락에서 마술사, 예언가, 군사령관 혹은 폭력단 두목의 모습을 드러내는 것은 하나의 기관으로서의 공산당이다. 서구의 기업과 마찬가지로 중국공산당은 사람과 비슷하다. 사람처럼 행동하고 사람처럼 자신을 방어하며, 집단의 신념과 열정을 표현해 줄 인재를 보유한다. 이러한 관점에서는 덩샤오핑도, 장쩌민도, 후진타오도, 시진핑도 제국주의 시대의 황제로 보이지 않는다. 잠시 동안 지도자의 자리에 오르는 지도자들을 이용하여 영원불멸을 추구하는 황제는 바로 공산당이다. 중국의 지도자는 공산당의 대변인이자 절대 틀릴 수가 없는 공산당의 메시지를 전달하는 존재일 뿐이다.

중국공산당의 지도자들은 냉소주의자라고 여겨진다. 자신의 이익을 추구하고, 속은 비어 있으며, 사용하는 언어가 진실하지 않고 대중을 조종하려 한다고 여겨진다. 하지만 역사학자인 유발 하라리는 어디서든 나타나는 정치 엘리트의 모습을 다음과 같이 지적했다.

> 엘리트들은 냉소적인 탐욕에서 (자신의 일을) 하는 것이라는 주장을 자주 듣는다. 하지만 아무것도 믿지 않는 부정적인 사람이 탐욕스러워질 가능성은 별로 없다. 호모 사피엔스의 객관적인 생물학적 욕구를 충족시키는 데는 많은 것이 필요하지 않다. (중략) 이것이 바로

냉소가들이 제국을 세우지 않는 이유이며 인구의 상당수, 특히 엘리트 집단과 치안 유지 세력의 상당수가 진실로 믿음을 가질 때에만 상상했던 질서가 유지되는 이유이다.[32]

지금까지 시진핑이 어떻게 최고지도자의 자리에 올랐는지, 그리고 그 자리에서 무슨 일을 해왔는지, 어떤 종류의 지도자인지 살펴보았다. 그렇다면 이 내용을 바탕으로 시진핑을 이해하고 그의 정치적 영혼의 모습을 들여다볼 수 있는가? 이 질문의 대답을 찾는 가장 좋은 방법, 사실 유일한 방법은 지금까지 시진핑이 말했던 내용을 찾아보는 것이다.

시진핑과 공산당의 관계 :
우방인가 적인가?

시진핑의 말을 빌리자면 자신은 종복이다. 그가 섬기는 주인은 공산당이다. 2012년 9월, 공산당 총서기의 자리에 오르기 두 달 전 공산당 중앙당교에서 시진핑이 말했던 내용을 살펴보자. 여기에서 그는 역사를 알아야 할 사람들에 대해 이야기했고, 중국의 현대사를 쓰기 위해 공산당이 해야 할 역할, 그리고 공산당이 가진 국가의 비전을 설명했다. 중국공산당은 역사 속에서 거의 성직자와 같은 역할을 수행했다. 과거에는 이를 위해 중국인들은 스스로를 희생했던 존재, 언제나 국가의 선을 나타내는 존재, 국민들의 신뢰와 믿음을 받는 존재를 나타냈다. 공산당은 '천하제일'이며 그렇기 때문에 당을 세우고 보호하고 강화시켜야 했다.[33] 이를 실현하기 위한 방법은 공산당 관리들이 당의 덕성을 표현하고 귀감이 되는 것이다. 이는 공산당 관리들이 공산당, 공산당의 역사적 역할, 공산당이 나타내는 바, 그리고 공산당의 집단적 가치에 대한 신념을 가질 때에만 가능하다.

시진핑은 2012년 11월 중국의 새 지도자가 되어 전 세계를 향해 한 연설에서 공산당을 위한, 그리고 공산당에 의한 봉사라는 개념을 다시 언급했다. 그는 언론을 향해 공산당이 때로 국민들과의 접촉을 잃을 때가 있고 이는 공산당이 해결해야 할 모순이라고 분명히 말했다. 시진핑에게 공산당은 국민 공동의 이해를 나타내는 조직이고, 그래서 당과 국민 사이에는 어떠한 차이나 비어 있는 부분이 없어야 하기 때문이다. 취임 후 얼마 지나지 않아 시진핑은 광저우를 방문하여 이런 식의 생각을 계속하여 표현했다. 신성한 개혁의 땅, 1980년대 그의 아버지가 개혁을 지지하는 아주 중요한 역할을 했던 그 장소에 선 시진핑은 자신의 목적을 이루기 위해 개혁주의자들의 이야기, 유명한 덩샤오핑의 남순강화에서 나타난 상징주의를 활용했다. 변화는 공산당의 지속적인 임무라고 이야기하면서 그렇다고 해서 변화가 맹목적인 서구화를 뜻하는 것은 아니라고 말했다. 시진핑이 생각할 때 지난 35년간 중국이 느낀 가장 큰 유혹은 개혁과 서구의 가치 그리고 신념을 동일시하는 일이었다.

> 개혁과 개방을 서구의 보편주의적 가치와 정치 시스템을 받아들이는 일이라고 생각하는 사람들이 있습니다. 그리고 이를 받아들이지 않는다면 개혁이 아니라고 생각합니다. 이는 잘못된 생각이며 우리의 개혁이 가지는 의미를 왜곡하는 것입니다. 물론 우리는 개혁의 기치를 올리고 싶습니다. 하지만 우리의 개혁은 계속적으로 중국의 특성을 가지고 있을 겁니다.[34]

시진핑은 광저우에서 한 번 더 공산당 간부의 자질, 신념, 그리고 도덕적 표준의 문제에 대한 이야기로 돌아갔다. 그는 '소비에트연방이 무너진 이유로 그들의 이상과 신념이 흔들렸기 때문이라고 말했다. 그리고 2012년 11월 17일 전국인민대표회의에서는 '중국을 잘 이끌기 위해서는 먼저 공산당을 잘 이끌어야 하며, 공산당을 잘 이끌기 위해서는 엄격한 기준을 세워야 한다'는 내용의 연설을 했다.[35] 이러한 상황 속에서는 당을 바로 세우는 일이 무엇보다 중요하다. 중국공산당은 국민과 가까운 관계를 유지해야 하며, 국민의 지지를 얻으려 애써야 한다. 만일 공산당의 사제와도 같은 엘리트 계급의 핵심 대표 당원이 부패의 늪에 빠져 국민을 외면하고 '자신의 가족과 인맥을 제한'할 수 없다면 '결국 이는 당의 파괴로 이어지며 정부의 몰락을 가져올 것이다.'[36] 2013년 마오쩌둥 탄생 120주년을 기념하면서 시진핑은 다시 한 번 국민의 지지가 필요하다는 점과 이를 얻기 위한 방법에 대해 이야기했다. '역사의 창조자는 국민이다', '국민 앞에서 우리는 항상 학생이다'[37] 이에 앞서 1년 전 시진핑은 '누구나 이상, 야망, 그리고 꿈을 가지고 있다', '중국의 꿈은 결국 국민의 꿈이다'[38]라고 말했다. 공산당은 이를 이루기 위해 훌륭한 중개인의 역할을 수행하며, 국가 이상주의의 탄생을 돕는 산파이다.

마오쩌둥의 재발굴

1976년 이래로 중국의 최고지도자에게 주어진 가장 어려운 과제 가운데 하나가 마오쩌둥을 대하는 자세였다. 이들에게 마오쩌둥의 존재는 마치 마당 한가운데 넘어져 있는 엄청나게 큰 나무와 같아서 건너뛰거나 돌아갈 수는 있지만 결코 무시할 수는 없었다. 왜냐하면 마오쩌둥에게는 두 가지 모습이 있었기 때문이다. 하나는 역사적으로 그다지 좋은 이야기를 듣지 못하는 독재자의 모습이다. 거의 매년 중국 안팎에서 마오쩌둥의 편협하고 자기중심적인 통치에 들어간 엄청난 비용에 대한 새로운 증거들이 속속 등장한다. 그러나 또한 마오쩌둥이라는 브랜드가 있다. 중국 내에서는 이따금씩 마오쩌둥의 사진이 사용되고, 그의 구호가 지닌 가치, 그리고 중국을 통일한 위대한 영웅이자 전사에 대한 감정적 호소가 지금도 이어지고 있으며 앞으로도 영원할 것 같다.

1989년 톈안먼 항쟁으로 소란스럽던 와중에 마오쩌둥의 사진에 붉은색 페인트를 뿌렸던 후난성의 운동가들이 있었다. 이들은 마오쩌둥의 잘못을 보이려 하거나 공격하려는 자들로 신성모독죄로 연행되었다. 마오쩌둥은 1970년대까지 살았지만 인간을 초월하는 존재였고 그의 유토피아적 혁명은 1976년 그의 사망과 함께 끝났다. 1976년 이후에도 남아 있는 마오쩌둥은 중국의 해방과 육성의 이야기 속에 등장하는 인물이며 시진핑이 자주 언급하는 차이나 드림(중국의 꿈), 힘 있는 강국이 되겠다는 꿈을 실제로 찾은 사람이다. 그래서 마오쩌둥을 어떻게 볼 것인가라는 문제는 시진핑에게 가장 어려운 문제 가운데 하나였다. 여전히 남아 있는 수많은 마오쩌둥의 열혈 지지자들이나 아니면 점점 마오쩌둥을 부담스러운 존재이자 수치스러운 존재로 생각하는 사람들, 어느 쪽으로부터든 공격받기 쉬운 문제이기 때문이다.

시진핑은 1978년 이전과 이후의 시기를 완전히 통합해야 한다는 점을 강조하면서 이 문제를 해결하려 해왔다. 중국을 살펴본 사람이라면 누구나 알고 있듯이 마오쩌둥 치하의 중국과 그가 사망한 이후의 중국은 완전히 다른 나라이다. 공산당은 거의 180도로 변했다. 근본적으로 1978년 이전 공산당의 핵심 과업은 대중 운동과 계급투쟁을 통한 계급 청산이었다. 1978년 이전과 이후 공산당이 지닌 권력의 정신과 언어는 완전히 달랐다. 1978년 이후 공산당은 경제 생산과 성장이 국력 증진과 성공의 핵심이라는 사실을 받아들였다. 시진핑은 두 시대가 공통적으로 지니고 있었던 비전, 강한 공산당을 통한 강한 국가 창출에 주목했다. 그는 공산당은 지식인 커뮤니티와 마찬가지라고 했다. 공통의 목적을 달성하기 위하여 중국인의 생각과 지혜를 모아 보관하는 장소이며, 그 안에는 실수의 대가로 얻은 것들도 있다.

시진핑은 2013년 '2개의 30년(1978년까지의 30년과 그 이후의 30년을 뜻한다)' 문제에 대해 명쾌한 발언을 했다. 그는 1978년 이전이나 이후에도 마르크스주의의 공산당이 중국을 이끌었다는 점은 동일하다고 강조했다.[39] 그렇지만 표면으로 드러난 마르크스주의의 형태는 두 기간 동안 완전히 달랐다. 그가 2013년 7월 베이다이허(이곳 해안가의 리조트에서 매년 공산당 최고 지도부가 피서를 겸해 회의를 한다)에서 열린 중앙정치국 회의에서 말했던 것처럼 문제는 '마오쩌둥 사상과 덩샤오핑 이론 사이의 접점을 찾는 방법'이며 이를 찾아야 두 시대 사이의 차이점을 이을 수 있다.[40] 공산당이 자가당착적이고 지성적으로 분리되어 있다는 비난을 피하고, 마오쩌둥 시대나 그 이후의 시대에도 하나의 조직체로 존재하기 위해서는 당내에 이 문제에 대한 통일된 생각이 있어야 한다. 그래서 특히 시진핑이 생각할 때는 마오쩌둥의 존재와 공헌을 부정한다는 것은 그다지 좋은 생각이 아니었다. 물론 시진핑도 인정한 바와 같이 역사 속에서 공산당은 실수를 저질렀다. 하지만 그런 실수를 통해 교훈을 얻었다.

> 문화혁명은 우리에게 도덕적 교훈을 가르쳐주었고, 대약진운동 때는 발전의 길을 잘못 택했다. 그렇지만 우리는 그 일들을 통해 풍부한 자원을 얻었다고 생각할 수 있다. 여기에서 우리는 어떤 교훈을 얻었는가? 우리에게는 과학적인 수단과 민주 건설이 필요하다.[41]

그러므로 지금까지 수정과 변화가 있기는 했지만 1978년 이전의 마오쩌둥 시대를 통째로 부인하는 태도는 있을 수 없는 일이다. 더 이상 마오쩌둥 시대처럼 계급투쟁을 할 필요는 없겠지만 계급은 여전히 존재하며 공산당은 이에 대해서 생각해 볼 필요가 있다. 그리고 독재가 과거의 유산이라고 해도 인민의 민주 독재라는 마오쩌둥의 개념은 여전히 매우 중요하다[42].

새로 취임한 지도자로서 시진핑이 마오쩌둥의 유산에 호소하는 보다 실제적인 이유도 있다. 독재자였던 마오쩌둥은 시진핑의 아버지를 몹시 괴롭혔고, 시진핑의 어린 시절에도 큰 영향을 주었다. 그러므로 시진핑의 기억 속에 그리 좋게 남아 있는 인물은 아닐지 모른다. 하지만 마오쩌둥은 선동가이자 중국의 상징주의 정치의 대가였으며, 현대 중국에서 권력이 어디에 있는지, 그 권력을 어떻게 사용하고 보유해야 하는지 진정으로 이해했다고 말할 수 있는 사람이기 때문에 그가 남긴 유산은 활용할 만한 가치가 있다. 그리고 시진핑 또는 그 자리에 오르고 싶어 하는 사람 누구에게라도 마오쩌둥이라는 이름이 들어 있는 유산은 자산이 된다. 우선 마오쩌둥은 민족주의자로서 흠 잡을 데 없는 자격을 갖추었으며, 공산당의 정화, 그리고 당은 대중과의 끈을 놓아서는 안 된다는 점을 강조했다. 그러나 이보다 더 중요한 유산은 마오쩌둥식의 정치를 모방하는 일이다. 마오쩌둥을 모방하기는 쉽지 않지만 핵심은 독특하고 강력한 진실에 있다. 마오쩌둥 본인에게는 공산당이 권력을 휘두르는 최고의 수단에 대한 명확한 비전이 있었다. 권력을 휘두르려면 공산당은 행정 업무를 처리하는 기계가 되어서는 안 되며, 이상을 추구하고 감정적으로 국민을 동원할 수 있어야 한다. 공산당은 메시지와 선전을 통해 국민의 마음을 사로잡아야 한다. 마오쩌둥은 냉소주의자가 아니었다. 하지만 그가 위험한 인물이었던 가장 큰 이유는 그에게 넘쳐흐르는 이상주의 때문이었다. 이 때문에 정적들도 마오쩌둥을 공격하기가 쉽지 않았다. 마오쩌둥을 공격하면 이는 곧 중국 국민들의 희망과 꿈, 아니면 적어도 마오쩌둥식으로 아주 잘 표현된 국민의 희망과 꿈을 공격하는 것과 마찬가지인 셈이었다. 마오쩌둥은 권력은 총에서 나온다고 말했다. 하지만 이는 권력을 행사하는 수단에 대해 말한 것뿐이다. 권력의 진정한 원천은 그 총을 쥔 자의 사고와 생각 속에 있다. 그리고 마오쩌둥은 현대 중국의 다른 어떤 정치인들보다 더 깊고 빠른 생각을 할 수 있는 인물이었다.

마오쩌둥 이후의 시대에 접어들자 권력은 더 이상 총을 가진 자의 신념과 이상에서 나오는 것이 아니라 만족할 만큼 충분한 돈을 가지는 데서 나온다는 의견에 모두들 뜻을 같이했다. 1978년 이래로 물질적인 부를 창출하는 데 성공하면서 이제 중국공산당은 국민들의 충성심을 살 수 있을 정도의 충분한 돈을 번 것 같다. 하지만 이러한 새로운 전략이 얼마나 지속 가능하고 성공적일 수 있을 것인가? 정말 여기로 권력의 원천을 옮길 수 있을 것인가? 충성심은 얻기 어려우며 사람은 변덕스럽다. 물질적 부는 이중 충성심을 유발하여 공산당과 경쟁하게 되었고 사람들은 때로 돈 때문에 공산당의 요구를 무시하기도 한다. 부패한 관리들은 쌓아 올린 물질적 부를 통해 당내의 지위를 공고히 할 수 있을 것이라는 생각으로 자신이 표현하고 행동의 바탕으로 삼아야 할 가치들을 잊어버린 채 당의 사상을 벗어나 헤매며 자신의 부를 위해 당을 이용했다. 그러는 중에 인맥이 생겨나고 충성심을 다투었으며, 폭넓은 당의 사회적 임무를 저버리며 1949년 이전처럼 당이 분열할 조짐이 보이게 되었다. 이에 대한 내용은 제4장에서 더 자세히 다루기로 한다. 이러한 상황 속에서 시진핑은 그의 과거와 현재의 행동으로 볼 때 동료들보다 유리해질 수 있는 훌륭한 직관적 통찰력이 있었다. 이처럼 모두 부에 관심을 쏟지만 결국 돈은 권력의 원천이 아니며 적어도 가장 순수하고 오래 지속되는 형태의 권력은 아니다. 돈보다는 도덕적, 상징적, 이상적 호소가 실제 충성심을 유발한다. 시진핑이 지키려 하는 주요 영역은 이 부분이다. 그래서 시진핑은 이념상 마오쩌둥주의자는 아니지만 오래 유지할 수 있는 권력을 찾아 이를 이끌어 나갈 필요가 있다는 생각을 한다는 점에서는 마오쩌둥주의자와 매우 비슷하다.

시진핑은 지방 정부의 관리로 일하던 시절에도 일관성이 있었다. 그가 푸젠성에 근무하던 1990년대는 타이완으로부터 끝없는 투자가 흘러들어 돈이 넘쳐나던 시대였으며, 악명 높았던 위안화 그룹의 라이창싱 스캔들로 시끄러왔다. 그런 시절에도 시진핑은 그 지역의 기자에게 개인적인 부를 축적하려는 사람은 정계에 입문해서는 안 된다는 대담한 발언을 했다. 2012년 3월 1일, 후진타오로부터 권력을 넘겨받기 바로 전날 시진핑은 공산당 중앙당교에서 연설을 하면서 이 이야기를 다시 한 번 반복했다. 2,000명 이상의 공산당 간부들 앞에서 시진핑은 단지 부를 축적하기 위해 공산당에 입당하여 정치 경력을 시작하는 사람들이 일부 있다고 말하며 당의 도덕적 역할을 보호하는 일은 힘든 일이라는 점을 인정했다. 하지만 이는 당의 미래를 지속시키는 유일한 방법이다. 돈과 물질적 재화는 중국에서 정치적 권위를 부여하는 진정한 원천이 아니다. 정치권력은 보다 무형적인 리더십의 형태에서부터 나온다.[43]

이는 용감한 발언이었다. 자신을 지지해 준 인맥들을 부유하게 해주고 많은 돈을 벌려는 사람들이 처음부터 공산당에 입당한다는 사실이 분명했기 때문이다. 시진핑 자신의 가족도 여기에서 자유로울 수는 없었다. 블룸버그의 기사에 따르면 시진핑의 연설이 있은 뒤 얼마 지나지 않아 홍콩에 있는 시진핑의 직계 가족들이 가진 부동산과 재산이 드러났다.[44] 하지만 수십억 달러에 달하는 원자바오 인맥의 재산이나 수억 달러에 달하는 보시라이 주변 인물들의 재산에 비하면 상대적으로 소규모였다. 당황스러운 이야기이긴 하지만 공개된 시진핑 가족의 재산을 보면 다른 공산당 엘리트 당원 가족들의 재산에 비해 부의 축적을 자제하고 있다는 이미지를 갖게 된다. 마오쩌둥은 공산당이 관료화되고 자기 이익만을 추구하는 거대 조직이 되지 않도록 내부 전쟁을 벌였다. 점점 더 분명하게 드러나고 있듯이 시진핑의 새로운 임무는 공산당이 기업처럼 작동하고 손대는 모든 것을 부로 바꾸는 마이다스의 손(적어도 최고위 당원들에게는 해당되는 이야기이다)이 되지 않도록 내부 전쟁을 벌이는 것이다. 그래서 공산당의 이상주의적 뿌리를 회복시키고 엘리트 당원들이 부를 내놓는 자동판매기가 아니라 지도자로서의 기능을 수행할 수 있도록 정화시키는 일

CEO 시진핑

이다. 이를 위해서 시진핑은 관리 범위 내에서 위기와 공포를 배합하는 방법을 쓰고 있다. 본질적으로 이것이 시진핑의 정치 프로그램이며, 시진핑에게 마오쩌둥이 여전히 엄청나게 중요한 의미를 가지는 이유이다.

제3장

시진핑의 우호 세력과 적대 세력

자공이 벗에 대하여 묻자 공자께서 말씀하셨다.
"신중하게 충고하여 이끌어주되 말을 듣지 않으면 멈추어
스스로 욕됨이 없게 하라."
· 『논어』 안연편 23장

제5장에서 중국의 국제 관계에
대해 자세히 알아보겠지만 중국은 세계의 모습을 동심원으로 묘사한다. 가장
중심에 중국이 있고 다른 세력과 국가들이 중국의 필요성에 따른 중요도의
순서대로 중심부 밖에 배열되어 있다. 이와 비슷하게 시진핑 주변의 서로 연
결되어 있는 복잡한 인맥의 중심에는 시진핑이 있고, 그를 중심으로 동심원이
퍼져 나간다. 인맥은 정적인 관계가 아니다. 세월이 '흘러도 거의 변하지 않는
파벌을 바탕으로 한 충성심은 고정되어 있는 편이기는 하지만 인맥은 매우 동
적으로 움직인다. 아무리 세련되게 관리되는 인맥이라 해도 그 안의 인물들은
친해지기도 하고 멀어지기도 한다. 여기에는 누가 친해지고 누가 멀어질지를
알려주는 고정된 기준 같은 것은 없다. 관계에 어려움이 발생하고 더 넓은 환
경이 필요해지면 지금은 아주 성공한 것처럼 보이는 사람이어도 새 인물과 새
로운 세력의 등장에 밀려 내일은 사라질 수도 있다. 반대로 어제는 그다지 관

심 밖의 사람이었지만 오늘은 친밀도가 높아질 수도 있다. 인맥은 거의 끊임없이 변화하는 환경 속에 있다.

시진핑의 주변에서는 여러 다른 카테고리에 속하는 관계를 살펴볼 수 있다. 가장 안정적인 관계는 그의 가족, 아내와 딸 등 혈연관계이다. 다음은 그의 정계의 협력자들, 여기에는 중앙정치국 상무위원회의 가장 가까운 동지들로부터 좀 더 폭넓게 보아 공산당원들까지 포함된다. 그다음은 친구들로 그가 과거에 가까이 지냈던 사람들이지만 명확한 기관을 통해 연결된 관계는 아닌 사람들이다. 다음으로 도움을 받고 있는 관료들로 매일 함께 일하는 사람들, 그리고 함께 공산당의 임무를 실행하고 이루려는 사람들이다. 이를 넘어서 고문 등 그에게 영향을 주는 학자들도 있다. 그가 귀 기울여 의견을 청취하고, 눈에 띄게 그에게 영향을 주는 아이디어를 가진 사람들이다. 특히 이 그룹에 속한 사람들은 반드시 중국인일 필요는 없다. 그리고 여기까지의 카테고리에는 속하지 않지만 시진핑에게 중요한 의미가 있는 사람들은 위협적인 존재이거나 적대적인 사람들, 아니면 경우에 따라 분명한 적으로 보아야 할 사람들이다. 이상의 분류를 보고 이해하기 쉬운 인맥이라는 생각이 든다면 지금 바로 한 가지 분명히 해두어야 할 사항이 있다. 만일 시진핑 주석의 인맥, 그리고 그 깊이와 헌신의 정도를 시각화해 보면 여러 카테고리에서 중복되어 있거나 서로 겹쳐져 나타나는 데다 한 카테고리에 있다가 다른 카테고리로 이동한 사람들이 너무나 많다는 사실을 알게 될 것이다. 어떤 관계 속에서 과거에는 중요했지만 지금은 그렇지 않은 사람도 있다. 또 지금은 아니지만 미래에는 더 중요해질 관계가 있을지도 모른다. 만일 시진핑의 권력을 지도라고 한다면 그와 관련된 사람들은 각각의 영토 속에서 살아가는 주민들이다. 시진핑의 권력, 그리고 그 권력을 행사하는 방식의 속성을 파악하기 위해서는 그가 가진 인맥에 대한 이해가 필요하다.[1]

CEO 시진핑

가족관계

뛰어난 사회학자였던 페이샤오 통은 중국의 사회적 관계social link의 속성에 대한 글에서 분명히 밝혔던 것처럼 현대에 들어 중국 사회가 크게 변모하고 많은 변화를 겪었지만 가족관계의 근본적인 역할은 상대적으로 안정적으로 유지되고 있다.[2] 마오쩌둥의 공산주의 브랜드는 그 한계까지 시험을 거쳤고, 문화혁명 기간 동안 부모와 자녀가 서로 겨루어야 했다. 하지만 여전히 농촌 지역에서는 현대 중국인의 삶 속에 엄청난 이동이 있음에도 혈연관계가 주는 강력한 소속감은 줄어들지 않았다. 중국어를 배우면 가족관계를 나타내는 다양한 용어들을 익혀야 한다. 영어에서는 간단히 '삼촌'이나 '숙모'로 표현할 수 있지만 중국어에서 이는 다시 친가와 외가로 나뉘고, 그보다 더 복잡한 관계를 나타내는 표현까지 등장한다. 한 자녀 정책이 시행되는 동안 일어난 사회적, 문화적 변화로 인해 과거의 가족 계층이 많이 무너졌지만 그래도 고대 유교 사회의 덕목인 집안의 어른을 존경해야 할 의무는 지금도 여전히 남아 있다.

중국에 시장 경제가 도입되면서 인간관계를 금전과 결부시키는 모습이 나타났다. 금전적으로 가장 도움이 되는 관계는 주요 정치인들과의 관계이다. 이에 해당하는 사례는 얼마든지 찾을 수 있다. 총리를 역임했던 리펑의 가족들은 석탄 및 에너지 부문에서 막대한 부를 쌓았다. 장쩌민의 가족들은 통신 분야에서 엄청난 성공을 거두었다. 주룽지 전 총리의 가족들은 금융 분야와 연관하여 부를 쌓았으며, 과거 엘리트 지도부 인사 가운데 호평을 듣는 인물인 왕전은 사망하기 몇 년 전 자신과의 관계를 돈벌이에 활용한다는 이유로 자식들을 크게 책망하는 일이 있었다.[3] 하지만 왕전과 같은 경우는 소수에 불과하다. 정치 엘리트와의 관계로부터 얻는 금전적 혜택은 분명히 존재하며, 중앙정치국 위원과 가까운 사이일수록 관계의 가치는 더 커진다. 그렇다면 형제

자매나 자식들처럼 정치인과 정말 가까운 사이인 경우에는 이 관계를 이용하여 부를 쌓을 것인지 아니면 몰려드는 사람들을 거절해야 할지 신중한 결정을 내려야 한다. 삼촌, 숙모, 사촌, 그리고 이보다 더 먼 관계에서도 강도는 약하겠지만 이러한 유혹이 주는 어려움이 있다.

정치인과 직접적인 혈연관계로 맺어진 사이가 아니라고 해서 관계를 활용하는 데 제한이 있는 것은 아니다. 혼인관계로 맺어진 가족들도 금전적 혜택을 누릴 수 있다. 중국의 5세대 지도부의 최고위층은 남성이 장악하고 있는데 비해 역설적이게도 그들의 자녀는 대부분 딸들이다. 시진핑과 리커창도 마찬가지이다. 앞으로 이 딸들이 결혼을 하게 되면 이전까지 장인의 인맥에 아무런 연관이 없던 사람이 결혼 덕분에 공산당 내 엘리트 중의 엘리트들과 아주 가까운 사이가 되어 완전히 새로운 인맥을 얻을 수 있을 것이다. 신랑 측이든 신부 측이든 정치인과 사돈관계를 맺게 되면 공산당 엘리트와 관련된 혜택을 가장 적극적으로 활용하는 사람이 된다. 여러 면에서 이들은 비즈니스 분야에서 더 자유로이 활동할 수 있다. 이러한 혜택은 외국인에게도 해당한다. 2012년 말 「데일리 텔레그래프」에 따르면 시진핑의 조카딸 가운데 한 명은 다니엘 포아라는 영국인과 결혼했다.[4] 기사에 따르면 이 영국인도 아내와 시진핑의 관계를 통해 적어도 어느 정도의 혜택을 얻었을 것이라고 한다. 현대 중국에서 정치인의 후원이 어디까지 이루어질 수 있는지 제재할 만한 수단은 거의 없다.

시진핑이 가까운 가족들을 관리한다는 사실은 잘 알려져 있다. 그가 상하이 당 서기로 근무하는 동안 남동생에게 상하이에서의 사업에서 손을 떼라는 요청을 했다는 기사와 최근 시진핑의 어머니가 가족회의를 소집해 모두들 행동에 매우 주의하고 가족들의 사업과 부에 대해 대중이 어떻게 받아들일지 신경을 써야 한다는 당부를 했다는 기사가 있었다.[5] 2012년 시기적으로 그다

CEO 시진핑

지 좋지 못할 때 시진핑의 가장 가까운 친척들이 홍콩의 어떤 부동산과 연관되어 있는지를 다룬 블룸버그의 기사가 났다. 시진핑의 최종 승진이 예상되는 전국인민대회 개최까지 몇 주 남지 않은 때였다.[6] 하지만 적어도 기사에서 시진핑의 딸 이야기는 찾을 수 없었다. 이유는 단순히 그녀가 사춘기의 거의 전부를 해외에서 보내며 가능한 한 신분을 감춘 채 하버드대학을 다니며 학위를 취득한 일 이외에는 다른 일을 하지 않았기 때문이다. 어쩌면 중국 국내에서나 해외에서 시진핑의 딸이 사업적 이해관계와 깊게 관련되어 아버지를 당황시킬 날이 곧 올지 모른다. 후진타오의 자녀들은 특히 아프리카에서 여러 사업과 관련되어 있어 후진타오의 큰 걱정거리가 되었다.

하지만 시진핑에게 가장 큰 영향을 미치는 가족은 그의 아내 펑리위안이다. 중국의 정계에서 영부인의 역할이 직접 드러났던 적은 한 번도 없었다. 지난 60년간 중국을 통치했던 5명의 지도자 가운데 마오쩌둥의 부인만이 정치활동을 했다. 제1장에서 이야기했던 것처럼 이는 재앙과 같은 일이었다. 덩샤오핑, 장쩌민, 후진타오의 부인에 대해서는 제한적으로 알려지거나 거의 알려지지 않다시피 했다. 마치 영부인의 존재란 가능한 한 그림자 속에 있어야 하며 보이거나 들려서는 안 된다는 불문율이라도 있는 것 같았다. 하지만 펑리위안이 영부인이 되면서 중국 정계에서 새로운 현상이 나타났다. 심지어 2007년 시진핑이 중앙정치국 위원으로 임명될 때까지도 펑리위안은 남편보다 훨씬 더 유명했다.

펑리위안은 여러 중요한 부분에서 이목을 집중시킨다. 첫째, 화려한 유명인사인 아내를 두었다는 점이 시진핑의 정치적 이익이 되었다. 그녀는 반박할 수 없는 시진핑의 정치적 자산이다. 펑리위안은 일반 국민들에게 널리 잘 알려진 인물이며, 국민들은 대부분 정치에 무관심하지만 그녀를 통해 관심을 가질 수 있다. 둘째, 펑리위안은 남편과 무관하게 군부와 맺은 자신만의 진정한 관계를 가지고 있다. 군부는 시진핑에게 틀림없이 중요한 기반이다. 이보다 더 중요한 사실은 시진핑이 전임 지도자들에 비해 더 가까이 느껴지는 인간적인 지도자라는 이야기를 만드는 데 펑리위안이 기여한 바가 매우 크다는 점이다. 펑리위안 덕분에 시진핑은 소셜 미디어의 시대에 잘 어울리는 지도자가 될 수 있었다. 소셜 미디어의 시대에는 이전에는 권위의 그림자 뒤에 숨어 있던 인물들조차 정치적인 목적을 이루려면 대중과의 관계를 얻기 위한 더 큰 노력을 해야 하기 때문이다. 이 점에서 펑리위안은 시진핑에게는 엄청난 자산이다. 펑리위안으로 인해 중국의 엘리트 지도자는 사생활을 공개하거나 그에 대한 이야기를 편안하게 나누지 못한다는 규칙이 깨졌다.

펑리위안은 1962년 대약진운동으로 인해 발생한 기근이 끝을 향할 때쯤 산둥성에서 가장 기근이 심한 지역에서 태어났다. 그녀에게는 여동생과 남동생이 있었다. 펑리위안의 가족, 적어도 외가 쪽은 1949년 혁명 이전에는 그럭저럭 부유하게 살았다. 혁명이 발생한 이후에도 어렵기는 했지만 문화적인 수준을 유지하며 살았다. 부모님은 예술계에 종사했고 문화혁명 이전에는 당시 표현으로 소위 말하는 '지식 분자'였다. 하지만 1966년 이후에는 부모님의 사회적 지위와 타이완에 사는 먼 친척이 있다는 사실 때문에 괴로운 일을 당해야 했다. 펑리위안의 양육에 특히 큰 도움을 주셨던 외할머니는 '지주 분자'라는 표시를 매단 채 조리돌림을 당해야 했다. 아버지는 마오쩌둥이 문화혁명의 적으로 구분한 가장 끔찍한 그룹인 '오흑계급five black elements'으로 분류되어 당에서 쫓겨나 당시 '외양간'으로 불리던 곳에 들어갔다. 외양간이란 다양한 형태의 투옥과 '인민에 의한 교정'을 지칭하는 용어였다. 1971년 펑리위안 가족 전체가 농촌 지역으로 보내졌다. 그곳에서 아홉 살 난 펑리위안은 동생들을 돌보아야 했다. 이 시기 펑리위안의 경험은 미래에 그녀의 남편이 될 사람만큼이나 전혀 즐겁지 않았다고 할 수 있다. 오히려 이 시기 펑리위안의 나이가 더 어렸고 힘든 상황에 대처할 준비가 덜 되어 있었다고 생각하면 그녀가 더 힘들었을 수도 있다. 초등학생이 된 펑리위안은 분명 평범한 학생이었지만 그렇게 어린 시절에도 단 하나, 음악에는 뛰어난 재능을 보였다.[7]

펑리위안은 시진핑과는 다른 종류의 후원을 얻었다. 여러 면에서 펑리위안은 중국처럼 남성의 영역과 여성의 영역이 크게 나뉘어 있는 문화권에서 야망 있는 여성이 택할 수 있는 전형적인 경력을 쌓았다. 시진핑은 경력을 쌓는 동안 상사와 동료들을 만족시켜야 했고 펑리위안은 음악 선생님, 그리고 영향력 있는 감독들과의 관계를 만들어나가야 했다. 펑리위안의 첫 번째 선생님이었던 노래 강사 가오칭번은 그녀의 재능을 알아보았다. 하지만 개혁의 시대가 막을 올리던 1980년 베이징에서 공연을 시작한 펑리위안에게 가장 큰 영향을 준 후원자는 리보라는 노련한 음악 교사였다. 리보는 1930년대에 혁명의 근거지였던 옌안에 있었다. 공연가, 이론가이자 교사였던 리보는 현대 중국 음악계의 '아버지'라고 불렸으며 펑리위안이 그를 만났을 즈음에는 대단한 영향력을 가지고 있던 인물이었다. 1980년 문화혁명으로 인해 오랫동안 문을 닫았던 중국음악학원이 다시 개강했을 때 리보는 학장으로 임명되었다. 덩샤오핑과 가까웠던 리보는 그해 광저우에서 열린 어느 공연에서 펑리위안의 공연을 보게 된다. 그 공연에서 펑리위안은 고향인 산둥성에서 흔히 부르는 노래를 불렀다. 리보와 펑리위안의 첫 만남을 묘사한 이야기에 따르면 리보가 펑리위안에게 몇 살인지 묻자 그녀가 "열여덟 살입니다"라고 대답했고 리보는 그녀에게 다듬어지지는 않았지만 엄청난 재능이 있으니 훈련을 받는 편이 좋겠다고 말했다고 한다. "어디에서 노래를 배울 수 있나요?"라고 펑리위안이 천진하게 묻자 "내가 그런 곳을 알고 있지"라고 리보가 대답했다. 그래서 1980년부터 펑리위안은 리보가 학장을 맡고 있던 베이징의 중국음악학원에서 학업을 시작했고, 이곳은 이후 30년간 그녀의 경력에서 주요 장소로 남아 있었다.[8]

평리위안은 좋은 시기에 좋은 장소에 있었다. 1980년대는 상대적으로 자유로워진 예술적 표현이 순간적으로 폭발하던 시기였다. 그녀가 유년기와 청소년기를 지낸 1970년대에는 해외 음악은 금지되어 있었고, 장칭이 예술 및 정치 지도를 했던 8개의 양판희 공연밖에 허용되지 않았다. 양판희는 중국의 혁명 해방과 계급투쟁에 대한 감동적인 이야기를 여러 장르, 중국의 전통 경극과 서구의 발레가 혼합된 스타일로 펼치는 공연이었다. 당시의 공연은 정해진 이념적 틀에 맞아야 했다. 이는 현대 중국사의 역설 가운데 하나로 '문화'라는 이름이 붙은 사회 운동을 했지만 실제 문화 공연은 매우 볼품없고 제한적이었다. 진정한 의미의 '문화혁명'은 1980년 이후 해외에서 음악적, 문학적 아이디어가 다시 유입되고 국민들이 더 자유롭게 자신을 표현하게 된 후에 일어났다.

이 시기 중국인들의 모습을 집대성한 순간이 바로 중국중앙텔레비전방송^{CCTV}에서 방영한 신년 축하 공연 프로그램으로, 매년 음력 설 전날에 방영된다. 5억 이상의 인구가 시청하는 방송으로 노래, 코미디, 드라마와 댄스 등 여러 축하 공연이 펼쳐진다. 보통 중앙정치국 위원들이 방청석 맨 앞줄에 앉아 온 가족이 즐길 수 있는 공연 프로그램을 바람직하다는 듯 고개를 끄덕이며 관람한다. 중국의 신년 축하 공연은 전국을 대상으로 하는 집단적 경험의 순간으로 미국의 슈퍼볼 경기에 비견할 만하다. 당시 중국에는 텔레비전이 보급되기 시작했고, 사람들은 새로 산 텔레비전 앞에 모여 앉아 고대 희극의 말장난을 새로이 각색한 공연부터 군복을 차려 입은 공연자들이 조국에 대한 사랑의 마음을 전하는 노래까지 다양한 프로그램을 시청했다. 평리위안이 유명해진 것은 이러한 공연을 통해서였다. 평리위안은 대체로 군복을 입은 상태로 새로운 중국의 경이로움을 칭찬하는 내용의 노래를 도저히 불가능할 정도의 높은 음으로 불렀다. 정치화된 모범 노동자들과 어두운 표정의 정치인들이 지배했던 마오쩌둥 시대를 살아온 중국 국민들에게 펑리위안의 공연은 매우 신선한 자극이었다. 펑리위안과 쑹쭈잉 같은 가수들은 새로운 슈퍼스타였고, 엘리트 정치인들의 마음에 들었을 뿐 아니라 길거리의 일반 시민들도 좋아하는 가수였다.

이혼한 지 얼마 되지 않은 시진핑은 1986년 지방에서 일할 때 펑리위안과 결혼했고 그녀는 아주 좋은 결혼 상대자였다. 당시 펑리위안은 시진핑보다 훨씬 더 유명한 사람이었다. 둘의 결혼 생활이 더욱 흥미로워보이는 이유는 결혼 후 20년간 두 사람은 서로 다른 지역에서 각자의 경력을 쌓아야 했기 때문이다. 펑리위안은 계속해서 국내외에서 화려한 공연을 했고, 시진핑은 떠오르는 지방 관리로 묵묵히 일했다. 그래서 둘 사이가 멀어졌다느니 심지어 때로는 이혼의 위기에 처해 있다느니 하는 이야기가 자주 나왔다. 시진핑과 펑리위안 부부는 마치 클린턴 부부를 연상시키는 조화를 이룬다. 두 사람은 서로 다르지만 상호보완적이고, 정치적 야망은 두 사람이 함께 겪은 트라우마와 차이점을 없애거나 그보다 우선시된다. 홍콩과 타이완의 타블로이드 신문에서는 대부분의 시간을 남부 지역에서 혼자 살아온 시진핑과 아나운서(중국의 최고위 지도부 인사들에게 일반적인 일로 보인다. 저우융캉도 비슷하게 아나운서와의 스캔들로 비난을 받았다) 및 여러 여성 사이의 관계에 대한 기사를 실었다. 하지만 부부 사이의 관계가 더 우위였다.

펑리위안에게도 정치적 흠은 있다. 지난 몇 년간 펑리위안이 1989년 톈안먼 항쟁 진압을 축하하기 위해 군인들 앞에서 노래를 부르는 사진이 인터넷에 다시 올라오자 즉시 삭제되었다. 펑리위안이 세계보건기구^{WHO}의 결핵·에이즈 예방 '친선대사'와 중국금연협회, 청소년범죄예방협회 홍보대사를 맡고 있다는 사실을 생각하면 마오쩌둥의 부인을 제외한 그 어떤 전임 지도자의 부인들에 비해 그녀의 역할이 훨씬 더 크고 주목받는다는 점을 알 수 있다. 하지만 인민해방군의 상급 군인이라는 펑리위안의 지위 또한 시진핑의 정치적 자산이다. 정계의 의결권 행사에 있어 매우 중요한 기반인 군부와 유형적 관계를 맺을 수 있기 때문이다. 시진핑의 존재가 부상한 이후 과거 그와 펑리위안 사이에 어떤 '거래'가 있었는지 확인하기는 어렵다. 확실히 2007년 이후로 펑리위안의 공연 횟수는 줄었다. 그렇지만 시진핑의 해외 순방길에 함께하는 펑리위안은 눈에 띄는 인물이다. 2013년 미국 캘리포니아 서니베일을 방문했을 때는 시진핑과 오바마 미국 대통령과 함께 자신의 아이폰으로 사진을 찍은 일이 크게 알려졌고 2015년에는 국제연합[UN]에서 영어로 연설을 했다.

연성 권력의 자산이라는 점에서 시진핑에게 펑리위안은 큰 선물이다. 하지만 펑리위안은 그보다 더 핵심적인 기능을 수행한다. 간단한 사실을 말하자면 중국에는 더 많은 여성 공인과 정치인이 필요하다. 중국공산당은 양성 평등을 지지하고 전통적인 농촌 생활에서 나타나는 억압적 여성비하 문화에 투쟁한다는 약속의 결과로 권력을 잡았다. 그렇지만 중앙정치국 위원에 여성이 선출된 적은 있어도 상무위원회 위원이 된 여성은 단 1명도 없었으며, 공산당의 여성 당원 비중도 20퍼센트에 불과하고, 1949년 이래로 여성 성장은 단 2명에 불과했다. 이러한 내용을 보면 공산당은 초기의 의기양양한 약속들을 지키지 않았다.

이 문제는 한 자녀 정책의 영향으로 더욱 악화되었다. 여아 영아살해 사건이 일어났고 농촌 지역에서는 여전히 남아를 선호했다. 현재 중국에는 여성보다 남성의 수가 5,000만 명 더 많으며, 여아 100명당 남아 출생비는 106명이다. 이러한 현상으로 인해 여성의 권한 강화 효과가 나타났다. 도시 지역의 여성들은 결혼 상대자를 고르는 데 까다로워졌고 많은 수가 독신으로 사는 것을 택했다. 이혼녀라는 오명은 사라졌다. 정계와 달리 민간 기업과 비즈니스 분야에서는 여성 엘리트들이 많이 나타났다. 이러한 상황을 고려하면 공산당은 여성층의 지지를 무시하는 위험을 무릅쓰고 있는 셈이다. 그래서 펑리위안이 더 많은 중국 여성들의 지지를 얻기 위한 전략에서 핵심적인 역할을 맡는 것은 당연하다. 후진타오 시절에는 총서기의 사생활과 결혼에 대해 전혀 알려지지 않다시피 했던 것과 대조적으로 시진핑의 결혼은 중국인과 외국인, 양쪽 모두에게 호소하기 위해 만들어진 그의 인생 이야기 속에서 필수적인 부분으로 공식 전기에서도 다루었다. 2014년 신화통신의 기사 「펑리위안의 시선에서」에 따르면 '시진핑은 좋은 남편이자 아버지이다. 펑리위안은 언제나 남편을 신경 쓰고 배려한다.' 펑리위안에게 '시진핑은 독특하면서도 아주 평범한 사람이다.'[9] 많은 사람들이 2014년 11월 아시아태평양경제협력체Asia-Pacific Economic Cooperation, APEC 정상회의 자리에서 영부인 펑리위안의 내조를 목격했다. 펑리위안은 행사의 개막식 자리에서 수동적으로 서 있던 시진핑에게 재빨리 눈짓을 보내 모여 있던 사람들에게 손을 흔들도록 했다. 이 행동은 중국이 곧 붕괴할 것이라는 이야기 외에는 중국에 관해 거의 알지 못하는 서구 언론의 눈에도 띨 정도였다.[10] 시진핑 주변의 인간관계 가운데 펑리위안과의 관계는 가장 복잡하고 깊이를 가늠하기 어렵지만 여러 면에서 가장 중요한 관계라고 할 수 있다.

정계의 협력자 :
하나의 산에 두 마리의 호랑이가 살 수 없다

2012년 중반 보시라이와 그의 아내 구카이라이의 실각에 따른 소동이 있은 직후, 아직 시진핑의 권력 승계는 이루어지지 않은 때였다. 매우 중요한 의미를 지닌 '미중 전략 경제대화Strategic and Economic Dialogue, S&ED'를 담당하고 있던 전 부총리 왕치산이 중앙기율검사위원회의 수장으로 임명되었다. 왕치산은 뛰어난 경제 전문가였기 때문에 당시 그의 인사이동을 두고 많은 사람들이 인재를 제대로 활용하지 못하는 처사라며 놀란 모습을 감추지 못했다. 2013년 초부터 총리가 되어 모든 거시경제 정책을 총괄하게 될 리커창을 위해 왕치산이 밀려난 것인가? 중국 속담에 따르면 '하나의 산에 두 마리의 호랑이가 살 수 없다.' 왕치산의 이동은 둘 사이의 갈등을 미연에 방지하기 위한 시도였고, 두 사람의 자리는 신중하게 정해진 것인가?

어느 나라의 정치에서든 상황에 대한 명확한 설명은 도움이 되는 만큼 방해가 되기도 한다. 불투명한 과정과 속임수를 즐기는 중국의 정치에서는 특히 더 그렇다. 왕치산이 고상한 형태로 중앙기율검사위원회로 밀려나게 된 데는 체스 게임처럼 명확한 이유가 있었다. 그때 이미 중앙기율검사위원회가 보기보다 훨씬 중요한 자리라는 사실을 알 수 있는 단서가 있었다. 시간이 지나고 나서 보니 새로 취임할 지도부의 정치적 우선순위가 부패 척결이라는 메시지가 그때부터 이미 분명했던 것이다. 그리고 잘 알려지지는 않았지만 왕치산에게는 경제 전문가의 면모 이외에도 뛰어난 능력이 하나 더 있었다. 사실 그는 어마어마한 실행력을 지닌 인물이었던 것이다.

왕치산은 시진핑에게 중요한 사람이며 2012년 중앙정치국 상무위원회 위원들 가운데 확실한 정치적 협력자로 가장 가까운 사이이다. 반면 리커창 외 다른 4명의 위원과 시진핑의 관계는 애매하다. 왕치산은 새로 임명된 반부패 조직의 수장이라는 자리에서 성과를 내야 한다. 그리고 앞서 살펴본 바와 같이 시진핑에게 있어 공산당의 도덕적 신뢰를 회복하는 일은 절대 질 수 없는 전투이다. 그렇기 때문에 왕치산의 실패는 곧 시진핑의 실패를 의미한다. 두 사람의 정치적 운명은 서로 강하게 묶여 있다고 할 수 있다.

시진핑과 왕치산은 예상치 못하게 가까워졌다. 왕치산은 시진핑보다 네 살

연상으로 1948년, 중화인민공화국 건국 직전에 태어났다. 일부 전기에서는 왕치산의 실제 고향이 산둥성이라 하지만 그는 아마 산시성에서 태어난 듯하다. 왕치산의 아버지는 엔지니어였고, 기술 훈련을 받았기 때문에 중화인민공화국이 설립되었을 때 타이완으로 이주하는 방안을 고려했다. 결국 이주하지 않고 본토에 남았지만 아버지의 학력과 해외 교류 등의 이유로 1950년대 말 반우운동 당시 타도의 대상이 되고 말았다. 1956년 건설 현장에서 엔지니어로 일할 기회가 있었기 때문에 왕치산의 가족은 베이징으로 이주한다. 시진핑 주석과 거의 같은 시기에 왕치산도 농촌으로 보내져 1969년부터 '하방 청소년'의 길을 걷는다. 수도 베이징에서 고등학교에 다니던 왕치산은 산시성 옌안 지역 공산주의 공동체의 일꾼이 되었다. 왕치산이 산시성에 있던 때 시진핑을 만났는지는 확인하기 어렵다. 당시의 관계에 대해 두 사람 중 어느 누구도 말한 바가 없기 때문이다. 어쨌든 왕치산에게 이 시기에 맺은 인연 가운데 가장 중요한 사람은 알고 보니 전 무역부 부부장 야오이린의 딸이었던 여성 동지, 바로 그의 아내였다. 이후 왕치산은 산시성 역사박물관 직원이 되어 산시성의 수도 시안으로 이주한다(아마 새로 얻은 공산당 최고위급 인맥의 도움이 있었을 것이다). 1973년부터 왕치산은 시안에 있는 시베이대학에서 역사학을 공부하기 시작했다. 그리고 베이징으로 돌아올 때까지(결혼하여 공산당에 입당한 후) 계속 박물관에서 일했다.[11]

왕치산은 개성이 강한 사람이라는 평이다. 후진타오 아래에 있던 사람들이 대부분 기술관료 스타일이었던 데 비해 왕치산의 리더십 스타일은 이와 현저히 다르다. 훈련된 역사학자로서 왕치산은 1980년대에는 중국사회과학원에서 근무했고, 정계에 입문한 것은 상대적으로 늦은 나이인 38세 때, 정부의 경제 기획자가 되면서부터였다. 이보다 더 특이하게도 역사학자로서 왕치산이 주로 관심을 두고 연구했던 주제는 1949년 이후의 중국이 아니라 청 왕조와 중화

민국 시대였다는 점이다. 심지어 태자당太子党(전직 고위층 인사들과 관련 있는 공산당 지도부 인사를 지칭하는 표현. 보통 자녀나 손주이다)이라는 그의 신분도 직접적인 관계에서 나온 것이 아니라 결혼을 통한 간접적인 관계였다. 굳이 말해서 그가 듣기 좋아할 만한 이야기는 아니지만 말이다. 전하는 바에 따르면 그는 또한 1980년대 후야오방 시절의 중국식 자유주의에서 큰 영향을 받았다고 한다.

하지만 왕치산의 실제 기량, 그리고 시진핑과의 협력관계의 기초는 그의 과거, 혹은 태자당 후원자와의 관계와는 전혀 무관하다. 왕치산의 경력 가운데 눈에 띄는 특징은 달갑지 않은 위기를 엄청난 역량으로 극복하는 능력이다. 왕치산은 1997년 광저우로 이동하여 당 서기 리창춘을 도와 아시아 금융위기 극복과 지역 투자 기업의 파산 처리(중국에서 기업의 파산을 허용한 첫 번째 사례였다) 과정을 통해 처음으로 위기관리를 익히게 된다. 그는 엄청난 규모의 악성 부채를 처리하는 과정에서 주도적 역할을 맡았고, 당시 국가 경제의 40퍼센트를 차지했던 중요 지역의 재정 파탄을 막아내면서 중앙 지도부에 들어갈 만한 능력을 입증했다. 섬 지역인 하이난성의 당 서기로 잠시 근무한 후 왕치산은 그간의 성과를 바탕으로 2003년 베이징 시장이 되어 수도로 돌아온다. 이전보다 훨씬 더 심각한 위기, 급성호흡기증후군Severe Acute Respiratory Syndrome, SARS 이 창궐하고 있는 베이징에 구원투수로 발탁되었기 때문이다. 2002년 말에서 2003년 초 홍콩으로부터 급성호흡기증후군이 퍼지기 시작했을 때 베이징 시 당국과 위생부가 초동 대처에 실패하여 이미 2명의 고위 간부가 경질된 상태였다. 정부에서는 왕치산을 통해 정부의 위기 대처 방식에 대한 국민의 신뢰와 믿음을 어느 정도 회복하기를 기대했다. 왕치산 취임 후 정보 관리 방식이 개선되고, 시민들의 이동 및 공공장소를 통제했으며, 감당할 수 없을 정도가 되기 전에 미리 병에 대처하는 몇몇 전략을 실행했고 4월이 되자 국내외에서 그에 대한 찬사가 쏟아졌다.

2008년에 열릴 베이징 올림픽을 위한 준비가 한창이던 시기에 왕치산이 베이징시 시장을 맡고 있었다. 그가 부패를 척결하는 능력을 보인 것이 바로 이때였다. 2006년 올림픽 경기를 위한 여러 방대한 건설 프로젝트를 맡고 있던 베이징시 부시장 류즈화가 개인적으로 수천만 달러를 유용한 혐의로 기소되어 경질되었다. 그 외 다른 고위 간부들과 기업인들이 같은 명목으로 단속되어 낙마했다. 왕치산은 이를 적발한 공로로 2007년 부총리로 승진한다.

현대 중국 정계에서는 파벌 구조가 유효하지만 왕치산은 어떤 카테고리에도 속하지 않는다. 어느 정도 태자당과 관련이 있기는 하지만 완벽하지 않고, 특정 지역이나 국유기업 또는 기관을 바탕으로 하는 어떠한 권력 기반에도 강한 연결 고리가 없다. 그리고 지방의 성에서 근무한 기간이 너무 짧기 때문에 그곳에서 강력한 네트워크를 구축할 수도 없었다. 왕치산의 주요 장점은 실행이 어려운 정책을 밀어붙이는 능력과 강력한 기득권에 맞서는 능력이다. 또한 적을 만드는 일을 그리 두려워하지 않는다. 왕치산은 2012년 중앙기율검사위원회에 처음 출근하여 며칠 동안 직원들에게 프랑스의 정치학자 알렉시드 토크빌이 거의 200년 전에 쓴 혁명에 관한 고전적인 연구 서적을 읽으라는 지시를 내렸다고 한다[12]. 전하는 바에 따르면 왕치산이 1,000명의 중앙기율검사위원회의 직원들에게 이 책을 통해 알리고 싶었던 결론은 사회적 격변이 일어나는 위험한 순간은 빈곤한 때가 아니라 사회에 어느 정도 여유가 있고, 싸울 만한 가치가 있는 어떤 목적 때문에 사회 정치 세력이 다투는 때라는 점이었다. 중앙기율검사위원회의 업무는 비밀스럽기로 유명하다. 하지만 왕치산 휘하에서는 이 조직에 고도로 전략적인 계획이 있다는 신호를 명확하게 볼 수 있었다. 왕치산은 점점 더 거물급 인사들을 하나씩 천천히 에워싼 뒤 실각시켰다. 왕치산이 실각시킨 인물 가운데 지금까지 가장 중요했던 사람은 공안의 수장 저우융캉이었다. 이 일은 엄청나게 강력한 적들이 생길 위험이 아주 높았다. 2014년에는 장쩌민이나 후진타오처럼 아주 높은 인물들도 불안해한다는 수군거림이 있었지만 확인되지는 않았다.[13] 하지만 시진핑에게 왕치산은 효과적이고 충성심 강한 협력자로, 나이로 보아 그에게 위협이 될 가능성도 낮고 자녀도 없으며 공산당 또는 정부 기관 어디에도 정해진 권력 기반도 없는 인물이다.

중앙정치국 상무위원회의 다른 위원들 가운데 3명은 왕치산처럼 강하지는 않지만 그래도 협력적인 관계이다. 아마 리커창과의 관계가 가장 복잡할 것이다. 리커창은 겸손한 모습을 보여왔지만 2013년 총리로 임명되었을 때는 많은 사람들이 놀랐다. 총리보다 훨씬 더 높은 자리에 오를 인물이라 여겨졌었기 때문이다. 공산당 기관지인 「난팡일보」에서 일하는 한 저널리스트에 따르면 국무원의 리커창 사무실에서 중국 내 신문사들에게 총리에 대한 기사를 더 많이 실으라는 로비활동을 했다고 한다. 이 기간 동안 시진핑이 우위에 있었는데도 말이다.[14] 이는 중국의 언론이 완전히 당국의 지도를 받고 중앙 정부의 명령을 따를 것이라는 일반적인 생각과는 다른 면이다. 역설적이지만 공산당의 엘리트 지도자는 자신만의 언론 대응 전략을 가지고 국내 언론에 실을 자신의 이야기를 파는 내부 시장이 있어야 한다. 3중전회에서 발행한 문서, 특히 장황한 설명을 한 개혁안에 너무나 두드러지게 시진핑의 이름이 실렸는데, 대부분 리커창의 포트폴리오 안에 속하는 경제 개혁에 대한 내용이었다. 어느 나라에서든 경제와 정치를 깔끔하게 구분 짓는 것은 쉽지 않으며, 중국에서는 아마도 제일 어려운 일일 것이다. 시진핑 정부의 핵심 전략이 모든 분야의 개혁이라는 점을 고려하면 여러 면에서 그는 자신이 원하는 분야를 살필 권한을 가지고 있으며, 국가 지도자로서 경제란 특히 흥미를 가지고 중요한 역할을 맡아야 할 분야이다.

2014년에는 심지어 리커창이 건강 악화를 명분으로 내세워 은퇴를 고려

중이라는 근거 없는 소문이 돌았다. 소문은 리커창이나 그와 함께하는 관료들이 표현하는 불만에서 나왔을 수도 있고 아니면 시진핑이 지지하는 제3자 가운데 누군가 나쁜 의도를 가지고 퍼뜨렸을 수도 있다. 그렇지만 중국 정치에서 총리는 여전히 중요한 자리이며, 리커창은 여러모로 공산당과 정부의 개혁안 진행을 무산시킬 수 있는 능력을 가지고 있다. 과거에 정책 실행 과정에서 어려움을 겪어본 적이 있는 사람으로서 시진핑에게 리커창을 설득하는 능력이 있기 때문이라기보다 단지 사람들의 생각보다 리커창이 권한이 없는 사람으로 비쳤기 때문에 그런 소문이 퍼진 것이다. 2015년에도 리커창이 한 번의 임기가 끝난 뒤 2017년에 은퇴할 것이라는 소문이 계속 나돌고 있다.[15]

류윈산은 더욱 관념적인 역할을 맡고 있다. 그는 이데올로기와 공산당 건설을 맡고 있다. 류윈산은 상무위원회 위원 가운데 이렇다 할 성의 성장을 맡은 경력이 없는 유일한 사람이다. 그래서 2012년 그가 상무위원회 위원이 되었을 때 많은 사람들이 놀랐다. 류윈산은 단호한 좌파로 분류되었고, 과거 뉴스 관리 문제에 연관된 적이 있다. 하지만 류윈산은 처음 생각했던 것보다는 확실히 시진핑과 가까운 관계이다. 3중전회 개혁안의 초안을 만드는 데 주도적 역할을 했고, 특히 공산당 중앙당교의 교장을 맡아 점점 더 간부들이 정통주의를 따르도록 요구했다. 과장되게 통제하는 목소리와 이념적 순수성 때문에 많은 당원들이 류윈산을 싫어한다. 류윈산은 선전부 출신이며, 1990년대에 공산당 중앙선전부에서 근무했다. 그래서 메시지와 메시지를 전하는 사람 양쪽을 관리하는 정책을 고안해 본 경험이 많다. 다음 장에서 다루겠지만 시진핑은 이 문제에 상당한 관심을 쏟아왔다.

마지막으로 위정성이 있다. 당내에서 연배가 높은 인물이고, 덩샤오핑의 가족과 가까이 지내며, 지방 성에서의 근무 경험이 많다. 위정성은 보수 세력의 대표 주자와 같다. 경험이 많은 위정성의 의견은 굴곡이 많았던 자신의 풍부한 경력을 바탕으로 한다. 위정성은 지도부 인사들 가운데에서도 누구보다 가장 엘리트인 집안 출신이다. 그의 인연은 1930년대까지 거슬러 올라간다. 당시 그의 아버지 위치웨이(황징이라는 이름으로도 알려져 있다)는 후에 마오쩌둥의 네 번째 아내가 된 장칭과 짧은 결혼 생활을 했다. 1950년대 톈진시의 시장을 지냈던 아버지는 1958년 사망했지만 남은 위정성의 가족들은 그로부터 10년 후 문화혁명 기간에 갖은 박해에 시달려야 했다(이 기간 어머니의 투옥으로 인해 당시 여동생이 자살을 한 것으로 보인다). 하지만 위정성의 출신 배경은 이보다 더 복잡하다. 그의 종조부는 1940년대 장제스의 국민당 정부에서 국방 장관을 지냈다. 위정성 자신은 1960년대에서 1970년대에 들어서까지 탄도미사일 관련 공부를 하고 그 분야에서 일했다. 당시 다른 기술 부문의 연구가 전부 중단되었을 때조차 이 연구는 계속해서 진행될 정도로 연구 우선순위가 높은 분야였다. 그의 가족 가운데 무엇보다 그를 어렵게 만든 사람은 그의 형 위창성이었다. 위창성은 미국으로 전향하기 전 중국의 군사 스파이였으나 사실상 1980년대 중반 미국에서 모습을 감추었다. 위정성은 덩샤오핑 친족을 향한 깊은 충성심을 바탕으로 해서 위기에서 부활한다. 위정성은 1980년대 중국 장애인복지기금회에서 일하는 동안 덩샤오핑의 장애인 아들 덩푸팡과 잘 알고 지내는 사이가 되었다. 위정성은 이렇다 할 자질이 없는 현대 중국 남성의 끝을 보여주는 인물이다. 어떠한 정치인으로서의 모습도 전혀 보이지 않고 공산당 기관지 「츄스求是」에 실린 몇 안 되는 연설문 안에도 단 하나의 특별한 아이디어나 입장이 들어 있지 않다. 그러한 사람으로서 위정성은 그저 시진핑을 지지하는 표를 던지는 역할을 할 뿐 이념적 반대는 전혀 하지 않는다. 현대 중국 정치에서는 이 정도의 관계는 협력자의 한 형태로 본다.[16]

관료

중앙정치국과 중앙위원회의 위원들, 그리고 각 부처의 부장은 눈에 잘 띈다. 이들은 모두 알려진 인물들이며 각자 어떤 일을 하는지도 상대적으로 명확하다. 그러나 중국에는 이보다 잘 알려지지 않은 실권자들이 있다. 이들은 서구 관료제에서의 비선출직 공무원들처럼 그림자 속의 세계에 속한다. 정치 지도자의 종복으로 일하는 것으로 추정되며, 거의 언제나 자신의 후원자나 상사 옆에 가까이 지내면서 문지기 역할을 통해 큰 영향력을 발휘한다. 후원자나 상사의 귀에 비밀스런 이야기를 전하고, 일정을 관리하며, 다른 사람이 자신의 후원자나 상사를 만날 수 있도록 허가하거나 아니면 내칠 수 있다. 한 세기 전까지 존재했던 황제 시대의 환관과 거의 비슷한 존재이며, 자신을 거세(현대 환관들은 성적 거세가 아닌 정치적 거세를 한다)하여 가장 신성시되는 장소에 접근함으로써 정치적 동료와는 다른 식의 신뢰를 받는다. 시진핑의 주변에는 이 부류에 해당하는 인물이 3명 있다. 딩쉐샹, 종사오준, 그리고 주귀펀이다.

2013년부터 딩쉐샹의 공식 직함은 평범하게 들리는 중국공산당 중앙판공실 상무 부주임이다. 하지만 사실 딩쉐샹의 진짜 역할은 시진핑의 개인 비서이다. 현재 중국에서 시진핑 근처의 접근성과 그의 일상에 대한 정보 습득의 측면에서 이보다 더 좋은 자리는 거의 없다고 말할 수 있다. 딩쉐샹은 가장 얼굴 없는 내부자이다. 그는 1962년생으로 장쑤성 출신의 관료이며, 2007년 시진핑이 잠시 상하이에 근무했을 때 미래의 주인을 처음 만나게 되었다. 딩쉐샹은 이미 전 상하이시 서기였던 황쥐, 그 후에는 실각한 첸량위 아래의 상하이 과학기술협회에서 일했다. 중국 언론의 보도에 따르면 시진핑이 상하이에 부임했을 때 딩쉐샹에게 주목한 이유는 비록 그가 상하이에 근무한 기간이 길기는 했지만 북부 지방에서 교육을 받았고 북부 지방 출신이 시진핑처럼 다른 사람들보다 좀 더 직접적인 행동 방식과 말투를 지녔기 때문이라고 한다.[17] 2007년 말 승진하여 베이징으로 이동했을 때 시진핑은 딩쉬에샹을 데려갈 수 없었지만 2013년 7월 마침내 딩쉬에샹을 베이징으로 부를 수 있었다. 당시 지역 신문인 「허베이일보」에 딩쉬에샹이 시진핑의 허베이성 시찰에 동행한다는 발표가 났다.[18] 딩쉬에샹은 어느 특정 인맥관계에도 속하지 않고, 가족 중 누구도 정계의 주요 인물과 관련되어 있지 않으며, 자신도 전임자들과 마찬가지로 눈에 띄지 않는 위치를 유지하고 있다. 그는 글을 매우 잘 쓰는 재능이 있어, 시진핑의 생각을 분명한 문서 지도안으로 옮기는 데 능하다. 또한 시진핑의 중앙정치국 동료인 위정성과 좋은 관계를 맺고 있다. 위정성이 2007년부터 2012년까지 상하이시 서기로 근무했고 당시의 비서가 딩쉬에샹이었기 때문이다. 딩쉬에샹은 현재 자신의 상사(적어도 문서상)인 리잔수의 자리를 대신할 가능성이 높다. 리잔수 중앙판공실 주임은 2018년 은퇴를 맞이할 예정이다.

딩쉬에샹보다 더욱 잘 알려지지 않은 인물이 종사오준이다. 2013년 초 해외 고위 관리와의 만남 자리에서 시진핑의 옆에 그가 나타나기 전까지 중국 내외에서 그를 아는 사람은 거의 아무도 없었다. 시진핑은 푸젠성 시절부터 2002년 저장성으로 갈 때까지 인사 담당자를 따로 두지 않았다. 하지만 시진핑이 저장성에 근무하는 동안 종사오준이 저장성 조직부의 부장을 맡아 인사 관련 문제를 결정했고, 후에는 시진핑의 개인 비서 역할을 맡았다. 두 사람은 현재까지도 이어지는 업무관계를 형성했다. 종사오준은 정상에 오를 때까지 자신의 익명성을 유지했으며, 공식 문서에도 그의 경력은 최소한의 정보만 공개되어 있다. 이는 심지어 중국에서도 드문 일이다. 전하는 바에 따르면 종사오준은 저장대학을 졸업했으며, 대학에서 간부 관리 분석으로 석사학위를 받았다고 한다. 그리고 2007년 시진핑이 베이징으로 이동하고 난 후 칭화대학의 시간제 박사학위 과정에서 학업을 이어나갔다. 종사오준이 처음 모습을 드러낸 것은 2008년 3월 당시 시진핑 부주석의 미국 방문에 동행했을 때였다. 종사오준은 시진핑 개인 사무실의 실장으로 일했으며, 시진핑 개인 팀의 외교 관련 정책에 연관되어 있었고 아마도 시진핑의 중앙군사위원회의 주석으로서의 업무도 도왔을 가능성이 높다.[19]

종사오준보다 더 어두운 그림자 속에 있는 인물이 주궈펀이다. 공산당 공식 서류에는 단지 '시 주석의 비서'라고 나와 있을 뿐이다. 1973년 출생으로 광둥성 토박이이다. 1995년부터 베이징 런민대학에서 법학을 공부했으며 이후 잠시 동안 공산당 중앙위원회에서 발행하는 잡지사에서 일했다. 그리고 1998년부터 다시 런민대학에 돌아와 석사학위를 취득했다. 석사학위 취득 후 10년간은 다시 공산당 중앙위원회의 여러 조직에서 일했으며, 2013년 보아오 포럼 회의 때 시진핑의 개인 비서로 이름을 올려 주목을 받았다. 2013년 중반 시진핑의 미국 캘리포니아 방문 당시 주궈펀도 동행했다. 종사오준이 시진핑의 군사 정책을 담당한다면 주궈펀은 공산당과 정치 관련 정책을 맡아 중국 공산당 총서기라는 시진핑의 업무를 보좌하고 있다.[20]

시진핑의 개인 관료팀 구성원 가운데 이들보다 더 잘 알려진 인물이 2명더 있다. 1명은 앞에서 언급했던 리잔수로, 매우 중요한 사람이다. 리잔수는 중앙판공실 주임이자 중앙정치국 중앙위원이다. 1950년 허베이성에서 태어났고, 지난 30년간 여러 성을 돌며 행정 경험을 쌓았다. 2008년부터 헤이룽장성의 성장으로 일하다 지방 관료직에서 은퇴한 노련한 내부 관료이다. 그가 시진핑과 만난 것은 1980년대까지 거슬러 올라가 두 사람이 함께 허베이성에서 일할 때였던 것으로 보인다. 리잔수도 현재 그의 상관이 된 시진핑과 마찬가지로 당내 규율과 엄격한 윤리를 강조했다. 중앙정치국의 동료였던 링지화와 차별화된 모습을 보일 필요성이 있었기 때문인 것 같다. 링지화는 2015년 반부패 조사 과정에서 실각했고, 링지화의 예전 직책인 공산당 중앙판공실 주임 자리를 이제는 리잔수가 맡고 있다.[21] 다른 한 사람은 공산당 중앙위원회 정책연구사무소 부주임 허이팅이다. 허이팅은 시진핑과 함께 반부패, 당 건설 운동을 펼치고 있다.

이상의 모든 슈퍼 엘리트 관료들을 연결하고, 정부의 한가운데 자리 잡은 비공식 싱크탱크 집단의 구성원이라고 주장하기에는 이들 사이의 관계가 실은 매우 유동적이다. 이 사람들 사이에 유일한 일관성이 있다면 시진핑 가까이에서 일한다는 사실뿐이다. 이들은 시진핑에게 아이디어나 지적인 자극을 제공하지는 않지만(어쨌든 공공연하지는 않다) 이를 실행하고 진행하는 역할을 한다. 시진핑의 아이디어에 가장 많은 영향을 미치는 인물들은 지금까지 살펴본 시진핑의 내부 관료들과 가까운 사이이기는 하지만 약간은 다른 영역에 속해 있다.

시진핑의 사상가

시진핑이 내는 아이디어의 원천이자 그의 사고방식에 가장 큰 영향을 주는 사람들은 두 가지 부류로 나눌 수 있다. 시진핑이 오랫동안 알고 지내던 사람들과 전임 지도자들로부터 물려받은 인맥들이다. 중국의 지도자는 의전을 중심으로 하는 회의의 소용돌이 속에서 살아가며, 국민 또는 해외와 교류를 할 때는 철저한 사전 준비를 바탕으로 연출된 만남을 소화한다. 여기에 산더미 같은 서류가 더해진다. 2014년 10월 상하이의 한 신문에 시진핑의 일상의 단면을 다룬 기사가 실렸다. 새벽에 일어나 자정에 잠자리에 드는 시진핑의 모습은 1980년대 중국의 강적이었던 영국의 마거릿 대처 수상의 유명했던 몰아붙이기식 근무 습관을 모방한 것처럼 보인다. 그녀는 하루에 네 시간밖에 자지 않았다. 이렇게 빡빡한 일정을 소화하면서 어떻게 신선한 새 아이디어가 나오고, 생각한 바를 어떻게 실행할 수 있는지 의문이 든다. 아마 군 문제나 당 관련 문제에서부터 인사나 국제 문제에 이르기까지, 시진핑이 한 가지 결정을 내리는 데 걸리는 시간은 몇 분 되지 않을 것이다. 업무를 위임하지 않고는 진행이 불가능하며 그러려면 지도자에게 쏟아지는 매일의 업무와 싸우는 중에 자기 대신 생각을 해주는, 신뢰가 가는 사람을 옆에 두어야 한다.[22]

시진핑에게 이러한 지적 영향을 주는 사람 가운데 가장 중요한 이는 천시이다. 천시는 1970년대 시진핑이 칭화대학에 다니던 시절 급우로 시진핑 정부에서 인사 결정을 담당하는 당 중앙조직부 부부장의 자리에 오르기 전까지 대부분의 경력을 학계에서 쌓았다.[23] 천시는 푸젠성 토박이로, 처음에는 푸저우대학 기술학교에서 공부했고, 이후 베이징으로 가서 시진핑과 같은 시기에 칭화대학에서 화학공정을 전공했다. 졸업 후 잠시 푸젠성에 돌아가 있었지만 칭화대학으로 다시 돌아와 다음 20년 동안 대부분의 시간을 거기에서 보냈다. 그러는 동안 점점 이 명문 대학의 정치 및 관리 부문에서 영향력 있는 인사가 되었다. 1990년대 초반 미국 캘리포니아의 스탠퍼드대학에서 1년간 방문학자로 지낸 뒤 1993년부터 칭화대학 당위원회 상무 부서기로 임명되었고, 2002년에 당 서기가 되었다. 천시가 칭화대학 당 조직에서 가장 높은 자리에 있을 때 옛 친구이자 동료인 시진핑이 칭화대학에서 박사학위를 받았다.[24] 2008년까지 칭화대학 당 서기로 근무했고, 그 후 2008년부터 2010년까지 교육부 부부장을 지냈고, 그러고 나서 잠시 6개월간 랴오닝성 부성장으로 근무하다 2010년 말 베이징으로 돌아와 덩샤오핑의 딸 덩난의 후임으로 과학기술협회 서기가 되었다. 2012년 시진핑이 주석의 자리에 오르자 천시도 이를 따라 엄청난 힘을 가진 중앙조직부의 상무 부부장이 되었다. 천시와 시진핑은

1970년대 칭화대학에서 함께 공부하는 동안 매우 가까이 지낸 것으로 보인다. 어느 정도인가 하면 2007년 천시가 베이징으로 돌아온 이후 시진핑은 옛 친구들과의 우정을 위해 적어도 1년에 한 번은 베이징에서 편안한 모임을 가지며 1970년대 중반 이후 칭화대학 화학공정과를 졸업한 친구들을 만난다는 이야기가 있다. 만날 수 없을 때에는 친구들이 어떻게 지내는지 안부를 묻는 전화를 건다고 한다.[25]

왕후닝은 10년 넘게 중국 정계에 큰 영향을 주고 있는 인물로 전임자 시절부터 정계와 인연을 맺고 있었다. 왕후닝은 천시와 마찬가지로 학계 출신 정치인이며 1980년대에 고향 상하이에 있는 푸단대학에서 근무했다. 그는 정통적인 방식으로 학업을 하지 않았다. 원래는 프랑스어를 공부했지만 후에 국제관계로 전공을 바꾸었고 대학원생 시절 잠시 미국에서 공부했다(모든 주요 학력 배경에서 천시와 공통점이 많다). 왕후닝은 1994년 장쩌민 시절 공산당 중앙위원회 정책연구사무소의 주임이 되었고 이곳에서 10년 넘게 근무했다. 이 자리는 '싱크탱크 중의 싱크탱크'이기 때문에 몹시 중요한 의미가 있으며, 가톨릭교회의 신앙교리성the Congregation for the Doctrine of the Faith의 중국공산당 버전이다. 그리고 엘리트 지도부 사람들과 엄청난 힘을 가진 인맥들에게 접근할 수도 있는 자리이다.

왕후닝은 관료가 궁극적으로 만들어내야 할 것이 무엇인지를 이해하는 사람이며, 지도자의 아이디어를 세련된 느낌의 중국어로 옮기는 능력이 뛰어나다는 평을 받는 사람이다. 그의 손이 닿은 작품의 예로 장쩌민의 '3개 대표론', 후진타오의 '과학적 발전 이론', 그리고 현재 주석인 시진핑의 '차이나드림'이 있다. 여러 정치 지도자의 아이디어를 본능적으로 '느끼고', 여기에 구조와 정의를 더하는 왕후닝의 능력은 그가 결코 어떤 특정 관점이나 이념적 입장만을 취하지 않는다는 것을 의미한다. 세평에 따르면 그는 큰 야망이 없고 어

CEO 시진핑

떤 종류의 직책도 싫어한다는 점이 장점이다. 왕후닝은 영국 왕 헨리 8세의 토머스 크롬웰이나 프랑스 로베스피에르의 21세기 버전이다. 밝게 빛나는 태양 옆에 함께하는 그림자 같은 사람이며, 결정적으로 필요한 순간 시진핑의 옆에 모습을 드러내 조용히 속삭여 그에게 영향을 미친다.[26] 2012년부터 중앙 정치국 중앙위원이 되었으며 불면증에 시달린다고 한다. 왕후닝이 모습을 드러내지 않은 채 공산당 이념 기관에서 근무하기 이전에 남긴 글을 바탕으로 유추해 보면 그는 거의 언제나 이념적, 정치적으로 중국과 미국은 다르다는 입장을 취했다. 학자 시절 왕후닝의 생각의 중심에는 미국이 있었다. 왕후닝의 이런 입장은 그가 정계에 입문한 뒤에도 여전히 남아 있는 것으로 보인다. 왕후닝에게 사생활이란 거의 없는 듯하다. 분명하게 알려진 것은 책벌레 같은 그의 성향 탓에 첫 번째 부인과 이혼했다는 사실이다. 그 후 2015년에 재혼했다고 전해진다. 그의 이런 특성을 고려하면 왕후닝은 아마 친인척의 행동(특히 사망한 아들)으로 어려움을 겪었던 링지화와 달리 부패 문제에서 자유로울 것이다. 왕후닝의 고립된 사생활은 시진핑에게는 궁극의 선물인 충성심을 가져다준다. 왕후닝 자신은 아마도 자신의 충성심이 통일된 지도부 아래의 공산당과 공산당의 운명에 대한 충성심이라고 생각할 것이다. 현대 중국의 실권자들이 계산적이고 음모를 꾸미기 좋아하며 이해할 수 없는 얼굴을 가진 사람들이라고 생각한다면 무표정하고 혈색이 나쁜 왕후닝의 얼굴도 보아야 할 필요가 있다.

시진핑에게 영향을 주는 인물 가운데 마지막 인물은 경제 분야의 전문가이다. 2012년 이래 국가발전개혁위원회의 부주임을 맡고 있으며, 이보다 더 중요한 중앙재경영도소조 판공실 주임을 맡고 있는 류허라는 인물이다. 2013년 초 당시 미 국가안보 보좌관 토머스 도닐런이 중국을 방문한 자리에서 류허는 시진핑 주석의 옆자리에 앉았다. 당시 회의에 참석했던 사람들의 말에 따르면 서로를 소개하는 시간에 시진핑이 류허를 가리키며 이렇게 말했다고 한다. "저에게 매우 중요한 사람입니다." 그의 발언은 마오쩌둥이 자신의 마지막 후계자 후보였던 화궈펑을 두고 무뚝뚝하게 했던 말을 떠올리게 한다. "자네가 맡고 있으면 내가 편하네." 류허의 경우에도 마찬가지로 그의 책임은 막중하며 시진핑의 소개를 들은 류허의 마음이 편하거나 안심되었을 리 만무하다.[27]

류허는 이론적으로 시장의 힘을 굳게 믿고 있다. 1995년 미국 하버드대학교 존 F. 케네디 행정대학원에 잠시 다녔고, 소문에 따르면 1960년대 베이징의 중학교에서 시진핑과 가까워졌다고 한다.[28] 2013년 말 3중전회에서 시장의 역할을 인정한 시진핑의 발언은 류허의 영향을 받은 것이었다. 영도소조에서 일할 자신의 보좌관으로 미국 스탠퍼드대학에서 공부한 경제학자 팡싱하이를 지명했다. 상하이 금융서비스 판공실 부주임으로 수년간 일해온 인물이었다. 하지만 류허는 자신이 미칠 수 있는 영향력을 자제하는 편이다. 발언 요청을 받으면 사무실을 통해 대답한다. 그는 조직 안에서 개인의 영향력은 제한되어야 하며, 집단 의사결정을 통해 조직 시스템을 이끌어야 한다고 말한다. 그럼에도 지난 몇 년간 거시경제에 대한 공산당의 문서에 류허의 아이디어들이 그토록 많이 등장했다는 사실이 흥미롭다.

외부인

의전과 보호의 장막에 둘러싸여 있는 중국의 지도자가 어떻게 이를 깨고 나와 새로운 관점이나 아이디어를 얻는가? 러시아의 표트르 1세가 평민의 옷을 입고 모스크바 시민들 속에 섞여 국민 여론을 들으려 애썼다는 이야기가 떠오른다. 2013년 중국 언론은 시진핑이 택시를 탔다는 이야기에 깜짝 놀랐다. 사실이 아닐지도 모르지만 중국의 엘리트 지도자가 보호기관, 치안팀, 보안팀, 여러 고문들과 경호원에 둘러싸여 얼마나 밀실 속에서 지내는지 잘 보여주는 이야기이다. 지도자를 둘러싼 인간 방패들은 세계로부터 그들을 보호하려는 것만큼 마치 그들로부터 세계를 보호하려는 것처럼 보인다.

시진핑에게는 정계나 정부에 전혀 속하지 않는 몇몇 인맥들이 있다. 이들 가운데 일부는 그의 개인적인 출생 배경과 관련되어 인연을 맺게 되었다. 1980년대 시진핑의 아버지는 후야오방에게 충성을 다했고, 그러면서 후야오방의 가족, 특히 그의 아들 후더핑을 알게 되었다. 후더핑은 1942년생으로 시진핑보다 한 세대 위였기에 문화혁명이 일어나기 전 가까스로 학업은 마칠 수 있었다(후더핑의 경우 베이징대학에서 문학을 전공했다). 후더핑은 1970년대 역사박물관에서 일하기 위해 베이징에 돌아온 이래로 자유주의 지식인으로 살고 있다. 본인의 학자적 관심사와 더불어 자유주의 개혁을 지지했던 아버지에 대한 긍정적인 이미지 덕분에 중국에서 존경받는 인물이다.

2012년 7월 후더핑은 시진핑과 만남을 가졌다. 지도부 승계의 마지막 단계가 이루어지던 때였다. 이 자리에서 시진핑은 중국에는 전면적인 개혁이 필요하지만 사회에 지장을 주는 것이어서는 안 된다고 말하면서, "경제는 안정과 발전을 추구하며, 정치는 안정과 개혁을 추구하고, 문화는 안정과 변화를 추구해야 한다"[29]고 했다. 여기에 빼놓을 수 없는 부분은 이러한 과정이 당의 규율 확립을 통해 이루어져야 한다는 점이다.[30] 시진핑은 후더핑에게 중국은 '전례 없는' 도전 과제에 직면해 있다고 표현했다. 두 사람은 공산당 중앙당교의 고위 간부들에게 회람시킬 지침을 만들어 시진핑이 취임하면 이전 지도자들에 비해 더 빠르고 급진적으로 움직이고 싶어 한다는 점을 분명히 보였다.

후더핑과의 만남으로 인해 1980년대와 후야오방 시대를 바라보는 엘리트 정치인과 지식인의 견해가 분명히 규정되어 있지 않다는 문제가 떠올랐다. 원자바오 전 총리가 「런민일보」에 자신의 과거 멘토였던 후야오방을 칭찬하는 논설을 썼을 때 많은 사람들이 원자바오가 주변의 다른 지도자들과 보조를 맞추지 못한다고 느꼈다. 후야오방은 1989년 톈안먼 대학살로 이어진 문제들을 촉발시킨 인물이라는 비난을 받아왔다. 그에 대한 평가가 달라지고 있다는 소문이 가끔씩 돌기는 하지만 여전히 이 사건은 대단히 민감한 이슈로 남아 있다. 시진핑도 이 문제를 온화하게 바라볼 생각은 없는 듯하다. 2014년 6월 4일 톈안먼 항쟁 25주년 기념일에 엄격한 단속을 펼쳤고, 5월에는 베이징에서 톈안먼 항쟁의 재평가를 요구하는 세미나에 참석한 많은 사회 운동가와 변호사를 체포했다. 그렇기는 하지만 후야오방은 엘리트 지도부 내 거의 모든 사람과 인연이 있다. 후진타오의 후원자(관계는 없었지만)였고, 공산당 총서기에 취임하기 전 공산주의 청년단, 그리고 후에 중앙조직부에서 일하면서 지금은 실세가 되었지만 당시에는 막 경력을 시작하고 있던 젊은 관리들 전부에게 영향을 주었다. 후야오방은 비록 중국의 특성을 반영하고 있기는 했지만 진짜 개혁주의 자유 정치의 모습이 어떤 것인지를 나타내는 상징이었다. 민주주의자는 아니었지만 자유를 신봉했고, 혁신, 새로운 아이디어, 그리고 기업가 정신을 얻기 위해 사회 시스템을 완화시켰다. 시진핑과 후더핑이 서로의 가족끼리 연결되어 있다는 점도 중요하다. 그런 끈이 있었기 때문에 후더핑 같은 사람이 시진핑과 2012년 7월의 만남을 이룰 수 있었던 것이다. 그해 11월 권력 승계를 몇 주 앞두고 있던 시진핑을 말이다.

정적

우리는 친구와 협력자들로부터 많은 것을 배울 수 있지만 자신의 적이 누군지 파악함으로써 아마 그만큼 많은 것들을 또한 배우게 된다. 위대한 문학평론가였던 새뮤얼 존슨은 자신을 정말 이해하고 싶은 사람은 적들이 자신에 대해 어떻게 말하는지 들어야 한다고 말했다. 시진핑을 이해한다는 것은 그에게 반대하는 사람을 이해하는 일이다. 이 질문에 답을 주는 중국의 한 책에서는 시진핑의 적으로 두 사람을 거론한다. 바로 미국 대통령과 감금되어 있는 노벨평화상 수상자 류샤오보이다.[31] 이것은 지나치게 단순화시킨 이야기이다. 시진핑에게 가장 치명적인 적은 분명히 공산당 내에서 그와 가장 가까운 곳에 앉아 있는 사람들일 것이다. 이들은 즉각적으로 시진핑을 해칠 수 있는 수단을 가지고 있다.

그 가운데 가장 잘 알려진 그룹은 '좌파'라는 이름으로 불린다. 이들이 지난 30년간의 개혁 내용을 반대하는 근거에 대해서는 속속들이 논의되어 왔다. 2010년대에 들어와서는 비록 매일 듣는 뉴스 속의 중국은 1978년 이전과 비교하면 거의 완전히 다른 행성에 있는 나라처럼 보이지만 지금도 중국에는 여전히 위대한 키잡이the Great Helmsman(마오쩌둥을 지칭-역주)의 북을 울리는 지지자들이 사라지지 않고 있다. 마오쩌둥주의자들은 동남아시아 정글 속에 고립된 일본군처럼 보인다. 제2차 세계대전이 끝난 후 수십 년간 숨어 있던 빽빽한 숲 밖으로 나와 그 모든 시간 동안 무엇을 위해 헛되이 싸웠는지 알아내려 했던 일본군 말이다. 이들의 투쟁은 예전에 끝났다. 마오쩌둥이 살아 있을 때만큼 사망한 이후에도 그의 권한은 파악하기 힘들고 알 수 없는 채로 남아 있지만 현대 중국에서 마오쩌둥의 영향력이 여전히 강한 이유, 그리고 정치적으로 그를 들먹이는 일이 논쟁을 불러일으키는 이유 중에는 심각하게 생각해 보아야 할 부분이 있다. 마오쩌둥 시대의 중국과 현재의 중국 사이에 누구도 반박할 수 없는 중요한 차이점은 현재 중국에 불평등이 심화되고 있다는 사실이다. 마오쩌둥의 지지자들은 이 부분을 들먹이며 상대를 공격한다.

2012년 중국 국무원개발연구센터와 세계은행은 향후 20년간 중국이 해결해야 할 과제에 대한 공동 연구 보고서를 발행했다. 「중국 2030: 현대적이고 조화로운 창의적 사회 건설」이라는 제목의 이 보고서는 현대 중국의 개혁, 시장 경제의 심화, 생산 요소 관리, 비국유 부문의 비중 확대, 정부 및 행정부의 개혁 확대, 그리고 적극적 환경 정책 실시를 망라하여 촉구하는 가장 중요한 내용을 담고 있다. 서구식 신자유주의 경제 가치를 모조리 중국에 적용시킨 논리 정연하고 긴(이 보고서의 분량은 350페이지가 넘는다) 보고서이다. 이 보고서에 따르면 '정부의 직접 개입은 실제로 성장을 저해할 수 있다. 대신 민간 부문을 더 개발하는 쪽으로 정책의 중심을 옮겨야 할 필요가 있다.'[32] 정부와 국가의 역할을 재정의하고 개입을 줄여야 한다고 주장하면서 보고서는 다음과 같이 이어진다.

> 중산층이 확대되면서 공공정책에 대한 논의에 참여하고 싶다는 이들의 요구가 점점 커지고 있다. (중략) 정부는 이들의 요구에 선제적으로 대응하여 개인, 가구, 기업, 지역 공동체, 학계, 그리고 다른 비정부 조직에도 참여 권한을 부여해야 한다.[33]

사무적으로 들리는 이 문장 속에는 중국에서 사회주의를 지지하는 대표단의 입장에서는 넘지 말아야 할 선 안의 내용이 전부 들어 있다. 이들은 대부분 1978년을 중국 부흥의 '원년'으로 생각하는 것이 아니라 그때부터 중국은 결코 회복될 수 없는 나라가 되어버렸기 때문에 재난의 해라고 생각한다. 이들의 입장에서는 시장 중심이나 중산층의 등장, 비국유 부문의 발전, 국가의 힘을 약화시키도록 촉구하는 것은 삶의 질을 약간 향상시키는 수법으로 중국인들을 매수하고 유혹하여 중국에 몰래 들어와 신엘리트 계층을 기분 나쁠 정도로 부유하게 만들어놓은 서구식 자본주의에 항복하는 일이다.

2012년 7월 15일, 중국 내 1,644명의 저명한 경제학자들이 이 보고서에 답하는 공개 항의서를 발표했다. 이들의 정치적 목표는 원자바오 총리였다. 그 이유는 첫째, 그가 중앙정치국 상무위원회 위원 가운데 가장 열성적인 자유주의 개혁가라고 생각했기 때문이며, 둘째, 원자바오 총리가 이 보고서의 주요 정치적 후원자로 보였기 때문이다(비록 이 보고서를 직접 관할하는 쪽은 당시 거시경제 문제를 담당하던 리커창 부총리였지만 말이다). 셋째, 원자바오의 가족이 정치 엘리트들 가운데에서도 가장 부패하고 부유했다는 사실(그리고 후에 밝혀진 바에 따르면 중국 정치는 보통 대중 앞에 겉치장을 한 추상적인 모습을 보이지만 사실은 항상 대단히 개인적인 모습을 띠고 있다)이 널리 알려져 있었기 때문이다. 특히 그의 부인 장페이리와 두 아들은 아찔할 정도의 부를 쌓았다. 이 내용은 불과 몇 달 뒤 「뉴욕타임스」에 공개적으로 실렸다.[34] 그래서 마오쩌둥주의자들과 좌파는 이런 보고서의 내용과 원자바오 같은 개인의 후원에 힘입어 보고서의 발행을 도운 파트너들을 생각하면 이보다 더 절묘한 조합은 없다고 주장했다. 일제 사격이 시작된 것이다.

공개 항의서에서는 「중국 2030」 보고서를 중국의 사회주의 시스템에 대한 직접적인 도전으로 받아들였다. 작성자에 따르면 '원자바오가 다당제 자본주의 정치를 중국에 도입하려는 시도'이며 국유기업을 공격하는 일이라고 했다. 공개 항의서에 서명한 사람들은 이 보고서가 원자바오 총리의 재직 기간 중 그가 꾸준히 지지해 온 정책의 흐름과 일관성을 보인다고 말했다. 이들에 따르면 2010년 경제 부문 가운데 국유 부문이 차지하는 비중은 27퍼센트에 불과하며 나머지 73퍼센트는 민간 부분에 속한다. 이 통계는 중국의 경제가 진심으로 나라를 생각하는 주체가 아니라 자기 이익만을 추구하는 기업가들의 손에 넘어가고 말았다는 뜻이다. 공개 항의서에 뜻을 같이한 1,644명의 경제학자들은 이런 식으로 국유기업의 비중을 축소하는 것은 어리석은 짓이라고 강하게 주장했다. 에너지, 화학, 재료, 통신과 건설 부문은 '중국 경제의 독립성을 유지하는 데 핵심이 되며' 비정부 주체가 개입해서는 안 되기 때문에 정부가 지도하는 방식을 유지해야 한다. 이 보고서에는 국유기업의 장점, 예를 들어 해외 기업과 겨루는 가장 경쟁력 있는 기업 형태이자 더욱 중요하게는 중앙 정부의 복지 활동에 사용될 주요 재원의 주체라는 사실은 기재되어 있지 않다. 중국 정부 전체 재정 수입의 70퍼센트는 세금이며, 그중 절반 이상의 세금을 납부하는 주체가 국유기업이다. 나머지 부분은 개인세, 해외기업세, 소비세, 그리고 당황스럽지만 담뱃세가 차지하고 있다. 국유 시스템의 비중 축소는 정치적으로나 경제적으로 그런 국유기업의 은혜를 원수로 갚는 셈이라는 주장이었다. 더욱 중요한 사건은 원자바오의 중앙정치국 동료인 우방귀가 2012년 중국 의회의 연례 회의인 전국인민대회에서 국유기업을 강하게 옹호하면서 2008년 금융위기 이래로 유럽과 북미로의 수출이 급감한 상황에서 국유기업이 중국 경제에 안정성을 부여하는 원천이었다고 말한 일이었다. 그는 '당시 국유기업이 없었다면 중국 경제도 해외 다른 선진국과 마찬가지로 붕괴했을 것이며, 그러므로 정부의 국유기업 통제는 이러한 경제 위기의 순간에 해외로부터의 위험이 중국의 경제 안정성을 해치지 않도록 막아주는 중요한 메커니즘으로 생각해야 한다'고 했다.

그러나 공개 항의서의 다른 부분에는 이보다 더욱 매서운 어조의 내용이 담겨 있었는데, 마오쩌둥주의자들이 생각하는 국가주의적 전통에서 나온 이야기였다. 항의서에 따르면 중국 국무원개발연구센터와 세계은행은 서구 주도(그러나 미국 주도로 읽어야 한다)의 자본가들이 중국에 침투할 수 있도록 돕는 앞잡이일 뿐이다. 이들의 전략은 간단하다. 1991년 소비에트연방, 그리고 소비에트연방의 중앙 계획 시스템을 붕괴시켰던 것과 똑같이 은밀히 중국을 약화시키고 불안정하게 만든다. 소비에트연방이 무너졌을 때 국제통화기금, 세계은행, 그리고 기타 국제 조직의 자문 위원들과 대표단이 모스크바에 입성하여

CEO 시진핑

끔찍한 정책들을 실시했고 그 결과 전략 정부의 자산이 분할되어 올리가르히 oligarchs(1991년 소비에트연방에서 사회주의가 붕괴한 후 민영화 과정에서 정치권과 결탁해 막대한 부를 축적한 러시아의 신흥 재벌-역주)들의 손에 넘어갔고, 복지 시스템은 붕괴했으며, 기대 수명도 짧아지고, 국가의 위신은 땅에 떨어졌다. 소비에트연방이 몰락한 순간을 두고 서구에서는 냉전 체제가 종식되고 러시아가 해방되었으며 74년간의 어리석은 공산주의 통치를 끝내고 러시아가 원래의 상태로 돌아왔다며 축하했다. 하지만 많은 중국인들이 보기에 이는 존재의 위협이자 러시아가 자신을 망치는 정책 앞에 무릎을 꿇어 급작스러운 몰락을 맞은 것일 뿐이며, 실제로 러시아는 무정부주의나 다름없는 옐친 시대로 이어졌다. 중국인들에게 이 사건은 '결국 서구 국가들은 결코 진정한 친구가 될 수 없음'을 보여주는 순간이었다. 그러므로 2013년까지 소비에트연방의 몰락을 주제로 중국 내에서 열린 많은 세미나, 원탁회의, 회담에서 내린 합의는 몹시 비판적인 내용이다. 모두가 동의하는 한 가지 내용은 1992년 이후 러시아의 전체적인 상황이 중국에서는 절대 일어나서는 안 되며, 모방해서도 안 될 일이라는 점이다.[35]

본질적으로 이는 21세기 중국의 마오쩌둥주의적 평론이다. 중국은 점점 마오쩌둥이 평생에 걸쳐 그토록 영웅적으로 저항했던 서구 사회의 영향에 굴복한 수정주의자들이 이끄는 나라가 되었다. 그래서 중국은 인민에게서 등을 돌리게 되었으며, 마오쩌둥이 연이은 캠페인을 펼치며 싸웠던 타도의 대상이자 문화혁명을 통해 종식시켰던 존재인 관료주의적 비즈니스 엘리트들이 다시 그 모습을 드러내게 되었다. 마오쩌둥 본인은 말년에 미국의 기자 에드거 스노에게 자신은 중국을 그리 많이 변화시키지 못했으며, 미래의 문화혁명에서는 역사에서 살아남은 엘리트 그리고 관료 실세들의 근원적인 문제를 파헤쳐 싸워야 한다고 말했다. 그러나 후진타오와 시진핑 치하의 중국에서는 비즈니스 그리고 돈과 깊이 연관된 관료와 그 후원자들이 복수하듯 다시 돌아왔다. 중국공산당의 창립 초기부터 2000년대까지 활동했던 지도부 '8대 원로'(마지막까지 활동한 사람은 2007년 99세로 사망한 보이보였다)의 가족들도 이러한 모습을 보였고, 이들 대부분이 혁명 가족의 유산을 이용하여 중국 안팎에서 돈과 부동산을 축적했다. 공산당의 창립과 권력 획득 과정, 그리고 1949년 중화인민공화국 창립 이후 나라의 관리를 위해 벌였던 투쟁은 이런 결과를 얻기 위해서가 아니었다. 최악의 순간은 2013년 5월에 찾아왔다. 마오쩌둥의 손녀 쿵둥메이가 남편 천둥성과 함께 보험업으로 쌓은 부 덕분에 그해 「포브스 차이나」 선정 부호 순위 242위에 오른 것이다. 이보다 더 불쾌한 사실은 쿵둥메이가 이렇게 많은 부를 쌓았으면서도 베이징에서 서점을 운영하면서 공산주의 문화를 홍보하고 할아버지와 관련된 책을 네 권이나 출판했다는 점이다. 또한 마오쩌둥의 손자인 마오신위 소장은 2009년 중국인민정치협상회의에서 "마오 가문의 유산은 청렴결백이다. 마오가의 가족은 사업을 하지 않는다. 모두 보통의 월급으로 살아간다"[36]고 말했지만 쿵둥메이 때문에 거짓이 되고 말았다. 마오쩌둥 본인의 직계 가족도 청렴하지 못하다면 나머지 중국인들은 무엇을 희망으로 삼아야 할 것인가?

인터넷의 비판가

인터넷은 현대 중국의 생명선이 되었지만 (2013년 기준으로) 불과 20년 전만 해도 중국에서 휴대전화나 인터넷 사용자는 거의 전무했다. 현재 중국은 세계 최대의 휴대전화와 인터넷 사용국이다. 당연히 마오쩌둥주의에 충실해야 한다는 주장은 다양한 온라인 포털 사이트에서 이루어지고 있으며, 가장 눈에 띄는 곳은 '유토피아'라는 웹사이트

CEO 시진핑

이다. 이 사이트는 2003년 판징강과 한더창이 만들었다. 판징강이 이 사이트의 대표로 얼굴을 많이 알렸고 이 사이트와 관련된 작은 서점이 베이징에 있다. 판징강은 마오쩌둥의 고향인 후난성에서 마오쩌둥이 사망했던 1976년에 태어났다. 2012년의 한 인터뷰 내용에 따르면 1990년대 학생 시절 베이징으로 오는 길에 목격한 불평등 덕분에 마오쩌둥에 관련된 내용이 점점 더 퍼지는 현상에 대해 분석하고 토론하게 되었다고 한다. 1978년 이후 개혁 시대의 중국에 대한 판징강의 비판 내용은 간단하다.

> 국민들은 더 큰 존엄성, 더 높은 사회적 지위와 더 나은 복지를 얻었다. (중략) 마오쩌둥 시
> 대에는 혼자 내버려진 사람이 없었다. 그때는 항상 의지할 수 있는 팀이 있었다. 누군가 집
> 을 지어야 할 때는 동료에게 도움을 구할 수 있었다. 하지만 요즘에는 상황이 완전히 달라
> 졌다.[37]

지난 30년 동안 중국은 엄청난 번영을 누리게 되었지만 시장 자유화와 개혁으로 인해 손해를 보거나 사회에서 배제되는 사람들도 늘어났다. 국유기업에서 해고된 노동자, 복지 체제를 더 이상 이용할 수 없게 된 국민, 탐관오리 때문에 토지 권리를 빼앗긴 농촌 주민 등이다. 이에 속한 사람들은 마오쩌둥이 자주 투사라고 칭했던 바로 그런 부류의 국민이었다.

유토피아 사이트는 2012년 4월, 보시라이의 실각 직후 그를 강하게 옹호하는 글이 게재된 이후 폐쇄되었다.[38] 이 사이트에 게재된 판징강의 설명은 사람들의 이목을 끌었고 하루 방문자 50만 명이 넘어 중국에서 방문자 수가 가장 많은 웹사이트 가운데 하나였다. 그러나 이 사이트에 게재된 다음과 같은 보시라이 옹호 글로 인해 중국 정부는 예민해졌다.

보시라이가 충칭시 서기에 취임한 후 펼친 '창홍타흑唱紅打黑', '영도간부부빈제도', '풀뿌리 계층 보호' 등의 여러 운동과 저가 임대주택 보급, '빈둥지족(장성한 자녀가 집을 떠난 후 남아 있는 부모-역주)'과 유수아동(부모가 돈벌이를 위해 도시로 떠나면서 농촌에 남겨진 어린이들을 지칭-역주)의 보호, 빈부 격차 감소 노력, 공산당헌과 '민중을 섬긴다'는 원칙 준수 등의 활동은 함께 잘 살기를 바라는 인민의 희망을 나타낸다. 이것이 바로 내가 그를 지지하는 이유이다.[39]

유토피아 사이트 지지자들(그중에는 시마난, 류양, 장훙량 등 국수주의 블로거들과 사상가들이 포함된다)과 적대관계에 있는 사람들은 마오쩌둥에 관련된 내용은 영원히 묻어버려야 한다고 강하게 주장하는 지식인들로, 특히 마오위스와 신지링이 있다. 마오위스(마오쩌둥의 친척은 아니다)는 2011년 뉴스 웹사이트 차이신 온라인의 블로그에 글을 올렸을 때 이미 85세가 넘은 고령이었다. 그가 블로그에 남긴 글은 친마오쩌둥주의자들의 독설과 분노를 샀다. 하지만 마오위스의 글은 충분히 이해할 만하다. 그의 글은 시진핑과 마찬가지로 마오쩌둥을 신이 아닌 인간으로 돌려놓자는 문구로 시작한다. 그리고 다음과 같이 이어진다.

현재 점점 더 많은 자료들이 알려지면서 사람들은 천천히 마오쩌둥을 사람의 형태로, 피와 살로 이루어진 사람으로 느낄 수 있게 되었다. 하지만 지금도 여전히 그를 신이라고 생각하며, 그에 대한 어떤 비판도 무례한 행동으로 받아들이는 사람들이 있다. 만일 마오쩌둥이 잘못을 저질렀다고 말한다면 아마 그 발언은 이들에게 절대 받아들여지지 않을 것이다.

마오위신은 마오쩌둥이 저지른 문제들을 열거했다. 마오쩌둥에 대한 그의 생각에 직접적으로 영향을 미친 문화혁명과 그가 '의심할 나위 없이 마오쩌둥의 책임'이라고 말했던 대기근 등이다. 그러고 나서 마오위스는 마오쩌둥 개인을 비판한다. "권력을 향한 그(마오쩌둥)의 갈증은 그의 삶을 삼켰고, 권력을 얻기 위해 그는 완전히 미쳐버렸고, 권력을 추구하기 위해 최종 대가를 치러야 했다. 하지만 그 결과 그의 권력은 약화되고 말았다." 마오쩌둥은 부르주아 계층을 타도한다는 계급투쟁을 명목으로 자신의 야망을 숨기려 했을지 모르지만 그의 진짜 목적은 자신의 적으로 생각되는 사람들이었다.

> 국가 통합이나 국민의 이익 등은 전부 두 번째였을 뿐이다. 중국의 고위 지도부 인사들은 모두 하루 종일 어떤 문제에서 누가 (정치적으로) 이익을 얻는지, 특히 그가 마오쩌둥의 권력과 입지에 어떤 영향을 줄 것인지를 머리를 쥐어짜며 생각해야 했다. 누구도 감히 마오쩌둥을 공격할 수 없었다. 국가의 모든 문제가 마오쩌둥 가족의 개인적인 문제가 되고 말았다.[40]

「이코노미스트」에 따르면 5월 23일 마오위스가 쓴 글에 반대하는 1만 명의 사람들이 베이징의 경찰서에 탄원서를 보내 당국이 그를 체포할 것을 요청했다. 마오위스가 차이신 온라인 웹사이트에 게재한 글에 달린 댓글은 최악이었다. 어느 댓글은 "전국에서 새벽을 기다리고 있다. 마오쩌둥을 비난하는 빌어먹을 마오위스와 반마오쩌둥주의 반동자들을 전멸시킬 새벽이다"라는 내용이었다.[41] 한 달 후 마오위스가 차이신 온라인에 동료 자유주의자 신지린이 마오쩌둥에 대해 쓴 책 『붉은 태양의 몰락The Fall of the Red Sun』에 대한 서평을 싣자 논쟁은 다시 불붙었다. "마오쩌둥은 신이 아니며, 그를 위한 제단은 치워야 한다. 지금까지 그를 뒤덮고 있는 신화들을 전부 없애고 그를 평범한 한 명의 사람으로 평가해야 한다."[42] 이번에는 판징강과 동료들이 전국인민대표회의에 제출할 탄원서를 4만 명의 이름으로 준비해서, 마오위신과 신지린을 선동 혐의로 처벌해 달라고 요청했다. 두 사람을 '국가 반역자'로 부르면서 유토피아 사이트에서는 6개월 뒤 마오위스를 중국의 10대 반역자 가운데 한 명으로 정했고, 여기에는 감옥에서 노벨평화상을 수상한 류샤오보 같은 인물이 포함되었다. '7 대 3 이론(마오쩌둥의 공과 과의 비율은 7 대 3으로 판단한다는 기준)'과 마오위스 같은 사람들의 비판은 판징강에게는 틀린 소리이다.

> 누가 마오쩌둥 주석에 대한 의견을 낼 수 있는가? 소위 말하는 7 대 3 이론은 그저 일시적인 의견일 뿐이다. 생각해 보면 사람들의 의견은 이미 바뀌고 있다. 예를 들어 천윈, 왕전, 웨이웨이, 마빈과 같은 전쟁 영웅들 모두 공(잘한 일)은 과소평가되고 과(못한 일)는 과대평가되어 있다는 점에 모두들 동의한다. 반면 당내의 일부 반역자들은 공산주의를 배신했고, 마오쩌둥 주석을 공격하기 위해 온갖 소문을 만들어냈다. 과거 마오쩌둥의 비서라고 주장하는 리루이와 다른 1명, 신지링 같은 자들이다. 이들의 눈에 비친 마오쩌둥은 아마 후하게 평가해도 '30퍼센트의 공과 70퍼센트의 과'일 것이다.[43]

진정한 국익을 따지려는 격렬한 논쟁에도 불구하고 유토피아부터 마오플래그Mao Flag, 레드차이나Red China 등 거의 모든 마오쩌둥주의자들의 웹사이트가 2014년 초에 중국 안팎에서 폐쇄되거나 접속이 불가능해졌다. 예전 레드차이나의 홈페이지였던 www.Redchinacn.com 도메인은 2014년 2월 초, 미화 1,000달러 약간 넘는 가격에 매물로 나왔다. 유토피아를 위시한 무리 외에도 마오쩌둥에 기대는 다른 그룹이 있다. 과거의 좌파, 대부분 계획 경제와 레닌주의 이념을 바탕으로 하는 보수주의자들이다. 이들 대부분은 학계에 종사하고 있으며, 2012년 원자바오에게 보내는 공개 항의서에 서명했던 1,644명의 경제학자들 중에도 있다. 또한 보다 문화적인 문제를 주목하는 작가들도 있다. 이 가운데 한 명이 베이징대학 중국학 교수 쿵칭둥이다. 쿵칭둥은 2012년 홍콩 주민들을 '영국의 개'라고 낙인찍는 발언으로 인해 악명 높았다. 그의 블로그에 게재된 글 가운데 하나는 특히 타이완의 이안 감독 작품 「색, 계」에 대한 분노를 드러내고 있으며 마오쩌둥을 주제로 한 영화들을 옹호한다. 쿵칭 둥은 대부분의 형태의 '서구 문화 제국주의'에 대해 공격적인 태도를 보이며, 한 발 더 나아가 2011년 러시아 블라디미르 푸틴 대통령에게 공자평화상(노벨 평화상에 해당하는 상을 자체적으로 만들려는 의도적 시도)을 수여하자는 의견을 지지했으며, 북한은 한 번도 기근으로 고통받지 않았다는 도발적인 발언을 했다.[44] 쿵칭둥 같은 인물은 미국에 있는 '과격한 발언으로 대중의 관심을 끄는 사람 shock jocks'과 마찬가지이다. 중요 인물은 아니지만 목소리를 높이는 사람이고 새로운 중국에서 특정 분야에 대한 의견을 대표하는 사람이다. 쿵칭둥 같은 사람들의 기분을 거스르는 화제는 동양보다 유럽을 중심으로 하는 세계관, 중국의 인권을 신장시켜야 한다는 서양의 주장(이들에 따르면 사실 서양에는 중국을 가르치려 들 도덕적 권리도, 정당성도 없다), 계몽의 가치나 자유민주주의에 대한 이야기 등이다.

판징강은 2012년 세계은행이 발행한 「중국 2030」 보고서와 그 자유주의적 내용은 중국에 대한 도발이라고 분명히 말했다. 유토피아 사이트가 중국의 유명 좌파 인사 덩리췬으로부터 재정 지원을 받는다는 소문은 여전히 확인되지 않았다.[45] 덩리췬은 1990년대 장쩌민과 주룽지의 국유기업 정책을 가혹하게 비판하는 글을 많이 쓴 사람이며, 특히 2002년 장쩌민이 기업가들을 공산당에 입당시킨 일을 맹렬하게 공격했다. 그러나 중국에서 좌파 문제, 그리고 좌파와 마오쩌둥주의자들 간의 관계 문제는 생각해 봐야 할 중요한 문제이다. 덩샤오핑 같은 저명한 인물도 1980년대 내내, 그리고 1990년대에 들어서까지 중국에서 우파는 사악한 존재이지만 진짜 위험은 좌파 속에 도사리고 있다고 경고했다. 1949년 이후에 일어난 엄청난 정책적 재난은 전부 급진 좌파와 관련되어 있었다. 이들의 기세가 수그러들기는 했지만 결코 사라지지는 않았다. 그러므로 좌파가 부활할지 모른다는 위협적인 상황은 공산당에게는 언제나 매우 불편한 일이며, 원자바오가 2012년 초 보시라이를 에둘러 공격했던 것처럼 문화혁명이 재현될지 모른다는 공포를 조장하는 행위는 현대 중국에서 진정한 역사적 공포를 소환하는 일이다.

좌파로부터의 위험

그럼에도 불구하고 좌파 인사들은 강력한 지식인의 지위를 가지고 있으며, 지적인 수준이 높은 이들은 개혁 시대 이후 중국의 모습에서 모순이 나타나는 이유를 제시했다. 베이징대학의 중국문학 교수인 왕후이가 이와 관련하여 가장 잘 알려진 인물이다. 지난 20년간 일련의 에세이 글을 통해 왕후이는 좌파의 시각에서 현대 중국 정치에 대한 비판을 해왔다. 현대 중국 정치는 유토피아와 관련된 사람들처럼 대중적 인기가 높은 마오쩌둥주의자들의 직관적이고 몹시 개인적인 단순화된 주장을 피하고 있다. 왕후이에게 있어 서구 스타일의 자본주의를 통째로 도입하는 일은 재앙을 받아들이는 것과 마찬가지이다. 중국의 근대성이라는 주제의 인터뷰에서 왕후이는 "근대 중국의 사고방식은 반근대주의 근대성으로 특징지을 수 있다. 근대성을 찾으려는 중국의 노력은 제국주의 시대에 시작되었다. 따라서 근대성 찾기의 역사적 의미 속에는 제국주의에 대한 저항과 자본주의에 대한 비판이 들어 있다"[46]고 말했다. 그러므로 현대 중국에서 자본주의가 만연한 모습은 정말 이상한 일이다. 왕후이의 더욱 날카로운 발언을 살펴보면 단순히 합의라는 겉모습 아래에서 마오쩌둥 치하의 중국과 마오쩌둥 이후의 중국은 서로 정치적 투쟁을 하느라 만신창이가 되었다는 사실을 인정해야 하며, 이는 '불가분하게 진지한 이론적 성찰과 정책 논의로 이어진다.'[47] 이러한 주장의 중심에는 '결국 공산당의 역할이란 무엇인가'라는 질문이 들어 있다. 마오쩌둥의 사망 당시 공산당은 개인의 영토였기에 전능한 주석의 변덕과 폭풍우 같은 기분 변화에 좌우되었다. 하지만 덩샤오핑이 취임한 이후 공산당은 일종의 '관료주의적 기계(왕후이의 표현)'로 변모했다. 당은 사회의 기득권층을 위해 존재하고 일하지만 최소한 설명은 가능해졌다. 통치 정당성의 새로운 원천을 찾으려는 공산당의 노력은 결과적으로 경제 성장에 거의 완전히 의존하게 되었다. 이는 장쩌민 이후 중국 지도자들의 슬로건이 될 정도로 중요하다. 왕후이는 연구 공로를 인정받아 중국공산당으로부터 선거권을 얻었고, 중국 인민정치협상회의의 위원이 되었다. 중국 인민정치협상회의는 약 3,000명의 개인으로 구성된 단체로 1년에 한 번 전국인민대표회의와 비슷한 시기에 베이징에서 회의를 갖고, 공산당에 '조언'을 하는 역할을 맡고 있다.

왕후이의 비판에는 석연치 않은 구석이 있다. 서구에서 차용했다거나 파생되었다는 조롱을 받지 않는 중국의 정통 근대성이란 무엇인가? 중국 고유의 지적 전통 내에서 무엇인가를 만들어내려는 노력은 역사가 깊어 한 세기 전인 청 왕조 말기까지 거슬러 올라간다. 중국의 문화적 정체성에 기초한 관점을 가지려는 욕구는 왕후이나 그 주변의 다른 좌파주의자, 예를 들어 동료 교수인 판웨이와 친후이의 글 속에 강하게 드러난다. 이들은 2008년 베이징 올림픽이 진행되는 동안, 그리고 그 이후 중국을 비판한 해외의 목소리에 금융위기 이후의 서구 국가들은 다른 누구를 가르치려 들 도덕적, 정치적 권리가 없다는 주장으로 응수하면서 정치적, 사회적 영향력을 얻었다. 결국 서구 국가들은 1840년대, 그리고 제1차 아편전쟁 이후 거의 계속 중국을 괴롭히고 체제를 전복시키고 속였다. 악랄한 식민 지배의 과거를 가진 서구 세계, 특히 유럽과 미국에서 보편주의적 가치를 지지하는 모습은 위선에 지나지 않는다.

왕후이와 그의 의견에 공감하는 사람들은 서구 국가들을 단순히 훌륭한 선진국의 예로 생각하지 않는다. 그들은 서구 국가들을 믿을 수 없지만 그래도 중국의 파트너로서 잘 지낼 수밖에 없는 존재, 그리고 중국이 그들보다 문화적으로 열등하다고 느낄 필요는 없다는 식으로 복잡하게 받아들인다. 그래서 중국의 마오쩌둥주의 급진 좌파들이 서구의 가치나 아이디어에 대해 드러내는 적대감과 중국의 가치와 아이디어를 살리자고 하는 주장이 문화혁명 이후에도 완전히 사라지지 않은 것이다. 왕후이 같은 현대 이론가들은 이 주제를 훨씬 더 세련되고 우아한 방식으로 설명하는 것뿐이다.

마오쩌둥주의의 이미지는 강렬하다. 1960년대 말 톈안먼 광장을 가득 채운 100만 또는 그 이상의 대중이 모인 집회에 위대한 지도자 마오쩌둥의 모습이 보이기 시작했을 때 학생들은 황홀해하면서 애정을 담은 눈으로 그를 바라보았다. 마오쩌둥은 중국인 마음속의 붉은 태양이었으며 종교적인 수준으로 사람들의 흠모를 받았다. 홍군Red Guard(당시의 시대적 특징이었던 무질서한 혁명주의 학생 운동 그룹) 운동의 중대한 순간 가운데 하나는 쑹빈빈 학생이 마오쩌둥의 팔에 '홍군'이라는 글자가 쓰인 완장을 채우던 때였다. 이 모습은 마오쩌둥이 홍군 운동의 정당성을 인정하는 신호로 받아들여졌다. 그 결과 전국에 홍군 운동이 퍼져 나갔다. 이로부터 거의 50년이 지난 2014년 1월 쑹빈빈('8대 원로' 가운데 한 명으로 공산당 창립과 권력 획득 과정에서 중요한 역할을 했던 인물인 쑹런충의 딸이다)은 베이징의 한 중학교에서 문화혁명 기간 동안의 자신의 행동에 대해 사과했다. 1966년 8월 초 그녀가 속해 있던 홍군 그룹은 학교 교감 선생님을 구타하고 끓는 물을 부어 숨지게 했다. "내가 (개입)했던 것은 아니지만 비안 선생님과 다른 교직원들을 향한 폭력을 막지 못했습니다. 만일 우리가 전체 문화혁명 시대 배후의 사고방식을 철저히 이해하고 검증하지 않는다면 비슷한 사건은 또다시 일어날 것입니다."[48]

쑹빈빈은 마오쩌둥 시대의 달콤 씁쓸했던 황홀경을 벗어나 많은 중국인들이 마오쩌둥에게 느꼈던 강렬한 사랑, 반면 그가 영감을 주고 승인했던 많은 사회 운동이 불러온 끔찍한 사회적 비용의 증거가 점점 드러나고 있는 현재에 느끼게 된 몹시 상반되는 감정으로부터 여전히 회복 중인 세대의 모습을 전형적으로 보여주는 예이다. 마오쩌둥을 향한 거센 공격은 별로 도움이 되지 않는다. 마오쩌둥은 중국 안팎의 역사학자들을 수십 년간 고민에 빠뜨린 모순적이고 복잡한 인물이다. 하지만 (이번 장을 통해 분명히 해두고 싶은 것인데) 시진핑 시대의 중국에서 그의 이름을 거론하는 사람을 어느 쪽으로 분류하여 어떻게 이야기해야 할지는 쉽지 않은 문제이다.

대체적으로 말해 현재의 마오쩌둥주의자들은 세 가지 그룹으로 나눌 수 있다. 첫 번째는 마오쩌둥을 위대한 국수주의자의 아이콘, 주변의 압력을 받지 않는 강하고 활기찬 중국의 상징이자 세계의 다른 국가들에게 중국이 스스로의 방식으로 지낼 수 있도록 내버려두라고 말할 수 있는 국가의 품위를 회복해 준 사람이었다고 호소하는 그룹으로, 마오쩌둥주의자들 가운데 가장 문제시되는 그룹이다. 이 그룹에 속하는 마오쩌둥주의자들은 어디에나 있는 선동가들과 마찬가지로 감정 동원과 호소를 목표로 삼는다. 이들은 마오쩌둥의 천재적인 이미지 조작 능력, 그리고 중국의 농촌 민초들에게 직접 다가가 말할 수 있었던 그의 능력을 높이 산다. 또한 마오쩌둥으로부터, 그리고 중국을 기만했고 괴롭혔고 조종하려 드는 서구 국가들에 맞서 일어나 중국을 가만히 내버려두고 존중하라고 했던 마오쩌둥의 메시지로부터 큰 영감을 얻는다. '유토피아'를 중심으로 모여 있는 사람들이 전형적으로 이 그룹에 속한다.

두 번째 그룹은 첫 번째 그룹에 비해 좀 더 이념적이고, 국가와 계획 경제의 역할에 대한 확고한 생각을 가진다. 이들에게 진짜 문제는 개혁 이래로 중국 내 불평등이 심화되는 현상이다. 1949년 혁명 당시 섬기기로 했던 바로 그 사람들, 농민, 프롤레타리아, 하층 계급민들이 개혁 후 한층 더 부채와 빈곤에 허덕이게 되었고, 이들을 위한 사회복지는 심하게 훼손되어 마치 갑자기 사람들의 삶에서 국가가 사라져버린 것 같았고, 평범한 중국인들은 혼자 힘으로 살아남도록 버려졌다. 이 그룹의 사람들 중에는 공산당 최고위급 간부도 있으며, 이들의 핵심 임무는 국가의 역할, 그리고 공산당에 의한 정치적 지도를 지지하는 것이다. 원자바오와 같은 개혁주의자들의 언어와 경제 자유화를 한층 더 확대하겠다는 바람은 이 그룹의 사람들이 절대 반대하는 일이다.

세 번째 마오쩌둥주의자 그룹은 보다 정치적인 임무를 가진다. 이들에게 마오쩌둥식 공산주의는 공산당에게 결속과 힘을 가져다주는 원천이며, 마오쩌둥식 공산주의가 사라지면 중국은 분열하고 약화될 것이라고 생각한다. 그래서 중국공산당은 반드시 마오쩌둥 시대처럼 사회 속 역할을 유지해야 하며, 원래의 정치적 임무를 결코 잊어서는 안 된다. 부국강병의 사회주의 국가를 창출하고, 사회주의를 통해 안정적인 근대 국가를 향한 중국의 임무를 달성하되 그 중심에는 공산당이 있고, 공산당의 권력 독점에 반대란 없어야 한다. 정치적인 마오쩌둥주의자들은 국수주의와 이데올로기 요소 가운데 일부를 혼합하여 사용하지만 이들의 초점은 결국 레닌주의이다. 권력을 통제할 수 없다면 공산당은 빈껍데기일 뿐이며, 공산당이 없다면 중국은 목표 달성에 실패할 것이다.

세 그룹 사이에는 차이점이 많지만 보시라이를 지지하는 사람이든, 문화혁명을 지지하는 과격한 민중이든 현대 중국의 마오쩌둥주의자로서 한 가지 공통점이 있다. 위대한 키잡이였던 마오쩌둥의 역사적 자산을 거론하고 그로부터 정당성을 얻으려는 바람이다. 지난 몇십 년간 중국에서 일어난 그 모든 변화에도 불구하고 적어도 이 점은 여전히 변하지 않았다. 마오쩌둥은 살아 있을 때만큼이나 지금 역시도 규정하기 힘든 존재로 남아 있다. 문화혁명 기간 동안 홍군은 자신들만이 마오쩌둥의 관점을 따르고 있으며 그가 정한 규정에 따라 행동한다는 주장을 관철시키려 애썼다. 지금 존재하는 수많은 '마오쩌둥주의자'들도 홍군과 별반 다르지 않다. 모두들 각자 자신이 마오쩌둥의 진짜 후계자라고 소리 높여 주장한다. 하지만 외부인의 시각에서 볼 때 이들이 스펙트럼상 어디에 위치하든 갈피를 잡기 어렵다. 진정한 민주주의를 지지한다고 말하는 사람들부터 프롤레타리아의 독재를 강화해야 한다고 주장하는 사람들, 사회적 평등과 정의가 더 커져야 한다고 주장하는 사람들까지 모두 마찬가지로 혼란스럽다. 그래서 마오쩌둥식 분열과 호전성은 그가 사망한 지 수십 년이 지난 뒤에도 여전히 남아 있으며, 그가 남긴 유산을 보면 마오쩌둥은 살아 있을 때만큼이나 미래에도 계속해서 문제 인물일 것이다.

시진핑에게 마오쩌둥주의자들은 위협적인 존재이다. 왜냐하면 이들은 과거의 신념을 신봉하기 때문이다. 시장의 확대에 반대하는 논리를 가졌으며, 개혁 과정에서 혜택을 받지 못했다고 생각하는 많은 중국인들을 향해 호소하는 사람들이다. 이들이 위험한 이보다 더 큰 이유는 마오쩌둥주의자들이 대체로 청렴하게 당을 운영했던 전직 지도자의 방식을 요구할 수 있기 때문이다. 마오쩌둥은 물질의 유혹에 물들지 않았고 이념적으로 순수했다. 현재의 중국이 부패하고, 자기 이익만 추구하는 관료들에 의해 운영된다는 마오쩌둥주의자들의 비판은 사실에 가깝다. 이 때문에 마오쩌둥주의의 좌파 인사들이 도덕적, 지적 힘을 가진다. 그래서 이들은 현재의 공산당 지도부에서 최대한 신중하게 맞서 싸워야 하는 유일한 반대파가 된다. 보시라이 같은 인물은 국민들로부터 매우 큰 지지를 얻어냈고, 그를 꺾기 위해 극단적인 행동이 필요할 정도로 문제시되었다는 점은 공산당 내에 이러한 '제5열(적을 이롭게 하거나 적과 내통하는 자를 지칭-역주)'의 영향력이 얼마나 강한지 보여준다. 만일 시진핑의 동료 가운데 누군가가 마오쩌둥이 남긴 유산에 호소하여 당내, 그리고 대

중에게 영향을 미치게 된다면 시진핑의 입지는 매우 곤란해질 것이다.

유일한 연결점 : 관계를 이어주는 요소

시진핑 주변에 펼쳐져 있는 관계
를 정리했을 때 여러 관계들 사이의 연결 고리는 어떠한가? 시진핑만이 유일
한 접점으로 우연히 서로를 알게 된 단일관계인가 아니면 이보다 응집력 있게
결합되어 있는 관계인가? 이 질문의 답을 찾기 위한 가장 좋은 방법은 시진핑
과 각자의 관계를 감정적 관계, 이성적/기능적 관계, 그리고 지성적 관계의 세
가지 종류로 분류해 보는 것이다. 각각의 관계는 저마다 중요한 역할을 맡고
있다. 시진핑과 아내 펑리위안의 경우 그 어떤 관계보다 강력한 감정적 관계이
다. 당국도 감정적 관계에 초점을 맞추어 선전하고 있으며, 이는 지금까지의
현대 중국의 지도자들에게서는 찾아보기 어려운 현상이다. 이에 더해 펑리위
안은 크게 보아 '연성'으로 분류될 수 있는 일들을 담당한다. 예를 들어 가수
로서의 경력이나 UN 친선대사로 인도주의적 행사를 지원하는 일 등이다. 그
다지 눈에 띄지 않는 조언자들이나 개인 비서들과의 관계는 본질상 이성적/
기능적 관계이다. 여기에 더불어 시진핑에게는 실행을 담당하는 사람들과의
네트워크가 구축되어 있어, 이 사람들이 시진핑의 뜻에 따라 움직이고 그의
지침을 실행하여 그가 원하는 바를 실현시켜 준다. 하지만 이성적/기능적 관
계에 속한 사람들은 어떤 정책의 실행을 제안하지는 않는다. 이는 지성적 관
계에 속하는 사람들이 맡은 역할이다. 이들은 시진핑이 원하는 바, 그리고 그
의 말에 영향을 줄 수 있는 방법에 대해 생각하고, 시진핑이 정치적 자산을
쏟아 부어야 할 정책을 고안한다. 마지막으로, 이 관계들을 전부 섞어놓았다
고 할 수 있는 관계가 있다. 시진핑의 정치적 동료 왕치산 같은 사람이 이러한

CEO 시진핑

관계에 속한다. 어느 면에서는 높은 자율성을 지니고 있지만 어차피 한 배를 타야 하는 사람들이며, 둘 사이의 유대관계는 자율성이나 자발적 행동 등의 문제를 넘어선다. 정치인들에게는 감정적, 이성적, 지성적 역할이 있다. 이를 분류하기는 정말 어렵다. 이 모든 관계가 역동적이기 때문이다. 시진핑은 정치인들에게 해를 끼칠 수 있는 능력을 가졌지만 반대로 정치인들도 시진핑에게 해를 끼칠 수 있는 힘이 있다. 시진핑은 부패 혐의 조사를 통해 중앙정치국 동료들을 낙마시키거나 펑리위안과 별거 또는 이혼할 수 있으며, 개인 비서들은 해고할 수 있다. 하지만 이런 일을 할 경우 시진핑 자신도 강력한 적이 생기거나 평판이 손상될 수 있는 위험을 감수해야 한다. 권력이란 언제나 양방향으로 움직이는 존재이다.

시진핑은 여러 관계를 통해 통제, 예측 가능성, 그리고 신뢰를 얻을 수 있다. 불투명한 체제 속에서 신뢰는 흔치 않은 자산이다. 체제 자체에는 규칙이나 프로세스가 결여되어 있다. 매사는 변덕스러운 사람의 기분에 좌우된다. 여기에서 가장 큰 문제는 누구에게나 불확실성이 생겨난다는 점이다. 규칙을 바꾼 사람도 예외는 아니다. 규칙을 바꾼 사람은 상대방이 자기에게 복종하는 유일한 이유는 충성심이 아니라 두려움이라고 생각하게 된다. 심지어 마오쩌둥도 집권 말기에 유일한 규칙이 자신으로부터만 나오게 되자 피해망상과 신뢰성 결여 문제에 시달렸다. 그러므로 정치인들은 누구라도 더 높은 안정성, 동맹 구축을 통한 관계의 확실성을 끊임없이 확보하려 애쓰며, 단순히 공포보다는 의무와 은혜, 유대에 기반을 둔 관계를 추구하려 한다. 그래서 약속을 하고, 동맹을 만들고, 신세를 지고, 후원을 한다. 이를 통해 적어도 어느 정도 예측 가능한 관계가 자리 잡는다. 무엇보다 가족관계에 가장 의지할 수 있다. 가족관계는 그 어떤 관계보다 끊기 어렵기 때문이다. 다만 그렇기 때문에 관계를 이용하여 착취하기 가장 쉽고 그에 따른 비용과 위험이 발생한다. 정치 시스템 속에서 신뢰는 금융 시스템의 돈과 같은 역할을 한다. 거래가 이루어지기 위해서 존재해야 할 공통분모인 것이다. 신뢰가 사라지면 시스템은 작동을 멈춘다.

최근 몇십 년간 중국공산당이 신뢰 결여로 힘들어한다는 점은 의심할 여지가 없다. 사람들은 공산당의 명령을 듣지 않았다. 1978년을 전후로 극적으로 달라진 정책과 이념은 끊임없는 설명을 필요로 했지만 대체로 혼란스러운 상태 그대로 남아 있다. 공산당의 재정 상황이나 인사 임명 내용을 공개하지 않기 때문에 투명성을 중시하겠다는 공약이 거짓이 되어버렸다. 이 모든 문제에 비해 가장 심각한 문제는 공산당이 폭력을 사용한다는 점이다. 특히 1989년 공산당은 톈안먼 항쟁이 공산당의 길에 방해가 되지 않도록 이를 해결하기 위한 수단으로 폭력을 택했다. 이처럼 과거의 통치 방식이 너무 큰 정치적, 사회적 비용을 불러왔고, 이후 새로운 통치의 길을 찾기 위해 시진핑은 과거와 다른 수단을 채택했다. 이 과정에서 시진핑이 선택한 가장 중요한 방법은 더 높은 신뢰를 쌓아 이를 바탕으로 충성심을 얻는 방식이다. 충성심은 신뢰를 통해 얻을 수 있는 가장 유용한 결과물이다. 여기에서 예를 들어 시진핑과 그의 소명, 혹은 리더십 역할과 공산당의 임무를 직접 연결해 본다는 것은 매우 좋은 생각이다. 지역주의를 넘어선 위대한 국가 창출이라는 장기 목표를 달성하기 위해서 사람들의 감정을 이용한다면 단기 목표를 달성하기 위해서는 다른 방법을 사용한다. 중국의 시스템 속에서 충성심은 철학자의 돌이다. 즉, 공산당이 끊임없이 만들어내야 할 대상인 것이다. 충성심은 불가능을 가능으로 바꾸고 극도로 어려운 일을 쉽게 만든다.

수십 년 전 1950년대 반우운동의 숙청 바람 속에서 스러지기 직전, 뛰어난 저널리스트였던 류빈옌은 충성심이란 양날의 검과 같다고 지적했다.[49] 충성심은 지극히 개인적인 감정이며, 인간이 진실로 자유롭게 선택하고 자율성을 행사할 수 있는 몇 안 되는 영역이다. 강요에 의해 복종시킬 수는 있지만 충성심은 자유 의지에서 온다. 정치인들이 충성심을 가장 원하는 이유는 복종을 강요하면 이를 유지하기 위해 상대방을 감시하고 훈육하는 비용이 계속 드는데 비해 충성심은 관리 비용은 들지 않으면서 엄청나게 강한 유대관계까지 얻을 수 있기 때문이다. 문제는 충성심을 얻기가 매우 어렵다는 점이다. 공산당이 원래의 임무로부터, 그리고 가장 신뢰받았던 시기로부터 이제는 거리가 멀어졌다고 하는 고 류빈옌의 생각에 동의하는 사람이 많다. 공산당은 창립 당시의 소박한 믿음과 결별했다. 무엇보다 최악의 상황은 지난 40년간 공산당은 게걸스럽게 부를 쌓아왔고, '성직자'의 모습은 이제 뚱뚱하고 거만하게 변했으며, 국민들과의 연결 고리를 잃었다는 것이다. 오늘의 중국 국민들이 충성을 다하는 대상은 무엇인가? 공산당인가 아니면 공산당이 창출하는 부인가?

이러한 맥락에서 위기감을 느낀 시진핑이 자주 하는 말이 있다. 공산당은 신뢰와 충성심을 얻을 수 있도록 행동을 근본적으로 바꾸어야 할 뿐만 아니라 그렇게 변하는 모습을 보여주어야 한다는 것이다. 고통스러운 변모의 과정을 반드시 거쳐야 하며, 국민들이 충성을 바칠 가치가 있는 대상이라고 생각할 수 있도록 대중의 채찍질 앞에 몸을 던질 각오가 되어 있어야 한다. 이는 아주 고결한 임무이다. 하지만 적어도 시진핑의 가장 가까이에 있는 사람들을 살펴보면 어느 정도 이해가 간다. 왕치산이나 왕후닝, 류허 같은 사상가들에게 개혁이란 국가의 목표, 국가의 임무를 창출한다는 생각을 의미한다. 이는 초월적인 신의 존재나 영생을 약속하는 것은 아니지만 적어도 단기 이익을 좇는 지역주의 세력들을 넘어선 어느 정도의 도움과 영감을 제공한다. 중국공산당은 현대 세계에서 가장 성공적으로 물질적 부와 번영을 이루었으며, 그래서 아주 오래된 문제와 맞서야 한다. 이미 이룬 것을 놓지 않으면서 새롭고 야심 찬 목표를 만드는 방법은 무엇인가? 류빈옌이 말했던 '높은 수준의 충성심'을 얻기 위한 방법이 진짜 문제가 될 것이다. 시진핑에게는 어떻게든 이를 얻어야 한다는 어려움이 있다. 이를 얻을 수 있는 방법을 생각해 내기 위해서는 그를 둘러싼 가장 가까운 사람들, 이번 장에서 소개했던 대표적인 인물들의 도움을 얻어야 한다.

제4장

시진핑의 정치 프로그램

나라에 도가 행해질 때는 가난하고 천하게 사는 것이 부끄러운 일이며,
나라에 도가 행해지지 않을 때는 부귀를 누리는 것이 부끄러운 일이다.

• 『논어』 태백편 13장

1957년은 마오쩌둥의 통치 기간
에서 중요한 의미가 있는 해였다. 이 해에 마오쩌둥은 '인민들의 계급과 노선
사이의 모순을 해결할 방법'이라는 유명한 선언을 했다. 당시 중국은 이미 거
의 10년 가까이 사회주의 통치를 하고 있었지만 여전히 사회 내 다른 세력들
간의 긴장감이 남아 있었다. 일부 분야에서는 그런 긴장감이 한층 강했다. 마
오쩌둥은 고대 도교의 철학을 돌아보며 이전 20년 동안 자신의 세계관 중심
에 있는 모순을 받아들였다. 그리고 일단 권력을 얻고 나자 그런 모순들을 실
행에 옮겼다. 모순은 변덕스러운 그의 성정에 잘 맞았다.

하지만 마오쩌둥은 이미 잘 정립된 전통에 기여했을 뿐이다. 여기에서 근
본적으로 전제하는 내용은 중국의 문제는 해결이 가능하다는 것이고, 전략
적으로 문제에 접근할 때 중요한 점은 이 문제들을 다룰 수단을 결정하는 일
이다. 근본적인 사항에 논리적으로 접근할 수 있다면 문제를 해결할 수 있고,

상황은 나아질 것이다. 공산당은 정치적 진실을 추구하며 이로 인해 중국은 잠재성을 실용적으로 펼칠 수 있다고 하는 생각은 마오쩌둥의 사후에도 변하지 않았다. 덩샤오핑은 그 진실을 다른 측면으로 표현했을 뿐이며, 장쩌민과 후진타오도 마찬가지였다. 이들은 모두 위대하고 지속적인 전통을 만드는 데 기여했다. 어느 날 진실이 밝혀졌다. 하지만 그때까지 끊임없이 매일, 매년, 매 10년 동안 노력했고 추구했으며 점점 더 나아지려는 열망을 가졌다. 그리고 중국적 특징을 반영한 현대성을 '완성'하려고 계속 애썼다.

이러한 전통 속에 시진핑을 대입하면 그의 '정치적' 임무에는 매우 실용적인 속성이 있다는 점을 알 수 있다. 현대 중국의 지도자들은 선거 주기에 영향을 받지 않는다. 선거 주기가 있으면 정당들은 집권했다 물러나기를 반복하며, 그 과정에서 유권자들의 뜻에 따라 하룻밤 만에 정당이 세워둔 규칙이 사라질 수 있다. 중국의 지도자는 이전 지도부가 성취한 업적을 물려받아 새로운 역사적 기회와 도전 과제를 평가한 내용에 맞추어 쓸 수 있다. 공산당의 과거 모습을 비하하거나 공격하는 일은 관심의 대상이 아니다. 현재의 공산당에서 해야 할 일은 당은 진화하며 발전하고 있고, 핵심 목표를 더 잘 달성하기 위해 역동적으로 나라를 이끌고 있다고 주장하는 것이다.

집권 10년간 후진타오는 과학적 발전을 추구해야 할 필요성에 대해 많이 이야기했다. 그리고 2020년까지 국민 1인당 국내총생산이 이전 10년에 비해 두 배가 되는 소강사회小康社會를 세우고자 했다. 시진핑이 물려받은 '100년 목표' 가운데 하나이다. 시진핑과 주변 지도부에서 생각해야 할 문제는 이를 가장 잘 달성할 수 있는 방법이다. 민주주의 체제에서는 선거 전에 공약이 만들어지지만 이와 달리 현대 중국의 정치 체제에서는 지도자 승계가 먼저 이루어진 후 공약이 발표된다. 비록 그 내용은 어떤 과업을 반드시 이루어야 한다는 내용의 다른 문서들과는 전혀 다르지만 말이다. 대신 공산당 지도부의 공약은 이를 전하고 실행할 책임이 있는 엘리트 당원 사이에 이루어진 합의를 표현하는 것이다. 당원 간의 합의를 보여주는 또 다른 방법이 있다. 공산당이 권력을 잡은 이래 수십 년간 유지해 온 당의 과거 행보에 대해 일관적인 모습을 보이는 것이다. 공산당은 한때 분열된 중국에서 혁명을 일으킨 주체였지만 이제는 평화로운 발전을 추구한다.

3중전회 : 시진핑이 나타내려는 내용

공산당은 보통 전국인민대회 또는 전체회의(전회) 때 당이 생각하는 바를 세상에 선포한다. 이는 매우 잘 짜인 무대이며, 이러한 회의가 열리는 동안에는 마치 한 몸처럼 자신에 대해서, 또는 다른 조직에 대해서 이야기한다. 전회는 중앙위원회가 소집될 때에 맞추어 매년 개최되며 회의의 주제를 알린다. 전회에서는 공산당, 그리고 공산당이 의도하는 바를 기술한다. 국가 계획이 필요했던 시절의 흔적이지만 최근 들어서는 중국 국민들과 해외를 상대로 공산당의 핵심 정치 프로그램들을 알리는 유용한 자리가 되었다. 여기에는 전략적 이정표로서의 기능이 있다. 후진타오 시절에는 전회를 그다지 많이 활용하지 않았다. 하지만 시진핑은 2013년 10월의 3중전회를 통해 여기에 활용할 만한 가능성이 있음을 보았다.

1978년 12월 3중전회 때는 문화혁명의 괴로운 시절 속에서 살아남은 간부들이 모여 비록 조용하기는 했지만 어쨌든 마오쩌둥식 이상주의의 종말을 알렸다. 독재자 마오쩌둥 사후 2년이 지났고, 이제 공산당 간부들에게는 새로운 방향을 제시할 충분한 여지가 있었다. 오래된 옛날식 어조와 표현을 많이 사용하는 공산당의 언어는 세상 사람들이 그 의미를 이해하기까지 시간이 걸렸다. 하지만 몇 달 안에 해외 자본이 중국으로 흘러들기 시작했고, 해외 기업과의 합작회사 설립이 허용되었으며, 시장이 나타났고, 기업가 정신이 다시 태어났다. 몇 년 전까지만 해도 혹독한 처벌을 받고 이를 바로잡기 위해 국가의 개입이 이루어졌을 일들이었다. 이제 이런 일들이 허용될 뿐 아니라 장려되기까지 한다. 하지만 그 내용에 대해 거창한 선언은 이루어지지 않았고, 공산당 회의석상에서 나온 따분한 표현 속에 들어 있었다. 아무도 크게 신경 쓰지 않는 사이에 일어난 일이었고, 적어도 잠시 동안만이라도 이에 반대했을지 모를 많은 사람들의 입장에서는 기습적으로 발생한 일이었다. 덩샤오핑은 원하는 바를 이루기 위해 폭력이나 대중 운동을 사용하지 않는 사람이었지만 대신 사람을 질리게 만드는 지겨움을 무기로 이용했다. 그리고 그것은 엄청나게 효과적인 전략이었다.

개혁 : 황금의 단어

시진핑은 확실히 전임자인 후진타오에 비해 사람들의 이목을 잘 끄는 타입으로, 30년 이상 이전에 있었던 3중전회는 국민들에게 상기시킬 만하고 거기에서 극적인 추진력을 얻을 수 있을 것으로 판단했다. 이제 문제는 새로운 개혁, '중국 개혁 2.0'의 시대를 열 방법이었다. 말하자면 공산당이 선거 같은 복잡한 과정 없이 새로운 권한을 찾을 수 있는 방법이었다. 시진핑은 3중전회 선언서의 결론 뒤에 나오는 해설문에 "오직 사회주의만이 중국을 구할 수 있다. 그리고 개혁과 개방만이 중국, 사회주의 그리고 마르크스주의를 발전시킬 수 있는 길이다"[1]라고 썼다. 1992년 덩샤오핑은 남순강화 자리에서 개혁 아니면 파멸의 선택밖에는 없다고 말했다. 개혁이 여전히 필요하다는 이야기에는 모두가 동의한다. 하지만 2007년 공산당 중앙당교의 사상가들이 중국의 미래에 대한 청사진을 제시한 책에서 지적

CEO 시진핑

한 바와 같이 개혁이란 건전하고, 좋은 표현이며, 모두가 좋아하는 주제이다. 개혁은 사람들의 낙관주의, 즉 모든 일이 잘 풀리고 변화할 것이며 내일은 오늘보다 더 나은 날이 될 것이라는 느낌에 호소한다. 언제나 그렇듯이 어떤 종류의 개혁인지 그것이 문제이며, 어디서 얼마나 빠른 속도로 어떤 식으로 진행되는지가 관건이다. 그리고 개혁 과정에서는 언제나 승자와 패자가 생긴다. 이는 분명히 개혁이 치러야 할 비용이다. 보통 정치란 누가 이 비용을 어떻게 지불할 것인지, 미래에 언젠가 받게 될 이익을 위해 현재의 위험과 부담을 어떻게 분산시킬 것인지를 조정하려 애쓰는 일이다. 중국 정부가 고정 자산과 사회기반시설에 끝없이 투자했던 것처럼 중국 국민들은 미래에 대한 불안, 그리고 언젠가 건강 보험료를 지불하거나 불행한 일에 대비하기 위하여 활발하게 저축을 했다. 그래서 개혁은 이러한 믿음이 가치 있으며 사람들이 이에 투자할 만하다는 점을 보여주었다. 공산당의 가장 큰 자산은 중앙은행에 쌓아둔 엄청난 금액의 달러 외환보유고가 아니라 아마도 미래에 대한 이러한 희망일 것이다.

시진핑이 3중전회 선언서 해설문의 서두에서 선언한 것처럼 현재 중국은 '균형을 잃었고 조정되지 않으며 지속이 불가능한 발전'이 진행되는 어려움을 겪고 있다. 이 비판에는 새로운 내용이 없다. 2007년 원자바오도 거의 비슷한 내용을 이야기했다.[2] 중국의 성장 모델은 세심한 관리를 필요로 한다. 중국처럼 빠른 발전 속도와 발전 정도를 유지했던 나라는 일찍이 없었다. 중국은 언제까지나 굶주려 있는 듯했다. 자원에 굶주렸고, 에너지에 굶주렸고, 노동력과 천연자원에 굶주렸다. 세계적으로 유례없는 엄청난 산업화를 이루면서 중국은 엄청난 가격의 환경을 그 대가로 치러야 했다. 그리고 이러한 성장 모델을 통해 매우 큰 과실(배고픔이 사라졌고, 부의 수준이 높아졌으며, 중국의 수출품이 전 세계로 흘러들게 되었고, 결코 속도가 줄어들거나 멈출 것 같지 않은 국내총생산의 성장을 가져왔다)을 얻었지만 언젠가 이 모든 것이 멈추고 말 것이라는 걱정을 항상 해야 했다. 그러고 나자 공산당은 경제 성장 이상의 어떤 것이 필요했다. 마법 같은 경제 성장 수치를 대신할 다른 유인이 필요했다. 그리고 중국 국민들은 미래를 향해 끝없이 투자하는 일에 진력이 났다. 이제 미래보다 현재, 오늘을 위한 이익을 일부 요구할 것이다.

이미 2012년 말에서 2013년 초, 중요한 모든 경제 성장 지표들이 하락했다. 지난 20년간 8퍼센트 이상의 경제성장률을 지속적으로 유지하는 일은 마치 마법을 손에 넣는 것처럼 중요한 일이었다. 어떠한 비판이나 반대 의견도 잠재울 수 있는 수치였다. 이를 무기로 공산당을 비판하거나 공산당의 정당성에 도전하려는 사람들을 제압할 수 있었다. 공산당은 지금까지 세상에 없었던, 부를 창출하는 거대한 기계였다. 애플 같은 기업보다 강력하며, 미국이나 영국, 독일보다 훨씬 빠른 속도로 발전했으며, 표면상 중국과 비슷한 발전 모델을 따른 한국, 일본, 타이완의 발전 속도를 뛰어넘어 이제는 더 이상 다른 나라의 모델을 따르는 국가가 아니라 스스로 하나의 모델이 되었다. 하지만 공산당의 전략 전문가들은 공산당은 항상 문제가 일어나기 전에 한발 앞서 이를 알아차려야 한다는 점을 잘 알고 있다. 문제를 미연에 방지하고, 발생하기 전에 관리해야 한다. 이는 공산당의 핵심 기능 가운데 하나였다. 위험을 평가하는 조직이 되어 문제가 발생했을 때 적어도 어떻게 대응한다는 아이디어를 가질 수 있도록 미래에 대한 여러 시나리오를 계획하는 것이다. 국가의 지도자가 되려는 사람들의 훈련지인 지방의 성장들은 보통 위기대응 전문가들이다. 지금까지 살펴보았던 내용처럼 베이징 중앙 정부는 눈앞에 펼쳐진 일을 해결할 수 없다고 말하는 사람에게 인정사정을 봐주지 않는다. 상부에는 오직 좋은 소식만을 전하는 일이 우선이다. 이를 두고 중국은 혁신을 위한 문화라고 말할지 모르지만 진정으로 혁신적인 환경과 달리 중국에는 실패에 대한 관용이 없다. 개혁 아니면 파멸이라는 모토와 달리 시진핑의 공산당이 내세우는 기치는 훨씬 단순하다. 성공 아니면 파멸뿐이다.

3중전회의 마지막 선언문에서 시진핑은 앞서 이야기했던 개인적인 해설을 첨부하는 드문 행보를 보였다. 시진핑의 해설은 개혁을 위한 60가지 약속이라는 본문에 붙어 있었다. 그 자체만으로 상당한 관리와 권위의 표식이었다. 전임자들은 공산당의 문서에 손을 대지 않았다. 당의 문서가 나타내는 내용을 설명하기 위해 따로 문구를 붙이는 일은 없었다. 공산당의 문서는 그 자체로 자명하며 추가 설명은 필요하지 않다고 여겨졌다. 하지만 시진핑에게는 공산당 고유의 언어를 좀 더 개인적인 언어로 번역하고, 이를 통해 자신의 주인의식을 보여줄 기회였다. 아마 이 해설문은 곧 시진핑의 정치적 공약일 것이다. 읽는 사람에게 확신을 심어주기 위해 스스로 확신에 가득 찬 사람이 작성한 서류이다. 시진핑이 마오쩌둥보다 한 가지 더 나은 점이 있었다면 마오쩌둥이 인민들 사이의 모순을 이야기했던 1957년 선언에는 10가지 사항이 언급되었는데, 시진핑의 선언문에는 11가지 핵심 분야가 포함되었다는 것이다.

1. 시장

한때 중국에서는 무엇보다 위험하고, 무엇보다 불법인 존재가 시장이었다. 1949년 혁명 이후로 국가는 재빨리 그리고 효과적으로 경제의 전 영역을 장악했다. 1957년이 되자 국가에서 경제 활동의 99퍼센트를 지시했고 중앙 또는 지방 정부가 경제 활동을 관리했다. 그래서 판매를 하거나 이웃에게 호의를 베풀기 위한 농산물을 손바닥만한 땅에 재배하는 사람도 범죄를 저지르는 셈이었다. 그런 행동을 하면 중계자본주의자로 간주되었고 국가의 적이 되었다. 이러한 죄목으로 기소되면 힘든 시간을 보내야 했다.

대약진운동이 재난이 되고, 이후로 기근이 이어지게 된 이유는 중앙 정부의 관료들이 경제를 관리했기 때문이다. 비효율성이 어디에나 넘쳐났다. 마오쩌둥 시절 내내 중국의 연간 경제성장률은 5퍼센트 이상이었다. 거의 아무것도 없는 상태에서 출발한 성장이었지만 그 바탕에는 국민들의 엄청난 희생과 고통이 있었다. 1978년 개혁을 시작하면서 중국 정부는 시장을 일부 받아들였다. 농민들에게는 잉여 농산물을 정부에 매도할 수 있도록 허용해 주었다. 가격 개혁을 실시했고, 원하는 상점 어디에서나 물건을 살 수 있게 되었다. 대단한 수준은 아니었지만 경쟁을 허용하려는 시도도 있었고 여러 종류의 기업이 생겨났다. 1980년대 전체에 걸쳐 조금씩 시장의 역할이 확대되었다. 민간기업의 설립이 점점 쉬워졌고, 비록 지하 경제에서 나오는 자금이기는 했지만 여러 형태의 대출도 생겼다. 직장 단위work unit 체제는 서서히 해체되었다. 국유기업은 축소되었고 가격은 자유화되었다. 2001년 중국이 세계무역기구에 가입하면서 시장은 여러 영역으로 확대되었고 그 규모가 정말 엄청났기 때문에 마치 중국 전체가 가격 흥정을 벌이는 거대한 상점가처럼 보일 정도였다. 사람들은 원하는 물건을 대부분 사고팔 수 있었고, 공공요금 같은 일부 핵심 분야를 제외하고는 가격은 국가가 아닌 시장에 의해 결정되었다. 그렇기는 하지만 제3장에서 살펴보았던 것처럼 공산당 내 좌파와 엘리트 지식인들은 시장화가 불러온 철학적 문제를 지속적으로 제기했다.

하지만 이러한 좌파들의 비난은 주요 흐름을 바라보는 시각에 거의 영향을 주지 못했다. 비록 일부 제약이 있기는 하지만 시장이 자원을 배분하는 가장 효율적인 방법이라는 주장을 받아들이는 관점이었다. 전략 국유기업은 여전히 국가에서 운영하며 제품 가격도 국가에서 정했다. 필요할 경우에는 관리 환율을 바탕으로 국가가 이자율과 대출 자금 출처 관리에 개입했다. 정부는 경제학자 황야성이 '정치적 우열 순'이라고 불렀던 방법, 즉 국유기업에게 혜택을 주고 큰 이익을 얻을 수 있는 정부 조달 계약에 입찰권을 주는 등 일 반적으로 더 유리한 계약을 맡기는 방식으로 경제 관리의 효과를 볼 수 있었 다.[3] 중국은 혼합 경제 체제였다. 시장 경제의 특징을 일부 가졌지만 그 속에 서는 여전히 국가의 역할이 분명히 두드러졌다.[4] 이를 확실히 알 수 있는 표시 가 바로 5개년 계획이었다. 향후 5년 동안 중국 경제 내에서 정부가 이루려는 주요 전략 방향과 우선순위를 표시한 거시경제 정책이었다.

공산당의 이야기를 하자면 1978년 이후 중국은 '사회주의 초기 단계'를 세 우고 있었다. 후진타오와 시진핑이 학습 중인 공산당이라고 불렀던 것처럼 공 산당은 정부와 시장 사이의 관계를 유지하는 방법을 찾는 데 초점을 맞추었 다. 2000년대에 들어선 이후에는 비국유 부문의 활동이 점점 더 두드러졌다. 2012년이 되자 실제 정치적 선거권이 없음에도(2012년 기준 공산당 중앙위원회에 비국유 부문 기업의 대표자는 아무도 없었다) 비국유 부문 기업들이 성장의 핵심 동 력이 되었다. 국내총생산의 절반 이상이 비국유 부문 기업에서 나왔다. 이 기 업들은 해외에 더 많은 투자를 하기 시작했고, 점점 더 많은 직원을 고용했다. 중국에 드문 진정한 혁신기업들이었다. 그러므로 경제성장률이 감소하는 시 대에 접어들자 이들의 존재를 무시할 수 없게 되었고, 공산당은 어느 분야를 성장시킬 것인지 더 이상 까다롭게 고를 수 없었다.

시장의 성과는 단지 성장만을 뜻하는 것이 아니라 2013년 3중전회에서 밝 혔던 것처럼 본질적으로 이념적 혁신이었다. 이러한 설명은 이전에는 공산당 의 어떤 문서에도 나타나지 않았다. 이러한 생각의 중심에는 정부와 경제 사 이의 관계를 바라보는 새로운 비전이 있었다. 시진핑은 '다음과 같은 의미'라 고 설명했다.

정부의 주요 책임과 역할은 거시경제의 안정성을 유지하고, 공공 서비스를 강화하고 개선

하며, 공정한 경쟁을 보장하고, 시장 감독을 강화하여 시장 질서를 유지하고, 지속 가능한

발전, 공동 번영을 촉구하며, 시장 실패가 일어난 곳에 개입하는 것이다.[5]

이상의 내용은 시진핑이 제안하는 정부와 사회 간의 기본 계약이라 할 수 있다. 다른 의견들은 이러한 이념적 기초를 바탕으로 하여 나온다.

2. 국유기업을 향한 일격

시장이 중요한 이유는 시진핑 시대의 중국이 직면하고 있는 성장의 큰 걸림돌을 해결할 수 있는 가장 중립적인 수단이기 때문이다. 성장의 걸림돌이란 바로 기생적이고, 이기적인 인사들이 국유기업을 장악하여 이를 이용해 개인적 이익을 얻고, 사실상 국가의 재산을 훔치고 있는 상황을 뜻한다. 시진핑은 개혁의 두 번째 단계에서 정부는 '혼합 소유 경제를 활발하게 발전시킨다'는 뜻을 천명했다. 핵심은 '국가 자산 관리 시스템을 향상'시키기 위한 노력이다.[6] 이를 위해서는 '전문 관리자 시스템을 확립'하고 국유기업의 경영 방식을 개선시키며, 경영 상태에 대한 조사를 강화하고, 기업 이익을 착복하는 행태가 없어지도록 해야 한다.

1990년대 주룽지 시대 이후로 국유기업은 개혁의 대상이 되어왔다. 주룽지 시대에는 6,000만 명 이상의 국유기업 직원이 해고되었고, 이들 가운데 다수의 복지 혜택이 감소하거나 없어졌다. 2002년부터 시작된 후진타오 1기 시대에는 대부분의 기간 동안 중국의 세계무역기구 가입으로 인한 변화의 바람이 불었고 국유기업들은 더 큰 경쟁의 압박에 시달리게 되었다. 75개의 핵심 기업 집단으로 분류되었고 중앙 정부에서 국가 자산을 관리하였다. 2008년이 될 때까지 비국유 부문 기업들의 위상이 높아지면서 국유기업의 중요성이 점점 떨어지는 것처럼 보였다. 그러나 2007~2008년 글로벌 금융위기가 찾아

오면서 국유기업이 지위를 회복하여 이목을 끌었다. 해외의 다른 국가들이 성장 감소와 자산 정리로 휘청거릴 때 중국의 국유기업은 방어선의 역할을 해냈다. 국유기업은 믿을 만한 성장을 점점 더 크게 이루어냈고 해외 수출 시장이 막히고 세계 경기 침체의 찬바람을 느끼던 중국 입장에서는 몹시 반가운 일이었다. 극단적 보수주의자인 우방궈 같은 인물은 2010년과 2011년 연속으로 전국인민대표회의에서 '국유기업은 위기의 순간 절대 대체할 수 없는 존재였으며 국가 통제가 언제나 최선의 관리 방법임을 보여주는 좋은 예'라는 대담한 선언을 했다. 우방궈는 "우리는 민영화를 하지 않는다"고 선언했다.[7]

국유기업이 지닌 한 가지 특성, 즉 수익을 창출하여 공산당의 재정을 지원한다는 것이 공산당에게 중요한 의미를 가진다. 개인세와 비국유 부문 및 해외 기업이 내는 세금은 중앙 정부 전체 세수의 절반에도 미치지 못한다. 국유기업들이 세수의 절반 이상을 책임지고 있는 것이다. 이처럼 국유기업의 결산 내역은 정부의 세수 결산 내역과 아주 밀접하게 관련되어 있어 둘은 하나이며 같은 조직이라고 말해도 무방하다. 한쪽의 번영은 다른 한쪽의 번영을 의미한다. 마찬가지로 한쪽의 실패는 다른 한쪽에게도 실패를 의미한다. 국유기업은 중앙 정부의 입출금 기계인 셈이다. 자원 기업과 주요 에너지 기업, 그리고 금융 기업들이 얻는 높은 수익은 경제적으로뿐만 아니라 정치적으로도 매우 중요하다. 2008년 이후 몇 년 동안 국유기업들은 많은 수익을 창출했다. 중국의 지도자는 정치적 역할을 넘어서 끊임없이 국유기업의 경영 상태와 수익성에 신경을 써야 했다. 그런 의미에서 시진핑은 그저 정당의 지도자에 그치는 것이 아니라 진정한 의미에서 한 기업의 최고경영자와 같은 역할을 맡고 있다.

그럼에도 불구하고 국유기업에는 세 가지 문제가 있다. 첫째, 국유기업은 수익을 정부 보조금에 의지하고 있다. 시장 가격보다 저렴한 공공요금과 토지 사용료를 지불하며, 때로는 근로자의 임금도 전액 부담하지 않는다. 국유기업의 수익성이 좋은 이유는 이러한 혜택을 누리는 것뿐 아니라 경쟁에서 보호받기 때문이기도 하다. 그러니 수익성이 좋을 수밖에 없다. 그럼에도 불구하고 국유기업의 두 번째 문제는 2011년 이후로 수익성이 떨어지고 있다는 점이다. 중국의 경제성장률이 감소하면서 국유기업의 수익성도 따라서 감소했다. 앞에서 이야기했던 정부와 국유기업의 결산 내역이 동일하다는 내용을 증명한 셈이다. 2013년 상반기 비국유 부문 기업은 7퍼센트의 매출 수익률을 기록했지만 국유기업의 매출 수익률은 5퍼센트를 조금 상회하는 수준이었다.[8] 순성장은 이제 이루어지지 않는 실정이다.

이러한 수익성 감소의 원인으로는 비효율적인 자본과 자원 배분, 혹은 자본과 자원의 관리 미숙을 꼽을 수 있다. 하지만 국유기업의 세 번째 문제는 이보다 더 암울하다. 최근 들어 국유기업은 경제적으로 비효율적일 뿐만 아니라 정치적으로도 비효율적이다. 국유기업이 기득권층을 보호하기 때문이다. 국유기업의 막대한 부외 수익은 허공으로 사라진다. 일부는 해외 역외 은행 계좌로 흘러 들어가고, 일부는 비공식 경제에 편입된다. 그렇게 사라진 돈은 상당 부분 엘리트 정치인들의 수중으로 들어간다. 이들은 국유기업에 기생하여 국유기업의 수익으로 잔치를 벌이면서 동시에 국유기업을 좀먹는다. 국유기업은 분명 역사상 가장 큰 황금거위임이 틀림없다.

이러한 과정에 가장 깊이 연관된 사람은 전 중앙정치국 상무위원회 위원 저우융캉이다. 2007년부터 2012년까지 중앙정법위원회 서기로 재직하면서 사실상 중국 국내 치안 부서의 우두머리였던 저우융캉은 이전에는 국영 석유 부문에서 15년 이상의 경력을 쌓았다. 그의 부하 직원들 가운데 상당수가 여전히 여러 에너지 부문에 포진해 있었고, 이들은 표면상 규제 감독관인 공무원과 기업인 사이에서 지나치게 가까이 지내는 모습을 보여주었다. 대체로 양쪽의 관계는 마치 한 몸인 듯했다. 저우융캉은 자족적 왕국의 황제였고 일부 추산에 따르면 그의 치하에서 횡령된 금액은 최대 150억 달러에 달할 정도로 저우융캉의 왕국에는 불법 자금이 넘쳐났다.

게다가 저우융캉은 2012년 초 보시라이가 실각하는 과정에서 불충한 행동까지 보였다. 일부 보도에 따르면 보시라이를 중앙정치국 위원에서 제명하자는 의견에 저우융캉만 유일하게 반대의사를 표했다고 한다. 이보다 더 심각한 것은 심지어 시진핑에게 직접 맞서려는 생각까지 했다는 것이다. 2012년 9월 시진핑이 공식석상에서 모습을 감춘 이유는 쿠데타 시도가 있었기 때문이라는 소문이 돌았다. 저우융캉에게 충성하는 그룹에서 소규모 반란을 일으켰다는 더 자세한 이야기도 있었다. 이러한 이야기들 속의 진실이 무엇이든 간에 어쨌든 2014년 저우융캉 본인이 공식 조사를 받게 되었고, 그 후 부패와 간통 혐의로 기소되어 유죄 판결을 받았다. 저우융캉에 대한 공산당의 공개 비판은 이목을 끌었다. 중앙정치국 상무위원회의 전 위원이 이런 식으로 부패 혐의 조사를 받는 것은 전례가 없는 일이었다. 시진핑 자신의 신념 혹은 어리석음을 보여주는 눈에 띄는 증거였다. 무엇보다도 시진핑은 은퇴한 지도부 인사도 조사의 대상이 될 수 있다는 새로운 선례를 남겼다. 이는 앞으로 다른 경우에도 적용될 수 있다.

이 사건을 둘러싼 그 모든 드라마의 속을 살펴보면 시장은 국유기업 중심부에 자리 잡은 암적인 존재를 겨냥할 수 있는 가장 강력한 수단이다. 시장의 규율을 적용하면 국유기업에 대한 보조금 지급이 중단되고 그러면 국내에서나 해외에서 해당 기업 자체의 힘으로 자립할 수 있는 곳에서 새로운 세상으로 나갈 용기 있는 준비를 하게 될 것이다. 국유기업의 수익성은 높아져야 하고 공산당도 더 큰 수익을 얻어야 한다. 시장의 보이지 않는 손이 이 문제의 핵심이다. 시장의 보이지 않는 손은 국유기업을 움켜쥐고 예전의 수익성을 앗

아가버린 기득권층의 이익을 끝장낼 수 있는 무엇보다 중립적이고, 정파에 휘둘리지 않는 수단이다. 시장의 힘을 이용해 국유기업을 중독에 빠트린 보조금이라는 마약을 중단시키고 이를 둘러싼 부패 네트워크를 끊어내야 한다. 그래서 시장의 힘은 전략적 무기이며, 시진핑의 무기고 속에도 자리 잡고 있다.

3. 부자에게 세금을!

세금은 국가의 힘을 보여주는 최고의 표현이다. 서서히 그리고 조용히 다가오지만 300년 전 벤저민 프랭클린이 지적했던 것처럼 죽음과 더불어 인생에서 절대 떼어놓을 수 없는 유일한 존재이다. 하지만 '세금은 곧 대표권'이라는 등식이 중국공산당에게는 걱정거리이다. 중국 정부는 과세 표준을 현대화하고, 대체로 중앙집중화되어 있는 재정 시스템을 개혁하려 하지만 그러려면 중국의 민간 납세자들이 세금의 대가를 요구하기 시작하는 상황에 대해 생각해 보아야 한다.

과거의 중국 국민들은 임금이 낮아도 무상 사회복지 서비스, 무상 주택, 정년 보장 외 크고 작은 100여 가지 혜택으로 부족분을 보상받을 수 있었다. 그러나 개혁으로 인해 상황이 달라졌고, 국가는 복지 서비스 제공을 중단했다. 하지만 임금은 여전히 낮은 상태에 머물러 있었다. 주된 이유는 정부가 투자를 늘려야 한다는 사실에 집착하고 있었기 때문이다. 앞서 이야기한 바와 같이 정부는 '오늘의 고통을 감수하여 나와 자녀들에게 더 나은 미래를 만들자'는 메시지를 통해 국민들을 동원했다. 하지만 임금 합의와 관련된 여러 심각한 분쟁이 중국 전역으로 퍼지는 모습을 보면 오늘날에는 더 큰 사회적 선을 위한 자기희생에 대해 국민들이 그다지 관심을 가지지 않는다는 반박할 수 없는 사실을 분명히 알 수 있다. 중국 국민들은 자신을 위해 돈을 더 많이 벌고 싶어 한다. 자신의 노력이 거대한 공동 자금 속에 편입되는 모습을 보고

CEO 시진핑

싶은 것이 아니다.

지금은 비공식 경제를 통해 국민들이 가진 돈의 가치를 인위적으로 올리는 방식으로 상황을 통제하고 있다. 돈이 통치를 하는 것이다. 대부분의 재화는 세금 장부에 오르지 않은 채 판매된다. 많은 기업들은 용역비를 물품으로 지급한다. 정확히 말하면 세금을 피하기 위해서이다. 중국 사람들은 자기 돈이 무책임하고 거드름만 피우는 공무원들의 주머니 속으로 사라지는 모습을 무엇보다 보기 싫어한다. 그러나 근대의 사회적 계약의 일부로서 중국에서도 민간에 세금이 부과될 수밖에 없다. 그렇게 되면 국민과 통치 정부 사이에 새로운 계약이 필요해질 것이다.

이와 관련하여 중국에서는 재정 분배의 힘에 대해 고려해야 한다. 결국 많은 사항을 통제하는 주체는 중앙 정부이다. 재정 분배의 힘이 권위의 원천이다. 지방의 성에서는 여러 문제를 자신만의 방식으로 처리할 수 있지만 세금 인상과 중앙 정부 납입금의 문제는 중앙 정부와 연계하여 처리해야 한다. 그리 오래되지 않은 과거에는 현금이 부족한 지방 정부에서 토지 매각을 통해 재정 수입을 창출할 수 있었다. 적은 보상 금액으로 농민들의 땅을 매입한(엄청난 갈등과 분쟁이 일어났다) 후 새로운 도시를 만들었다. 하지만 토지 면적은 정해져 있고 이미 대부분의 땅은 매각되어 개발이 진행되었다. 지역의 국영 은행은 또 하나의 쉬운 목표물이었다. 그 지역에 자리한 국영 은행이 지방 정부에 엄청나게 후한 금액의 대출을 하도록 강요하거나 유도했다. 하지만 지방 정부는 대개 대출을 상환할 능력이나 생각이 없었다. 하지만 정부 부채가 200퍼센트 수준을 넘어가자 이 방법도 더 이상 쓸 수 없었다.

지방 정부의 재정이 무일푼이 되도록 놔둘 수는 없다. 결국 지방 정부는 국가의 최전선에 자리 잡고 있다. 지방 정부의 공무원은 국민들에게 가장 인기 없는 정책을 시행하는 사람들이다. 그래서 중국의 전체 시스템 속에서 국민들의 만족도가 가장 낮고 신뢰 수준이 가장 떨어지는 집단이 지방 공무원이다. 시진핑은 이 문제를 인식하고 있다. 결국 그는 최말단 지방 정부에서 경력을 쌓기 시작했다. 이 점에 있어서 시진핑은 중앙정치국 상무위원회의 동료들과 다른 독특한 면을 지녔다. 2014년 말에 어느 관리가 나에게 이렇게 말했다. "시 주석은 지방 정부 공무원들의 요령을 다 알고 있어요. 본인이 지방 정부 공무원 출신이거든요!" 국민을 통제하려는 목적으로 더 많은 사회복지 비용을 부담하는 일은 점점 더 논쟁을 불러일으키고 있다. 국민들의 요구 사항은 늘어나는 데다 지방 정부는 파산시킬 수 없다. 지방 정부에게는 더 좋은 조건의 재정 거래가 필요하다. 이를 위한 현실적인 수단은 지금까지 건드리지 않았던 엄청난 규모의 과세 대상자, 즉 국민의 세금을 인상하는 것이다. 중국 정부가 국민 개인에게 부과하는 세율은 서류상으로는 높아 보이지만 실제로는 그리 높지 않다. 임금 수준 자체가 낮고, 공공요금 같은 일상적 비용에 보조금을 지급하기 때문이다.

현재 중국이 직면하고 있는 가장 어려운 문제는 이전보다 높은 세율로 세금을 납부하는 국민들과 재정적인 자율성이 커진 지방 정부가 등장한다는 점이다. 양쪽 모두 중앙 정부의 힘을 줄일 가능성이 있다. 중국 지도부는 매우 긴 연설을 통해 국가의 통일성을 주장한다. 하지만 중국은 통일된 국민 국가라기보다 하나의 대륙으로 보일 때가 많다고 지적하는 사람들이 많다.[10] 재정 통일성은 각 성과 자치구를 이어주는 가장 큰 결속력이다. 하지만 중국 내 각 지역의 역학관계는 근본적으로 서로 다르다. 중앙 정부의 통제 명령과 지방 정부의 독립성 확보를 향한 바람 사이에서 균형을 잡기 위한 시도로 수십 년간 여러 모델이 사용되었다. 하지만 중국의 엘리트 지도부는 '분열은 곧 힘의 약화를 의미한다'는 공식을 고수하며, 소유하고 있는 모든 것을 지키기 위해서는 분열을 막아야 한다고 믿는다. 중국 지도부에게 연방주의를 제안하고 싶

CEO 시진핑

지만 이는 중국에서 입에 담을 수 없는 말이다. 중국이 소비에트연방의 붕괴 과정에서 얻은 가장 중요한 교훈은 국가를 지탱하는 이념적 접합체가 사라지면 통치력이 약화되기 시작하고 국가의 일부가 독립한다는 점이다. 이는 신념을 저버린 사람들이 치러야 할 대가이다. 중국에서 공산주의 신봉자들은 자원과 예산이라는 중요 분야에서 강하고, 전략적이며, 중앙집권화된 리더십을 얻게 되었다. 반면 공산주의를 믿지 않는 자들은 이 중에서 아무것도 얻지 못하고 실패로 향하는 길을 따라간다.

지방의 성은 각자의 재정 수준에 따라 중앙 정부와 다양한 관계를 맺는다. 일부 성들, 대체로 해안가에 위치한 성들은 중앙 정부에 납부하는 세금이 보조금보다 많아 순납세자이다. 하지만 재정 상태가 열악한 서부 지역의 성들은 보조금을 많이 받기 때문에 국가 재정에 부담을 준다. 티베트가 좋은 예이다. 티베트는 인구가 희박하고 산업화 정도가 낮으며 중국 내에서 1인당 국내총생산이 가장 낮은 지역 가운데 하나이다. 베이징대학의 티베트 지역 전문가인 마룽 교수는 2008년 기준 티베트 자치구 수입의 90퍼센트 이상이 중앙 정부에서 받는 보조금이라고 주장했다.[11] 다른 성, 특히 시진핑이 당 서기를 맡았던 저장성의 경우 성 내 기업들에게 티베트 지역 진출을 장려한다. 라싸 주변에 가면 저장성과 관련된 건설 현장을 보게 될 것이다. 하지만 그곳에서 일하는 인부들은 상당수가 이웃해 있는 쓰촨성 출신이다. 좋기도 하고 나쁘기도 한 현상이다. 쓰촨성 사람들은 티베트 지역에 와서 사회기반시설 건설 현장에서 일하고 지역의 경제 발전에 기여한다. 하지만 동시에 남쪽으로 1,000킬로미터가량 떨어져 있는 고향으로 돌아갈 때 티베트 지역에서 얻은 수익과 자금을 들고 간다. 마찬가지로 중앙 정부에서 주는 상당한 금액의 지원금도 티베트 지역에 머물지 않고, 이 지역을 거쳐 다른 지역으로 흘러들어 간다.[12]

과세는 중앙 정부가 지닌 핵심적인 힘 가운데 하나이다. 지방의 성 지도부가 과세와 관련하여 큰 영향력을 발휘하면 크게 위험할 수 있다. 각 성이 정말 독립적이라는 생각을 하고 대담한 행동에 나설 수 있기 때문이다. 만일 중앙 정부에서 받는 금액보다 납부하는 세금이 더 큰 순납세자인 성의 경우 중앙 정부와의 관계에서 더 나은 대우를 강하게 요구할 수도 있을 것이다. 시진핑은 다음과 같이 말했다. "개혁의 주요 목적은 정부의 권한을 명확하게 정의하고, 과세 시스템을 개혁하며, 세금 부담을 안정화시키고 예산을 투명하게 운용하여 효율성을 높이는 데 있다."[13] 분열과 긴장을 불러올 수 있다는 위험을 부담하면서 지방 정부에게 균형 잡힌 과세 권한의 요소를 부여하는 일은 베이징 중앙 정부가 풀어야 할 가장 어려운 숙제 가운데 하나이다. 하지만 현재의 구조, 즉 지역색이 매우 강한 문제에 배정되는 예산까지 수천 킬로미터나 떨어진 곳에 있는 중앙 정부의 몹시 작은 어느 부서에서 기계적으로 일하는 관료가 결정하는 일이 아마도 가장 효율성이 떨어지는 일일 것이다. 추산에 따르면 베이징에서 지방 정부에 지급하는 예산을 승인하는 힘을 지닌 관료는 1,500명이 채 되지 않는다고 한다. 이는 정치적 권한을 지닌 공산당 중앙위원회와 공산당 조직을 제외하면 예산의 출납을 맡은 소규모의 관료들이 상당한 권한을 지니고 있다는 사실을 알려준다.[14] 사실상 재정적인 의미에서 중국을 운영하는 사람들이다. 이들도 마찬가지로 자신이 지닌 힘이 약해지지 않도록 방어하는 강력한 기득권을 가지고 있다. 부패한 관료들 이상으로 이 그룹의 관료들이 심도 깊은 구조 개혁을 이루는 데 가장 큰 걸림돌이 될 것이다. 개혁의 결과인 새로운 절차를 시행해야 할 사람들이 바로 이들이기 때문이다.

4. 도시의 부상

집단 기억 속 중국은 역사상 압도적으로 긴 시간 동안 농촌이 중심이었다. 1990년대까지만 해도 80퍼센트 이상의 국민이 농촌 지역에 거주했다. 마오쩌둥 시절에는 도시 거주민들은 별도의 거주 상태로 분리되었고, 농촌 지역과 다른 종류의 후커우^{戶口}를 받았으며, 이용하는 사회복지 서비스나 공공재의 종류도 달랐다.[15]

농촌 지역의 지원에 힘입어 마오쩌둥은 혁명에 성공했다. 중국공산당의 초기 지도부 세대는 원래 농촌 출신이었고 군 징병도 농촌 지역에서 이루어졌다. 본질적으로 중국의 특색이 반영된 공산주의란 도시가 아닌 농촌의 힘으로 싸워서 얻은 프롤레타리아 혁명이었다.

그렇기 때문에 2010년 인구조사 결과에서 나타난 것처럼 현재 중국이 첨단 도시 국가가 되려 하는 상황은 놀랍게 변화된 모습이다. 농촌 인구만큼 많은 인구가 새로 생겨난 도시에 산다. 이러한 흐름은 더욱 가속화될 것이다. 시진핑 정부에서 원하는 새로운 경제는 국내총생산에서 소비와 서비스 부문의 비율을 높이고 이를 통해 새로운 유형의 시민, 즉 집을 보유하고 세금을 내는 시민이 등장하여 체제 내의 이해관계자가 되는 것이다. 이들은 체제가 존재하지 않으면 가진 것을 잃어버리기 때문에 체제를 지키려 애쓸 것이다. 그러므로 도시는 중국의 미래이다.

1978년 이래로 중국은 그 어떤 나라보다 더 많은 도시를 더 빠른 속도로 건설했다. 260개 이상의 도시가 인구 100만 명이 넘는 대도시이다. 베이징, 상하이, 광저우 같은 도시들은 이웃 위성도시들을 합하면 메가시티^{megacity}(행정적으로는 구분되어 있으나 생활, 경제 활동 등 기능적으로 연결되어 있는 인구 1,000만 명 이상의 거대도시-역주)이다. 상하이 지역의 경우 640제곱킬로미터의 면적에 2,300만 명이 거주하며 매년 50만 명씩 인구가 증가하고 있다. 공산당의 승리는 농촌 지역민의 피와 땀, 눈물로 이루었지만 공산당은 언제나 열렬한 친도시 성향을 보였다. 1960년대 초반 대기근이 휩쓸었을 때에도 도시 거주민들은 배고픔에 시달리지 않았다. 비극적이었던 그 시기에 기근의 맹공격을 받았던 곳은 시골

마을이었다. 그리고 개혁의 첫 단계가 진행되는 동안 각 도시는 외부 세계를 향한 개방 과정에서 더 큰 힘을 얻게 되었다. 농촌 지역은 그저 되는대로 비슷한 권리를 얻었을 뿐이다. 중국의 농촌 지역에 선거권이 주어진 이유가 농촌 지역의 중요성이 광역 도시권보다 훨씬 낮았기 때문이라는 사실은 농촌 지역이 얼마나 힘이 없는 지역인지 보여주는 사례이다. 톈진, 충칭, 베이징, 상하이의 4대 도시 지역은 성과 같은 지위를 가지고 있다.

공산당이 생각하는 현대성이 도시를 의미한다는 점은 분명하다. 그래서 도시의 성장을 가속화하는 일이 핵심 우선순위이다. 하지만 중국 같은 규모와 속도로 도시를 성장시키려 했던 곳은 일찍이 없었다. 2030년 말이 되면(아마도 이보다 훨씬 전에) 중국 인구의 70퍼센트가 도시에 살게 될 것이다. 이 현상이 가져올 정치적, 사회적 파문은 거대하다. 거의 아무것도 없는 상태에서 사회가 창출되어야 하며, 서로 다른 지역 출신의 사람들, 서로 다른 문화적 배경과 사회경제적 지위를 가진 사람들 사이에 유대감이 생겨야 한다. 하지만 조화로움의 표상이 되기는커녕 세계에서 제일 큰 부조화와 반목의 빈민가가 형성될 수도 있다.

상하이는 이러한 현상을 잘 보여주는 예이다. 1990년 상하이가 선전이나 다른 경제특구 지역과 마찬가지로 마침내 경제특구로 지정되었을 때 그곳에는 1,000만 명이 살고 있었다. 한때 을씨년스러운 창고와 농지밖에 없었던 푸둥 지역에는 현재 방문객이 넋을 잃고 바라보는 마천루가 들어서 있다. 하지만 겨우 20년이 조금 넘는 시간 동안 늘어난 1,300만 명의 시민들을 동화시키는 일은 엄청나게 힘들다. 상하이의 교외 지역에는 아파트와 주택이 끝없이 들어섰다. 엄청나게 유입되는 인구 속에서 꾸준히 다닐 수 있는 직장을 찾는 일은 몹시 어려우며, 특히 서비스 분야에 종사하려는 사람은 더욱 힘들다. 자동차의 소유권이나 더 나은 삶의 질을 요구하는 사람들은 점점 많아지고 있지만 현재 상하이의 사회기반시설을 고려하면 이들의 요구 사항을 충족시킬 수 있을 가능성은 매우 낮다. 상하이 시민들은 농담처럼 자동차 번호판은 세상에서 가장 비싼 금속 조각이라 부른다. 상하이 시내 도로를 주행하는 자동차의 수를 통제하기 위해서 자동차 번호판의 가격을 몹시 비싸게 책정하고 있지만 그래도 여전히 매년 수만 명의 시민이 자동차를 구매하여 이미 운행 중인 200만 대의 차량 행렬에 동참한 후 시내의 중심지구와 그곳으로 통하는 길 위에서 뒤얽힌다. 대기오염과 물 부족 문제는 심각한 상황이다. 지난 20년간 도시가 정신없이 빠른 속도로 발전하면서 사회적인 측면으로도 시민들은 숨이 막힐 듯했다. 농촌에 가족을 두고 떠나 헤어져 살게 되었고, 서구 국가들 수준으로 이혼율이 치솟았다. 2012년에는 한 노인이 자신의 아파트에서 숨졌지만 수 주가 지나도록 발견되지 않은 채 방치되어 있었다는 이야기가 전해졌다. 중국이 얼마나 변했는지 잘 보여주는 사례이다. 세계에서 가장 인맥이 발달한 사회로 여전히 가족 중심의 나라인 중국에서 이 같은 사회적 고립은 불과 몇 년 전만 하더라도 상상조차 할 수 없었다. 많은 중국인들은 노인들을 보면서 자신이 살던 곳을 떠나 고립되는, 원치 않는 미래의 모습을 그리게 되었다.

빈곤에 시달리며 억압을 감수한 농촌 지역의 희생이 없었다면 도시화는 이루어질 수 없었다. 시진핑 정부는 중국의 농촌 지역도 현대화시켜야 한다. 시진핑은 '대다수의 농민들도 도시민과 똑같이 현대화 과정에 참여해야 하며 현대화가 주는 과실을 누려야 한다'[16]고 약속했다. 하지만 이는 만만치 않은 목표이다. 끝없는 야망을 불태우는 현 정부조차 이 과업의 실현 기간을 40년으로 설정했다. 중국 농민들의 삶은 여전히 버겁다. 많은 이들이 더 나은 미래를 찾아 도시로 떠났지만 후커우 제도 아래에서 신분의 불안정성으로 고통받고 있다. 후커우 제도는 마오쩌둥 시대에 국가를 통제하기 위한 수단으로 도입된 제도로 지난 수십 년간 중국에 찾아온 그 많은 변화에도 불구하고 여전히 그 자리에 남아 있다. 후진타오-원자바오 정부 시절에 농민들의 세금 부담은 상당히 줄어들었지만 그래도 지난 몇 년간 일어난 소요나 진정 사태의 원인은 농민들의 항의와 불만이었다.

한발 더 나아가 도시화는 중국의 물리적 환경에도 큰 타격을 주었다. 도시 지역에는 연료, 물, 그리고 자원이 많이 필요하다. 고층 건물은 공장만큼이나 온실가스를 많이 방출한다. 제조업을 도시 중심에서 주변부로 이동시키고 있지만 이는 근본적으로 문제를 해결하는 것이 아니라 장소를 이동시키는 것뿐이다. 이 모든 문제를 넘어서 인적 비용 문제가 있다. 가족 구조가 변화하고 과거와 완전히 다른 종류의 라이프 스타일이 등장했다(예전에는 사람들이 서로 깊숙이 이어져 있는 사회였다. 사회학자 페이샤오퉁은 자신의 책에서 누구나 주변 사람을 전부 알고 지내며 서로 연결되어 있고 알아볼 수 있으며 그래서 신뢰로 묶여 있는 상태라고 묘사했다). 하지만 현대 중국의 도시에서 가장 찾아보기 힘든 특성이 신뢰이고 앞서 나열한 것들과 마찬가지로 이 또한 중국공산당과 정부가 마주하고 있는 문제이다.

5. 중국의 특성이 반영된 민주주의

민주주의라는 표현은 바른 방식으로 언급하는 한 시진핑이나 그 전임자들을 놀라게 하지는 않는다. 후진타오와 원자바오 시절 중국인들이 의사결정 과정에 더 많은 참여를 해야 한다는 생각이 커졌고, 이를 실현하기 위한 전략적 움직임이 있었다. 2008년과 2009년에 각각 새로 시행된 노동법과 계약법은 온라인과 공공 협의 과정을 통해 수백만 명의 응답자로부터 받은 피드백을 바탕으로 입안되었다. 보시라이 시절 충칭 지방 정부처럼 일부 정부에서는 특정 정책에 대한 반응을 듣기 위해 시민들을 초청하는 실험적인 방식도 도입했다.[17] 공산당은 항상 협의회를 개최하며 때로는 외국인까지 참석한다. 현재 위정성이 주재하는 중국인민정치협상회의는 이를 구현하기 위한 단체로 각 시민사회, 기업과 8개의 '애국주의' 정당(공산당을 제외한 정당들)을 대표하는 국내외의 많은 위원들로 구성되어 있으며 1949년 중화인민공화국이 들어선 이래로 대부분의 기간 동안 상징적인 존재였다. 그러나 많은 사람들이 중국인민정치협상회의를 권한이 없는 조직체로서 그저 겉치레용(공산당과 정부의 결정에 정당성을 부여하는 인상을 준다)일 뿐 실제 기능은 거의 없다고 생각한다. 법안에 대한 거부권이 없으며 예산을 조사할 권한도 없다. 심지어 중국의 의회 격인 전국인민대회가 지닌 영향력도 마찬가지이다. 협의 사항을 승인할 것인지 거부할 것인지를 결정하는 최종 거부권은 공산당이 가진다. 이런 식으로 '국민은 발언의 기회를 가지며, 당은 국민의 의견을 경청하여 이를 의사결정에 반영한다(그렇지 않다는 것이 명백하지만)'는 식으로 당과 국민 양쪽에 가장 좋은 결정을 내리는 것처럼 보이게 한다.

중산층이 성장(재산권의 확보, 세금 부담의 증가, 정부의 성과를 통한 더 많은 기득권 획득)하면 국가를 운영하는 방식에 더 많이 관여할 수 있을 것이라고 생각했다. 그러나 시진핑과 동세대에게 있어 문제는 중국에 이를 달성할 만한 쉬운 정치 모델이 없다는 점이다. 중국은 면적이 너무 광대하고, 인구 구성이 너무 복잡하며, 이를 실현하는 최선의 방법에 대한 합의를 도출하기가 너무 어렵다. 과거 공산당의 전략은 단순히 당은 지혜의 보고이며 앞으로의 일은 당에서 지시한다고 선언하는 것이었다. 하지만 도시가 등장하고, 서비스 부문 중심의 현대적인 국가로 탈바꿈하면서 중국 정부를 가장 어렵게 만드는 것은 국민들이 가진 공포가 아니라 기대와 희망이다. 국민들은 자신의 삶에 대해 이야기하고 싶어 한다. 국민은 수동적인 존재가 아니며, 높은 기대를 가지고 국가로부터 더 많은 것을 요구한다. 공산당은 이러한 책임과 국민의 기대를 피하려 한다. 그리고 국정이 바르게 운영될 때의 영광을 기다리며 거만하게 혼자 운전석에 앉아 있는 대신 국정 운영의 위험과 비난을 국민과 공유하여 실패할 경우에 따르는 처벌 위험을 국민과 함께 감수한다.

공산당은 자유민주주의 모델을 받아들이지 않는다. 하지만 미국이나 영국식 체제에 순진한 믿음을 가졌던 시기도 있었을지 모른다. 다만 중국의 엘리트 지도부 인사들은 이 체제를 면밀히 들여다보았고 자유민주주의가 얼마나 엉망진창으로 운영될 수 있는지 확인했다. 미국의 정치 시스템이 정말 훌륭하다고 진심으로 생각할지 모르지만 그 체제를 중국에서 시행할 방법은 확실히 찾지 못했다. 그저 공산당의 정치권력 독점 체제를 지키기 위해서가 아니다. 다른 많은 이들과 마찬가지로 중국공산당도 미국식 체제의 문제점, 즉 자유민주주의의 운영 과정에서 자연스럽게 나타나는 의견 분열, 정치 후원 및 자금 문제, 해결하기 어려운 사안에 맞서지 못하는 모습, 체제 내 분파에 의해 의사결정이 이루어지는 모습 등을 확인했다. 그리고 이런 식의 정치 관행을 연습할 시간이 없는 중국에서 어떻게 이 체제를 운영할 수 있을지 궁금할 뿐이다. 결국 중국에게 민주주의는 값비싼 선택이다. 사람들은 타이완이나 싱가포르의 사례가 중국에 적용할 수 있는 정치발전 모델이라고 자주 말한다.[18] 하지만 그 두 나라는 인구는 중국보다 훨씬 적고, 중국보다 훨씬 더 발전된 국가이다. 중국은 지난 수십 년간 경제적으로 크게 발전했지만, 어떤 식의 정치개혁을 어떤 순서로 할 것인지에 대한 합의가 이루어진 적은 한 번도 없었다. 시진핑 정권에서도 마찬가지이다. 상황은 바뀔 수도 있다. 집권 기간 동안 시진핑이 진 또는 심지어 공산당에 선거를 도입하는 대담한 발상을 할 수도 있다. 그러나 지금까지는 시진핑에게 그런 급진적인 변화를 추구하려는 모습은 보이지 않는다.

반면에 시진핑 정권의 특징은 '반대'를 단속하는 일이다. 이와 관련하여 가장 악명을 드높인 보고서가 '9호 문건'이다. 2013년 3월 당 간부들을 위해 발행되었다가 온라인에 잠시 그 내용이 유출된 후 삭제되었다. 이 문서는 시진핑의 다른 공식 발표문에서 보이는 부드러운 어조와는 대조적인 문구로 구성되어 있다. 9호 문건에는 7개의 핵심 공격 개시점이 있다. 이 가운데 많은 부분이 수년 전 후진타오-원자바오 시대에 인식한 문제와 궤를 같이 한다. 그러나 9호 문건의 내용이 훨씬 더 권위적이다. 전하는 바에 따르면 고등학교와 대학교 교실에서 논의할 수 있는 주제와 논의할 수 없는 주제에 대한 지침을 내려보냈다고 한다.

무엇보다 우선 거론된 내용은 서구의 입헌민주주의 체제였다. 입헌민주주의 체제에는 사법, 입법, 행정의 삼권 분립이나 다당제, 보편 선거 등의 주제가 포함된다. 이러한 내용은 '자본주의적 계급 이론'이며 '서구 민주주의에 의한 공산당의 지도 체제 부정'과 '인민 민주주의의 박탈'이라고 비난했다. 이는 적어도 중국 내 지배적인 해석에 따르면 중국이라는 국가를 약화시키려는 시도이며 1990년대 소비에트연방에서 서구 국가들이 억지로 시행시킨 '개혁'이 얼마나 나라를 약하게 만들었는지 떠올리게 할 뿐이다. '보편적 가치'와 '시민 사회의 보급'이 각각 언급을 피해야 할 두 번째, 세 번째 내용이며, 이 또한 서구의 치명적인 정치 간섭으로, 중국 고유의 역사와 발전 경로를 부정하려는 행위이다. 1978년 이후 중국에서도 시민 사회가 번성했다고 말할 수 있을지 모르지만 공산당 내에서는 시민 사회에는 숨겨진 정치적 목적이 있고 사회 불안정을 야기하려는 의도가 있다는 의심이 결코 사라지지 않는다. 비정부조직의 활동은 승인 받기가 매우 어려우며 소수민족의 권리처럼 논쟁적인 분야를 다루는 단체는 전부 폐쇄된다. 네 번째는 '자유주의'이다. 자유주의는 '완전한 시장화와 사유화(3중전회에서 시장에 대해 이야기했던 내용과는 다소 상반된다)'부터 '경제를 이끌고 관리하는 국가의 역할을 완전히 부정'하는 일까지 많은 죄목을 포함한다. 다섯 번째는 언론이 공산당의 관리 없이 원하는 내용을 보도하는 '서구식 뉴스 관리 방식의 선전'이다. 여섯 번째는 '중국공산당의 역사, 그리고 신중국의 역사를 부정'하는 일이며, 마지막으로 '개혁 과정과 중국식 특성을 반영한 사회주의에 대한 찬사를 부정하는 일'이 포함되었다.[19]

중국의 일부 자유주의자들이 서구식 모델을 이상화하는 경향이 있는 것은 사실이다. 그러한 면에서 '9호 문건'은 '결별' 편지이며 이별 통보이다. 9호 문건에 사용된 표현이 얼마나 냉혹하든 중국의 주요 입장은 단호해 보인다. 할 수 있을지 없을지 모르지만 중국은 고유의 정치 개혁의 길을 찾고, 고유의 가치를 나타낼 것이다. 그리고 9호 문건 속에는 공산당의 개혁이 얼마나 잘 진행되었는지, 그리고 공산당이 이룬 업적이 얼마나 좋은 것인지에 대해 교육자들로부터 찬사를 듣고 싶어 하는 마음이 들어 있다. 그렇기는 하지만 교육계에서는 현장에서 따라야 할 교육적 지시라는 내용에 대해 대체로 어리둥절해 하는 느낌이다. 학생들에게 중국 국내외에서 자유롭게 생각하고 흥미로운 방법론과 새로운 아이디어를 찾으라고 말하면서 이토록 한정적인 맥락밖에 제공하지 못한다는 것은 기본적으로 모순이다. 언제나 드는 생각이지만 이런 문서는 중국공산당이 스스로 바라는 바를 보여준다. '9호 문건'의 경우 공산당이 원했지만 세상 사람들에게 알려지면 편하지 않을 듯한 일을 설명하고 있었다. 그리고 실제로 이 문서를 유출한 언론인인 가오위는 결국 괴롭힘을 당하고 처벌받았다.[20]

6. 사법 개혁

마오쩌둥이 법치가 아닌 인치와 가장 가까운 사람이었다는 점을 생각하면 시진핑처럼 마오쩌둥을 칭찬하면서 동시에 사회의 법적 근거를 강화하겠다고 이야기하는 것은 모순이다. 마오쩌둥 시절의 법률 체제는 형편없는 소설 같았다. 법원은 대체로 공산당의 무기처럼 운영되었고, 판사들은 전직 군인이었으며, 즉결 심판의 내용은 잔혹했다. 1979년에는 일부 일본식, 또 일부 독일식 대륙 법을 도입하며 법률을 제정하려는 합의된 시도가 있었다. 그때 이후로 중국에서는 마치 롤러코스터를 탄 듯 수백 개의 법안이 통과되었다. 하지만 언제나 시행이 문제였다. 이제 중국은 성문화된 법률을 갖추었지만 문제는 법원에 대한 신뢰 확충과 인재 채용이다. 이는 3중전회뿐 아니라 그 1년 뒤에 소집되었던 4중전회의 목표이기도 했다.

현대의 중국은 매사 고유의 특징대로 국정을 운영하겠다고 말하지만 그래도 정의만큼은 중요하다. 공산당은 보편적 가치가 서구의 문화적, 정치적 기준에 의해 왜곡된 잣대라는 이유에서 단호히 반대하지만 부당성만큼은 그런 한계를 초월했다. 국민들은 지금까지 자신들이 희생자였다는 점을 알고 있다. 느낄 수 있었기 때문이다. 그리고 부당한 대우를 받았다는 그런 느낌이 뉴욕이나 런던에서처럼 중국의 농촌 지역의 상황을 악화시킨다. 정의를 향한 목마름으로 수백만 명의 사람들이 중앙 정부에 불만을 토로한다. 중국 전역의 지방 법원부터 중앙 법원까지 이런 내용의 소송으로 꽉 차 있으며, 위젠룽의 표현을 빌리면 사람들을 분노로 '폭발'하게 만든다.[21] 부당함은 가장 일반적인 수준에서만 이야기해도 비효율성의 원천이라 할 수 있으며, 국민의 분노와 사회적 화를 치밀어 오르게 한다. 이를 해결하려면 비용이 들고, 이 때문에 정부의 수익이 줄어든다. 또한 부당함은 최고의 사회적, 상업적 효율성을 가져다주는 사회적 특성인 신뢰를 약화시킨다.

2012년 공산당 총서기에 취임한 순간부터 시진핑이 반복적으로 강조하는 주제가 신뢰이다. 특히 국민과 정부 간의 신뢰를 중시한다. 수년 동안 일부 당원들은 부패와 여러 만행에도 불구하고 처벌을 받지 않아 당에 대한 국민의 신뢰가 떨어졌다. 이러한 상황을 전형적으로 보여주는 예가 중국의 소셜 미디어에 올라온 동영상 파일이다. 영상 속에서 공산당 지도자들이 중국 국민들은 수준이 떨어지며 강압 외의 방법을 이해하지 못한다며 마구 투덜거리는 모습이 보인다. 동북 지방의 어느 간부는 산더미같이 쌓인 게를 먹으면서 어리석게 촬영 중인지도 모른 채 자신의 의견을 밝히고 있다.[22] 또 다른 사례로는 쿤밍으로 가는 비행기를 타려던 한 간부가 탑승이 거절되자 몹시 분노하여 공항의 탑승 게이트를 엉망으로 초토화시킨 일도 있었다.[23] 2012년에서 2015년 사이에 가장 악명 높았던 사건은 어느 비행기 여승무원이 비행기에 탑승한 군 간부와 아내에게 안내문을 건네려다 잔혹하게 구타당한 일이다.[24] 이런 사건이 발생하면 인터넷 여론의 뭇매를 맞거나 아니면 규정된 절차와 법적 규제에 따라 책임 추궁을 받는다. 후자는 지속 가능한 처벌이지만 전자는 그렇지 않다.

중국에서 법치라는 주제는 논쟁을 불러일으킨다. 법치를 시행하려면 공산당은 국민을 통제하기 위한 방법 가운데 전략적으로 양보할 수 있는 영역이 어디인지 고려해야 하기 때문이다. 하지만 공산당이 법원의 결정에 휘둘릴 수 있다는 생각은 현재 고려 대상이 아니다. 법원은 공산당이라는 세계 속의 한 부분이며 단일화된 지도부가 법원까지 지배한다. 법원은 공산당의 명령을 받을 뿐, 공산당에게 설명을 요구할 수 없다. 법원이 스스로 알아서 해석해야 할 문제이다. 하지만 정의는 상업적, 사회적으로 중요한 문제이다. 잘 갖추어진 사법 체제는 예측 불가능성을 없애준다. 수년 동안 중국 국내 기업이나 외국계 기업들 모두 중국 당국의 의사결정 과정이 불투명한 부분 때문에 골치를 앓아왔다. 의사결정이 어느 곳에서 이루어지는지 찾고, 문제를 해결해 줄 수 있는 힘을 가진 담당자를 파악하려면 끝없는 로비 활동이 필요했고, 이를 도와주는 자문 회사들이 높은 수수료를 요구했다. 법에 의한 지배rule by law가 아니라 법치rule of law가 이루어지면 적어도 이러한 상황은 나아질 것이다. 그러려면 중국의 각 기관, 그리고 기관에 근무하는 개인들이 어떤 기본 원칙을 준수해야 한다.

3중전회 발표문의 해설문에서 시진핑은 현재 중국의 사법 제도는 '결함이 있고 신뢰 부족으로 어려움을 겪고 있다'고 말했다.[25] 성과를 향상시키기 위해서는 사법 기구의 개선이 필요하다. 경제적인 관점에서 부당함은 비효율성을 가져오는 원인이 된다. 중국 및 외국계 기업을 위한 상법이 잘 정비되면 기업 활동의 장이 한층 잘 갖추어지는 셈이며, 이를 이루지 않고서는 '중국의 시장을 완전화(이번 전회의 핵심 사안이다)'하기 어렵다. 그러나 2013년에서 2014년에 걸쳐 세계 최대의 제약 회사 글락소스미스클라인에 일어난 사건을 보면 알 수 있는 것처럼 중국의 특징을 반영한 법은 양날의 검이다. 이 회사는 수십 년간 중국에서 영업활동을 지속해 왔고, 제품 브랜드의 힘과 지적 재산권의 도움에 힘입어 중국 시장에서 많은 이익을 냈다. 글락소스미스클라인의 B형 간염(중국에서 많이 발생하는 질병이다) 치료용 백신은 글로벌 비즈니스의 중심에 있는 제품이었다. 그러나 글락소스미스클라인, 그리고 이 회사가 중국에서 벌어들이는 막대한 이익에 주목하는 중국 관리들이 많았고, 이들은 이 상황을 그다지 좋아하지 않았다. 그래서 몇 년 전 호주의 광산 업체인 리오 틴토의 상황처럼 글락소스미스클라인에게도 중국의 법치가 중요한 의미를 지니게 되었다. 중국 정부에서 이 회사의 고위 임원들(중국 법인 운영 책임자 포함)을 부패 및 병원과의 불법 거래(시장 가격보다 높은 판매 가격 책정) 혐의로 기소했기 때문이다.

병원과 제약 회사 간의 공모가 놀라운 뉴스는 아니다. 제약 부문은 어디서나 높은 수익을 거두는 비즈니스이다. 중국의 병원은 의사와 제약 회사 간의 거래의 결과, 환자에게 과잉 처방을 내리는 것으로 유명하다. 어느 병원과 이런 계약을 한 건만 성사시켜도 수백만 위안을 벌 수 있다. 이런 종류의 뇌물

관행을 중국 정부에서 문제시했다. 중국인들은 그러지 않아도 주머니 사정이 넉넉한 외국계 기업의 금고로 자신의 돈이 흘러들어 간다고 생각하기 때문이다. 글락소스미스클라인에서는 몇 년 전 리오 틴토가 그랬던 것처럼 이러한 공모 행위에 임직원들이 끌려들어 가는 것을 막을 방법을 찾느라 골치가 아팠다. 중국에서 막대한 영업 목표를 달성해야 한다는 부담이 있었고, 법을 지키지 않는 나라라는 인식을 주는 환경이었다. 하지만 그 속에서 반드시 영업 목표를 실행하고 상황을 잘 판단해야 했던 글락소스미스클라인의 임원들은 혼탁한 물로 끌려들어 갔다. 중국 법인의 운영 책임자는 여자 친구와 성관계를 맺는 모습이 촬영된 비밀 동영상으로 인해 무너졌다. 사건 조사를 위해 회사가 처음 고용했던 사립 탐정은 불법 행위로 기소되어 상하이에서 투옥되었다. 고위급 인사들의 로비를 맡았던 전前 직원이 회사에 적의를 품고 내부 고발자가 되어 회사는 막대한 손해를 입었다. 글락소스미스클라인은 사건이 발생한 직후 혐의를 인정했고, 벌금을 납부한 후 회사의 비즈니스를 재편했다. 하지만 이런 회사는 중국에서 사업을 지속할 수 있다면 얼마의 돈이든 지불할 가치가 있다. 중국 시장이 전략적으로 몹시 중요하고, 중국에서 얻는 수익의 수준이 높아 수익이 다소 줄어든다 할지라도 여전히 중국 시장에 남아 사업을 지속하는 편이 좋다.

글락소스미스클라인 사건의 조사 과정에서 법치가 이루어졌을까? 어떤 직원도 회사가 위치해 있는 지역의 법에 따른 대우를 받지 못했다고 감히 말할 수 없다. 하지만 정치적 도구로 사용될 수 있다는 취약성은 분명히 있었다. 중국 정부의 관리들은 외부 세계에서 원하는 바를 정확히 그대로 이행했으며, 규칙이 명확한 환경, 규칙을 위배했을 때의 위험을 현실화하고, 투명하게 규칙을 시행하는 환경을 만들었다고 주장할 수 있을 것이다. 그렇기는 하지만 많은 투자자들에게 중국은 여전히 투자 고위험 지역이다. 내국민 대우에 대한 두려움, 정도를 벗어난 임의적인 처벌 등의 이유 때문이다. 법원은 의지할 수 있는 곳이 아니라 피해야 할 장소이다. 보호주의, 투명성 부족, 능력 부족 등 여러 문제와 더불어 중국에는 여전히 합법성이라는 문화도 제대로 자리.잡지 못했다.

시진핑의 입장에서 정의에는 또 다른 문제가 있다. 정의를 실현하려면 비용이 많이 든다는 점이다. 법원에는 재정 지원이 필요하고, 중국의 경우 대부분의 재정은 지방의 성 정부에서 나온다. 여기에서 직접적인 이해관계의 충돌이 있었다. 변호사를 고용하려면 비용이 많이 들었고, 판사들을 훈련시키는 것도 쉽지 않았다. 그리고 상급 소송이 될수록 법원이 제대로 된 역할을 하기 어려웠다. 4중전회에서 중국의 법철학을 제안하긴 했지만 여기에서도 법조인들을 훈련시키고 재정 지원을 하며 정의에 접근하는 방식을 개선하는 일을 공산당의 실행 전략의 일부로 파악하고 있다. 사형 선고에 대해서는 지방 법원에서 더 자세한 조사를 실시하도록 했고 2012년부터 실시된 규정에 따라 사형 선고의 대상이 되는 범죄의 종류를 많이 줄이도록 했다. 한때 중국은 매년 수천 명을 사형시킨다는 비난을 받았지만 사형 집행 건수는 그간 현저하게 줄었다. 그렇기는 하지만 2013년의 통계를 보면 중국은 여전히 전 세계 국가의 사형 건수를 합친 것보다 더 많은 건수의 사형을 집행하고 있다.[26]

가끔씩 여론이 판결에 영향을 미치기도 한다. 2011년 남편 살해 혐의로 사형을 선고받았던 리엔의 참혹한 이야기가 한 예이다. 수년간 남편의 비하와 모욕, 폭력을 참아야 했던 그녀는 마침내 폭발하여 남편을 칼로 찔러 죽이고 말았다. 리엔에 대한 사형 선고는 관대한 처벌을 호소하는 중국 안팎의 목소리 덕분에 2014년 상급 법원에서 결정이 번복되었다. 중국의 법원은 이런 사건의 경우 대중의 목소리를 듣고 있다는 점을 보여주어야 했다.[27]

하지만 이런 방식을 기회로 활용하여 국가의 경계를 밀어내거나 공산당을 공격하려 들면 동정을 얻기 어렵다. 헌법 지배의 강화를 지지하는 비정부기구 공맹Open Constitution Initiative, OCI의 창립자인 쉬즈융은 베이징의 대학 교수로 2008년 류샤오보의 08헌장에 관련된 이후 당국의 괴롭힘을 받아왔다. 쉬즈융은 중도 자유주의자로 분류되지만 그렇다고 해서 몇 달 간의 구금 끝에 2014년 국가전복죄로 기소되어 받은 3년형을 피해 갈 수는 없었다. 푸즈창부터 텅뱌오에 이르기까지 다른 많은 인권 변호사들도 부당한 괴롭힘을 받았다. 시진핑에 따르면 사법 당국은 '법에 따라 사법적, 소송 대리인의 권한을 행사해야 하며, 권리와 책임이 분명해지도록 사법권의 작동 메커니즘을 개선하고, 사법적 투명성과 신뢰를 높이고, 인권을 보호해야 한다.'[28] 하지만 여전히 중국에서는 정의가 필요할 때에도 무법이 판을 칠 수 있다.

7. 부패

중국의 부패 문제를 논의하려면 즉시 그 뜻을 정의하는 데 문제가 생긴다. 경제협력개발기구에서 부패를 이야기하는 일반적인 방식은 공적인 지위에 있는 관료가 개인적 이익을 얻으려고 자신의 지위를 이용하는 것이다.[29] 미국, 유럽연합, 그리고 기타 여러 국가들에서 뇌물 수수와 부패에 대해 점점 더 자세한 내용을 담은 법안을 만들어왔다. 이처럼 잘 정비된 법안이 있는 국가에서도 부패란 뿌리 뽑기 힘든 문제이다. 시진핑은 3중전회의 해설문에서 중국의 상황을 이렇게 말했다. '반부패 세력을 별도로 운영하면 시너지 효과를 얻기 어렵고, 경우에 따라 단호한 대처를 하지 못한다. 책임성 체제는 너무 느슨하여 부패의 재발을 막지 못한다.'[30] 여기에서 우리는 다시 효율성의 문제와 마주하며, 중국은 한 번 더 이 엄청난 통치 기계를 개선하려 한다. 이러한 맥락에서 부패는 윤리의 문제에 그치지 않고 공산당과 정부가 수행하는 임무를 방해하는 존재이다. 이러한 내용을 바탕으로 삼아 부패 문제를 바라보아야 한다.

시진핑이 주석으로 취임하면서 부패 척결을 핵심 사안으로 내세웠지만 이전에도 그는 부패 문제를 자주 이야기했다. 시진핑은 동료들에 비해 부패의 경제적 측면만이 아니라 정치적 측면의 위험성을 본능적으로 이해하는 모습을 보여주었다. 푸젠성에 근무하던 1997~1998년, 지역을 휩쓴 위안화 그룹 스캔들에도 시진핑은 휘말리지 않았다. 그리고 이미 그 전에도 시진핑은 부패 행위가 가져올 수 있는 위험, 그리고 부패 행위가 어떻게 권위와 신뢰성을 떨어뜨리는지에 대해 이야기했었다. 부패 행위는 두 종류의 자산을 공격한다. 물질적, 경제적 자산과 평판이다. 부패 행위는 중국공산당의 재정 자산에 해를 끼칠 뿐 아니라 도덕적 자산에도 피해를 준다. 시진핑은 둘 가운데 도덕적 자산에 대한 피해에 더 날카롭게 반응한다.

현대의 중국에서는 분명 중국의 특징을 반영한 부패 행위가 발생하고 있다. 인도, 인도네시아나 그 외 다른 지역에서처럼 부패 행위가 노골적으로 매우 눈에 띄고 문제를 많이 일으키지는 않으며, 러시아나 중앙아시아 국가들처럼 아주 억지스러운 것도 분명 아니다. 그보다는 감지하기 힘든 암류처럼 흐르며 도처에 만연해 있지만 보통 찾기 힘들다. 하지만 지속적으로 배후에서 속삭이는 소리가 들린다. 관리들, 그리고 이들과 결탁한 사람들은 공모의 흔적을 매우 잘 감춘다. 하지만 진짜 문제는 돈과 혜택을 거래하는 부패 행위의 과정에서 정치적 충성심이 쌓이기 시작하고 그로 인해 공산당을 향한 충성심이 약해진다는 것이다. 만일 시진핑이 공산당과 당원들 사이, 그리고 공산당과 국민들 사이에 양쪽으로 더 높은 충성심을 쌓아야 한다면 부패 행위는 이를 방해하는 존재가 된다. 부패 행위가 일어나면 공산당 밖에서 후원관계나 보상관계가 생겨나기 때문이다.

저우융캉이 유명한 사례이다. 3중전회의 내용과 선언문을 살펴보면 저우융캉의 범죄 내용을 훨씬 더 확실히 알 수 있다. 공산당의 근본적인 임무는 경제적 힘을 쌓는 것이다. 그래야만 더 부유하고 강한 국가라는 운명을 향해 나아갈 수 있기 때문이다. 그러나 경제 성장 속도가 늦춰지는 시기에 접어들면서 과거처럼 국내총생산 수치만 좇는 방식은 더 이상 효과를 볼 수 없게 되었다. 시장은 더욱 정교해져야 하고, 경제 성장의 원천을 다양화시켜야 하며, 이를 위해서는 효율성이 핵심 수단으로 작동한다. 국유기업의 역할은 중요하다. 자원 효율성, 노동 효율성, 그리고 자본 효율성을 얻기 위해서는 무엇보다 먼저 국유기업의 효율성을 이루어야 한다. 그러려면 국유기업은 지금보다 좀 더 규칙을 기반으로 하는 시스템 속에서 운영되어야 한다. 국유 부문 내에, 또는 국유 부문과 관련된 곳에 기생적인 부패 네트워크가 존재한다는 것은 효율성을 이루겠다는 목표에 반하는 일이며 마치 악성 종양에 시달리는 몸으로 일상적인 생활을 영위하려 애쓰는 것과 마찬가지이다. 부패 행위는 공산당의 힘과 권위를 좀먹는다. 한때는 사람들의 활동을 장려하고 설득시키는 값싼 수단으로 용인 받을 수 있었다. 하지만 이제 경제가 쉽게 성장하던 호시절은 전부 끝났고, 부패를 용인해 주던 분위기도 함께 끝났다.

하지만 공산당이 허가한 외부의 법치 수단이 없다면 어떻게 이런 새로운 규칙 준수의 환경을 만들 수 있겠는가? 공산당이 내부 감시 기준이나 이를 실행하는 방법을 외부에 전혀 알리지 않는 상황에서 어떻게 스스로를 제대로 감시할 수 있는가? 시진핑은 공산당의 문화를 바꾸어야 하며, 당 간부들은 현대 공산주의의 성직자와 같은 역할을 내면화해야 한다고 자주 말한다. 즉, 자기를 희생하고, 국민의 선을 위해 일하며 당에 충성을 바쳐야 한다는 의미이다. 그러나 공산당의 엘리트 지도부 인사들이 이와 다른 기준에 따라 움직이는 모습을 보이면 외부인들은 시진핑의 말을 믿기 어렵다. 보통 부패란 인식의 문제이다. 국제투명성기구Transparency International, TI와 같은 조직은 바로 그런 방식으로 부패를 판단한다. 이 국제기구에서는 '부패인식지수Corruption Perceptions Index'를 발표한다. 부패인식지수는 국가별 공공 부문의 부패에 대한 인식 수준을 기준으로 삼아 가장 인식률이 높은 국가는 1위, 가장 인식률이 낮은 국가는 175위가 된다. 2014년 발표된 부패인식지수에서 중국은 자그마치 100위를 기록했다.[31] 정치인으로서 시진핑은 어떻게든 부패 인식 문제를 해결해야 한다. 그가 택한 첫 번째 전략은 마오쩌둥식으로 3,000명의 강한 영향력을 지닌 슈퍼 엘리트 당원들의 사상을 바꾸고 정화하여 바른 행동의 선봉대가 될 수 있음을 보여주는 것이었다.

이 업무를 담당하는 중앙기율검사위원회를 방문하는 일은 마음이 편치 않은 경험이다. 베이징 서쪽 이름 없는 벽 뒤에 서 있는 건물들을 보면 다른 사무실 밀집 지역과 크게 다르지 않아 보인다. 하지만 2012년 중앙기율검사위원회가 본격적으로 이 업무를 수행하기 시작하자 자살을 시도하는 관료들의 수가 급격히 늘었다.[32] 앞서 시진핑에게 가장 가까운 부패 근절 담당자이자 집행자라고 소개했던 왕치산의 휘하에서 중앙기율검사위원회는 전보다 훨씬 더 두려움의 대상이 되었다. 달갑지 않은 중앙기율검사위원회의 관심은 중앙정치국의 전·현직 위원들, 각 부처, 성, 그리고 국유기업의 최고위급 인사들에게로 향했다. 심지어 오스트레일리아, 뉴질랜드, 유럽 등 해외에서도 중앙기율검사위원회는 임무를 수행했다. 이전의 지도자들도 이따금씩 부패 척결 운동을 벌이곤 했지만 시진핑 정부에 들어서 강도와 범위가 훨씬 커져 1978년 이래로 최대 규모이다. 소문에 따르면 시진핑은 장쩌민이나 후진타오 같은 전직 지도자까지 조사 대상에 넣고 있다고 하지만 증명하기는 어렵다. 하지만 후진타오의 최측근이었던 링지화가 조사 끝에 당적을 박탈당한 사실을 보면 조사의 범위가 얼마나 넓은지 알 수 있다.

부패 행위 단속 활동은 공산당 관리들에게는 달갑지 않은 일이지만 대중

사이에서는 인기가 높다. 5성급 호텔의 매출이 감소했고, 공무원들의 외유성 시찰 또한 줄어들었다. 민주주의 사회의 유권자들과 마찬가지로 중국 사회의 많은 시민들도 관리들에 대한 불만이 있기 때문에 엘리트 정치인들이 두드려 맞는 모습은 언제나 즐거운 구경거리이다. 그리고 시진핑이 벌이는 부패 척결 운동의 전략도 매우 흥미롭다. 2014년 9월 베이징에는 이례적으로 맑고 햇빛이 비치는 날이 찾아왔다. 이날 중앙기율검사위원회의 지도부는 외국인 대표단 앞에서 4대 악(형식주의, 관료주의, 쾌락주의와 사치)을 심각하게 단속하겠다고 분명히 밝혔다. 공산당의 실행 전략은 이미 확실하다고 증명된 바 있다. 윤리적으로 설득하는 부분도 있지만 이보다는 공포를 훨씬 더 많이 이용한다. 윌리엄 버로스는 그의 소설 『벌거벗은 점심Naked Lunch』에서 이런 우스갯소리를 했다. 법 앞에서 사람은 정의로워지거나 독단적인 모습을 보인다. 베이징 중앙 정부에서 1,000명의 직원들로 구성된 팀이 '조사'를 위해 지방의 성 정부와 성 아래의 하위 정부, 그리고 국유기업에 파견된다. 조사팀은 시진핑이 스스로 '혁신적'이라고 말한 지시에 따라 지방 정부에서 절대 반기지 않는 지방 출장길에 나서고, 보통 1~2명의 목표 대상을 임의로 선택한다. 그러고 나서 조사를 시작한다. 누구에게나 숨기고 싶은 사실이 있기 때문에 조사 결과는 언제나 훌륭하다. 안정성 추구 정책을 입증하는 것처럼 한두 사람의 예만 있으면 거의 모든 사람이 혐의를 인정한다. 시진핑의 반부패 운동은 매우 역설적이게도 공산당 스스로 엄격하게 안정성을 유지하려는 활동을 하는 셈이 되었다.

후진타오 시절에 출간된 왕샤오팡의 소설 『공무원의 필기The Civil Servant's Notebook』에서 이 문제를 묘사하고 있다. 소설 속에서는 어느 개인 비서가 업무 과정에서 기득권과 공모의 세계에 점점 더 깊이 끌려들어 간다.[33] 관리들은 기업가들과 거래를 하고 스스로를 보호하며, 책임감은 환영받지 못하는 용의주도한 제국을 세운다. 그리고 같은 편에 선 사람을 돌봐주는 일이 핵심 임무이다. 이 세계에 들어온 부패 사정관이 어느 문을 두드려도 문은 잠겨 있고, 관리들은 부인으로 일관한다. 증거는 사라지고 막대한 돈이 자취를 감추었으며, 관리들은 자신의 흔적을 지우기 시작한다. 하지만 조금씩, 조금씩 부패 사정관이 약한 부분부터 후원의 고리를 파고들어 목표 대상에 가까이 다가선다. 거미줄의 한가운데 매달려 있는 거미는 때로 너무 거대해서 불법 행위를 감출 수도 없다. 최근에 적발된 사례 가운데 가장 거물 정치인은 저우융캉이다. 그를 기소한 혐의 내용을 보면 더 이상 석유 업계에 근무하지 않음에도 지속적으로 국영석유회사에서 혜택을 받아왔고, 그러던 중에 강력한 국가 치안 조직을 이끌게 되었다. 이는 큰 이해관계의 충돌이다. 저우융캉이 국유기업 부문에서 개인적인 의사를 관철시키기 위해 치안의 힘을 사용할 수 있기 때문이다. 저우융캉은 중앙정치국에서 중국 인민무장경찰부대People's Armed Police, PAP를 맡아 이끄는 동안, 이 조직을 통해 자신의 개인 민병대를 꾸렸다. 이 정도 수준까지 발전했다면 저우융캉은 누구를 향해 충성을 다하는가? 그의 마지막 충성심이 향해 있는 곳은 어디인가? 적어도 어느 한 측면에서 저우융캉의 부와 영향력은 점점 자율성을 띠게 되었다. 하지만 저우융캉 같은 사람이 한 가지 결정적인 사항에 대해 오산을 했다. 자기 보호의 문제에 있어서는 언제나 당이 승리한다는 점이다. 마오쩌둥은 공산당이 궁지에 몰렸을 때 생존을 위해 본능적으로 이를 주입시켰다. 공산당과 개인이 맞붙으면, 비록 저우융캉처럼 교활하게 성공을 거둔 인물일지라도 공산당이 승리한다. 반드시 그래야만 하기 때문이다.

8. 온라인상의 전쟁

노벨평화상 수상자 류샤오보는 2006년을 내다본 듯 인터넷은 '신이 중국에 주신 선물'이라고 말했다.[34] 1990년대 인터넷이 처음 보급되어 농촌 지역에까지 스며들기 시작했고, 이제 중국은 지구상에서 가장 인터넷으로 잘 연결되어 있는 국가일 것이다. 위챗이나 웨이보 같은 소셜 미디어 사이트는 사용자 합계가 거의 10억 명에 이른다. 미국 유학파가 시작한 인터넷 기업 텐센트는 이제 7억 5,000만 명이 이용하는 온라인 사이트가 되었다. 몇 년 전 나는 소규모 대표단의 일원으로 미국 샌프란시스코에 있는 페이스북 사무실을 방문했다. 벽에는 페이스북이 진출한 국가를 표시한 세계 지도가 붙어 있었다. 전 세계 사람들이 페이스북에 접속하고 있었다. 세계 지도 가운데 단 한 곳, 중국이 있어야 할 자리에만 커다란 구멍이 있었다. 중국의 '만리방화벽Great Firewall'은 팡빙싱 교수가 만들었다. 사람들은 그를 두고 만리방화벽의 대부라고 비꼬아 부른다. 처음에는 그의 노력이 조롱거리였을지 모른다. 하지만 상업적으로, 그리고 뉴스를 관리하는 측면에서 만리방화벽은 놀라울 만큼 큰 효과를 보였다. 중국은 인터넷과 소셜 미디어 기업을 현지화하여 그 안의 정보(더 중요한 것은 기업의 수익)를 공산당의 통제 아래에 두었다. 잭 마(마윈) 같은 중국 기업가 정신을 대표하는 인물이 인터넷 분야에서 엄청난 영향력을 발휘하며 부를 일구기는 했지만 업계를 좌지우지하는 것은 공산당이다.

시진핑이 여러 번 강조했듯이 공산당은 국민 가까이에 있어야 한다.[35] 역설적이게도 세상 그 무엇보다 개방성을 나타내는 월드 와이드 웹이 사실 국민 가까이에 있을 수 있는 가장 좋은 수단이라는 사실이다. 인터넷이 신의 선물이라는 류샤오보의 말은 옳았을지 모르지만 누구를 위한 선물이었는지 알아보아야 한다. 정부를 위한 선물이었나 아니면 국민을 위한 선물이었나? 공산당의 사상 관리가 효과적으로 이루어지는 한, 그리고 공산당의 핵심 메시지를 누구보다 한 발 앞서 통제하는 한 인터넷은 공산당에게 유리한 수단이다. 이전에는 불가능했지만 인터넷 덕분에 공산당은 새로운 영역으로 들어가 이 것저것 알아낼 수 있게 되었다. 일각에서는 중국 지도부에서 하루에 약 한 시간 정도 인터넷 서핑을 하면 전에는 절대 알 수 없었던 내용, 대중의 직접적인 생각, 의견, 그리고 기분을 알게 된다고 말한다. 인터넷 시대가 도래하기 전 과거에 그랬던 것처럼 중국의 지도부는 여전히 대중으로부터 멀리 떨어져 접근하기 어려운 존재가 되려고 애쓴다. 인터넷을 비대칭적으로 사용하는 상황을 만들었고, 공산당은 중국 국민과 외부 세계의 생각에 대해 알 수 있지만 외부에서는 공산당 내부의 사정에 대해 그리 많이 알아낼 수 없다. 때로 공산당을 둘러싸고 있는 물리적 벽을 뚫었던 사람들이 있었지만 결코 환영받지 못할 짓이었다. 2012년 5월 류시우리라는 여성이 가까스로 원자바오를 직접 만나 자신의 사정을 간청할 수 있었지만 돌아온 대접은 정신 병원 감금이었다.[36] 하지만 이 사건은 슈퍼 엘리트 인사 담당 경호원과 감시 팀의 업무상 대실패로 간주되었다. 공산당의 입장에서는 접근 불가성을 고수하여 큰 이득을 얻을 수 있다. 권력층의 신비한 분위기를 얻을 수 있고, 어떤 문제가 생겼을 때 가장 힘든 자리에서 벗어나 있을 수 있기 때문이다.

직접 인터넷을 사용하든 아니든 시진핑 같은 중국의 지도자는 인터넷이 가진 힘에 분명 큰 관심을 가지고 있다. 인터넷의 힘은 어느 면에서 공산당에게 유리하고, 또 다른 면에서는 위협이 된다. 2013년 7월 베이다이허에서 열린 중앙정치국 회의에서 시진핑은 대중이 점점 까다로워지고 있으며, 더 이상 상황을 수동적으로 받아들이지 않고 소셜 미디어를 통해 각자의 요구 사항을 전할 수 있게 되었음을 인정했다고 한다.[37] 정치 지도자들도 인터넷을 들여다보면 대중의 기분을 직접 파악할 수 있다. 인터넷은 아마 수없이 자신을 둘러싸고 있는 경호원들에게서 벗어날 수 있는 유일한 방법일 것이다. 이상한 방식이기는 하지만 인터넷 덕분에 슈퍼 엘리트 정치 지도자들도 새로운 형태의 자유를 얻게 되었다.

또한 시진핑 같은 리더에게 인터넷은 위대한 전략가였던 마오쩌둥으로부터 배운 내용 가운데 한 가지를 더 사용할 수 있는 기회를 주었다. 마오쩌둥은 1965년 문화혁명이 처음 시작되었을 때 베이징에 있는 관영 언론을 피해 당의 통제가 덜한 상하이의 언론에 기사를 냈다. 마오쩌둥은 공식적 선동의 형태를 피하고, 경화된 관료 조직이나 깊은 보수주의를 우회하여 국민과 직접 소통할 수 있는 수단을 찾았다. 1992년 덩샤오핑은 남순강화를 하면서 이 전략을 잘 활용했다. 당시 언론에는 개방은 천천히 이루어질 것이라는 기사가 났고, 게다가 처음에는 「런민일보」와 기타 전통 관영 언론에 매우 작게 실렸다. 마오쩌둥 같은 사람에게 디지털 커뮤니케이션의 기회가 주어졌다면 어땠을지 상상만 할 수 있을 뿐이다. 소셜 미디어를 통해 많은 국민들과 직접 이야기할 수 있는 힘을 가지게 된 것은 시진핑에게도 황금 같은 기회이다. 국민과 직접 이야기할 수 있는 수단이 있으면 선동 목적 중개 기관의 간섭을 줄일 수 있다. 간섭하기 좋아하는 선동 기관에서는 보통 일을 아주 망쳐버리곤 한다. 마오쩌둥과 마찬가지로 시진핑의 연설에도 두 가지 종류가 있는 듯하다. 하나는 일반 국민을 대상으로 삼는 연설이며, 나머지 하나는 공산당 내부 열람용이다. 전하는 바에 따르면 공산당 선전부 부장 류치바오는 2014년 9월 5일 시진핑이 헌법주의에 대해 이야기한 내용을 삭제하여 「런민일보」에 실리지 않도록 했다고 한다. 이 때문에 다른 언론에 실린 기사들에는 원래 내용이 충실하게 반영되도록 시진핑의 사람인 황선밍이 애를 써야만 했다.[38] 다른 분야에서도 모두 마찬가지이지만 인터넷과 정보 관리 분야는 하나의 전장이다. 매우 중요한 고지로 전략을 배치해야 하고 싸워 얻어야 할 이점이 크다. 인터넷은 이념 통제를 위한 수단으로서 현대 중국의 권력 역학관계에서 핵심 요소로 작동한다. 시진핑은 지금까지의 중국 지도자 가운데 처음으로 명확하고 본격적인 디지털 전략이 필요해졌다. 현실 세계의 중국뿐 아니라 가상 세계 속의 중국에서도 국가의 최고지도자가 되어야 한다. 3중전회 선언문의 해설문에서 시진핑은 다음과 같이 의견을 밝혔다.

> 마이크로블로그, 위챗, 그리고 기타 소셜 네트워크 서비스 등 즉각적인 커뮤니케이션 수
> 단을 이용하는 사람이 빠르게 늘어나면서 넓은 지역에 빠른 속도로 정보가 퍼져나가고,
> 이를 통해 많은 이용자를 동원할 수 있게 되었다. 법적인 틀 안에서 감독을 강화하고 여론
> 을 이끄는 일이 (중략) 우리에게 점점 시급한 문제가 되었다.[39]

이 문제를 해결하기 위해서 해외 사이트를 솜씨 좋게 차단하거나 부도덕하고 문제가 있는 웹 페이지를 삭제하기 위해 수천 명의 인터넷 자경단원을 고용하기도 했다. 그리고 게릴라 전술을 사용하기도 한다. 이름을 감추고 온라인상에 정부 친화적인 글을 게재한다. 마오쩌둥은 실제 전장에서 진짜 군대로 전투를 벌였다. 시진핑의 전쟁은 사이버 공간에서 일어난다. 하지만 승리를 위해 은폐와 속임수, 엄포를 사용하는 전술은 놀라우리만큼 동일하다.

9. 문제로 가득 찬 세상

체제 안정 문제를 그토록 걱정하는 중국에서 치안 문제의 조정을 담당하는 정부 최고위 기구의 모습이 보이지 않는다는 사실이 최근의 미스터리이다. 중앙정치국에서 어느 정도까지는 이 기능을 수행한다. 하지만 2009년 신장 자치구에서 발생한 소요사태나 그로부터 2년 뒤 네이멍구 지역에서 발생한 폭동처럼 위기가 발생했을 때에는 총서기(당시에는 후진타오)에게 의존하며, 총서기가 책임을 맡아 민간 기구 및 군 당국과 협의하여 사태를 해결한다. 중국의 지도자는 점점 더 위기관리에 능숙해졌다. 하지만 지난 수년간 있었던 2003년 사스SARS 사태나 2008년 티베트 지역의 폭동은 중국 지도부도 예상하지 못했던 놀라운 사건이었다. 중앙

과 지방의 치안 조직 간에 예산 싸움을 비롯한 영역 다툼을 벌이는 일은 흔하다. 미국의 국가안전보장회의가 오랫동안 모델로 거론되었고 2013년 시진핑이 이 방식을 채택한 조직을 만들었다. 말할 필요도 없이 초대 위원회 주석은 시진핑 자신이었다. 이는 과거처럼 조직 간의 경쟁으로 힘을 분산시키지 않고 이제 막대한 힘을 시진핑이 직접 자신의 통제하에 두게 되었다는 의미이다.

중국 국가안전위원회가 이를 위한 맞춤형 조직이다. 시진핑 자신은 국가안전위원회의 주요 책임은 '국가 안보 전략을 만들고 실행하며, 안보 법안을 상정하고, 안보 활동의 원칙과 관련 정책을 고안하며, 안보와 관련된 핵심 문제를 해결'하는 일이라고 한다.[40] 중국 내에 체제 불안정성을 위협하고 불안을 야기하는 지역이 있다는 점은 의심의 여지가 없다. 하지만 안보 문제를 위한 예산을 누가 배정받을 것인지, 그리고 이 문제를 해결할 권력은 누가 지닐 것인지는 큰 문제이다. 후진타오 시대에는 저우융캉이 안보 영역의 황제로 군림했다. 하지만 저우융캉이 부패 혐의로 기소되면서 과거의 방식은 종언을 고했다.

후진타오는 2008년과 2009년 티베트와 신장 자치구에서 발생한 갈등 사태에 직면했고, 최소한 사태를 진정시킬 수는 있었다. 하지만 갈등의 원인과 갈등을 일으키는 그룹은 사라지지 않았다. 그래서 국내 안보 전략이 점점 더 중요해졌다. 2013년에서 2014년에 걸쳐 발생한 일련의 사태들을 보면 이 사실은 더욱 명확하다. 중국에서는 다양한 이유와 정견에 따라 온갖 종류의 시위가 일어난다. 2013년 10월 중국 산시성의 타이위안에서는 사회에 불만을 가진 사람이 지역 공산당 지부 건물에 폭탄 공격을 가했다. 일부 시위 전문가들이 '자포자기식 공격'이라 부르는 범주에 속하는 시위이다. 이 사건이 발생하기 몇 달 전, 한 장애인 남성이 베이징 공항에서 사제 폭탄을 터뜨리려 했던 사건도 마찬가지 종류이다. 이보다 더 선동적인 갈등 원인은 소수민족 문제이다. 11월에 발생한 톈안먼 광장 차량 돌진 사건의 범인은 서북 지방의 신장 자치구 출신의 사회 불만 세력과 관련되어 있었다. 이 지역에는 여전히 위구르라는 중국 무슬림이 살고 있고 이들은 다루기 어렵다. 하지만 2014년 3월 분리주의 그룹과 연계된 사람들이 벌인 일련의 칼부림 사건이 무엇보다 당황스러웠다. 쿤밍 기차역에서 일어난 사건으로 30명 이상이 사망했다. 뒤이어 4월과 5월 신장 자치구의 수도 우루무치에서 차량 폭탄 테러가 발생하여 수십 명이 사망했고, 이 때문에 중앙 정부에서는 이 지역의 상황을 통제할 방법을 강구하기 위해 수차례 회의가 소집되었다. 중국 정부의 근심을 더하는 문제는 국내 일부 테러 그룹과 이슬람 극단주의자들의 국제 테러 그룹 사이의 연계성이다. 티베트 지역은 비록 비극적인 분신 사건이 1년 내내 이어져 2014년 초까지 사망자 수가 100명을 넘어섰지만 그래도 상황은 안정적인 편이다. 이 모든 상황은 자칫 잘못 관리하면 통제 불가능한 상태로 치달을 수 있다. 하지만 시진핑 정부는 국내 안보기구를 새로 만든 이후에도 근본적인 재고를 요청하는 목소리에 귀를 기울일 생각도, 전략 지역의 일부를 양보할 생각도 전혀 없다. 베이징의 위구르족 학자 일함 토티 박사는 중국 정부의 정책을 강도 높게 비판했지만 정부의 지배 정당성을 공격하거나 불만 세력의 폭력 사용을 옹호했던 적은 한 번도 없었다. 그는 2014년 초 미국으로 가던 길에 테러 혐의로 당국에 체포되어 몇 달 뒤 종신형을 선고받았다. 가족이 소유하고 있던 부동산과 재산은 전부 몰수되었고, 그들에게는 아무것도 남지 않았다.

시진핑이 통치하는 중국에서 국가안전위원회의 기능은 국가의 주요 위협이 어디에 존재하는지 합의하고, 이에 대처할 전략을 개발하는 것이다. 하지만 중국에서 안보 분야는 거대한 비즈니스이다. 막대한 예산이 편성되며, 그 자체의 경제가 있고 이를 중심으로 많은 기득권이 형성되어 있다. 금지 행위 목록에서 내역을 삭제하면 광대한 안보 조직 내에서 치안 유지를 담당하는 직원들에게 영향을 미쳐 이들의 영향력과 자리가 사라진다. 새로운 금지 행위가 목록에 추가되면 반대 현상이 일어난다. 20년 전에는 사이버 안보 문제가 전혀 지금처럼 중요하지 않았고, 막 생겨나기 시작한 인터넷 분야에서 일하는 직원은 전무하다시피 했고, 다른 자원도 거의 들이지 않았다. 하지만 현재는 막대한 예산과 인력이 투입되는 분야이다. 안보는 엄청나게 정치적인 의미를 지니며, 전혀 다른 이해관계자들의 관점과 이해관계 사이에서 균형을 맞추어야 하는 일이다. 때로 불안정성을 야기하는 가장 큰 문제는 사회와 공공의 안전을 유지해야 할 안보 조직들이 내부에서 벌이는 격렬한 영역 다툼이다.

위험 분석의 결과와 위협이 되는 지역이 변화하기 때문에 중국 정부는 모든 일을 다 할 수 없고 모두를 행복하게 할 수도 없다. 우선순위에 따라야 한다. 만일 위험성 분석에 실패하여 통제할 수 없는 문제가 일어나면 정치에 미치는 영향이 엄청날 것이다. 시진핑이 이 모든 권력을 자신에게 집중시키는 것은 무기력하게 상황을 지켜보는 대신 적어도 스스로 상황을 통제하겠다는 의미이다. 하지만 여기에는 한 가지 주요한 위험이 도사리고 있다. 모든 책임을 시진핑이 져야 한다는 점이다. 만일 신장 자치구나 티베트 지역에서 심각한 폭동이 발생하거나 국내 다른 지역에서 사회 정의와 관련된 문제가 발생하여 전국으로 퍼져 나간다면 시진핑은 중국의 대부에서 사태를 일으킨 주범으로 급전직하할 수 있다.

10. 소리 없는 중국의 봄

현대 중국의 정치인들이 자신은 군사령관이 아니라 마술사라고 생각하고 싶다면 이들이 지금까지 성공하지 못한 주문이 하나 있는 것 같다. 2013년 11월부터 2014년 초에 들어서기까지 수주간, 그리고 2014년 말에서 2015년 초까지 같은 기간에 중국의 동북 지방과 동부 지방은 엄청난 유독 스모그로 뒤덮였다. 란저우, 후허하오터, 시안 같은 내륙 도시는 중공업과 석탄 산업이 발전했고, 스모그로 인해 세계적으로 악명을 드높였다. 하지만 중국의 대표 도시인 베이징과 상하이가 스모그에 뒤덮여 이웃한 건물에 사는 사람들이 서로를 볼 수 없다는 점은 도시의 품위를 떨어뜨리는 일이었다. 중앙 정부의 지도자들은 공기 정화 시설이 달린 건물의 방에서 지낼지 모른다. 하지만 이들이 새로운 관계를 맺고 더 가까이 지내고 싶다고 말하는 국민들은 매연에 질식하지 않도록 마스크를 끼고 다녀야 했다.

스모그로 인해 국제사회에서 중국의 평판은 떨어졌고, 국민들의 요구 사항도 만족시키지 못했다. 2014년 10월 베이징 마라톤 대회가 열렸다. 짙은 스모그가 마라톤 코스를 둘러쌌고, 어쩔 수 없이 대회 참가를 포기하는 선수도 있었다. 어느 선수에게 참가를 포기한 이유를 물었더니 베이징에서 마라톤을 하면 마치 세 시간 동안 담배 50개비를 태우는 것과 마찬가지라는 답이 돌아왔다. 오염된 공기는 질병, 독감, 폐질환과 연관된다. 그리고 중국에서 가장 현대성을 느낄 수 있는 번성한 도시의 상공을 떠나지 않고 있다.

2013년 초 이유는 알 수 없지만 시진핑이 택시를 탔을 때, 그를 태웠던 택시 운전기사는 새로 취임한 주석과 몹시 닮은 남자 손님이 경제 성장을 유지하면서 오염을 피하기는 정말 어렵다는 말을 했다고 전했다.[41] 3중전회 선언문의 열 번째 핵심 분야는 '중국의 천연자원 관리 개선'으로 여기에서 오염 문제를 다룬다. 시진핑은 '생태학적 문명화'라는 표현을 사용했다. 그의 표현은 시진핑이 오염 문제를 잘 이해하고 있음을 보여준다. 서구 국가의 여러 정치인들이 환경 문제에 대해 앞뒤가 맞지 않는 모습을 보이는 데 비해 시진핑은 기후변화를 부정하는 사람은 아니다. 그보다 시진핑은 경제 성장과 수질오염, 대기오염, 그리고 자연환경 보호 사이에서 균형을 잡을 수 있는 방법을 찾느라 애쓰고 있음이 분명하다.

어쩌면 시진핑의 치하에서 중국은 스스로 가장 두려워하는 일을 해야 하고, 분명한 선택이 필요할지 모른다. 환경 재난, 또는 환경오염과 관련된 대유행병이 발생하면 공산주의 체제가 막을 내리고 중국이 분열하는 위기가 찾아올 가능성이 높다. 이러한 걱정 때문에 시진핑은 2014년 11월 아시아태평양경제협력체 정상회담이 끝난 직후 미국의 오바마 대통령과 함께 환경 협정에 서명했고, 이어 2015년 미국을 방문했을 때 후속 협정에도 서명했으며, 2015년 말에는 파리 협정에도 지지를 보냈다. 역사상 처음으로 시진핑은 중국을 대표하여 이산화탄소 배출량을 2030년까지 억제하겠다고 선언했다. 중국 환경부는 여전히 소규모이지만 점점 위상과 권한이 높아지고 있다. 그리고 국유기업과 민간기업 모두에게 처음으로 달성하기 쉽지 않은 규제가 주어졌고, 이를 회피할 방법은 거의 없다. 그렇기는 하지만 가장 긍정적인 쪽으로 생각해 보아도 중국은 앞으로 수십 년간 환경 문제 해결이라는 어마어마한 문제를 마주할 수밖에 없다.

시진핑 정부는 마술처럼 문제를 해결해 줄 혁신(중국 내의 혁신이기를 바라지만 아마 해외에서 일어날 가능성이 높다)에 많은 희망을 걸고 있다. 중국은 미국이 셰일 가스를 추출하여 온실가스 배출량을 일부 줄이는 데 성공하는 모습을 보았다. 그래서 핼리버턴 같은 회사와 협력하여 중국의 서남 지역에서 셰일가스 매장지를 찾아 추출하려는 노력도 하고 있다. 2011년 일본 후쿠시마 지방에서 일어난 비극적인 원전 사고에도 불구하고, 중국은 여전히 세계 최대의 원전 에너지 개발 프로그램을 운영 중이다. 에너지 효율성은 높아지고 있으며, 이와 더불어 풍력 에너지와 재생 에너지 개발에도 노력을 기울이고 있다. 햇빛이 좋은 중국 남부 지방에서는 집집마다 지붕에 태양 전지판이 반짝이고 있다. 효율성은 현대화된 효과적인 국가 전력망을 만들어낸 자유시장경제에서 나온다(이전에는 2개의 전력망이 운영되었고, 고정된 가격으로 전기를 공급했다. 그래서 이용자들에게 에너지 절약의 유인이 별로 없었다). 무엇보다 가장 중요한 변화는 이제 관리들에게 환경 목표를 달성해야 할 책임이 생겼다는 점이다. 시진핑은 2013년 7월 구이양에서 열린 에코 포럼 글로벌 콘퍼런스를 지지하는 문서에서 '환경이 개선되고 아름다운 중국으로 변화하는 새로운 시대의 도래는 차이나드림을 이루기 위한 중요한 요소이다'[42]라고 직접 밝혔다. 하지만 환경을 개선하는 과정에서 기득권은 줄어들 것이다. 일부 국유기업의 경우 새로운 규정을 지키기 위해 제조원가의 상승을 감당해야 하고, 관리들은 자연친화적인 성을 만들지 못하면 문책을 당하게 될 것이다. 문제는 부유하고 강한 국가, 도시에 여유로운 중산층이 거주하는 국가를 만들겠다는 차이나드림이 향하는 목적지의 모습에 모순이 있다는 점이다. 현재의 기술로는 환경에 부담을 주지 않고 경제를 성장시킬 수 없다. 하지만 환경을 개선하지 못하면 미래 중국의 도시는 스모그에 시달리고 더러우며 오염으로 가득한 악몽 같은 모습을 하고 있을 것이다. 환경 분야는 농촌과 도시 양쪽에서 현대적인 중국을 건설하겠다는 공산당의 야망이 걸린 최대의 전장이다. 그리고 중국공산당의 가공할 만한 도전 상대는 복잡한 사회 세력이 아니라 환경 문제이다.

11. 열한 번째 주제

　　　　　　　　　　마오쩌둥의 1957년 선언에 비해 시진핑의 해설문은 하나의 주제를 더 다루고 있다. 열한 번째 주제는 지금까지 설명한 10개의 주제에 대한 종결부 역할을 한다. 그 내용은 현대 중국에서 권력의 속성과 위치라는 이 책의 주제와 연결된다. 중국이 마주하고 있는 현재 및 미래의 개발 도전 과제들은 시장의 실행, 사법 개혁, 부패 단속, 또는 재정과 조세 시스템 개혁 등 매우 다양한 속성을 띠고 있다. 그리고 이 문제들을 다루는 방법이나 여기에 필요한 정책 수단 및 사회적 협력의 내용도 근본적으로 다르다. 하지만 열한 번째 주제를 통해 시진핑이 전하려는 메시지는 매우 명확하다. 이 모든 상황은 단일화된 공격 계획 속에 포함되어야 하며, 공격을 지휘하는 선수는 정부도 아니고, 사회나 산업도 아닌 바로 공산당이 되어야 한다는 것이다. 시진핑에게 3중전회의 해설문은 새로운 사회적 계약 앞에 놓인 도전 과제들을 다루는 방법을 알린 것이다. 오직 당과 국민이 함께 힘을 합칠 때에만 이런 거대한 문제들을 해결할 수 있다. 공산당의 지시와 통일된 비전, 그리고 사회를 통일하는 비전 없이는 중국이 직면한 문제를 해결할 수 없다. 하지만 이를 갖춘다면 앞으로 나아갈 길이 생긴다. 시진핑이 창설을 선언한 조직, 전면심화개혁영도소조에서 길을 찾을 것이며, 이 조직은 시진핑이 직접 맡는다. 시진핑이 펜을 한 번 움직이면 국가를 이끌고, 문제를 해결하고, 업무를 위임하며, 대안을 제시할 힘이 그에게서 직접 나온다.

권력의 구조적, 조직적 통합이란 앞서 나열한 10가지 다양한 도전 과제를 넘나들며 정부와 공산당이 정책을 만들고, 이 과정을 이끄는 조직의 한가운데에 시진핑이 앉아 있다는 의미이다. 그것은 공산당의 리더십과 문제 해결 방법을 서로 묶고 있다. 시진핑이 전하는 메시지는 놀라우리만치 간단하다. '당을 버려라. 그러면 지금까지 나열한 모든 어두운 문제들을 해결할 수 있다는 희망도 버려야 한다.' 시진핑이 만든 작은 조직 속에서 그는 중심에 존재하며 주변의 모든 상황을 이해하고 영향을 미친다. 마치 언덕 위의 의자에 앉아 주변 지역을 내려다보는 것과 마찬가지이다. 시진핑은 뛰어난 위치를 점령했다. 전면심화개혁영도소조의 창설 발표문은 이 조직의 의도가 무엇인지 보다 확실하게 알려준다. 정부와 당의 활동을 위한 정견 발표뿐만 아니라 시진핑의 지도력을 나타내는 발표문이었다. 하지만 3중전회 해설문에 열거된 문제들은 거의 전부 국내 문제이며, 그 너머에는 국제 문제도 있다. 이제 중국이 직면한 국제 문제들, 그리고 그 안에서 시진핑의 역할이 무엇인지 알아보자.

| 제5장 |

시진핑은 외부 세계를
어떻게 보고 있는가?

공자께서 말씀하셨다.
"가르치지 않은 백성을 전쟁에 내보내는 것은 백성을 버리는 것과 같다."
• 『논어』자로편 30장

전통적으로 중국은 외교적 이해 관계를 정의할 때 제3장에서 설명했던 시진핑을 중심으로 뻗어 나가는 동심원과 같은 식으로 생각한다. 이해관계가 가장 많이 얽혀 있는 국가는 미국이다. 다음은 유럽연합과 그 주변 국가들이며 그다음으로 중동, 남미, 아프리카 등 여러 원이 밖을 향해 퍼져 나간다. 동심원의 바깥에 위치하는 국가일수록 중국과 이해관계가 겹치는 일이 많지 않다. 이러한 사고의 틀 속에서 지정학적 관계, 투자 여부, 경제적 관계, 그리고 에너지 및 물질 자원 등이 외교 상대국의 중요성을 결정한다. 그래서 중국은 미국만큼 동맹국이 많지 않다.

미국의 외교관계는 조약, 그리고 상대국과의 관계를 단단히 이어주는 유사한 세계관과 생각 등에 구속받지만 자국의 내부 우선순위(경제 성장, 사회의 번영, 부유하고 강한 국가 건설)와 관련된 물질적 이해관계에 있어서는 상호 정의와 상호 이해를 바탕으로 한다. 마지막 문제는 근접성이다. 중국은 무엇보다 전략

중국과 세계의 관계
협력관계의 4등급

1등급

미국	지정학적, 경제적으로 매우 강한 유대관계를 맺고 있으며, 높은 전략적 근접성과 응집력을 지님

2등급

유럽연합	지정학적, 경제적으로 강한 관계. 특히 지식 분야의 협력관계가 잘 이루어짐 (중국 최고의 지적 재산권 협력관계는 유럽연합 내의 국가들과 맺고 있다). 하지만 근접성과 높은 응집력이 다소 약한 관계
러시아	넓은 면적에 걸쳐 국경을 맞대고 있어 지정학적으로 강한 관계. 경제적 유대관계는 약하며 주로 에너지와 자원 문제에 초점을 두고 있음. 상대적으로 응집력은 높은 편

3등급

동남아시아와 아시아 지역	지정학적, 경제적 유대관계. 지리적으로 매우 가까운 관계지만 응집력은 약함
중앙아시아 국가들	지정학적, 경제적 관계는 보통(경제적 관계는 '신실크로드' 건설을 통해 강화되고 있다). 지리적으로 매우 가깝고 상하이협력기구를 통한 전략적 근접성도 높은 편. 응집력은 보통임

4등급

아프리카와 남미	지금까지 언급한 국가들에 비해 지정학적 유대관계는 약한 편. 그러나 경제적, 자원 및 에너지 측면의 관계는 강하며, 앞으로 수년 동안 더욱 강해질 가능성이 높다. 1~3등급에 속하는 국가들에 비해 전략적 근접성과 응집력이 약한 편
중동	지정학적, 경제적 유대관계는 보통(대부분 에너지 중심). 전략적 근접성도 보통. 응집력은 낮음

적 지역 안에 있는 국가들에 대해 신경을 쓴다. 그리고 여기에는 미국이 포함된다. 남미와 아프리카에 위치한 국가들은 전략적 거리로 인해 미국보다는 주변부에 위치한다. 또한 중국과의 상호 활동에 있어 얼마나 통일성이 있는지도 중요하다. 미국은 매우 응집력 있는 모습을 보여주는 데 비해 유럽연합은 광대한 경제 공동체이기는 하지만 서로 다른 회원국들로 구성되어 있기 때문에 미국만큼 통일된 모습을 보여주지는 못한다. 중국은 이 안에서 실용성과 현실성을 추구하는 강국이며 국제사회에서 유대관계를 맺고, 여러 수단을 동원하여 자국의 이익을 최대화시키려 한다. 이러한 내용을 258쪽의 도해에서 상징적으로 나타내 보았다.

대서사를 찾아서

중국의 정책 우선순위를 보면 국내 개혁이 먼저이고 외교 문제는 그다음이다. 확실히 중국은 주도적으로 국제사회의 지도자 역할을 추구하지 않는다. 국제연합에서나 다른 국제사회 무대에서 중국은 여러 국제 문제들을 해결하려는 위험을 무릅쓰지 않는다는 질타를 자주 받는다. 하지만 시진핑의 거의 모든 말 속에는 중국의 야심 찬 국내 이야기(개혁, 100년 목표, 국가 부활 등)와 더불어 국제적인 차원의 이야기도 들어 있고 또 그래야 한다. 결국 중국의 경제적 번영은 해외 무역 상대국과 관련되어 있고, 리커창의 표현에 따르면 심지어 소비와 도시화 같은 국내 성장 활동을 하는 동안에도 해외 국가와의 관계가 이어진다. 국내 문제와 국제 문제는 필연적으로 연결되어 있다. 덩샤오핑 시대와 달리 시진핑이 통치하는 중국은 이제 너무 거대한 국가가 되어·거짓된 겸손함 뒤에 숨을 수도, '몸을 낮추고 때를 기다릴' 수도 없다. 때는 이미 도래했다.

시진핑 개인적으로는, 예를 들어 덩샤오핑이나 장쩌민처럼 해외 생활 경험이 많지 않다. 덩샤오핑과 장쩌민은 둘 다 해외에서 수년간 유학한 경험이 있다. 덩샤오핑은 프랑스에서, 장쩌민은 소비에트연방공화국에서였다. 장쩌민은 여러 개의 언어를 유창하게 구사했고, 해외 문학과 문화에 진심으로 호기심을 보였다. 시진핑의 경우, 중국 밖으로 처음 나간 경험은 1985년 군 대표단의 일원으로 미국을 방문한 일이다. 그가 아이오와 주의 어느 집에서 며칠 동안 머물렀다는 이야기는 잘 알려져 있다. 시진핑은 2012년 미국을 다시 방문했을 때 당시 머물렀던 집의 가족을 다시 찾았다. 그러나 지방 성의 관리로 일하는 동안, 그리고 이후 부주석, 주석이 되면서 시진핑은 그야말로 전 세계를 돌아다녔다. 2013년 이후 시진핑이 방문한 장소에는 러시아, 라틴아메리카, 미국, 유럽, 오스트레일리아, 뉴질랜드, 피지, 아프리카 등이 포함된다. 여기서 눈에 띄는 점은 시진핑의 여정에 북한이 빠져 있다는 점이다. 북한은 소위 중국의 가까운 동맹국이라 하지만 이 책을 쓰는 현재(2016년 4월)까지는 확실히 시진핑의 방문을 받은 일은 없는 듯하다. 지리적으로 인접한 북한이 지속적으로 핵무기에 대한 야심을 보이고, 반복적으로 외교 문제를 일으켜 중국의 심기가 불편하기 때문이다.

시진핑은 외부 세계를 어떻게 보고 있는가? 그는 전임자들로부터 역사 속에 있었던 인접국과의 모든 복잡한 문제를 물려받았고, 지역 내에서 같은 문제를 마주해야 한다. 중국의 이웃 국가들의 면면을 살펴보면 중국의 상황이 전혀 부럽지 않다. 인도, 파키스탄, 아프가니스탄이 서쪽 국경을 맞대고 있고, 북쪽에는 러시아, 동쪽에는 북한이 있다. 남쪽에 펼쳐진 바다에서는 베트남, 일본, 필리핀 및 기타 국가들과 영토 분쟁을 벌이고 있다. 이상의 인접국가들 가운데 4개국이 핵무기를 보유하고 있다는 사실은 상황을 더욱 복잡하게 만들 뿐이다. 덩샤오핑, 장쩌민, 후진타오와 마찬가지로 시진핑도 신중하게 행동하지 않으면 안 된다. 대일 문제나 인도와의 국경 분쟁 문제에 관해서는 국내 지지기반을 생각해서 강한 모습을 보여야 하고, 반면에 경제 발전과 국민 번영을 이루는 동안 힘들게 얻은 안정과 평화를 무너뜨릴 수 있는 갈등 상황에 빠지지 않도록 해야 한다. 국내 문제가 힘들어지면 민족주의 카드를 꺼내고 싶은 유혹이 든다. 예를 들어 2014년의 홍콩 문제나 타이완 해협을 사이에 둔 긴장관계가 발생했을 때처럼 외국인들에게 비난의 화살을 돌리기 쉽다. 하지만 그러면 상황은 순식간에 감당할 수 없어진다. 중국에서는 2005년 이후로 반일 운동이 이어지고 있으며, 2014년 베트남에서는 반중 시위대가 중국의 건설 프로젝트 현장을 표적으로 삼았다. 시진핑은 부유하고 강한 나라를 세우겠다고 이야기하지만 이는 중국 국내와 국외에서 서로 다른 의미를 지닌다.

시진핑의 외교관계에서 한 가지 눈에 띄는 면이 있다면 앞서 이야기했던 동심원으로 관계를 그리는 방법과 여기에 거대 서사를 붙이려는 노력이다. 특히 여기에는 미국과의 사이에서 힘의 관계에 대한 새로운 모델 제시, 유럽연합과의 잘 다듬어진 협력관계 추구, 그리고 중앙아시아, 중동, 러시아, 그리고 바다를 접한 이웃 나라를 잇는 '신실크로드' 건설이다(2014년부터 '일대일로' 사업으로 부르고 있다). 이상의 세 가지 내용은 중국적 특징을 반영한 신세계질서를 나타내고 있다.

미국

왕후닝, 첸시, 류허(제3장에서 소개했던 것처럼 시진핑과 가장 가까운 3명의 사상가들이다)에게는 한 가지 공통적인 특징이 있다. 과거에 한때 미국에서 유학을 한 경험이 있다는 점이다. 세 사람은 분명히 서로 다른 세계관을 지녔고, 출신 배경도 완전히 다르다. 하지만 미국에 살아본 경험이 있고 미국의 문화와 지성적 분위기를 경험한 적이 있다는 점은 동일하다. 세 사람이 미국에 대해서 이야기할 때는 개인적인 경험에서 우러나오는 내용이 반영되며, 이는 전 세계 다른 어떤 국가나 지역에도 해당되지 않는 일이다.

미국과의 관계는 매우 중요하기 때문에 중국은 여기에 엄청난 노력과 관심을 기울인다. 시진핑 주석 본인도 2013년 중반 미국 오바마 대통령을 만나기 위해 캘리포니아의 써니랜드를 방문하여 일반적인 외교 의례를 깼다. 2009년 오바마 대통령이 실망스런 대접을 받으며 중국을 방문한 이후 이번에 다시 중국을 재방문할 차례였지만 워싱턴과 베이징 정가의 분위기는 그간 너무 많은 혼선이 있어 양국의 관계가 경색되었기에 이번 시진핑의 미국 방문을 외교적 정상 절차 외로 받아들이기로 합의했다.

시진핑이 미국을 방문하는 동안 양국의 정상은 9시간 동안 함께 이야기하며 보냈다. 그렇게 긴 시간 동안 함께 이야기할 수 있는 세계 정상은 매우 드물며, 그렇게 많은 분야에서 이해관계가 서로 겹치는 국가도 드물다. 매년 미중 전략 경제 대화가 열릴 때면 양국의 주요 부처 장관들이 거의 대부분 참석한다. 미국과 중국은 서로 필연적인 파트너이지만 기저에는 진짜 문제가 숨어 있다. 양국은 온갖 협력과 공동 이해관계 활동을 하지만 여기서 두 나라가 바라는 세계의 모습은 서로 다르다. 서로를 향해 건네는 듣기 좋은 말들의 밑에는 부조화와 양국 간 경쟁이 숨어 있다.

많은 중국 사람들은 미국이 전 세계에 자국의 가치를 알리고 사람들이 점점 더 미국을 좋아하도록 만들려 한다고 생각한다. 과거에는 미국의 통치 시스템이 우수하다고 순진하게 믿던 시절이 있었다. 하지만 조지 부시가 첫 번째 임기를 엉망진창으로 보내고, '테러와의 전쟁'을 실시하기 위해 미국 헌법을 함부로 다루는 모습을 보이면서 그런 믿음이 깨졌다. 중국의 일부 외교 전문 분석가들에 따르면 중국 지도부는 오바마 대통령을 약한 대통령으로 생각했다. 하지만 힐러리 클린턴 국무장관이 주관하는 '아시아 중심pivot to Asia' 전략 때문에 미국이 중국을 견제하려 한다는 베이징의 생각은 더욱 깊어졌다.

중국의 외교 정책 사상가들이 이런 생각을 하는 이유는 분명하다. 그들이 어디를 바라보아도 미국이 이미 관련되어 있는 것처럼 보이기 때문이다. 미국은 일본부터 한국, 그리고 필리핀, 오스트레일리아, 뉴질랜드에 이르기까지 환태평양의 거의 모든 국가들과 동맹조약을 맺었다. 중국은 동맹조약이 가져오는 의무 사항을 별로 좋아하지 않지만 헨리 키신저가 설명했던 것처럼 적어도 동맹조약으로 인해 전략적 확실성이 생기는 점은 인정한다. 조약에 서명한 국가는 동맹국이라는 사실이 분명해지기 때문이다.[1] 하지만 이것이 끝이 아니다. 미국은 인도, 파키스탄, 그리고 아프가니스탄의 상황과 관련되어 있고, 역사적으로 중국과 복잡한 관계에 있는 국가인 베트남이나 미얀마와도 외교적 동맹을 맺었다. 베이징의 대학 교수인 왕후이는 미국의 국경이 중국 바로 앞까지 와 있으며 '전 세계에 미국 국경이 아닌 곳이 없다'[2]고 탄식했다. 미국은 물리적 영역뿐 아니라 이념적, 문화적 영역도 상당히 많이 장악하고 있다. 당국의 규제에도 불구하고 미국 영화는 중국에 잠입하고 있으며, 영부인인 펑리위안까지 미국 애플사의 휴대전화를 들고 있다. 그리고 시진핑과 리커창의 딸같은 사람들이 미국 명문 대학의 교육을 받는다(전하는 바에 따르면 시진핑이 취임하면서 중국으로 귀국해야 했다고 한다). 외교에도 애증관계가 있다면 중국과 미국의 관계가 여기에 해당될 것이다. 많은 미국 정치인들은 1978년 중국이 글로벌 경제와 개발의 규범을 일부 받아들인 이래로 이를 잘 활용하여 많은 성취를 이루었다고 감탄하며 이야기하지만 중국의 일당 체제에 대해서는 강한 불쾌함을 드러낸다.

중국은 오래전부터 미국과의 관계 유지를 위해 애써왔다. 덩샤오핑은 세계 유일의 초강대국으로 남아 있는 미국과 어떠한 일이 있어도 가까이 지내겠다는 그림을 그렸다. 톈안먼 항쟁 이후에도 상징적인 갈등의 모습을 보였지만 양국은 계속해서 협력했다. 수년간 양국 사이의 갈등이 점점 깊어졌다. 1999년 베오그라드 주재 중국대사관 폭격 사태가 발생했을 때는 특히 갈등이 최고조에 달했다. 하지만 2001년 9.11사태가 발생하면서 미국의 관심이 중동 및 이슬람 근본주의 문제로 분산되었다. 장쩌민은 이를 중국의 전략적 기회로 판단했고, 지역 내에서 중국의 입지를 좀 더 다지고 활동을 늘려야겠다고 생각했다. 2008년 글로벌 금융위기가 찾아오면서 중국은 더욱 대담해졌다. 하지만 정도가 지나쳤던 탓에 2009~2010년에 접어들면서 이웃 국가들과 해상 국경을 두고 분쟁이 일어났고 지역 내에 좋지 못한 인상을 너무 많이 남겼다. 일각에서 설명하는 것처럼 이러한 '강한 자기주장'의 결과 중국은 외롭고 진짜 동지는 전혀 없는 상태가 되었다. 중국은 연성 권력을 이용하여 여러 노력을 했지만 기대했던 것만큼 외교적으로 큰 충성심을 얻지 못했다. 중국은 해외에 투자를 늘렸고, 공자학원Confucius Institute(중국어와 문화를 홍보할 목적으로 세계 각국의 대학과 연계한 비영리 교육기관)을 세웠으며, 기타 연성 외교적 장치를 이용하고 이에 따르는 상징주의를 펼쳤지만 국제사회에서 신뢰와 존경을 얻지는 못했다. 중국은 여기에 크게 실망했다. 칭화대학의 옌쉬에퉁 같은 사상가들은 이를 특히 잘 설명했다. 그에 따르면 중국이 해외 각국의 관심을 끌고, 그들의 신뢰와 충성을 얻기 위한 도덕적 근거를 마련하려면 이제 중국 고유의 철학 전통을 이용해야 한다고 말했다. 옌쉬에퉁은 '우리 전략의 목표는 미국과 힘의 차이를 줄이는 일뿐 아니라 미국이 제시하는 것보다 더 나은 사회 모델을 제공하는 것으로 삼아야 한다'고 제안했다.[3]

그렇기 때문에 시진핑이 취임 이후 마주한 난문제는 최악의 적이 될 수 있는 미국과의 갈등을 피하면서 동시에 좌절해 버린 중국의 입지를 더욱 강화하는 방법을 찾는 일이었다. 어디를 둘러보아도 시진핑이 실수를 하면 재빨리 미국의 신경을 거스를 수밖에 없는 장소뿐이다. 가장 곤란한 지역 두 군데는 홍콩과 타이완이다. 중국은 이 두 지역에서 발생하는 문제의 경우 외교 문제가 아닌 국내 문제라고 주장한다. 하지만 미국을 위시한 해외에서 볼 때 이 두 지역은 모두 자신들이 적법하게 이해관계를 표명하고 개입할 수 있는 지역이다. 홍콩과 타이완은 미중 관계가 어려움을 겪거나 앞으로 나아갈 때 최전선에 위치해 있었다. 왕휘는 이 모습을 잘 관찰하여 다음과 같이 표현했다. '미국과 중국 사이의 국경은 물리적인 존재라기보다 이념적, 상징적인 존재이며 중국의 턱 밑에 위치해 있고, 홍콩의 경우에는 내부까지 깊숙이 들어와 있다.'

현재는 홍콩이 문제이다. 이곳은 미국과 중국의 양 체제가 의지의 투쟁을 하는 장소이기 때문이다. 홍콩에 남겨진 식민지 시대의 유산은 그다지 쓸모가 없는 것임이 드러났다. 영국은 1997년 홍콩을 떠나면서 외교 의례를 일부 남겨두었다. 1984년 중국과의 합의 내용을 바탕으로 한 많은 합의문서가 있었고, 그 내용이 중국의 주권 회복의 길을 닦아주었으며, 이후 홍콩특별행정구의 헌법인 기본법의 바탕이 되었다. 하지만 영국이 남긴 문서들의 내용은 비현실적으로 추상적인 표현을 담고 있었다. 홍콩 반환 이후 지역의 자율성을 보장해 주기로 한 기간인 50년 가운데 겨우 3분의 1인 17년이 지난 2014년, 중국은 홍콩에서 사용할 수 있는 자치 방법에 대한 자세한 내용을 간략히 설명했다.

중국 정부는 2014년 리커창 총리가 영국을 방문하여 여왕을 만나기 불과 며칠 전에, 이에 대한 공식 의견을 성명서 형태의 실무적인 백서로 발행했다. 많은 사람들이 중국의 이러한 행위가 상징하는 바는 과거의 식민 지배국이었던 영국에 대한 냉담한 복수라는 점을 놓치지 않았다. 중국이 발행한 백서에서는 홍콩을 지배하는 최고 권력은 베이징의 전국인민대회에 있다는 사실을 명확히 밝혔다.[4] 전국인민대회는 중앙정치국의 통제를 받는다는 사실은 널리 알려져 있기 때문에 백서의 뜻을 잘못 이해하는 사람은 거의 없었다. 홍콩은 시진핑과 공산당에서 통제한다. 하지만 이 백서는 9월에 있었던 진짜 발표 내용의 서문에 불과했다. 몇 달간 이어진 미온적인 협의 끝에 홍콩 정부가 향후 계획을 발표했다. 그 내용은 홍콩 내 민주주의자들이 기대했던 바에 크게 미치지 못했다. 약 1,500명의 추선위원회selection committee가 후보를 검증하여 2~3명으로 추리고, 이들이 2017년 500만 유권자의 최종 결정을 맡게 된다. 베이징 중앙 정부의 입장에서 이는 상당한 진전이었다. 하지만 홍콩의 학생들과 교수들에게는 선동적인 발표였다. 불운한 홍콩 행정장관 렁춘잉은 이들의 분노를 달랠 수 없었다. 렁춘잉은 기업가였던 과거를 저버리고 그저 누구나 알지만 듣고 싶어 하지 않는 이야기—베이징 정부(겉으로는 어떤 형태를 취하든 실제로 최종 결정권을 가지고 있음)가 홍콩 정부에 제시할 수 있는 최상의 조건이며, 베이징 정부는 물러서지 않을 것이라는 이야기를 할 뿐이었다. 거리로 나선 시위대가 홍콩 중심 지역을 막았다. 그리고 12월 중순이 될 때까지 전면 철수는 일어나지 않았다. '우산혁명'의 밝은 노란색 표식은 전에는 결코 볼 수 없었던 홍콩 주민들의 정치화 과정을 나타내는 상징이었다.

중국의 일반 언론에서는 이 사태의 선동자라며 영국의 뒤에 있는 미국을 즉시 비난했다. 우크라이나 사태와 기타 문제 지역을 두고 러시아가 미국에 했던 이야기와 비슷하다. 어쨌든 미국은 국경에서 수천 마일 떨어진 곳에 있는 도시의 거리에 시민들을 불러냈다는 책망을 들었다. 시진핑이나 중국 정부에서 그렇게 믿었을 가능성은 낮지만 국민들에게 미국이라는 강대국을 조심하는 게 좋을 것이라고 경고할 수 있는 유용한 이야기였다.

비슷한 문제가 타이완에서도 발생했다. 2008년 취임한 마잉주 총통은 중국 본토와 새로운 무역관계를 맺고 일련의 신뢰 구축 활동을 펼쳤고, 그 결과

2015년 11월 싱가포르에서 처음으로 양국 정상의 만남이 성사되었다. 하지만 중국이 2014년 초 양안서비스무역협정을 밀어붙이려 하는 바람에 소요가 발생하여 '해바라기운동'으로 발전했다. 홍콩과 마찬가지로 학생들이 거리로 나왔고 타이완의 국회인 입법원으로 쳐들어갔다. 마잉쥬의 지지율은 10퍼센트 미만으로 떨어졌다. 사태 발생 후 같은 해에 열린 지방 선거에서 마잉쥬의 타이완 국민당KMT은 완전히 참패했다. 양안협의는 중단되었다. 다시 한 번 많은 중국 사람들은 이 사건의 배후에 미국이 있다고 주장했다. 미국과 타이완은 정치적, 군사적으로 강한 유대관계를 맺고 있었기 때문이다.[5]

시진핑은 타이완과 특히 인연이 있다. 16년간 푸젠성에서 근무하는 동안 해협 건너에서 투자를 받았던 성 지도부의 일원이었고, 타이완 기업인들과도 좋은 관계를 쌓았다. 이는 실용적인 움직임이었다. 자신이 관리로 근무하는 지역에 타이완 기업가들이 부와 경제 성장을 가져다주었고 이는 당시에 지방 관리의 승진 기준이 되었기 때문이다. 하지만 2012년 이후의 타이완 문제와 관련하여 시진핑은 점점 더 야심을 드러냈다. 2013년 아시아태평양경제협력체 회의석상에서 시진핑은 타이완의 부총통에게 정치 문제와 관련된 대화를 언제까지나 미룰 수는 없다고 말했다. 2014년 홍콩의 소요 사태가 진행 중일 때에도 시진핑인 '일국양제'는 타이완에도 훌륭하게 적용할 수 있으며, 타이완은 이를 고려해야 한다고 말했다. 실제 만난 적이 있는 사이였지만 타이완 총통 마잉쥬는 즉각 시진핑의 제안을 거절했다.[6]

타이완과 홍콩 관련 문제는 시진핑에게 여전히 가장 곤란한 '국제 정책'이다. 시진핑 정부에서는 이를 국내 문제로 생각하지만 미국과 해외에서는 타이완과 홍콩에 직접적인 이해관계가 있고 자신들이 개입할 수 있는 문제라고 생각하기 때문이다. 특히 미국은 1979년 제정된 타이완 관계법에 따른 법적 책임이 있다. 타이완 관계법은 타이완에 어떤 안보 문제가 발생할 경우 대통령은 의회의 조언을 구한다는 내용을 규정하고 있다. 강력한 미국의 타이완 지지층은 타이완을 방어하기 위해 필요한 일은 무엇이든 해야 한다는 이념적 약속을 지키고 싶어 하며, 이제는 특히 민주 국가를 지켜야 한다는 생각이다. 그렇기 때문에 진정한 의미의 잠재적 미-중 갈등은 이 지역에서 가장 강하게 나타난다. 이 사실은 미국을 바라보는 중국인들의 생각 뒤편을 맴돌고 있으며, 중국의 많은 정책 결정자들이 미국이 중국 문제에 불합리한 간섭을 계속한다고 느끼는 주된 이유이다.

시진핑이 중국에게 가장 중요하지만 여러 면에서 문제를 안고 있는 상대국인 미국으로부터 달갑지 않은 의심을 피하면서 어떻게 외교적 입지와 공간을 확보하겠다고 주장할 수 있는가? 2013년 시진핑이 미국에서 제안한 아이디어는 원대하고 추상적인 이야기였다. 오바마 대통령과의 정상회담 후에 가진 기자회견에서 시진핑은 태평양은 양국에게 충분히 넓은 바다라고 말하며 주요 강대국 관계의 신모델을 제시했다. 세부적인 내용까지 이야기하지는 않았지만 적어도 명확한 설명은 있었다.[7] 중국은 미국의 높은 위상을 인정하지만 이제는 중국에도 어느 정도 이에 준하는 위상이 필요하다. 중국은 몇 년 전 미국과의 회담에서 글로벌 이해관계국 사이에 중국이 주요한 국가로 부상했다는 이야기를 나누었다는 내용에 맞추어 이야기한 것뿐이라고 방어할 수 있었다. 또한 아주 미묘하기는 했지만 중국은 미국과의 지정학적 관계에서 경제적 중요성에 걸맞은 역할을 원한다는 점을 분명히 했다.

이상의 새로운 규정하에서 중국과 미국은 세계에 큰 도움이 되는 힘을 가진다. 2014년 중국 베이징에서 아시아태평양경제협력체 회의가 열리는 동안 이를 생생하게 느낄 수 있었다. 이때 미국의 오바마와 중국의 시진핑은 새로운 기후 변화 협정에 서명함으로써 세간의 관심을 독차지했다. 다음 10년이 지날 때까지 온실가스 배출량을 제한하고 환경 문제에 대해서는 양국이 더 긴밀히 협력한다는 내용이었다. 양국은 세계 최대의, 그리고 세계 2위의 에너지 사용국이자 온실가스 배출국이기 때문에 이 협정은 환경 문제에 있어 큰 돌파구가 되었다. 그리고 이번 협정을 통해 비록 양국은 서로 매우 다르지만 이해관계가 일치할 경우 중요한 거래를 성사시킬 수 있는 관계임을 보여주었다. 그러나 시진핑의 신 거대담론에도 불구하고 미국과 중국은 내부적으로 서로를 바라보는 일관성 있는 시각이 부족하다. 중국에게 미국은 엄청난 방해자이거나 사사건건 승인을 받아야 하는 빅브라더 같은 존재이다. 미국에게 중국은 도저히 이해가 안 되는 정치 체제를 갖추고 은밀하게 미국에 접근하여 우세함을 빼앗으려는 존재이거나 1998년 중국을 방문한 미국의 클린턴 대통령이 '역사의 바른 면'으로 중국을 데려와야 한다고 말했던 것처럼 미국이 모든 노력을 다해 사고방식을 전환시킬 가치가 있는 나라이다.[8]

미국과 중국을 제외한 다른 나라의 입장에서 보면 시진핑 취임 후 미중 관계는 빈틈이 보이지 않게 지켜지고 있으며, 외부 세계와 차단된 잠긴 방에서 양국끼리만 많은 시간을 보내면서 아주 가끔씩 외부 국가들이 양국의 대화에 끼어들 수 있도록 허용하는 것 같다. 미국과 중국의 관계가 얼마나 다루기 어렵고 화합을 이루지 못하든 양국의 집중적인 대화에 끼어들려 하는 국가는 어느 나라건 가차 없이 쫓겨난다. 중국은 세계의 수도인 워싱턴에 접근할 수 있는 권한이 있다는 점을 특별하게 생각한다. 그리고 미국은 중국과 관련된 정책에 강력한 개입을 하기 전에 많은 자율권을 얻을 수 있다. 시진핑이 취임하기 전인 2005년 유럽연합은 중국에 내려진 무기금수 조치를 해제하려 했지만 미국의 거센 반발에 부딪혔다. 미국과 중국 양측은 'G2' 같은 것은 없다고 격렬하게 부정한다. 하지만 양국의 행동에서는 G2의 모습이 나타난다. 미중 관계를 이해하는 방법으로 주요 강대국 관계에 대한 신모델을 제시한 시진핑은 미국에 미움받는 것보다 더 두려운 유일한 일은 미국의 사랑을 받는 일이라는 점을 알고 있다. 양국 사이에 벌어지는 게임의 이름은 적절한 거리와 공간 확보이며, 적어도 2015년까지는 시진핑이 잘 해내고 있다. 시진핑은 9월 미국을 방문했을 때 이 사실을 다시 한 번 강조했다.

유럽연합 : 두 번째 원

현대 중국의 지정학적 세계에서 미국이 태음의 자리에 있다면 유럽연합은 양의 자리를 차지한다. 미국이 어떤 자리를 차지하든 유럽연합은 그 자리에 없다. 미국에는 하드 파워(군사력, 경제력 따위를 앞세워 상대방의 행동을 바꾸게 하거나 저지할 수 있는 힘-역주), 정치적 통일성, 그리고 대중국 정책이 있다. 유럽연합은 반대이다. 하드 파워는 거의 없고, 정치적으로도 그다지 통일되어 있지 않으며, 대중국 정책이라 할 만한 것도 없다. 하지만 그렇다고 해서 중국 정부가 유럽연합을 무시할 수는 없다. 유럽연합은 중국에게 고품질의 기술을 가장 많이 제공하는 곳이며 광활한 수출 시장이기도 하다. 그리고 중국인들은 마음속으로 유럽연합이 미국과의 관계에서 균형을 잡아주는 역할을 한다고 생각한다. 하지만 중국 지도자에게 유럽연합은 세상에서 가장 화를 돋우고 짜증스럽게 만드는 외교 상대국이다.

이유를 살펴보면 우선 유럽연합은 반갑지 않은 놀라움을 가져다주는 경향이 있다. 중국과 유럽연합이 처음으로 외교적 승인 관계를 맺은 것은 1975년이었다. 당시에는 유럽 경제 공동체였고 회원국은 9개에 불과했다. 하지만 이제는 상황이 많이 달라졌다. 회원국은 28개로 늘어났고 1992년 마스트리흐트 조약이 맺어지면서 유럽 경제 공동체는 유럽연합으로 바뀌었다. 이보다 더 반갑지 않은 변화는 한때 순수하게 무역 관련 관계였던 사이가 이제는 변모하여(대체로 유럽이 요구했기 때문이다) 전보다 복잡한 정치적, 전략적 관계(과학 문제부터 환경 문제에 이르기까지 80건이 넘는 대화가 이루어진다)를 포함하게 되었을 뿐 아니라 중국에게 곤란한 정치와 권리 문제까지 논의해야 한다. 2002년 중국 국무원은 유럽연합과 관련된 정책 백서를 만들어 유럽연합을 중국 제1의 외교 관계로 규정하는 영예를 주었다. 하지만 그로부터 12년이 흐른 뒤 시진핑이 유럽연합의 수도 브뤼셀을 방문하기 전날, 중국은 신新백서를 발표했다. 여기에서 중국은 그간 느껴온 억눌린 실망감을 나타냈다.

티베트 문제나 타이완 문제, 그리고 인권이나 사회적 권리 같은 중국의 문제에 대해 유럽연합은 일반적으로 중국에 설교를 하려 드는 편이다. 이 점이 특히 시진핑의 신경을 거스른다. 1992년 이후로 유럽연합은 수많은 가치 제안 사항들을 헌법 속에 담아왔다. 그리고 유럽연합은 미국의 열성적인 관심을 피하면서 때때로 중국이 '역사의 종언' 무리에 끼어 정치 체제를 변화시키기를 바란다는 자신의 생각을 중국에 전하려 했다. 이는 2006년 이후 유럽연합이 발행한 거의 모든 중국 관련 정책 문서에 등장하는 내용이다. 2006년부터 유럽연합은 중국이 고유의 정치 및 통치 체제 안에서 개혁과 변화를 이루도록 중국과 협력해야 한다는 이야기를 점점 더 많이 하기 시작했다. 그래서 시진핑의 방문을 앞두고 발행한 두 번째 백서는 지난 10년간의 '전략적 파트너십'이 상당한 실망이었다는 점을 잠재적으로 인정하는 문서였다. 톈안먼 항쟁 이후 중국에 내려진 무기금수 조치는 아직도 해제되지 않았다. 중국의 산업 속에는 국유 부문의 역할이 컸기 때문에 유럽연합은 중국에게 시장 경제 국가의 지위를 부여하지도 않았다. 그리고 끊임없이 티베트 문제, 인권 문제 및 기타 여러 문제들에 대한 의견을 내세워 점점 더 중국 지도부의 불만이 쌓여갔다. 이 모든 상황의 위에 2009년 유로존 위기가 발생하여 유럽연합의 경제적 힘에 대한 믿음이 약화되었다. 이 모든 문제에 대해 중국 정부는 백서를 통해 '유럽연합은 규정에 의해 중국에 내려진 무기금수 조치를 빠른 시일 내에 해제해야 한다'고 인정사정없이 자신의 생각을 전했다.[9] 타이완 문제와 관련해서는 다음과 같이 표현했다.

중국 측은 유럽연합과 그 회원국이 하나의 중국이라는 원칙을 인정하는 점에 감사를 표하며, 타이완 문제와 관련해서는 중국의 주요 우려 사항들을 존중해 주기를 바란다. 그리고 어떠한 형태로든 '타이완의 독립'에 반대하며 양안관계의 평화로운 발전과 중국에 의한 평화로운 재통일을 지원하고, 타이완 관련 질문은 신중하게 다루기를 바란다.

티베트 문제와 관련한 입장은 다음과 같다.

중국 측은 유럽연합과 그 회원국이 티베트를 중국 영토의 일부로 인정하고, '티베트 독립'을 지지하지 않는 데 대하여 감사를 표한다. 유럽연합 측은 티베트 관련 문제를 중국의 주권, 독립성, 영토 보전을 존중하고 내정에는 불간섭한다는 원칙을 바탕으로 적절하게 다루어야 한다. 달라이 그룹의 지도자들이 유럽연합이나 그 어떤 회원국에도 방문할 수 없도록 하며 분리주의 활동에 관여하려는 구실로 삼지 않는다. 유럽연합 및 그 회원국의 관리들과 어떠한 형태의 연락도 취하지 않고 '티베트 독립'을 위한 반중국 분리주의 활동에 대해서 그 어떤 편의나 지원을 제공하지 않는다.

이상의 요청은 금융 및 대테러 활동의 강화, 그리고 기술 분야의 파트너십 확대에 대한 분명한 요구와 더불어 이루어졌다. 백서의 서두는 웅장했다.

중국과 유럽연합은 각각 세계 최고의 신흥 경제국과 선진국 모임을 대표한다. 둘은 세계 평화를 추구하는 주요 세력으로 다극화된 세계를 만든다는 중요한 전략적 합의를 이루고 있다. 중국과 유럽연합의 경제 총액을 합산하면 세계 경제의 3분의 1을 차지하며 공동

개발을 위한 2개의 주요 시장이다. 각각 동양 문화의 대표와 서양 문화의 요람이며, 합계 인구수는 전 세계 총 인구의 4분의 1을 차지한다. 중국과 유럽연합은 인류의 진전을 가져온 2개의 주요 문명권이다. 근본적인 이해관계의 충돌이 없으며, 중국과 유럽연합 사이에는 차이보다 합의가 훨씬 많다. 양측 모두 개혁과 발전을 위한 중요 단계에 서 있으며, 중국-유럽연합 관계는 새로운 역사적 기회를 맞았다. 상호 이익을 위한 중국-유럽연합 포괄적 전략 파트너십과 윈윈 협력을 강화하면 중국과 유럽연합의 발전에 자극이 되고, 세계 평화와 번영에 기여할 것이다.

이 글에서는 양측은 파트너십을 추구하지만 서로 매우 다른 존재라는 점을 알 수 있다. 유럽연합은 여러 국가들의 모임이지만 중국은 통일된 단일 국가이다. 그리고 개혁을 다루는 방식도 서로 다르다. 시진핑은 중국 주석 가운데 처음으로 브뤼셀과 유럽연합 집행위원회 본부를 방문했으며, 그 바로 며칠 전에 브뤼헤에 있는 대학에서 연설을 했다. 연설은 중국과 유럽연합 간의 파트너십과 다면적 유대관계에 초점을 맞추자는 내용이었다. 과거에는 이러한 일을 보통 총리에게 맡겨두었다. 원자바오가 10년간 총리로 재직하면서 유럽연합과의 관계를 돈독히 했다. 비록 대부분 아무도 감사히 여기지 않는 일이었지만 말이다. 시진핑이 직접 개입하기 시작했다는 것은 중국-유럽연합 관계의 중요성이 한층 높아졌다는 의미이며, 이뿐 아니라 최근에는 외교 정책을 전체론적으로 접근할 필요성이 있다는 점을 인정하는 일이다.

시진핑이 유럽연합과 중국을 문명의 파트너라고 언급한 내용은 중요한 의미를 지닌다.[10] 이 단어에는 많은 장점이 있다. 첫째, 중국처럼 단일 주권 국가와 유럽연합 같은 회원국의 모임을 간단히 대등하게 표현할 수 있다. '문명'이라는 단어는 두 개념을 전부 포함할 수 있는 추상적 의미를 가진다. 또한 이는 유럽연합 측에서 들으면 기분이 좋아지는 단어이다. 적어도 외관상 응집성을 보여줄 수 있고, 시진핑 측에서 유럽연합과 중국에 동등성을 부여할 의사가 있다는 점을 알 수 있기 때문이다. 그리고 양측이 동등하다는 주장은 중국 국민들의 마음도 달랠 수 있다. 많은 중국인들이 유럽연합이 내세우는 가치와 그 가치가 상징하는 내용이 참을 수 없이 독단적이라고 느끼기 때문이다. 동등성의 표현은 유럽연합이 유럽과 마찬가지로 다양하고 깊은 역사와 문화를 가진 중국을 상대로 그렇게 거만하게 굴 이유가 없다는 생각을 보여주는 하나의 방법이다(시진핑은 연설 내용에서 이러한 중국의 특성과 중국 역사의 특징, 그리고 업적을 분명히 밝혔다). 마지막으로 시진핑은 원자바오가 총리 임기 말기에 유럽연합 내의 불안정성과 어렴풋이 보이는 유로화의 분열 가능성을 관찰하며 준비해 두었던 논지 가운데 하나를 이용할 수 있었다. 시진핑이 유럽연합도 중국과 마찬가지로 개혁의 문을 열고 스스로 변화를 받아들여야 한다고 말한 것이다. 이는 이전 수십 년 동안 유럽인들이 가장 중요한 목표인 것처럼 해왔던 말이기 때문에 중국의 입장에서는 통쾌한 기분이 들었을 것이다.

신실크로드

시안 밖으로 나가는 길 위에는 '실크로드의 시작'이라는 웅장한 글이 써진 큰 간판이 있다. 글귀 위의 그림 속에는 옛날 복장을 한 상인들이 일부는 걷고, 또 일부는 짐을 실은 멋진 낙타를 타고 있는 모습이 묘사되어 있다. 중앙아시아로 들어가 중동을 거쳐, 다시 그 너머로 이어지는 고대 상인들의 이동 경로에서 낭만을 찾는 사람이라면 먼저 현재 시안 외곽 지역의 별다를 것 없는 풍경을 먼저 마주해야 하고, 실크로드가 무엇인지 역사적 문제를 살펴보아야 한다. 역사학자들은 실크로드가 그저 여러 영토를 잇는 끈에 지나지 않으며 단 하나의 길이었다기보다 여

CEO 시진핑

행자들이 다니던 여러 경로 가운데 하나라고 말한다. 마크 에드워드 루이스는 당나라 시대의 역사를 다룬 그의 책에서 이를 '실크로드'라고 불렀다.[11]

하지만 길이 여러 개였다 하더라도 그속에는 오리엔트 급행열차나 66번 국도 같은 낭만이 남아 있다. 그리고 일찍이 존재했던 중국의 왕조들이 해외에 개방적인 태도를 취했고, 무역과 문화 교류를 하며 발전해 왔다는 사실을 보여주는 유형의 증거이다.

21세기 중국의 광활한 서쪽 국경 주변에는 인접국들이 여럿 있다. 중국은 에너지 공급의 안정성을 추구하고, 티베트나 신장 자치구의 상황을 안전하게 유지하며, 국경을 온전하게 유지하기 위해 이 국가들과 좋은 관계를 맺어야만 한다. 앞 장에서 시진핑과 전임자들이 안정성을 얼마나 중시하는지 이야기했다. 안정성을 위협하는 문제는 언제나 서쪽, 아시아 내륙 지방 쪽에서 온다는 역사적 기억이 강하게 남아 있다. 가장 최근의 사건으로는 1962년 중국은 인도와 영토 문제로 전쟁을 벌였고, 분쟁은 여전히 지속되고 있다. 미국의 로버트 로스나 중국의 왕지쓰 같은 분석가들은 중국은 언제나 대륙의 강대국이었다고 말하며, 왕지쓰는 중국은 21세기에도 이러한 지위를 유지할 필요가 있고, 아시아 대륙의 중앙과 남부 지역에서 정당한 영향력을 발휘할 수 있는 구역을 살피고 있다고 말한다.[12]

이 지역에는 문화적, 정치적, 종교적, 언어적 다양성이 나타난다. 그리고 중국이 시험 삼아 붙박이 관계를 정립하려 애쓰는 곳이다. 치안 문제(특히 신장 자치구)와 에너지 안보 문제 때문에 1996년 상하이 5개국을 설립했고 여기에는 중국, 러시아, 카자흐스탄, 타지키스탄과 키르기스스탄이 포함되었다. 2001년 우즈베키스탄이 합류하면서 상하이협력기구로 명칭을 바꾸었다. 형성 초기에는 미국을 비롯한 여러 나라에서 지리적으로 중요한 지역에 세계의 경찰 역할을 하는 미국을 제외하고 동맹을 형성하려는 시도라는 경계를 받았고, 2000년대에 들어서도 비공식적으로 이란과 다양한 여러 세력들을 받아들이면서 우려는 계속되었다. 그리고 러시아와 중국이 조직적인 논의를 할 수 있는 핵심 포럼의 역할을 하게 되었다.

그러나 중앙아시아 벨트에 있는 여러 국가들이 중국과 관계를 맺는 방식에는 서로 큰 차이가 있다. 어떤 나라는 주요 에너지 및 자원 공급 국가이다. 러시아의 경우, 보다 강력한 동맹국이면서 경쟁 국가이다. 중국과 러시아의 관계는 복잡하고 때로는 아주 험악해지기도 했다(양국은 1969년에 무력 충돌을 하기도 했다).[13] 상하이협력기구 밖의 국가들과의 관계를 살펴보면 중국과 가장 가까운 동맹국인 파키스탄이 있다. 하지만 파키스탄 또한 문제가 많고 변덕이 심한 나라라서 중국에 대한 영원한 우정과 신의를 약속하면서도 한편으로 투자를 갈취하고 기술을 빼내려 시도한다. 지난 10년간 내분이 일어나면서 아프가니스탄 또한 안정성과 국가 간 약속을 위협하는 문젯거리가 되었다. 2014년 미군이 아프가니스탄에서 철수하면서 이곳에서 중국이 기울이는 치안 노력에 대한 딜레마가 한층 심해졌다. 인도와의 영토 분쟁은 계속 진행 중이며 2014년 시진핑이 인도를 방문했을 때 다시 한 번 수면 위로 떠올랐다. 마침 인도와 분쟁 중인 국경 지역에서 중국군이 소규모 충돌을 일으켰다는 기사가 났을 때 시진핑이 인도를 방문했기 때문이다.

이상의 국가들은 모두 중국과의 관계를 경제적 기회로 활용하고 싶어 한다는 점에서 동일하다. 1992년 이래로 중앙아시아 국가들과 중국 간의 교역 규모는 경이적으로 100배나 증가했다. 중국은 우즈베키스탄을 제외하고 이 지역에 있는 모든 국가들에게 최대의 교역국이다(우즈베키스탄에게 중국은 두 번째로 규모가 큰 교역국이다). 2012년 기준, 이들의 교역 규모는 합계 460억 달러에 달했다. 우즈베키스탄과의 교역 규모도 2013년 28억 7,000만 달러로 늘어났고, 이는 전년 대비 60퍼센트의 성장이었다.

CEO 시진핑

이들 사이에 이루어지는 거액의 교역은 전부 에너지와 관련되어 있다. 카자흐스탄은 풍부한 산유국으로, 구 소비에트연방공화국 출신 국가 중 원유 매장량이 두 번째로 많다. 2013년 9월 시진핑은 카자흐스탄을 방문하여 150억 달러 규모의 원유 거래 계약에 서명했다. 이는 2005년 가을, 국유 석유회사 중국석유화공집단공사와 페트로카자흐스탄 사이에 맺은 42억 달러 계약에 더해 추가로 이루어진 계약이다. 1,300킬로미터에 달하는 카자흐스탄-중국 송유관이 계약의 중심에 있다. 카자흐스탄-중국 송유관은 또 다른 중국의 국유기업 중국석유가 합작투자를 했다. 시진핑이 카자흐스탄의 나자르바예프 대통령과 함께 서명한 계약에는 2015년까지 주요 송유관 공사를 마무리하고, 광대한 카자흐스탄 원유 매장량의 8퍼센트를 중국에게 부여한다는 내용도 들어 있었다. 시진핑은 또한 2015년부터 카자흐스탄의 서남 지역에서 동남 지역으로 지나가게 될 신규 가스 송유관 공사에 투자하겠다는 계약에도 서명했다. 중국과 후한 계약을 맺는 국가는 카자흐스탄뿐만이 아니다. 투르크메니스탄도 중국석유로부터 중앙아시아-중국 가스 송유관 투자를 받았다. 이 송유관은 현재 세계에서 두 번째로 큰 천연가스전을 지나게 될 것이다. 송유관은 결국 중앙아시아 지역뿐 아니라 아프가니스탄까지 잇는 망을 형성할 것이며, 그곳에 존재하는 거의 개발되지 않은 천연자원에 접근할 것이다. 그리고 훌륭한 운송 방법과 사회기반시설의 중요성을 강조하기 위해서 2006년 중국 도로공사를 통해 두샨베(타지키스탄 공화국의 수도-역주)-차나크 유료도로 건설에 3억 달러를 투자했다. 안보 문제와 관련해서는 2010년 카자흐스탄에서 중국군 1,000명 이상이 참여한 대테러 합동 군사 훈련을 실시했고, 2013년에는 키르기스스탄에서 거의 500명의 경찰이 참여하여 합동 테러리스트 체포 연습을 실시했다. 이상 2010년부터 2013년까지 열린 합동 연습들은 상하이협력기구의 후원하에 실시되었다.

표면상으로는 중국과 서북 지방 인접국들이 매우 잘 지내는 것처럼 보인다. 중앙아시아에 투자를 쏟아 붓는 대신 치안 문제의 협력을 얻게 되면서 중국 정부가 끊임없이 이야기하는 일종의 윈윈 관계를 결국 이룬 듯 보인다. 하지만 이 국가들과의 관계에도 분명히 위험성이 있다. 중국 정부의 입장에서는 새로 생긴 동맹국에는 언제나 불안정성의 그늘이 드리워져 있다. 중앙아시아 국가들은 언제나 통치와 부패 문제로 어려움을 겪고 있다. 이 지역의 많은 국가들이 법치나 인권 문제에 취약하다. 그렇기 때문에 미래에 불안 상황이 야기될 가능성은 결코 낮지 않으며 2014년 2월 우크라이나에서 발생했던 봉기가 나타날 위험이 언제나 존재한다. 에너지 공급처를 다변화하되 한 나라에만 너무 의존하지 않는다는 중국 정부의 전략은 합리적이다. 그러면 중국이 상황에 따라 에너지 공급처를 재빨리 바꿀 수 있기 때문이다.

신실크로드의 가장 큰 자산은 과거의 실크로드와 마찬가지로 멋진 애매모호함을 가지고 있다는 사실이다. 길이 어디에서 시작하고, 어디에서 끝나는지 정확히 아는 사람이 아무도 없다. 하지만 이 길은 교역관계에서 최고의 상호 호혜성을 가져다주며, 가장 부드럽고 간접적인 방식으로 자기 이익을 좇는다. 그리고 중국과 서부 지역 간의 긴 역사를 암시하며, 중국과 이 지역 사이의 경제적, 문화적, 사회적 유대관계가 얼마나 안정적이고 훌륭한지 보여준다. 2013년 신실크로드에 대한 시진핑의 이야기가 이 지역 국가들에게 받아들여져, 콘퍼런스나 무역 박람회의 테마가 되었다.

신실크로드의 이미지는 또한 중국을 국경 저 너머로 이끌어주는 존재이다. 중동에서도, 심지어 동유럽에서도 실크로드에 대해 이야기한다. 2014년 말 리투아니아에서 열린 콘퍼런스에서 등장한 개념이 나에게는 무척 흥미로웠다. 왜냐하면 리투아니아가 그토록 멀리 떨어진 지역에서 발생할 수 있는 기회에 대해 이야기했기 때문이다. 실크로드는 폴란드와도 일부 관련이 있는 듯하다.

CEO 시진핑

하지만 무엇보다 남다른 개념은 동남아시아 전체를 거쳐 오스트레일리아 해안까지 이르는 '해상 실크로드'이다. 이 장엄한 아이디어는 불가능해 보이는 일을 이루어준다. 단지 물질적이고 상업적인 이해관계를 개척 정신을 가진, 고상하고 낭만적인 모습으로 포장하여 둔갑시키는 것이다. 그러나 기저에는 강력한 욕구가 숨어 있으며, 그 욕구는 내가 2014년 유럽에서 본 간판에 가장 잘 요약되어 있었다. '우리는 위안화를 사랑합니다.'

그 밖의 세계 :
새로운 글로벌 강대국

그리고 이런 생각은 본질적으로 세계의 나머지 지역에서도 드러난다. 시진핑에게서 나타나는 큰 아이러니는 그가 중국 국민들이 오직 돈과 돈벌이에만 중독되지 않도록 노력하고, 그보다 더 복잡하고 미묘한 사회 문제 해결을 추구하도록 만들려고 애쓰는 데 비해 중국 밖의 세계는 모두들 중국의 돈과 사랑에 빠져 있는 듯 보인다는 점이다. 아프리카 동안에서부터 시드니의 교외 지역까지, 그리고 취리히와 뉴욕의 세련된 금융 센터에서부터 라틴아메리카의 판자촌, 인도네시아의 농장, 중동의 유전에 이르기까지 2010년대에 이처럼 다양한 지역을 이어주는 단 하나의 연결 고리는 모두들 전 세계를 돌아다니는 엄청난 규모의 중국 자본을 얻고 싶어 한다는 사실이다. 19세기 말 신은 죽었다던 철학자 니체의 말은 옳았던 것 같다. 현대의 신은 세 글자의 단어—위안화.로 대체되었다.

위안화는 거의 전 세계 어디에서나 모습을 드러낸다. 중국의 해외 투자 금액은 2014년 기준 중국에 유입된 금액과 거의 동일할 정도로 크다. 이 이야기만큼은 중국 안팎의 모든 사람들이 이해한다. 누구나 중국의 돈을 꿈꾸고 환상을 갖는다. 대기업부터 중소기업까지 회사의 계획에 모습을 드러낸다. 하지만 위안화가 글로벌 통화로 발돋움하지 못하는 이유는 불태환성 때문이다. 중국 지도자에게 '만리환율벽Great Currency Wall'은 2008년 글로벌 금융위기처럼 해외에서 발생한 어리석은 일로부터 중국을 지켜주는 최종 보호막이다. 하지만 이 벽은 조금씩 뚫리고 있다. 위안화의 허브가 런던, 홍콩, 시드니에도 등장했기 때문이다. 중국 정부가 홍콩에서 끝없이 발생하는 정치적 분쟁을 감수하는 유일한 이유는 홍콩이 위안화와 해외 금융 사이를 잇는 최전선으로서 중요한 도시이기 때문이라고 생각할 수밖에 없는 근거가 많이 있다. 중국의 해외 투자 금액 가운데 60퍼센트 이상이 홍콩을 통해서 나간다.

시진핑은 더 넓은 세계와 교류하기에 가장 적합한 언어를 찾으려 애쓴다. 친절한 이야기로 다가서기 가장 힘든 나라들은 가까이에 있는 나라들이다. 일본, 한국, 북한, 그리고 베트남, 말레이시아와 인도네시아 등이다. 중국에 가까이 있는 나라일수록 중국이 건네는 따뜻하고 유혹적인 말들을 경계한다. 2009년 이후로 이 국가들은 해상 국경과 관련한 중국의 강압적인 자세에 대해 불만을 표했고, 자원을 착취하기 위한 목적이라는 것이 분명해지자 이제 더욱 날을 세우고 있다. 거의 해결이 불가능한 주권 문제를 보류한 실용적인 계약을 내세워보지만 지속적인 비난과 나쁜 감정만 생길 뿐이다. 2014년 중국이 분쟁 해역에 대규모의 '해저 탐사' 장치를 투입하자 베트남에서 외교적으로 엄청나게 반발했다. 다오위댜오/센카쿠 열도를 둘러싼 갈등도 계속되고 있다. 중국과 일본 양측에서 도발이 끊이지 않으며 일본의 아베 신조 총리나 중국의 시진핑 주석 가운데 아무도 국내 지지기반이 약해지는 것보다 상대방을 두려워하지는 않는 듯하다. 2014년 11월 베이징에서 열린 아시아경제협력공동체 회의석상에서 두 사람이 겨우 만나게 되었지만, 만남의 모습은 웃음이 날 정도로 무례했다. 이를 본 네티즌들은 침울한 인상의 시진핑을 곰돌이 푸로, 아베 총리를 곰돌이 푸 이야기에 나오는 당나귀 이요르로 묘사했다. 시진핑은 일본, 베트남 및 기타 인접국들과 논의해야 할 심각한 문제가 있다고 생각할 것이다. 하지만 북한에 대해서는 그리 언급하지도 행동하지도 않는다. 시진핑이 북한에 대해 가지는 주된 감정은 멸시일 가능성이 높다. 전임자였던 후진타오는 빈곤에 시달리고 불안정한 상태의 이웃 국가에게 로봇 같은 진지함을 유지했고, 북한이 마르크스주의를 고수한다는 점을 강조하며 적어도 정기적인 방문 관계는 유지했다. 하지만 탈북자 장진성의 수기에 나와 있는 것처럼 사람들은 남한과 북한을 구분하는 38선과 양국의 정치적 차이에 주목하지만 그보다 더 중요한 장벽은 북한과 중국 사이에 놓여 있으며 장진성은 이를 '이념적 분계선'으로 묘사했다. 장진성이 마침내 탈주에 성공했을 때 그는 중국 측에서 나온 상담자에게 '김정일이 가장 싫어하는 나라는 중국이다'라고 말했다.[14] 기존의 외교 관례를 전부 깨고 시진핑은 2014년 한국을 방문했다. 하지만 서울에서 비행기로 한 시간 거리인 평양에 들를 생각도, 김정일의 아들 김정은을 중국으로 부를 생각도 전혀 없는 듯했다. 중국이 간단히 북한으로 들어가는 송유관을 잠가버렸다는 소문이 돌았다. 시진핑은 전임자들처럼 북한의 협박에 약한 모습을 보이지 않으며, 마키아벨리식으로 북한을 조종할 생각도 없어 보인다. 이러한 대북정책 또한 중국 내에서는 국민들의 인기를 얻고 있다. 대부분의 중국인들이 북한은 당황스럽고, 중국에 기생하며, 경멸할 만한 나라라고 생각하기 때문이다.

그러나 중국 근처 지역을 벗어나면 상황은 수월해진다. 적어도 표면상으로는 말이다. 2014년 초 리커창 총리가 아프리카를 방문하는 모습에서 끝없이 복잡하고 음모를 꾸미는 서구 국가들과의 관계에 비해 중국이 이 지역에서 정치적으로 얼마나 알기 쉬운 경제 및 외교 상대국으로 받아들여지는지 알 수 있었다. 중국의 입장에서도 아프리카와의 역사적 교류는 많지 않지만 그곳에서 사회기반시설을 건설하고 중국의 시장으로 만들겠다는 욕구가 있었다. 2014년 7월 시진핑은 브라질에서 열린 브릭스^{BRICS}(2000년대를 전후해 빠른 경제 성장을 거듭하고 있는 브라질·러시아·인도·중국·남아프리카공화국의 신흥 경제 5국을 가리킴-역주) 정상회담에 참석했다. 그 자리에 참석한 다른 정상들과 마찬가지로 브릭스를 구성하는 완전히 서로 다른 특색을 지닌 국가들 사이에서 의미 있는 관계를 만들 수 있을지 알아보려 한 것이다. 시진핑의 경우 어느 정도 눈에 보이는 성과를 거둔 것 같다. 그는 상하이에 기반을 둔 합작 은행의 설립을 제안했고 여기에 모이는 자본은 개발 프로젝트에 사용한다는 조건이었다. 시진핑이 지원하는 아시아 인프라 투자 은행의 원칙과 동일하다. 미국은 이 은행의 설립을 반대했고, 오스트레일리아가 관심을 보이는 것이 분명했음에도 가입을 거부하도록 설득했다. 오스트레일리아는 영국, 프랑스, 독일, 그리고 많은 국가들이 미국의 반대를 무릅쓰고 가입을 결정하자 2015년 3월 가입 거부 결정을 재검토했다.

하지만 신실크로드의 끝에 위치한 중동 같은 지역은 전 세계에 펼쳐진 이해관계로 인해 떠오르는 강대국인 중국에게 어려움을 안겨준다. 시진핑의 전임자들은 아랍 세계의 거의 전 국가에 걸쳐 일련의 동맹 관계를 쌓아 두었다. 그리고 중국은 이라크, 리비아, 이집트, 시리아, 그리고 이란에서 발생하는 대부분의 갈등 문제에서 누구의 편도 들지 않고 한 걸음 옆으로 물러서 있었다. 이스라엘과 팔레스타인 사이에서도 중립을 유지했고, 양측과 우호관계를 유지했지만 위선적이거나 원칙 없는 모습으로 비난받는 일은 피했다. 1950년대 이후로 이어지고 있는 '타국 내정 불간섭과 상대국 주권 존중'이라는 오래된 중국의 입장을 시진핑도 바꿀 생각이 없어 보인다.

중국이 수입 원유의 절반을 중동에 의존하고 있다는 사실은 중국이 이 지역에서 어정쩡한 자세를 유지하는 일이 얼마나 어려울지 보여준다. 그런 의미

CEO 시진핑

에서 세계에서 두 번째로 큰 경제대국이자 최고로 역동적인 경제 국가라는 새로운 역할 속에서 중국에게 중동 지역은 외교력을 시험받는 무대이다. 이란 및 기타 국가들이 점점 투자를 통해 중국 정부와 정치적 유대관계를 쌓으려 하고 있다. 이는 미국의 즉각적인 관심을 끌고 있으며, 이 때문에 '주요 강대국 관계의 신모델'의 앞날은 처음 기대했던 것보다 어두워 보인다. 중국이 중동 지역에 일련의 동맹국을 만들 것인가? 상대국이 원하면 미국에 대항할 수 있는 그런 관계가 될 것인가? 중국은 정말로 복잡하고 위험한 아랍 세계의 정치에 뛰어들 의지가 있으며 그럴 준비가 되었는가? 중국으로서는 이 지역에서 얻어야 할 이익을 보호할 수밖에 없다. 하지만 이슬람 근본주의 세력이 있는 중국 내부 신장 자치구 지역과 함께 중동은 중국에게 정말 다루기 어려운 지역이다. 그렇다고 해서 언제까지나 거리를 두고 지켜볼 수만도 없다. 지금까지 시진핑은 이 지역 문제와 관련한 거대 담론을 꺼낸 적은 없었다. 중동 지역에서 시진핑의 미소와 칭찬의 외교술이 통하기는 어려울 것이다. 이 지역에서는 지정학적 현실로 인해 말로는 결코 지지와 동맹을 증명할 수 없고 반드시 행동으로 보여줄 것을 요구받기 때문이다.

중국식 모델

'중국식 모델'을 따라야 한다고 열정적으로 선동하는 사람들은 보통 중국인들이 아니다. 조슈아 쿠퍼 라모나 마틴 자크 같은 사람들이 이런 목소리를 높였다.[15] 반면 중국 정부에서는 중국의 예외적인 상황을 강조하는 쪽에 더 초점을 맞춘다. 중국식 모델은 중국에 적용된다. 다른 나라의 경우는 다른 문제이다.

하지만 시진핑의 계산은 간단하다. 매우 중요한 100년 계획을 이루는 과정에서 시진핑과 그의 정책팀은 해외 국가와의 선의의 관계를 받아들이는 것으로 보이며, 특히 지역 내의 관계는 받아들이는 편이 합리적이라고 생각한다. 덩샤오핑의 현명했던 세계관, 다른 나라와 평화로운 관계를 유지하되 내부적으로 힘을 기르라는 조언은 30년이 넘도록 무역 및 기타 국제 관계에서 중국에 큰 이익을 가져다주었다. 아주 성공적인 방식이었다.[16]

하지만 외교는 논리만으로 이루어지지 않는다. 언제나 감정이 끼어든다. 그리고 외교에는 지위, 명예, 자존심 등의 요소가 작동한다.[17] 서구의 한 이론가는 지정학이란 식욕, 배고픔, 그리고 타인에게 인정받기를 바라는 갈망이 문화적 기표와 연관된 문제라고 말했다.[18] 국내에서 시진핑이 중국 국민들의 감정적 지지를 얻는 운동을 벌였던 것처럼 해외에 중국을 설명할 필요가 있다. 해외에서 중국을 보는 시각은 혼란스럽거나 아니면 정치 체제의 차이로 인해 적대적이거나, 중국을 경계하거나, 그저 현재 중국이 부상한다는 사실 자체가 짜증스럽고 불편하기도 하다. 과거에 사용하던 '평화로운 부상'이라는 표현은 더 이상 작동하지 않는다. 이제 현실성을 띠면서도 전술적인 표현과 아이디어를 만드는 일이 급선무이다. 새로운 표현은 중국인들의 마음에 와 닿아야 하고, 중국이 마침내 공적을 인정받고 자신의 이점을 알아차렸다는 느낌을 강하게 전달하면서도 해외 국가들의 경계를 불러일으키지 않는 내용이어야 한다.

그렇기는 하지만 시진핑은 전략적 이유에서 중국이 무거운 약속에 짓눌려가야 할 길을 방해받기를 원하지 않는다. 중국은 미국과의 동맹이나 조약 관계를 반은 부러움으로, 반은 멸시의 시선으로 바라본다. 상호 이익이 확실하다는 전제하에 실용적인 개입을 추구하는 것이 국제 문제 개입 여부와 관련된 중국의 근본적인 철학으로 보인다. 문제는 이 같은 방침이 외국인들의 마음을 사기에는 그다지 매력이 없는 메시지라는 점이다. 로버트 쿠퍼가 말한 것처럼 충성심과 예측 가능성을 지닌 우호관계의 장점은 적대관계보다 관리

CEO 시진핑

비용이 훨씬 적게 든다는 것이다. 전 세계에 우호관계의 국가들이 있다면 중국 주식회사의 결산 이익에 도움이 될 것이다. 적국들에게는 비용을 지출해야 할 뿐이다.[19]

　신실크로드와 비슷한 생각이기는 하지만 시진핑이 시도한 한 가지 전술은 중국을 문화적 존재로 규정하고, 인류에게 큰 공헌을 한 오래된 문명의 역사를 가진 곳으로 전하는 것이다. 그래서 시진핑은 연설 중에 순자, 공자, 맹자, 정화 장군이나 뛰어난 시인이었던 당나라의 두보와 이백 등의 인물을 언급하고, 중국의 역사를 혁신, 발명, 창의성의 문화로 설명한다. 공자학원은 이러한 생각을 알리기 위한 수단이다. 때로는 공자학원에 지독한 자신만의 목표가 있을 때도 있지만 말이다.[20] 해외 국가들이 중국의 문화를 존중하고, 현재 중국의 모습과 시진핑이 호소하는 과거의 모습을 연관지어 생각해 줄 것인가? 그래서 중국에 대한 이해를 높이고, 중국을 위협이 아니라 동맹으로 받아들이며, 좀 더 부드러운 외교적 미래를 그리고, 미국과 균형을 맞추어줄 수 있는 최종 세력으로 받아들일 것인가? 이 모든 문제는 시진핑이 중국의 얼굴 역할을 얼마나 잘하는지에 달려 있다. 이런 면에서 후진타오는 재앙과도 같아서 서구 사람들의 의식 속에 거의 들어가지도 못했다. 시진핑은 그보다 나아야만 한다. 앞 장에서 설명했던 것처럼 시진핑은 국내에서 발생하는 이질적인 문제들에 대해서는 무서울 정도로 단호히 대처하지만 그럼에도 뉴질랜드, 중앙아시아, 브라질, 피지처럼 해외의 매우 이질적인 장소를 방문한다는 사실에서 그가 외교 문제를 매우 진지하게 생각하고 있음을 알 수 있다.

제6장

시진핑이 구상하는 향후 20년

공자께서 말씀하셨다.
"말하는 것을 부끄러워하지 않으면 실천이 어렵다."
• 『논어』 헌문편 21장

중국의 현재 지도자는 미래를 어떻게 내다보고 있는가? '차이나드림'을 말할 때 시진핑이 의미하는 바는 무엇인가? 2020년까지 소강사회를 만들겠다는 100년 계획상 첫 번째 목표의 중요성은 이미 알고 있다. 시진핑 정부에서 이 목표에 관해 많이 언급하기 때문이다. 그렇다면 2020년 이후의 세계에 대해서는 어떻게 생각하고 있는 것인가?

중국의 지도자는 보다 장기적인 관점으로 국정 운영을 할 수 있다는 점에서 민주주의 국가의 지도자와 차이가 있다. 선거를 통해 선출되는 정치 지도자들은 선거 일정에 맞추어 단기적 목표 달성에 초점을 맞추어야 한다. 이들은 20년은 말할 것도 없고 3년 앞을 생각하는 경우도 드물다. 중국의 지도자는 선거나 정당 정치에 구속받지 않는다. 그래서 5개년 계획 같은 장기 정책을 목표로 삼을 수 있다고 생각된다. 미래를 생각할 여유가 더 많은 것이다.

여기에서 철학적인 질문이 한 가지 생긴다. 중국의 지도자들은 과학적 발전을 믿었고, 1949년 이후로 이 믿음에 근거하여 중국의 미래에 대한 역동적인 비전을 세워왔다. 서구 국가의 지도자에게는 미래란 이미 존재하는 발전된 경제의 좋은 점들을 유지하는 일이다. 미래에 급진적인 변화가 일어나는 것보다는 현재 상태를 유지하는 편이 더 바람직해 보인다. 이 때문에 정책에서도 현재에 안주하는 경향이 있고 변화보다는 보존을 추구한다. 변화가 일어나야 한다면 점진적인 편이 좋다. 1949년 이후의 중국은 전국이 빈곤과 저개발에 빠져 분명한 사회적 불만이 있었고 이에 따라 긴급한 혁명 의제도 존재했다. 비록 현재의 중국은 1949년의 모습과는 많이 다르지만 지속적인 개혁과 오늘보다 나은 내일을 이루고 싶다는 갈망은 여전히 남아 있다. 중국의 지도부는 여전히 사회주의 체제를 '완성'해야 하며, 미래에는 '완벽한 시장'을 이루어야 한다고 자주 말한다. '완벽'이란 위험을 회피하는 민주주의 정치 체제하의 행정가들에게는 금기시되는 단어이다. 이는 비법을 가진 신비주의자나 기술 기획자, 연예 분야에서나 사용할 수 있는 단어이다. 행정가들이 기대할 수 있는 최대 수준은 '개선' 정도이다. 시장 사회주의를 추구하는 중국에서는 현재에도 '완벽'을 적합한 목표로 설정하는 데 아무런 거리낌이 없다.

1949년 이후로 이처럼 생각의 틀은 같았지만 미래에 대한 아이디어는 변해왔다. 마오쩌둥과 덩샤오핑의 시대에는 목표는 때로 15년 후의 미래로 정해졌다(1956년 대약진운동 당시 선언했던 목표는 영국의 철강 산업을 추월한다는 것이었고, 1966년부터 시작된 문화혁명의 목표는 중국이 완벽한 사회주의 목표를 달성할 수 있도록 급진적으로 사회를 바꾸는 것이었다). 덩샤오핑의 목표는 중국이 사회주의적 현대성을 성취하여 30년 안에 국내총생산을 3배로 만들겠다는 것이었다. 그의 목표를 이루는 데는 10년밖에 걸리지 않았다. 마오쩌둥 시대의 이상주의적 목표는 1978년 이후, 더 구체적인 내용으로 대체되었다. 무엇보다 경제 성장이 최우선과제였다. 그렇기 때문에 중국 지도자들이 그리는 미래상은 1978년부터 변했다고 말할

CEO 시진핑

수 있다. 1978년 이전의 중국 지도부는 이상주의적 결과를 얻으려 애썼다. 하지만 이를 시행하는 과정에서 사회 내에 분열이 일어나는 파괴적인 모습이 나타났다. 모든 이의 평등과 공통성 추구가 핵심 목표였고, 이를 이루기 위해서라면 생산성, 역동성, 지속 가능성을 얼마든지 희생하려 했었다. 1978년 이후 중국의 미래 목표는 더 잘살고 부유한 사회가 되겠다는 내용이었다. 그로 인해 사회적 격차가 생기더라도 어쩔 수 없다는 의미였다. 이는 본질적으로 이념주의적 목표에서 물질주의적 목표로의 이행이라 할 수 있다. 이는 1978년 대변혁의 이야기를 한 문장으로 줄인 것이다.

현재 중국의 상황은 전보다 훨씬 복잡해졌다. 이 사실은 중국의 지도자가 그리는 미래의 모습에도 반영된다. 시진핑 정부가 원하는 중국의 모습은 어떤 것인가? 이들에게 비전이 있다고 말할 수 있는가? 비전이 있다면 우리는 그 비전을 어떻게 이해해야 하는가? 해외에서는 중국의 비전을 어떤 식으로 그려보아야 하는가? 중국의 지도자는 국민들이 10~20년 후에 어떤 미래를 원한다고 말하는가? 그리고 국민의 요구 사항을 만족시키기 위해 어떻게 행동하는가? 현재 중국의 지도부는 그 어느 때보다 결과물을 통제할 수 있는 정부이기 때문에 이상의 질문들을 생각해 볼 가치가 있다. 시진핑 정부는 상황을 통제할 수 있는 칼자루를 쥐고 있으며, 어느 날 그런 통제력을 잃을 수도 있다. 하지만 현재의 입지로 볼 때 '2035 중국'의 비전을 달성할 가능성이 가장 높은 사람들은 현재 중난하이에 앉아 있는 사람들이라고 말할 수 있다.

비전의 기준

미래를 정복하는 일은 중요하다. 하지만 중국 지도부가 내놓은 깔끔한 '미래 공약'은 없다. 중국 지도부가 향후

20년간 어디를 향해 가고 있는지 알려주는 문서는 단 하나도 존재하지 않는다. 하지만 중국 지도부의 선언 속에는 추상적인 용어를 사용하긴 하지만 미래의 모습이 분명히 나타난다. 미래를 향한 도전 과제가 어디에 있는지, 또는 근본적인 변화에 대해서나 열망하는 최종 목표를 달성하는 일 등에 대해 자주 이야기하기 때문이다. 즉, 중국의 엘리트 지도부는 시진핑 같은 지도자의 선언을 통해 비전의 기준을 설명하고 있다고 말할 수 있다. 이는 1980년대 초 덩샤오핑이 설정한 한도(오늘날에 이르기까지 중국 정부가 미래를 바라보는 틀로 남아 있다) 안에서 현재 중국 정부가 지닌 생각을 알 수 있는 방법이다. 중국 정부의 미래 비전에는 세 단계가 있다. 첫째, 10년의 개혁 기간이다. 이 기간의 목표는 중국 국민들에게 적절한 음식과 의복을 제공하여 기본적인 물질 욕구를 충족시키는 일이다. 이 단계의 목표는 달성했다고 할 수 있다. 두 번째 단계의 계획은 2020년까지 소강사회를 만드는 일이다. 구매력 지수를 기준으로 계산하여 1인당 국민총생산 1만 3,000달러를 달성한다. 이 단계는 아직 진행 중이다. 마지막 단계는 2020년부터 2050년까지 진행할 계획이며 중국의 농촌과 도시 지역, 양쪽의 현대화를 전부 완성하는 일이다.[1] 이 단계의 목표는 아직 달성되지 않았고, 시진핑의 100년 계획에서 두 번째 자리를 차지하고 있다.

이상의 세 단계는 필연적으로 매우 광범위하다. 각 단계의 주요 성취 사항을 알려주는 표지도 다양하고, 1단계에서 3단계로 갈수록 점점 더 추상적으로 변한다. 2020년까지 두 번째 단계의 목표를 달성하기 위한 로드맵은 2011년부터 2020년까지 시행될 제12차, 제13차 5개년 계획에서 모습을 드러내고 있다. 그리고 2013년 말 3중전회 선언문부터, 2014년 4중전회 선언문, 그리고 이 기간 동안 이루어진 기타 핵심 지도부의 선언문 속에 목표가 설정되어 있었다. 그렇지만 3단계 목표의 내용은 현 지도부의 기준 목표 안에서는 거의 보이지 않는다. 만일 중국 지도부가 중국의 장기 비전을 간결하게 설명한다면 '부강 국가富強国家'가 가장 좋은 표현이다. 이 단어는 거의 한 세기 전에 등장했지만 2013년 초부터 시진핑이 자주 말하는 '차이나드림'이 원하는 모습이다.

시진핑의 중국에 존재하는
네 가지 주요 위험 요인

중국의 미래를 개념화하려면 중국의 중장기 안정성과 발전에 관한 네 가지 '질문'을 해야 한다. 이는 중국이 안정적인 통일 국가로 지속될 수 있는지 알아보는 사회적 질문, 현재의 정치 모델을 지속할 수 있는지 알아보는 국내 정치적 질문, 해외의 영향과 관련된 지정학적 질문, 그리고 지속 가능한 양질의 경제 성장을 유지할 수 있는지 알아보는 경제적 질문으로 분류할 수 있다. 이 네 가지 분야에 위험이 도사리고 있다. 이 중 어느 하나라도 실패할 경우 시진핑의 리더십은 완전히 끝날 것이다.

사회 문제는 중국의 통일과 관련되어 있다. 중국이 통일된 지는 얼마 되지 않았고, 국경은 새로 정해졌으며 대부분 1949년에서 1980년 사이에 확정되었다.[2] 여기에 이르기까지 20곳이 넘는 분쟁 지역에서 협상을 해야 했다. 타이완 문제는 아직 미해결 상태로 남아 있으며, 티베트 자치구, 신장 자치구, 그리고 정도는 덜하지만 네이멍구 자치구 및 모든 국경 지역(현재 중국의 광활한 땅의 거의 50퍼센트를 차지한다)에서 끊임없이 잠재적 불안정성을 야기한다. 그래서 이 지역들을 장기적으로 통치할 수 있는 방법을 찾는 논의가 지금도 계속되고 있다. 현 정부의 정책의 틀은 소수민족의 통일성 유지, 사회 안정 보존, 경제 개발 장려이며, 2014년 베이징에서 열린 신장 자치구와의 만남에서 이를 자세히 설명하였다. 하지만 장기적으로 효과를 거둘 가능성은 낮은 편이다. 전임자 후진타오와 현재 시진핑의 통치 아래에서 예를 들어 칭화대학의 후안강 교수와 베이징대학의 마룽 교수 같은 사람들은 '신세대 소수민족 정책'에 대한 토론을 했다. 이러한 인물들은 이미 현재의 정책 기준에 대해 심각한 질문을 던졌다. 이는 소수민족에 대한 문제만이 아니다. 중국의 사회적 응집성, 지난 30년간 개혁 과정에서 나타난 승자와 패자 간의 다툼 또한 주요 문제이다. 이러한 사회 문제를 통제하는 일이 현 지도부에서 주로 생각하는 문제이다.

이 책의 모든 내용을 통해 시진핑과 그의 사람들은 공산당의 지도력이 현대의 중국을 성공적으로 통치하는 데 중심이 된다고 생각한다는 점을 분명히 알게 되었을 것이다. 정부 정책의 틀을 짜고 정책 결과를 평가하는 과정에서 공산당의 역할은 독보적으로 강하며 여기에는 대적할 수 없다. 중단기적으로 이 상황이 바뀔 가능성은 낮다. 다양성이 증가하는 사회를 묶어줄 수 있는 유일한 요소가 공산당이며, 전체를 아우르는 사회적, 경제적, 정치적 비전을 설명하고 실행할 수 있는 정당성과 능력을 가진 유일한 집단이다. 하지만 74년 이상 독점 권력을 유지했던 공산당은 어디에도 없었다(이 기록은 전 소비에트연방 공화국 공산당이 여전히 보유하고 있다). 중국공산당은 그런 취약성을 잘 알고 있다. 2014년 9월 베이징에서 열린 해외 학자들과의 만남의 자리에서 시진핑과 가까운 인물인 리위안차오 부주석은 당의 권력을 지속시키기 위해서는 정치적 개혁이 필요하며, 국민들에게도 새로운 이야기를 들려주어야 한다는 내용의 발언을 했다. 하지만 정치 개혁이 필요하다는 발표, 그리고 서구의 모델은 중국에 맞지 않는다는 선언(중국 건국 60주년 기념식에서 시진핑이 선언했다)을 제외하면 공산당 자체 개혁 이외에 앞으로 정치 개혁을 어떻게 진행해 나갈 것인지에 대한 명확하고 자세한 로드맵은 없다. 중국의 행정과 정치 시스템 현대화를 향한 모양, 속도, 방향은 여전히 대부분 불확실한 상태로 남아 있다. 이 영역과 관련해서는 중국 지도부에서 그다지 미래를 기대하지 않는다는 점은 알 수 있다. 하지만 그들이 정말 무엇을 원하는지는 알 수 없다.

외부 세계와 지정학적 문제에 대해 이야기해 보자. 제5장에서는 중국에게 중요한 의미를 가지는 동심원 관계와 동맹국을 유지해야 할 필요성에 대해 살펴보았다. 공급 사슬망, 경제 성장의 원천, 수출 시장, 자원 공급과 안보, 이 모든 분야에서 중국은 남다른 글로벌 행위자가 되었다. 중국의 규모와 위치로 인해 중국의 활동은 전 세계에 영향을 주고, 중국도 해외의 영향을 받는다. 14개국과 국경을 접하고 있으며, 세계 인구의 거의 절반이 살고 있는 지역에 위치해 있고, 투자관계는 거의 전 지구상에 뻗어 있다. 향후 20년간 이는 점점 더 늘어나기만 할 가능성이 높고, 여기에는 기회만큼 위험도 수반된다. 2008년 글로벌 금융위기는 중국에도 큰 위협이 될 뻔했고, 엄청난 경기 부양 정책, 자본 통제와 경상 수지를 이용해 겨우 막아낼 수 있었다. 1970년대 말부터 1990년대 초까지 이어졌던 뛰어난 지도자 덩샤오핑의 시대 이래로 중국은 국제관계를 무난하게 유지하면서 내부 경제 발전에 힘을 쏟았다. 하지만 중국은 역사 속에서 내정 간섭을 받았던 경험이 있으며, 현대의 일만 생각해도 인도 및 해상 국경에서 영토 분쟁이 진행되는 중이며, 국가주의적 움직임이 움트려 하고 있다(특히 일본과 미국을 대상으로). 이러한 이유 때문에 국제사회의 정치적, 경제적 환경이 나빠지면 중국에 악영향을 미치고, 반대로 중국의 내부 상황이 악화되면 전 세계에 나쁜 영향을 주게 된다.

마지막으로 경제적 문제가 있다. 국내총생산을 성장시키는 일은 1978년 마오쩌둥 이후의 정부가 취임하여 개혁을 시작한 이래 공산당에게 지배 정당성을 부여해 주는 핵심 원천이었다. 지난 30년간 중국 경제는 매년 10퍼센트를 조금 못 미치는 수준의 성장을 지속해 왔다. 그런데 2012년 이후로 성장률은 7.5퍼센트로 떨어졌고, 2015년에는 7퍼센트 이하로 내려갔다. 두 자릿수의 성장률을 기록하던 시대는 끝났다. 시진핑 정부는 좀 더 완만한 성장과 효율성을 추구할 방법에 대해 이야기한다. 그렇기는 하지만 향후 15년간은 중국에 강한 플러스 성장이 필요하다. 2007년 전국인민대회에서 있었던 후진타오의 선언부터 2013년 말 3중전회에서 있었던 시진핑의 선언까지 거의 모든 중국 지도부의 선언 속에는 경제 성장이 공산당의 핵심 기능으로 등장하며, 경제 성장은 가장 강력한 지배 정당성의 이유이다. 하지만 앞서 이야기했던 베이징에서 열린 외국 학자들과의 만남의 자리에서 리위안차오는 공산당이 물질적 기준에서 국민의 생활수준을 계속해서 높이지 못한다면 공산당은 권좌에서 밀려날 수도 있다는 점을 명확히 밝혔다. 권리에 대해 알고, 적극적으로 활동하는 도시 중산층 인구의 요청 사항을 공산당도 알고 있기 때문에 2012년 말 이래로 공산당이 전하는 이야기는 상당 부분 국민에 대한 수준 높은 서비스, 부패 척결, 양질의 행정 서비스 제공 등의 내용으로 채워지고 있다. 이들을 만족시키는 것이 점점 정부 정책의 목표가 되고 있다.

시진핑 정부는
미래를 어떻게 보고 있는가

중국 지도부에서 미래에 대한 구체적인 내용들을 하나의 문서에 담아 발표하지는 않지만 앞에 설명한 네 가지 위험을 다루는 방법, 그리고 그들이 미래에 얻으려는 것이 무엇인지 그려볼 수 있는 일종의 틀을 알 수 있도록 관련 정보를 제공하는 핵심 자료들이 있다. 나는 이를 '비전'이라 부르는데, 네 가지 분야로 이루어져 있다.

첫째, 2012년 2월 세계은행과 중국 국무원개발연구센터가 공동으로 펴낸 「중국 2030: 현대적이고 조화로운 창의적 사회 건설」이라는 보고서이다. 이 보고서 안에는 향후 20년간의 목표에 대해 비교적 자세한 내용이 기술되어 있다. 재미있는 점은 이 보고서에서 제시하는 핵심 정책 권고안(시장의 심화, 비국유 부문 확대, 국민의 행복을 고려하여 좀 더 정교하게 경제 성장을 측정하는 방법을 고안할 것) 중 많은 부분이 2013년 3중전회에서 눈에 띄게 등장했다는 사실이다. 그래서 이 보고서는 장기적 미래에 대한 중국 정부의 반공식 선언문으로 생각할 수 있다.[3] '현대적이고 조화로운 창의적 고소득 사회'라는 비전과 함께 「중국 2030」 보고서는 2035년의 중국의 모습이 어떠할지 핵심 내용을 그리고, 거기에 도달하기까지 정부가 사용할 정책에 대해 설명한다.

두 번째는 정부 공식 문서들이다. 그 내용에 대해서는 앞서 이 책의 다른 장에서 일부 자세히 소개하였다. 특히 2013년 10월 3중전회에서 공산당이 발표한 60가지 사항의 선언문은 공산당의 공약으로 볼 수 있으며 새 지도부의 정치적 의도를 알리는 발표였다. 주목할 만한 점은 정부 정책의 초점을 더 이상 국내총생산 증가를 통한 경제 성장에 맞추는 것이 아니라 중국의 시장화를 완성시켜 줄 보다 효율적이고 의지할 만한 '빠르고, 지속 가능한 모델'로 옮겨야 한다는 부분이다. 거시경제 정책의 책임자로서 리커창 총리는 또한 중국식 경제 모델의 지속적 현대화를 위해 필요한 구조적 변화를 서술했다. 여기에는 소비의 증가, 경제 내 서비스 부문 비율 증가, 고정 자산에 대한 정부 투자 축소와 도시화의 가속화 등이 포함된다. 이 문서로부터 중국 정부가 향하고 있는 미래의 모습이 어떠할지 예측할 수 있다.

중국 정부의 공식 문서는 대체로 조심스럽고 내용을 매우 제한하고 있기 때문에 정치 변화에 대한 내용을 살펴보려면 공산당이나 정부 조직 내의 인물이 쓴 반공식 자료들을 살펴보아야 한다. 엘리트 지도부에서 지지할 수 있는 정치 변화를 예측한 문서들이다. 2007년 베이징 중앙당교의 두 학자, 저우톈융과 왕창장이 쓰고 왕안링이 보조한 문서 「활과 화살, 견고한 요새를 공격하다」에서는 중국의 정치 개혁이 어디에 초점을 맞추어야 하는지 명확한 비전을 제시하고 있다. 공산당의 통합된 규칙을 지키고, 각 성의 힘을 늘리며,

규칙이 안정적으로 준수되며, 경제는 번성하고, 중국이 정치적·경제적·사회적으로 안정적이라는 점을 확인시키기 위해 의사결정 과정에 더 많은 사람들이 참가할 수 있도록 하는 방향으로 공산당의 내부 개혁을 실시해야 한다. 공산당의 주요 싱크탱크에서 근무하는 핵심 관리들이 직접 쓴 데다 일당 체제하에서 중국의 재정 및 행정 시스템을 변화시키는 법에 대한 공식적인 관점을 조심스럽게 풀어낸 내용을 담았기에 이 문서는 매우 신뢰할 만하다.[4]

마지막으로 과거 수년간 국제기관에서 수집·분석한 자료들이 있다. 간단히 말하자면 중국의 미래를 가장 잘 알려주는 예측 변수는 과거에 있다는 의미이다. 물론 미래 성장에 대한 단서를 찾기 위해 과거의 어느 부분을 해석해야 하는지를 결정하기는 매우 어렵지만 말이다. 인구 구조부터 경제 성장에 이르기까지 핵심 영역의 역사적 흐름을 보면 앞서 이야기했던 현재의 정책이나 물질에 대한 열망이 지속될 경우 미래의 모습이 어떻게 발전할지 이해할 수 있는 기본 자료를 얻을 수 있다. 이 자료들은 국제연합이나 세계은행, 국제통화기금과 같은 곳의 자료를 검색하면 쉽게 구할 수 있다.

예측하기 쉬운 내용들

최근의 역사적 패턴을 보면 인구 구조, 에너지 사용량, 국내총생산 성장률, 생산성, 경제의 구성 요소 같은 핵심 분야의 경향에 대해 일부 아이디어를 얻을 수 있다. 현재 중국의 인구 규모를 바탕으로 지난 수십 년간의 출생률, 성별 및 도-농 간의 역사적 인구 구성을 분석하면 중국의 인구 구조에 대해 상대적으로 많은 내용을 예측할 수 있다. 결과를 보면 인구 내 성별 구성은 비교적 안정적이며, 인구 규모는 커질 것이고(관리 가능한 수준 안에서 변동), 예상할 수 있는 가장 큰 어려움은 연령의 중간값이 수직상승하고, 60세 이상 인구의 부양 부담이 늘어난다는 점이다. 이런 예측은 예상치 못하게 큰 폭으로 출생률이 하락 또는 증가하거나 사회 정책(출생을 장려하거나 반대할 수 있다)의 변화, 그리고 노인 인구에 대한 의학 서비스가 어떠한지에 따라 달라질 수 있다. 중국에서는 2015년 10월 베이징에서 열린 5중전회의 공식적인 발표를 통해 한 자녀 정책을 완화하였다. 이제 부부는 2명의 자녀를 낳을 수 있고, 이는 인구 증가로 이어질 가능성이 있다. 반대로 조류 독감과 같은 대유행병이 번지면 인구 감소로 이어질 수 있다. 하지만 인구의 규모나 연령, 성별 구성과 관련되어 어려움이 발생하는 것이 아니라 인구 노령화, 그리고 노인들을 위한 사회복지와 의료 서비스에 대한 수요를 다룰 정책 개발이 문제이다. 이 부문에서 정책이 실패하면 엄청난 파장을 몰고 올 수 있다. 늘어나는 비만 인구와, 이와 관련된 만성 질환 문제를 다루는 정책도 향후 점점 중요해질 것이다.

자원, 에너지, 환경 지표를 사용하는 일도 매우 중요하다. 앞서의 방법과 마찬가지로 현재의 수준과 역사적 흐름의 내용을 바탕으로 계산하면 생각해 볼 만한 시나리오가 많이 나오며, 이 가운데 일부는 발생 가능성이 높을 수 있다. 하지만 인구 구조와 비교하면 이 분야의 예측 정확도는 떨어진다. 음의 변수는 환경 파괴이고 양의 변수는 중국의 에너지 수요를 만족시키고 환경오염 문제를 해결할 수 있는 신에너지 효율성 기술이 개발되는 것이다. 과거부터 미래까지 경제 지표도 추정해 볼 수 있다. 특히 지난 10년간의 자료는 도움이 된다. 연간 GDP 성장률, 1인당 GDP(총 GDP와 구매력 지수 기준 GDP), 실업률, 임금, 인플레이션, 무역 수지, 외국인직접투자, 정부 지출과 부채, 등록 차량 수, 소비, 가처분 소득, 개인 저축과 세금 등의 항목이 있다. 이러한 자료를 바탕으로 미래의 모습과 경제의 건강성을 알아볼 수 있다. 이 모든 항목에 영향을 미치는 변수는 GDP 성장률이다.

2035 중국 :

현대적이고 조화로운 창의적 고소득 사회

만일 중국의 지도부가 지금처럼 주요 매개 변수를 유지한다면 2035년의 중국은 여전히 통일된 상태로, 높은 경제성장률을 유지하며, 공산당도 여전히 권력을 지키고 있을 것이다. 중국 정부는 정치, 사회, 경제 전반의 정책을 강력히 통제한다. 외부 세력으로부터 크게 방해받지 않으며 대체로 선의의 국제관계를 맺고 있을 것이다. 이렇게 되기 위해서는 세계의 연간 경제성장률이 2035년경이 되어 2.3퍼센트 정도로 떨어질지라도 그 전 20년 동안은 3.3퍼센트 수준을 유지해야 한다. 2035년이 되기 전까지 앞으로 20년간 안정적인 경제 환경이 지속되고, 이렇다 할 경기 침체가 일어나지 않아야 한다. 인구학적으로는 중국의 인구가 노령화할 것이다. 하지만 2015년 10월 발표된 한 자녀 정책의 변화와 중국 정부가 펼치는 국내 이주 운동의 효과, 그리고 은퇴 연령 상승 등의 요인이 인구 노령화와 성비 불균형의 문제를 완화시킬 것이며, 이와 더불어 효율적인 사회복지 비용 지출 및 효과적인 연금 개혁 등에 힘입어 2035년이 되면 인구학적 문제는 대체로 안정을 찾을 것이다. 환경 문제와 관련하여 중국 정부는 대기의 질, 수질 오염, 그리고 환경의 지속 가능성 문제 등을 다룰 것이며, 2014년 기준 70퍼센트 수준의 화석 연료 의존율을 45퍼센트로 줄이고, 재생 가능 에너지, 원자력 에너지, 그리고 보다 다양한 에너지원을 사용하게 된다. 2035년 경제의 생산성과 구성을 보면 중국은 고소득 국가이며, 서비스 부문의 비중이 높고, 소비 중심적 경제를 이룰 것이다. 그리고 국내에서 경제 성장의 원천을 찾게 되고, 수출 부문의 비중은 2014년의 미국 수준과 비슷하되 더 많은 수출 재화와 용역을 중국 국내에서 생산할 것이다.

경제 구조적 측면에서는 자유 시장 경제로의 이행이 지속되어 2035년에는

CEO 시진핑

기업가 문화를 띤 비국유 부문 회사들이 경제의 3분의 2를 차지할 것이다. 비국유 부문 기업들은 탄력적인 자본 접근성을 가지며 해외 투자가가 될 것이다. 소비 부문 GDP의 대다수는 서비스 분야에 종사하는 도시 인구가 차지하게 된다. 도시 중산층이 중국 인구의 4분의 3을 차지하며, 대학 교육을 받은 인구수는 전체의 40퍼센트로 늘어난다. 향후 20년간 연구 개발에 많은 투자를 하여 중국의 대학은 세계 최고 수준이 될 것이다. 중국의 에너지 사용원은 다각화되고, 일관적인 전국 송전선망의 확충과 전력 가격의 시장화로 에너지 사용의 효율성이 크게 증가한다. 기술 혁신을 통해 화석 연료 의존도를 크게 줄이고 탄탄한 재생 가능 에너지원을 얻게 된다. 중국 각 도시에 도시화가 보다 많이 진행되고 뛰어난 사회기반시설이 갖추어지며, 이와 더불어 전기 자동차가 개발되면서 일반 자동차의 사용은 줄어든다. 중국 정부는 2014년 기준 지니계수가 0.5에 가까운 엄청난 불평등 사회를[5] 부유층과 극빈층의 비중이 상대적으로 적고 대부분이 중산층으로 이루어진 다이아몬드형 구조의 보다 평등한 사회로 탈바꿈시킬 것이다(재분배적 세금 제도, 서부 지방 및 중국 내에서 상대적으로 낙후된 지역을 발전시키는 방법을 통해). 2014년 1억 5,000만 명에 달하는 빈곤층은 2,000만 명 수준으로 줄어들고, 영양실조를 비롯한 사회적 불평등의 고질적인 징후들이 대체로 사라진다.

2035년이 되면 중국의 각 성과 자치구에서는 재정 수입과 지출의 60퍼센트 이상을 스스로 결정하는 재정 자율성을 가진다. 일부 재정 부문의 결정권은 여전히 중앙 정부에서 가지고 있겠지만 성 정부의 재정 자율성이 크게 늘어난다. 중국은 아시아 지역을 주도하는 힘 있는 역할을 맡으며, 자국의 주요 이익을 보호하기에 충분한 해군력과 전력 투사power projection 능력을 갖추고 있다. 중국과 주변국의 관계를 살펴보면 그때쯤 북한과는 완전히 다른 정치 체제가 될 가능성이 높으며, 타이완 문제는 타이완이 고도의 독립성을 갖춘 형태로 중국에 편입되는 연방 체제가 되거나 아니면 타이완의 독립을 인정하는 방식, 둘 중 하나로 해결된다. 중국군은 세계에서 가장 규모가 크고 현대화된 군이 되지만 지난 세기 미군이 해왔던 것처럼 지역의 평화 유지 및 군사적 개입 등의 임무를 더해야 한다.

2035년경이 되면 통제하에서 형식적 법치주의가 발전하여 상업 분야와 사회 내에 적용된다. 하지만 공산당이 법적 조사를 받게 되는 일은 없을 것이다. 중국 사회 내에 법적 절차가 발달하지만 공산당은 사법 절차에 구속되지 않는다는 입장을 견지한다. 판사들은 보다 많은 훈련을 받고, 권력 분립이 더 많이 이루어지며, 경제의 예측 가능성이 한층 높아진다. 민법 체계가 탄탄히 세워져 사회적 안정성이 높아진다. 부패를 방지하기 위하여 공무원들의 급여 수준이 높아지며, 지방 및 중앙 정부의 공무원들은 정치색을 벗고 전문 직업인이 되며, 이들 가운데 많은 수가 공산당원의 신분을 가지지 않을 것이다.

서부 지방은 친성장 정책을 통해 개발되고 도시화가 이루어질 것이다. 서부 지방 및 중부 지방과 해안 지역 간의 불평등 문제는 재정 자율성의 지방 분권화를 통해 해결한다. 다만 정치적으로는 중앙 정부의 강력한 통제하에 있을 것이다. 서부 지방에는 사회기반시설을 확충하여 개발에 도움을 준다. 중국은 자본 집약적, 투자 의존 경제에서 벗어날 것이다. 비국유 부문 기업이 늘어나며, 정부 조달 부문에서도 비국유 부문 기업의 역할이 커진다. 국유기업들은 대체로 시장의 힘 덕분에 효율성이 높아지고 핵심 부문에만 한정되어 운영된다. 에너지 및 자원 기업들은 분할될 가능성이 높다. 이를 통해 소유권의 국제화와 다각화가 이루어질 것이다. 임금 수준이 상승하면서 소비도 증가한다. 일단 중국 정부가 시민 사회를 인정한다면 이에 대한 법적인 근거가 견고해지고 서비스 부문에서의 역할도 커질 것이다. 혁신을 추구하는 방향으로 대학 개혁이 이루어지면서 교육 부문의 여건도 개선된다. 이전 그 어느 때보다

대학에 다니는 중국인들의 수가 많아지고 대학 교육의 질도 향상된다. 그래서 많은 중국인들이 유학을 떠나지 않고 중국에 남아 학업을 이어가며, 국제적으로 인정받는 연구 결과도 급격히 늘어날 것이다. 국가 혁신 계획은 기술 및 과학 분야를 우선순위로 삼으며, 이에 따른 투자 덕분에 세계적인 수준의 연구 센터가 들어서고 이를 보호하기 위해 적절한 지적 재산권 제도가 성립될 것이다. 공산당은 새롭게 대두된 중산층에게 더 많은 수입을 제공하여 이들의 지식을 이용하고 중국 사회의 발전에 도움을 얻으려 한다. 향진 층의 선거는 1980년대와 1990년대에 도입된 모델과 동일한 모습으로 남아 있으며, 선거에는 여러 정당의 후보들이 출마할 것이다.

2035년이 될 때까지 기술의 획기적 발전으로 중국의 기술 기업들은 글로벌 리더의 지위에 올라 여러 지적 재산권, 특히 생명과학, 컴퓨터 공학과 자동차 공학 분야에서 지적 재산권을 소유하게 된다. 중국은 청정생산기술 분야에서 세계를 이끌게 될 것이며, 중국 정부의 집중적인 지원 덕분에 청정 연료와 재생 가능 에너지와 관련된 분야에서 획기적인 발전을 이룬다. 납세자들의 세금을 바탕으로 운영되는 보험 기금에서 재정을 충당하는 전국 사회복지 시스템이 만들어질 것이다. 중국은 대체로 식품류를 자급자족하게 되며, 지속 가능한 물 관리 체제를 만들어낼 것이다.

해외 국가들과 수준 높은 자유무역협정을 맺으며, 대부분의 주요 경제 국가들과 균형 잡힌 교역관계를 맺는다. 특히 아프리카, 라틴아메리카 국가들의 주요 교역 및 기술 파트너가 될 것이다. 더 많은 자본 수익을 얻기 위해 해외 투자도 더 많이 이루어진다. 중국은 세계 최대의 해외 투자국이자 세계 자본의 주요 원천이 된다. 상하이는 중국 국내 금융 시장과 해외 금융 시장을 이어주는 독특한 역할 덕분에 세계 최대의 국제 금융 허브 도시가 된다.

후커우 제도의 개혁으로 노동 이동이 늘어난다. 중국 국민들은 완전히 자유롭게 이동할 수 있으며, 중국 국민의 70퍼센트 이상이 도시에 거주하게 될 것이다. 다만 도시 인구의 증가는 향후 20년간 점진적이고 관리 가능한 수준으로 이루어진다. 중국의 농촌 지역도 현대화되며, 농업 부문은 통합되고 기계화가 이루어진다. 각 도시와 성의 재정 수입 구조가 개정되어 일부 세금은 지역에서 징수할 수 있을 것이다. 기술의 획기적인 발전과 더불어 2006년의 국가 혁신 계획은 비국유 부문 내에 한층 강한 혁신 문화를 창출했고, 원칙에 기반하고 있으며, 예측이 가능하고, 당국의 규제를 받는 금융 및 대부 부문이 생겨나 자본 분배가 보다 효율적으로 이루어진다. 중국은 연구 개발 부문의 재정을 지원하는 주요 국가가 된다. 중국은 자체적으로 항공 전자공학과 엔지니어링, 선박 건조 시설을 보유한다. 금융 개혁을 이루어 자본의 사용도 효율적으로 이루어진다. 자본에 대한 규제가 법으로 강력하게 보장되어 중국 정부와 기업의 책임성이 강화된다. 은행업계에는 경쟁이 도입되고 은행들은 영업을 해외로 확대한다. 중국의 자본 계정은 개방되고 중국 위안화는 미 달러화와 어깨를 나란히 하는 세계 주요 통화가 된다. 향후 20년간 임금이 상승하여 가처분 소득이 증가하고 이와 더불어 국내 소비가 증가한다. 특히 도시 지역의 주택 소유자들은 200년의 주택 사용 권리를 가지고 있으며, 국내 및 해외에서 상속법이 발전하고 여러 금융 상품이 출시되면서 투자가 늘어난다. 중국의 기업들은 대체로 비국유 부문에 속하게 되고, 공산당 중앙위원회에서 민간 기업의 목소리가 커진다. 공산당원이건 비공산당원이건 선거를 통해 선출된 지방 지도자들과 함께 비국유 부문의 기업가들은 사회 내에서 점점 더 정치적으로 두각을 드러낸다. 비국유 부문 기업은 중국에서 가장 강력한 혁신가의 역할을 수행하며 이를 위해 법적인 보호를 받고 정부 조달 과정에 전적인 참여가 보장된다. 정부는 국방이나 원자력 등 핵심 전략 자산만을 관리하며, 에너지와 자원 기업들은 부분적으로 시장화된 상태에서 정부는 지배에 필요

CEO 시진핑

한 정도의 주식을 보유한다.

에너지 효율성에 대해서 중국 정부는 13차~16차 5개년 계획을 통해 경제적 유인을 제공하며, 도시와 농촌 지역에 보다 효과적인 대중교통 시스템을 구축하여 자동차 배기가스 배출량을 관리한다. 도시 지역의 대부분의 빌딩에서는 태양력으로 에너지 사용분을 충당할 것이다. 재생 가능 에너지의 사용을 권장하기 위해 세제 혜택을 부여하고, 러시아에서 수입하거나 국내에서 산출되는 천연가스를 사용한다.

만일 …라면?

이상의 내용은 시진핑 정부에서 말하는 내용을 그대로 받아들였을 때 2035년의 모습을 상정한 것이다. 물론 일이 잘못될 수 있는 경우도 수만 가지이다. 사회적 불안을 야기하는 상황을 통제하지 못할 수도 있다. 국가의 통합이 무너질 수도 있다. 해상 국경이나 타이완 문제를 두고 일본이나 미국과 전쟁이 발발할 수도 있다. 무엇보다 식품 오염의 위기나 전국적인 유행병 등의 문제에 굴복할 가능성도 높다. 중국에서 발생했던 여러 비극적인 위기의 역사는 세계 최악의 수준이다. 중국은 끔찍하고 쓰라린 실패를 경험한 것으로 알려져 있는 국가인 것이다.

다른 잠재적 상황을 가정한 시나리오도 많다. 그러한 시나리오 가운데 하나는 중국이 소비에트연방공화국과 비슷한 상황에 놓여 공산당은 붕괴하고 군 지도부에 의한 과두제가 등장하여 전국을 나누어 지배하고 이에 따라 해안 지방은 중부 지방과 서부 지방을 버리는 결과로 이어져 이 지역들의 발전이 정체되거나 급격히 침체되는 것이다. 성장의 원천이 사라지면서 경제가 붕괴할 수도 있다. 금융 부문이 실패할 수도 있다. 국유기업, 지방 정부, 중앙 정부가 부채에 시달릴지 모른다. 그렇게 되면 중국은 스스로 엄청난 금융위기를 초래하게 되며, 해외에서는 중국의 상황에 대한 개입 여부를 결정해야 할 수도 있다. 물 부족 현상으로 인해 도시화가 지연될 수 있으며, 일부 도시는 더 이상 지속 가능하지 않다는 사실이 드러나고 새로 생긴 도시들 가운데 일부는 그대로 버려질 수 있다. 중국에는 이미 유령 도시가 존재한다. 가뭄이 지속되면 유령 도시에서 더 나아가 유령 성이 나타날 수 있다. 지난 30년간 전례 없는 산업화를 진행한 결과 중국의 환경 문제는 이미 한계점에 다다라 있다. 어느 한 순간 중국의 환경은 일거에 무너질 수 있으며 이는 식량 공급과 대기의 질에 영향을 미치고 넓은 지역을 훼손하는 엄청난 날씨 재앙이 발생할 수 있다. 전염병은 빠르게 퍼질 수 있으며 중국의 건강관리 시스템을 위협하여 사회 질서를 무너뜨릴 수 있다. 그러면 과거에 겪었던 혼란스러운 상황이 다시 찾아올 것이다. 지금은 강력해 보이는 공산당이지만 정말 갑자기 힘없고 취약한 존재로 보일 수 있다.

이상의 모습은 중국공산당이 바라는 모습이 아니다. 2035년까지 중국이 지속 가능하고 도시화된 친환경 선진국이 된다면 중국의 꿈은 이루어질 것이다. 하지만 중국을 제외한 세계의 입장에서는 여기에서 큰 진퇴양난의 상황에 놓인다. 우리는 중국공산당과 그들의 역사, 그리고 우리와의 차이점을 생각하며 꺼림칙함을 느낀다. 하지만 미래를 생각할 때, 그리고 현재 중국 지도부가 말하는 비전에 대해서는 대부분의 사람들이 수긍한다. 우리도 같은 모습을 바라고 있다. 우리가 원하는 모습은 중국인과 중국인이 아닌 사람들이 지속 가능한 모습으로, 보다 공정하고 평화롭게 함께 사는 세계이다. 우리는 안정을 원한다. 이러한 이유 때문에 시진핑이 이끄는 공산당이 그러한 세계로 우리를 이끌어줄 최선의 방책이 된다. 매우 역설적이지만 이러한 맥락에서 우리 모두는 시진핑과 중국공산당을 지지하는 셈이다.

CEO 시진핑

| 결론 |

시진핑은 누구인가?

공자께서 말씀하셨다.

"모두가 미워하고 싫어하는 사람이라도 반드시 그 까닭을 살펴야 하고,

모두가 좋아하는 사람이라도 반드시 잘 살펴 관찰해야 한다."

• 『논어』 위령공편 27장

2014년 어느 세계적인 지도자(취임한 지 몇 년 되지 않았고 10억 이상의 인구를 이끄는 조직의 수장이었지만 근래에 발생한 위기와 혼란으로 통치력과 리더십에 어려움을 겪는 상황이었다)는 주요 의사결정자들을 모아 놓고 강도 높은 비판을 가했다. '권력의 병폐'와 '나르시시즘'에서 발생하는 문제들을 질책하면서 지금까지 '군주이자 주인'처럼 행세해 왔고, '주변에 벽을 쌓아' 섬겨야 할 사람들과의 연결이 끊어졌다고 말했다. 이어 추가로 문제점들을 나열했다. 파벌주의, 출세제일주의, 욕심, 경쟁심, 타인에 대한 무관심, '관료주의에 갇혀' 업무상 진정으로 중요한 사항을 망각한다는 내용 등이었다. 그는 특히 '소문의 테러'에 진 사람들과 '타인에 대한 명예훼손, 중상모략, 그리고 불신임'하는 사람들을 멸시했다.[1]

전 세계 10억의 가톨릭 신자들을 이끄는 지도자 자리에 새로 취임한 프란치스코 교황은 중국공산당보다 수백 년이나 긴 역사를 가진 조직을 이끈다.

하지만 영혼의 뿌리를 잃고 정당성이 퇴색하여 물질의 힘에 소비되는 가톨릭 교회 조직에 새로운 감각을 주입하려는 교황의 노력은 중국공산당에 대처하는 시진핑의 모습과 무서울 정도로 닮아 있다. 양측의 공통점은 여기서 끝이 아니다. 프란치스코 교황과 마찬가지로 시진핑에게도 다가오는 전임 지도부의 인사들이 있었고, 그 가운데 몇몇은 여전히 살아 있었다. 또한 프란치스코 교황과 마찬가지로 자신이 취임하기 전 수년 동안 최고지도부와 동떨어져 있던 지성인들과의 관계를 다시 형성해야 했다. 전 세계가 미래를 향해 나아갈 때 꾸벅꾸벅 졸고만 있던 조직에 경종을 울려야 했다.

시진핑은 교황처럼 화려한 언변으로 문제를 지적하지는 못했다. 하지만 시진핑이 의미하는 바도 교황과 마찬가지였다. 2012년 11월 15일 시진핑이 처음으로 베이징의 인민대회당 막 뒤에서 등장하여 공산당의 지도자로서 전한 말은 명확하고 핵심을 잘 짚고 있었다. 그는 '새로운 환경 속에서 우리 공산당은 당내에 해결해야 할 많은 어려움과 긴급한 문제들을 안고 있다'고 말했다. 그러고 나서 가장 해결이 시급한 문제들을 직접 나열했다. '부패, 국민들로부터의 괴리, 일부 공산당원들이 형식주의와 관료주의에 만족하며 지내는 것'[2] 등이었다. '공산당원'을 '신부'로 바꾸면 시진핑의 말도 프란치스코 교황의 말과 그리 다르게 보이지 않는다.

가톨릭교회와 중국공산당의 공통점에 관해서는 앞에서도 이야기했다. 심지어 중국 내에서도 과거 베이징의 공산당 중앙당교는 가톨릭교회가 그토록 이질적인 전 세계 신자들 사이에서 응집성과 이념적 통제를 유지하는 방법이 무엇인지 자세히 알아본 적이 있었다. 베이징의 공산당 간부들에게 무엇보다 매력적으로 다가오는 부분은 가톨릭교회가 2,000년 이상 수많은 시험과 도전을 이겨내고 성공적으로 살아남았다는 점이다. 물론 중국공산당은 가톨릭교회가 지닌 최대의 이점을 누릴 수 없다. 따르는 자들에게 아무런 약속을 할 수 없고 영생을 믿으라고 할 수도, 죄를 사해줄 수도 없다. 초월적 존재에게 호소할 수도 없다(다만 마오쩌둥의 권력이 절정에 달했을 때 예외적으로 그의 존재를 떠받들기는 했었다). 이처럼 영적인 자원이 없다는 점이 중국의 현재 지도자를 괴롭히는 부분이다. 그래서 몇 년 전 류윈산을 주임으로 하는 '중앙정신문명건설지도위원회'를 세우기도 했다. 그렇기는 하지만 최근 중국 국민들을 향한 공산당의 메시지는 당이 국민들에게 그저 부유함과 물질적 풍족함만을 주는 것이 아니라 만족감과 충족감을 주겠다는 방향으로 점점 변화하고 있다.

시진핑은 누구인가 :
중국의 대부인가?

중국의 작가 위제에 따르면 시진핑의 상황과 맞아떨어지는 또 다른 이탈리아판 테마가 있다고 한다. 바로 마피아 조직의 대부이다. 위제는 원자바오에 대해서도 똑같이 비판했었다. 당시 위제는 중국에 있었고, 비판의 결과 공산당적을 박탈당하고 구타에 시달리다 지금은 미국으로 이주했다. 위제는 2014년 시진핑에 관한 책을 썼다. 책은 시진핑이 어떤 종류의 리더인지에 대한 질문을 담고 있다. 처음에는 납득이 가는 궁금증으로부터 출발한다. 1997년이 되어서야 공산당 중앙위원회에 가까스로 들어갔고, 성 지도부에서 이렇다 할 능력을 보여주지도 못했던 사람이 어떻게 중국의 정계를 지배하는 사람이 될 수 있었는가 하는 점이다.[3] 위제의 논지에 따르면 시진핑을 비롯한 하방 세대는 사고가 형성되는 시절에 너무나 효과적으로 옌안 정신을 주입받아 이에 따른 세계관을 형성했기 때문에 민주주의를 전혀 이해하지도, 여기에 공감하지도 못한다. 마오쩌둥주의만이 체계적이고, 포괄적이며, 이해할 수 있는 사상으로 하방 시기에 시진핑이 유일하게 접근할 수 있었던 사상이었다.[4] 위제는 하방 시기를 좋게 표현하는 시진핑의 말과 그의 가족에게 일어났던 진짜 결과를 대비시킨다. 1972년 시진핑의 어머니가 남편의 사건을 재검토하여 그를 풀어달라며 저우언라이 총리에게 읍소하는 편지를 어떻게 썼는지 묘사하며 가족의 분리로 인한 불안정감이 그의 마음속 어딘가에 남아 있을 것이라고 한다. 그리고 나서 위제는 묻는다. 이처럼 공포 분위기 속에서 자란 사람이 일단 권좌에 오르면 그런 끔찍했던 시간이 다시 돌아오지 않도록 자신의 입지를 강화하려는 생각을 어떻게 하지 않을 수 있을 것인가?[5] 마오쩌둥주의에 대한 시진핑의 헌신에 대해서도 위제는 의문을 갖는다. 사실 시진핑은 아버지에 대한 기억과 영향력 아래에 있는 것은 아닌지, 그래서 여전히 마오쩌둥과 아버지의 관계가 얼마나 갈등을 이루었는지에 대해 생각하는 것은 아닌지 하는 의문이다. 그리고 시진핑을 이해하는 가장 좋은 방법은 다른 무엇보다 이념에 대한 충성심을 최우선으로 삼는 사람이라고 생각하는 것이다.[6]

시진핑은 교황인가, 대부인가? 양쪽 모델 모두 극적인 호소력이 있다. 하지만 시진핑에 대한 진실은 어쩌면 좀 더 일반적인 내용일지 모른다. 그에 대해 알아보는 가장 쉬운 방법은 그가 차지하고 있는 공적인 지위를 살펴보고, 사람들이 그에게 주어진 권력에 대해 어떻게 말하는지 듣는 것이다. 결국 시진핑은 중국공산당의 총서기이다. 이것이 그의 첫 번째 지위이자 가장 중요한 지위이다. 이 지위가 없으면 국가 주석 자리도, 군사위원회 주석 자리도 빛을 잃는다. 이 자리의 중요성을 정말 알고 싶다면 공산당이 어떤 조직인지, 그 역사는 어떠한지, 현재 어떤 역할을 하는지, 60년 이상 권력을 유지하면서 어떤 모습으로 변해왔는지에 대해 알아보아야 한다. 시진핑은 누구인가, 그는 무엇을 하고 싶어 하는가, 그의 권력의 속성은 어떠한가라는 질문에 답하려면 필연적으로 그가 수장의 역할을 맡고 있으며, 지금의 자리에 오르기까지 여러 단계를 거치며 자신의 모든 것을 걸었던 공산당에 대해 알아볼 수밖에 없다. 시진핑이 어떤 류의 강한 사람일지 모른다는 생각은 먼저 공산당에 대해 초점을 맞춘 뒤에 생각해야 하고, 공산당이 어떻게 시진핑이 지닌 권력을 제한하고 강화하는지 알아야 한다. 이 질문에 답하다 보면 시진핑은 공산당이 없으면 아무것도 아닌 존재라는 사실을 알게 된다. 하지만 공산당은 시진핑의 존재 여부와 무관하게 앞으로도 계속 지속되어야 한다. 중국의 권력은 공산당이 가지고 있고, 시진핑은 다만 공산당을 통해 그 권력을 행사하는 것뿐이다. 그렇기 때문에 그는 공산당이 정해 놓은 한계 안에서만 움직이다. 이런 점을 고려하면 시진핑은 마오쩌둥과는 다르다.

사람들을 보통 공산당이 지닌 권력에 대해 오해를 한다. 대부분 조직으로서의 공산당의 힘과 자질에 대해서 생각한다. 공산당을 하나의 사회적 독립체로 보고, 공산당의 계급 구조나 내부 통치 방법, 지적 합의를 이루려는 시도와 규율을 강제하는 방식에 관심을 갖는다. 가장 흔한 오해는 공산당이 실용적이고, 결과에 따라 움직이며, 현실적으로 생각하는 조직이며 비즈니스 관련 문제는 냉철하게 처리하고 오직 권력을 지키는 데에만 관심을 쏟는다고 생각하는 것이다. 그리고 공산당의 이념은 기껏해야 창립 당시에 잠시 머물러 있었을 뿐이며, 지금은 당의 활동과 무관한 존재로 이념 이야기를 다시 꺼낼 용기도, 목적도 없고, 지금 공산당에게 중요한 문제는 경제적 발전과 효율성을 바탕으로 국민들에게 유인을 제공하는 능력이라고 생각한다.

하지만 이 책에서 내가 주장하는 바는 시진핑이 이끄는 공산당의 힘은 바로 신념의 체제 속에서 나온다는 것이다. 공산당에서 가장 영향력 있는 지도자는 공산당이 지난 90년간 존재하고 60년간 권좌를 유지하면서 발전시켜 온 이념과 국민에게 완벽한 현대성을 가져오겠다는 생각 사이의 연결관계를 고려하고 있다. 강하고 부유하며 안정적인 중국과 번창하고 존경받으며 강한 힘을 지닌 공산당은 연결되어 있는 존재들이다. 이는 간단히 전할 수 있는 메시지가 아니다. 하지만 일관성이 없는 것도 아니다. 이는 개인의 인맥처럼 지역주의적 문제도 아니고 복잡한 중국 사회를 관통하여 거의 모든 사람의 관심을 받는 일시적인 부의 문제도 아니다. 이는 '목표'의 감정적 힘이며, 이 힘이 공산당이라는 조직과 연결되어 있는 방식에 의미가 있으며 또한 무엇보다 중요한 것은 이러한 감정의 힘이 아이디어나 이상과 연결되어 시진핑이 가진 권력의 강력한 자산이 된다는 점이다. 규율을 강제하는 힘은 더 이상 마오쩌둥 시대처럼 총구나 공포, 탄압에서 나오는 것이 아니다. 시진핑이 전하는 핵심 메시지는 중국이 위대한 목표를 달성할 것이며, 과거의 영광을 되찾고, 역사의 부당함을 바로잡겠다는 것이다. 이러한 내용이야말로 추구할 가치가 있다. 그리고 시진핑은 이러한 목표를 이루기 위한 종복이 되었다.

이는 판돈이 많이 걸린 게임이다. 상황은 안 좋아질 수 있다. 미국에 서버를 둔 웹사이트 보쉰에 게재된 소문에 따르면 2015년 초 베이징에서는 반부패 운동으로 타격을 입고 불만을 품은 인사에 의한 군사 쿠데타가 있었다고 한다. 2012년 보시라이가 실각했을 즈음에도 비슷한 소동이 있었다고 한다. 그저 환상에 불과한 소리라고 치부할 수 있고, 그런 일은 일어나지 않았을 수도 있다. 하지만 중국의 최고 지도부의 안정성을 보장할 수는 없다. 운이란 몇 초 사이에도 왔다가 사라진다. 시진핑 같은 사람이 오늘은 강하고 안전해 보이지만 어느 날 갑자기 주변 인맥이 냉담하게 등을 돌릴 수도 있다. 상황은 쉽게 시진핑에게 불리해질 수 있다. 중앙정치국에는 자비란 없으며, 감정이 허락되지 않는 곳이다. 만일 충분한 수의 사람이 시진핑이 잘못된 방향으로 나아가고 있다고 판단한다면 지금까지의 모든 의례와 규칙이 사라질 것이다.

2014년 어느 관리가 말했던 것처럼 제1의 법칙은 생존이다. 나머지 다른 모든 것들은 여기에서부터 출발한다. 미국이나 유럽 사람들이 어느 날 아침

텔레비전을 켰더니 시진핑이 쿠데타에 의해 인정사정없이 실각했다는 뉴스가 흘러나올 수도 있다. 가능성은 낮지만 생각할 수 없는 일도 아니다. 시진핑 본인이 말했던 것처럼 중국 같은 나라를 통치하는 일은 쉽지 않으며, 적을 만들기도 매우 쉽다.

만일 시진핑이 생존에 성공한다면 그리고 생존을 넘어 번창하게 된다면 그 보상에는 끝이 없을 것이다. 그의 임기는 쉽게 2022년까지 연장될 것이다. 결국 법이란 충분한 지지만 있다면 수정할 수 있다. 바로 러시아에서 푸틴이 썼던 방법이다. 그리고 만일 2021년까지 중국을 자신감 넘치고 부유하며 지속 가능한 국가로 만들겠다는 자신의 정치 프로그램을 성공적으로 실행했을 경우 공산당의 임기가 끝났을 때 국민들 또한 그의 임기 연장을 원할 수도 있다. 권력은 무엇보다 끊기 힘든 마약이다.

마지막 장에서 이야기했던 것처럼 만일 시진핑 정부가 목표를 달성한다면 공산당은 자신의 역할에 대해 깊이 생각해 보아야 할 것이다. 중국의 현대화가 완성되고 마르크스주의에 뿌리를 둔 공산당의 역할이 사라지면 변화하고 새로워져 강해진 중국의 모습에 맞춘 다른 통치 방법이 어떤 식으로든 등장하는 모습을 그릴 수 있는가? 이러한 먼 미래의 문제는 시진핑이나 향후 몇 명의 지도자들이 고민할 사안은 아니다. 이들에게는 열반으로 가는 길을 찾는 것이 전부이며 이를 찾은 후의 중국의 모습은 지금 중요하지 않다. 하지만 공산당과 현재 지도자인 시진핑이 전하는 말이나 권력을 행사하는 방식에 이러한 정신적인 측면이 없다고 부정하는 것은 이들을 오해하고 잘못 해석하는 일이다. 이들이 말하는 모든 내용 속에 정신적인 측면이 들어 있다.

그래서 공산당 밖의 시진핑의 모습을 보는 것은 마치 존재하지 않는 어떤 것을 보려는 것과 마찬가지이다. 마오쩌둥과 달리 시진핑은 공산당을 키워본 적이 없고, 다만 그 속에 속해 있었을 뿐이다. 공산당의 문화와 분리하여 존재할 수 없고 당을 벗어난 어떠한 자율성도 없다. 위제처럼 시진핑을 대부나 새로운 마오쩌둥으로 본다는 생각은 현재의 상황적 맥락을 벗어나 더 이상 관련 없는 과거 속을 들여다보는 일이다.

이 책에서 알리려 애썼던 시진핑의 능력은 본능적으로 당의 이해관계를 읽을 수 있는 힘이다. 시진핑은 2021년까지의 목표를 달성하려 애쓰는 동안 당이 위험한 상태에 빠지면 이를 움직여 이끌어 나갈 수 있는 사람이다. 시진핑의 눈을 들여다보는 것은 공산당의 눈을 들여다보는 것과 마찬가지이다. 시진핑은 공산당의 야망과 정신을 의인화한 존재이자 공산당의 가장 충실하고 진정한 종복이다. 그리고 외부 영향력이나 설득과 힘을 이용하는 방법을 알기 위해 그가 사례로 삼고 있는 프란치스코 교황은 결코 개인적 이익을 추구한다거나 권력의 나르시시즘에 빠졌다고 주장할 수 없는 인물이다. 시간이 흐르면 역사가 증명하는 것처럼 진정 힘이 있는 사람은 자신과 멀리 떨어진 곳에 힘을 넣어둔다. 그리고 시진핑의 힘은 거대한 국가에서 독점 권력을 유지하고 있는 세계의 마지막 공산당에 대한 그의 이상, 신념, 열정 속에 들어 있다.

| NOTE |

머리말

1 Robert Lawrence Kuhn, *How China's Leaders Think: The Inside Story of China's Past, Current and Future Leaders*(rev. edn; London: John Wiley, 2011).

2 Simon Leys, *The Hall of Uselessness*(Collingwood: Black Inc., 2012), p. 260.

3 만리장성이 달에서도 보인다는 헛된 이야기가 아직도 인구에 회자되는 것을 보면 정말 놀랍다. 이 이야기는 1930년대 미국의 〈믿거나 말거나Ripley's Believe It or Not〉라는 연재만화에 처음으로 한 번 실린 이후, 지금까지 사라지지 않고 있다. 하지만 이 이야기가 사실이라는 증거는 전무하다.

4 하나를 제외한 나머지 문구는 전부 아서 웨일리 역 『논어The Analects』(London: Everyman, 2000)에서 인용하였다. 예외인 하나의 문구는 제2장에 사용한 문구로, 이는 『챔버스 인용구 사전the Chambers Dictionary of Quotations』(1997)에 나오는 공자 말씀을 인용하였다.

서론

1 Yasheng Huang, *Capitalism with Chinese Characteristics*(Cambridge: Cambridge University Press, 2008), pp. 175-6.

2 중국의 지도부는 '세대'로 구분한다. 마오쩌둥의 1세대 지도부, 덩샤오핑의 2세대 지도부, 장쩌민의 3세대 지도부, 후진타오의 4세대 지도부, 그리고 현재 시진핑의 5세대 지도부이다.

3 Cheng Li, *China's Leaders: The New Generation*(Boulder, CO: Rowman & Littlefield, 2001), p. 3.

4 1972년 미국 대표단으로 중국을 방문했던 인사와 2012년 9월에 나눈 개인적 대화 내용이다.

5 제프 메이슨과 스티브 홀랜드, "오바마 대통령은 중국 시진핑 주석이 빠르게 권력을 통합하고 있다고 말했으며, 이러한 상황은 주변국의 우려를 낳고 있다." 로이터통신(2014년 12월 4일). http://www.reuters.com/article/2014/12/04/us-usa-china-obama-idUSKCN0JH21420141204에서 확인 가능.

6 Yu Jie, *Zhongguo Jiaofu* [China's godfather](Hong Kong and New York, NY: Open Books, 2014).

7 리콴유 싱가포르 전 총리가 2009년 5월 시진핑에 대해 분석한 표현이다. '2009년 5월 3일 부장관 스타인버그와 싱가포르 고문장관 리콴유의 대화', 위키리크스(2009년 6월 4일) 참조. https://wikileaks.org/plusd/cables/09SINGAPORE529_a.html 참조. 리콴유의 말 속에서 그의 선견지명을 엿볼 수 있다. "시진핑은 태자당 소속으로 하방된 경험이 있음에도 성공적으로 경력을 쌓았다. 공산당은 시진핑의 능력이 필요해지자 그를 상하이 당 서기로 임명했다. 시진핑은 장쩌민의 후계자로 보이지만 3년 반 이후에는 장쩌민의 영향력이 사라질 것이다. 지금 문제는 체제를 유지하는 일이다. 이제 더 이상 덩샤오핑과 같은 독재형 지도자는 없다. 장쩌민은 후진타오를 좋아하지 않았지만 그의 취임을 막을 수는 없었다. 후진타오가 체제를 지지했고 실수를 저지르지도 않았기 때문이다.

8 "싱가포르 건국의 아버지인 리콴유는 시진핑이 만델라급의 인물이라고 말했다." 사우스차이나모닝포스트(2013년 8월 7일). http://www.scmp.com/news/asia/article/1294831/lee-kuan-yew-says-xi-jinping-mandelas-class?page=all에서 확인 가능.

9 타냐 브래니건, "중국이 '역사적 비극'을 피하려면 정치개혁을 실시해야 한다", 가디언(2012년 3월 14일). http://www.theguardian.com/world/2012/mar/14/china-political-reform-wen-jiabao에서 확인 가능.

10 Mobo Gao, *The Battle for China's Past*(London: Pluto Press, 2008), p. 87.

제1장   현대 중국의 권력 사냥

1 그의 트라우마가 불러온 정신적 피해에 대해서는 다음의 참고문헌에 가장 잘 나

타나 있다. Alexander V. Pantsov and Steven I. Levine, *Mao: The Real Story*(New York: Simon & Schuster, 2012)

2 이러한 유커핑의 주장은 다음 책의 도입부에 나타나 있다. Kenneth Lieberthal, Cheng Li and Yu Keping, *China's Political Development: Chinese and American Perspectives*(Washington DC: Brookings Institution Press, 2014).

3 이에 대한 내용은 중국공산당 역사부, 『중국공산당 역사 1949-1978』(Beijing: Zhonggong Dangshi Chubanshe, 2011), 그리고 Jonas Kallio, *Tradition in Chinese Politics: The Party-State's Reinvention of the Past*(Helsinki: Finnish Institute of International Affairs, 2011) 참조.

4 Rana Mitter, *China's War with Japan 1937–1945: The Struggle for Survival*(London: Allen Lane, 2013).

5 '중화인민공화국 헌법, 1982년 12월 4일 채택되다.' http://en.people.cn/constitution/ constitution.html에서 확인 가능.

6 예를 들어 이를 부정하는 일은 2013년 3월에 발표되어 '9호 문건'으로 알려진 중국공산당의 공보 '일곱 가지 정치적 위험' 가운데 여섯 번째 항목으로 등장한다. 이 항목에서는 '정치적 허무주의를 조장하고, 중국공산당과 신중국의 역사적 기반을 약화시키려는 시도'를 금지하고 있다. 이를 규정하는 내용은 다음과 같다. "'역사의 재평가'라는 명목 아래 역사적 허무주의를 추구하는 목적은 공산당의 역사와 신중국의 역사를 왜곡하려는 것이다. 이는 주로 혁명을 거부하는 행위, 중국공산당이 이끌었던 혁명은 파괴적인 결과를 낳았을 뿐이라고 주장하는 행위, 중국이 사회주의 노선을 선택할 수밖에 없었던 역사적 불가피성을 부정하고 이를 잘못된 길이었다고 부르며, 중국공산당과 신중국의 역사는 '지속적인 실수의 연속'이라고 주장하는 행위, 사회적으로 이미 받아들여져 있는 역사적 사건과 인물을 부정하고, 혁명의 선구자들을 폄하하며, 당 지도부를 비난하는 행위 등으로 표현된다. 최근 일부 사람들이 마오쩌둥 사상의 과학적, 지도적 가치를 부정하기 위해 마오쩌둥 동지의 탄생 120주년이라는 상황을 이용하려 한다. 그리고 일부에서는 개혁 개방 이전의 시기와 이후의 시기를 분리하려 하거나, 더 나아가 두 시기를 서로 반대되는 시기로 설정하려 한다. 역사적 허무주의는 중국공산당과 신중국의 역사를 부정함으로써 공산당의 역사적 목적을 근본적으로 약화시키려 하는데 이는 중국공산당의 장기 정치 지배의 정당성을 부정하는 것과 마찬가지의

행위이다." 이 내용의 전문은 다음에서 확인할 수 있다. 'Document number nine: a ChinaFile translation', ChinaFile(2013년 11월 8일). http://www.chinafile.com/document-9-chinafile-translation

7 캐리 황, '영도소조는 어떻게 시진핑과 기타 공산당 지도부의 권력 행사에 도움을 주는가.' 사우스차이나모닝포스트(2014년 1월 20일). http://www.scmp.com/news/china/article/1409118/how-leading-small-groups-help-xi-jinping-and-other-party-leaders-exert에서 확인 가능.

8 Evgeny Morozov, *The Net Delusion: How Not to Liberate the World*(London and New York: Penguin, 2011).

9 리투오, '왕정치와 현대 중국어 작문 그리고 마오쩌둥 스타일 산문에 대한 논의'(2009년 9월 18일). http://douban.com/group/topic/8051808에서 확인 가능.

10 다음의 책에 이 내용이 잘 설명되어 있다. Norman Fairclough, *New Labour, New Language?*(London: Routledge, 2005) and Geremie Barmé, 'New China newspeak', *The China Story*(2012년 8월 2일). http://www.thechinastory.org/lexicon/new-china-newspeak에서 확인 가능.

11 이 내용은 Kerry Brown, *Hu Jintao: China's Silent Ruler*(Singapore: World Scientific, 2012)에 분석되어 있다.

12 이 연설문은 류윈산, '사회주의적 조화를 이루는 사회를 건설하기 위해 필요한 사항을 바탕으로 이념 작업의 선전 범위를 깊고 넓게 확대하며 혁신하는 일', 치우스(중국저널) 19(2005)로 출판되었다.

13 이에 대한 종합적인 개론은 Perry Link, *An Anatomy of Chinese*(Cambridge, MA: Harvard University Press, 2013) 참조.

14 이 인터뷰의 전문은 Xi Jinping, *The Governance of China*[English version](Beijing: Foreign Languages Press, 2014), p.X에 실렸다.

15 위의 책, p. 68 참조.

16 로버트 로렌스 쿤, '시진핑의 포괄적 통치 방안', 차이나데일리. http://www.chinadaily.com.cn/opinion/2015-08/05/content_21502358.htm에서 확인 가능.

17 시진핑은 인터넷이 가져온 위협에 대해 크게 비난했지만 후에 전해진 바에 따르면 시진핑 자신도 인터넷을 활발히 사용하며, 그는 블로그와 온라인상의 자료를 이용했을 때 얻게 될 가치를 처음으로 알아본 사람이라고 한다. Yang Hengjun,

'Xi Jinping, China's first blogger', *Diplomat*(2014년 9월 12일). http://thediplomat. com/2014/09/xi-jinping-chinas-first-blogger 참조.

18 이러한 내부 감시 시스템이 작동하는 방식에 대해 기재한 남다른 개론서로 Michael Schoenhals, *Spying for the People: Mao's Secret Agent 1949-1967*(Cambridge: Cambridge University Press, 2013) 참조.

19 예를 들어 'The erotic carnival in recent Chinese history', in Liu Xiaobo, *No Enemies, No Hatred*, ed. Perry Link, Tienchi Martin-Liao and Liu Xia(Cambridge, MA: Belknap, 2012), P. 150 이후 참조.

20 Xi Jinping, *Governance*, pp. 181, 183.

21 위의 책, p. 181.

22 이에 대한 정의는 *Convention on Combating Bribery of Foreign Public Officials in International Business Transaction*(Paris: OECD, 2011) p. 7에서 찾아볼 수 있다. '각 국은 그 법률하에서 누군가 비즈니스의 유지 또는 국제 비즈니스 관계에서 부적 절한 이득을 얻기 위한 목적으로 해외 공무원, 또는 제3자에게 공무 수행과 관 련된 어떤 행위를 하거나 하지 않을 것을 요구하는 대가로 의도적으로 지나친 금 전 혹은 다른 형태의 혜택을 직접 또는 중개자를 통해 제안, 약속, 제공하는 행위 는 범법 행위라는 점을 분명히 할 수 있도록 이러한 조치를 취해야 한다.' http:// www.oecd.org/daf/anti-bribery/ConvCombatBribery_ENG.pdf 참조.

23 Andrew Wedeman, *Double Paradox: Rapid Growth and Rising Corruption in China*(Ithaca, NY: Cornell University Press, 2012).

24 Timothy R. Heath, *China's New Governing Party Paradigm: Political Renewal and the Pursuit of National Rejuvenation*(Farnham: Ashgate, 2014)의 내용은 특히 좋은 예를 보여준다.

25 Martha Nussbaum, *Political Emotions: Why Love Matters for Justice*(Cambridge, MA: Harvard University Press, 2013), p. 2.

26 Michel Foucault, *Power: The Essential Works of Michel Foucault 1954–1984*, vol. 3, ed. James D. Faubion(London: Penguin, 2002).

27 중국이 내세우는 2개의 '100년 목표'는 각각 1921년 창립된 공산당 100주년과 1949년의 중화인민공화국 건국 100주년을 기념하기 위해 설정되었다. 첫 번째 목 표는 중국이 2021년까지 소강사회를 이루는 것이며, 두 번째 목표는 2049년까지

완전한 선진국이 되는 것이다.

제2장 사람 시진핑

1 Cheng Li, *China's Leaders: The New Generation*(Boulder, CO: Rowman & Littlefield, 2001), p. 10.

2 Xi Jinping, *The Governance of China* [English version](Beijing: Foreign Languages Press, 2014), pp. 481, 483.

3 Li Taohua and Hu Lili, *Xi Jinping dazhuan* [Biography of Xi Jinping] (Deer Park, NY: Mirror Books, 2013), p. 15.

4 위의 책, pp. 32-3.

5 Michel Bonnin, *The Lost Generation: The Rustication of China's Educated Youth*(1968-1980), trans. Krystyna Horko(Hong Kong: Chinese University Press, 2013), p. xvii.

6 시진핑 스스로 이 시기에 겪었던 외로움과 괴로움을 회상한 내용을 1998년 『나는 황토의 아들이다』라는 제목의 책에 실었다. 그 내용이 Li Taohua and Hu Lili, *Xi Jinping dazhuan*, p. 68에 나온다.

7 위의 책, p. 92.

8 문화혁명 시기 칭화대학에서 일어난 극적인 사건들에 대한 이야기는 Andrew G. Walder, *Fractured Rebellion: The Beijing Red Guard Movement*(Cambridge, MA, and London: Belknap, 2009) p. 39 이후에서 자세히 다루고 있다.

9 이 시기에 대한 묘사는 Ezra F. Vogel, *Deng Xiaoping and the Transformation of China*(Cambridge, MA, and London: Belknap, 2011), pp. 51-5 참조.

10 낸시 린, '건축', Chuihua Judy Chung, Jeffrey Inaba, Rem Koolhaas and Sze Tsung Leong(eds), *Great Leap Forward*(Cambridge, MA: Havard Design School and Taschen, 2001), P. 245 참조.

11 사적으로 얻은 정보, 1998.

12 Barry Naughton, *The Chinese Economy: Transitions and Growth*(Cambridge, MA: MIT Press, 2007), p. 242.

13 Chen Guidi and Wu Chuntao, *Will the Boat Sink the Water? The Life of China's*

Peasants trans. Zhu Hong(New York: PublicAffairs, 2007) 참조. 향진급에서 겪는 어려움에 대한 내용은 Linda Jacobson, 'Local governance: village and township election', in Jude Howell(ed.), *Governance in China*(Oxford: Rowman & Littlefield, 2004) 참조.

14 Li Taohua and Hu Lili, *Xi Jinping dazhuan*, p. 148.

15 위의 책, p. 162.

16 덩샤오핑, '계엄령 집행 부대를 위한 6월 9일 연설', Tiananmen: The Gate of Heavenly Peace. http://www.tsquare.tv/chronology/Deng.html에서 확인 가능.

17 Jianjun Zhang, *Marketization and Democracy in China*(London and New York: Routledge, 2008), p. 146 이후 부분에 원저우 모델에 대한 설명이 잘 나와 있다.

18 장더장이 기고한 글의 내용은 '우리는 공산당에 민간기업을 등록할 수 없다는 점을 분명히 해야 한다'라는 제목에서부터 명백히 알 수 있었다. 특히 안타까웠던 사실은 그가 이 글을 기고한 지 몇 달 지나지 않아 바로 글의 제목과 동일한 일이 그대로 발생했다는 점이다. 물론 지금에 와서 보면 그렇다고 해서 장더장의 경력에 어떤 지장이 있었던 것은 아니다. Willy Wo-Lap Lam, *Chinese Politics in the Hu Jintao Era: New Leaders, New Challenges*(Armonk, NY, and London: M.E. Sharpe, 2006), p. 131 참조.

19 이 내용에 대한 개요를 알고 싶다면 Chen Jie and Bruce Dickson, *Allies of the State: China's Private Entrepreneurs and Democratic Change*(Cambridge, MA: Havard University Press, 2010) 참조.

20 Li Taohua and Hu Lili, *Xi Jinping dazhuan*, p. 199.

21 Robert Lawrence Kuhn, *How China's Leaders Think: The Inside Story of China's Past, Current and Future Leaders*(rev. edn; London: John Wiley, 2011).

22 중앙 정부와 지방 정부 간 재정 책임과 예산 문제의 구분에 대해 매우 기술적인 문제까지 자세히 알고 싶다면 Yang Guangbib, 'Decentralization and central-local relations in reform-era China', in Kenneth Lieberthal, Cheng Li and Yu Keping, *China's Political Development: Chinese and American Perspectives*(Washington DC: Brookings Institution Press, 2014), pp. 254-82 참조.

23 Mark W. Frazier, *Socialist Inequality: Pensions and the Politics of Uneven Development in China*(Ithaca, NY: Cornell University Press, 2010)에서 이 문제는 어느 정도 자세히

다루고 있다. '중국 정부의 입장에서 가장 비용이 많이 드는 부문은 도시 건설도 아니고, 사회기반시설 확충도 아니며, 국방 문제도 아니라 공적 연금 지급이라는 사실은 많은 독자들에게는 예상치 못한 내용일 것이다'(p. 2).

24 Michael Ignatieff, *Fire and Ashes: Success and Failure in Politics*(Cambridge, MA: Harvard University Press, 2013).

25 Bo Zhiyue, *China's Elite Politics: Governance and Democratization*(Singapore: World Scientific, 2010)에서는 중국공산당 중앙 위원회의 회원 분류에 관해 가장 자세히 소개하고 있다.

26 '중국의 모든 성과 해외 국가 간의 동등성 비교, *The Economist*(2011년 2월 24일) 참조. http://www.economist.com/node/18233380에서 확인 가능.

27 Wang Xiaodong, Song Shaojun, Huang Jilao and Song Qiang(eds), *Zhongguo bu gaoxing* [중국은 불쾌하다](Nanjing: Phoenix Publishing and Jiangsu People's Publishing Company, 2009), p. 13.

28 Rana Mitter, *A Bitter Revolution: China's Struggle with the Modern World*(Oxford: Oxford University Press, 2004), p. 40.

29 자밀 앤더리니, '보시라이의 낙마가 중국 공안 최고위자의 자리를 위협하다', 파이낸셜타임스(2012년 4월 20일). http://www.ft.com/intl/cms/s/0/f978ce9c-8ae6-11e1-b855-00144feab49a.html에서 확인 가능.

30 Xi Jinping, *Governance*, p. 479.

31 Max Weber, *The Vocation Lectures: Science as a Vocation*, Politics as a Vocation, ed. David S. Owen, Tracy B. Strong and David Livingstone(New York: Hackett, 2004), pp. 34-5.

32 Yuval Noah Harari, *Sapiens: A Brief History of Humankind*(London: Harvill Secker, 2014), p. 112.

33 마징순, '시진핑의 내부 담화'(Hong Kong: Guangdu Shuju Publishing, 2014).

34 위의 책, p. 52.

35 Xi Jinping, *Governance*, p. 15.

36 위의 책, p. 18.

37 위의 책, p. 29.

38 위의 책, p. 43.

39 Ma Jingshun, *Xi Jinping neibu jianghua*, p. 106.

40 Xi Jinping, *Governance*, p. 193.

41 위의 책, p. 196.

42 위의 책, p. 200.

43 Li Taohua and Hu Lili, *Xi Jinping dazhuan*, p. 324.

44 마이클 포시드, 샤이 오스터, 나타샤 칸, 듄 로렌스, '시진핑의 친척들이 드러낸 엘리트 계급의 재산', 블룸버그(2012년 6월 21일). http://www.bloomberg.com/news/articles/2012-06-29/xi-jinping-millionaire-relations-reveal-fortunes-of-elite에서 확인 가능.

제3장 시진핑의 우호 세력과 적대 세력

1 하지만 중국 사람들의 인간관계를 나타내려 할 때는 항상 주의를 기울여야 한다. 인간관계란 과학이 아니므로 그 내용이 정확하지 않을 가능성이 높다. 이를 잘 나타내는 사례로 2010년 앨리스 밀러가 중국의 엘리트 정치를 훌륭히 분석했던 보고서 내용 가운데 시진핑의 인간관계를 관찰한 부분을 들 수 있다. 시진핑이 경력을 쌓는 과정에서 맺은 인간관계로 보인다며 밀러는 보고서에서 긴 목록을 제시했다. 하지만 2012년 시진핑이 공산당 총서기로 취임한 뒤 밀러의 목록에 등장했던 사람 가운데 두각을 드러낸 경우는 거의 전무하다시피 했다. 다른 어느 곳에서나 마찬가지이겠지만 중국에서의 인간관계도 변화한다. 그래서 어떤 인간관계를 지속적인 중요성을 띠는 관계라고 잘라 말하기는 어렵다. 이번 장에 이어질 모든 내용을 소개하기에 앞서 이를 먼저 알리고 싶다. Alice Miller, 'Who does Xi Jinping know and how does he know them?', *China Leadership Monitor 32*(spring 2010). http://media.hoover.org/sites/default/files/documents/CLM32AM.pdf에서 확인 가능.

2 Fei Xiaotong, *From the Soil: The Foundations of Chinese Society*, trans. Gary G. Hamilton and Zheng Wang(Berkeley, CA: University of California Press, 1992), p. 30 onwards.

3 '마오쩌둥의 동지들의 후손이 새로운 자본가 귀족으로 부상하다', 블룸버그(2012년 12월 27일). http://www.bloomberg.com/news/articles/2012-12-26/immortals-begetchina-capitalism-from-citic-to-godfather-of-golf에서 확인 가능.

4 톰 필립스, 마이클 무어, 샘 마스든, '부스스한 머리를 한 영국인 기업가가 조만간 공식적으로 중국 주석의 가족이 된다', 데일리텔레그래프(2012년 10월 28일). http://www.telegraph.co.uk/news/worldnews/asia/china/9639027/The-mop-haired-British-entrepreneur-soon-to-become-an-official-part-of-Chinas-first-family.html에서 확인 가능.

5 켄타로 코야마, '붉은 귀족 : 시진핑의 모친이 사업 관행에 대해 엄하게 이야기하다', 아사히신문(2012년 10월 22일).

6 마이클 포시드, 샤이 오스터, 나타샤 칸, 듄 로렌스, '시진핑의 친척들이 드러낸 엘리트 계급의 재산', 블룸버그(2012년 6월 21일). http://www.bloomberg.com/news/articles/2012-06-29/xi-jinping-millionaire-relations-reveal-fortunes-of-elite에서 확인 가능.

7 Li Taohua and Hu Lili, *Xi Jinping dazhuan* [Biography of Xi Jinping](Deer Park, NY: Mirror Books, 2013), pp. 440-2.

8 위의 책, p. 450.

9 Xi Jinping, *The Governance of China* [English version](Beijing: Foreign Languages Press, 2014), p. 496.

10 사라 카티, '이제 우리는 중국을 진짜로 움직이는 사람이 누구인지 안다', 데일리메일(2014년 11월 13일). http://www.dailymail.co.uk/news/article-2832346/Now-know-REALLY-runs-China-Lady-Peng-Liyuan-tell-husband-Chinese-leader-Xi-Jinping-wave-crowd-one-stern-look.html에서 확인 가능.

11 커리쯔, '시진핑에게 영향을 주는 사람들'(Deer Park, NY: Mirror Books, 2013), pp. 112-4.

12 자밀 앤더리니, '중국 반부패 운동의 황제 왕치산', 파이낸셜타임스(2014년 8월 5일). http://www.ft.com/intl/cms/s/0/bb14b9c4-1bce-11e4-9db1-00144feabdc0.html#axzz3SWtueu6H에서 확인 가능.

13 제임스 차, '중국 반부패 운동의 전환점', 디플로맷(2015년 1월 11일). http://thediplomat.com/2015/01/a-turning-point-in-chinas-anti-graft-campaign/에서 확인 가능.

14 개인적 연락을 통해 들은 이야기, 2014년 10월.

15 Kerry Brown, *The New Emperors: Power and the Princelings in China*(London: I.B.Tauris, 2014).

16 위정성의 배경에 대해서는 청리, '위정성, 눈여겨보아야 할 중국 최고위 지도부 인사'(브루킹스연구소 존손튼 중국연구센터)를 참조.

17 Ke Lizi, *Yinxiang Xi Jinping de ren*, p. 163.

18 '시진핑 주석이 개인 비서 자리에 눈에 띄지 않는 외부인을 임명하다', 사우스차이나 모닝포스트(2013년 7월 25일). http://www.scmp.com/news/china/article/1290050/xi-names-ding-xuexiang-personal-secretary에서 확인 가능.

19 커리쯔, '시진핑에게 영향을 주는 사람들', pp. 173-4 그리고 '비밀에 싸인 7인 : 시진핑 주석의 알려지지 않은 전문 고문단', 원트 차이나 타임스(2013년 6월 13일). 보즈위에, '시진핑의 고문들'(East Asian Institute Background Brief no. 847, September 2013) 또한 참조.

20 Ke Lizi, *Yinxiang Xi Jinping de ren*, p. 185.

21 위의 책, p. 190.

22 데이비드 밴더스키, '바쁜 시 주석', 차이나 미디어 프로젝트(2014년 10월 27일). http://cmp.hku.hk/2014/10/27/busy-busy-president-xi/에서 확인 가능.

23 윌리 램, '시진핑 파에 속하는 인물들이 드러나다', 차이나브리프(2014년 2월 7일). http://www.jamestown.org/programs/chinabrief/single/?tx_ttnews%5Btt_news%5D=41933#.VOujVnysWSo에서 확인 가능.

24 Ke Lizi, *Yinxiang Xi Jinping de ren*, p. 29.

25 시앙지앙위, '시진핑의 그룹'(Deer Park, NY: Mirror Books, 2013), pp. 419-30.

26 제레미 페이지, '시진핑 주석의 귀에 속삭이는 일벌레', 월스트리트저널(2013년 6월 4일). http://www.wsj.com/articles/SB100014241278873237282045785134226379 24256에서 확인 가능.

27 밥 데이비스, 링링웨이, '흔들리는 중국 경제 바로잡기 위해 시진핑이 낙점한 인물, 류허', 월스트리트저널(2013년 10월 6일). http://www.wsj.com/articles/SB100014240 527023049067045791114425665245958에서 확인 가능.

28 Ke Lizi, *Yinxiang Xi Jinping de ren*, p. 220.

29 위의 책, p. 38.

30 크리스 버클리, '중국 주석 취임 예정자가 빠른 개혁의 움직임을 보이다', 로이터통

신(2012년 9월 7일). http://www.reuters.com/article/2012/09/07/us-china-politics-xi-idUSBRE8860BI20120907에서 확인 가능.

31 Ke Lizi, *Yinxiang Xi Jinping de ren*, pp. 31-4.

32 세계은행, 중국 국무원 개발연구센터, '중국 2030: 현대적이고 조화로운 창의적 사회 건설'(Washington DC: World Bank, 2012). http://documents.worldbank.org/curated/en/781101468239669951/pdf/762990PUB0china0Box374372B00PUBLIC0.pdf에서 확인 가능.

33 위의 책, p. 17.

34 데이비드 바보자, '원자바오의 가족들이 중국에 숨겨진 재산을 가지고 있다', 뉴욕타임스(2012년 10월 25일). http://www.nytimes.com/2012/10/26/business/global/family-of-wen-jiabao-holds-a-hidden-fortune-in-china.html?pagewanted=all&_r=0에서 확인 가능.

35 이에 대한 간결한 설명을 읽고 싶다면 그리어 마이젤스, '소비에트연방공화국의 붕괴로부터 중국이 배운 교훈'(시드니대학교 중국연구센터 정책보고서 no. 3). http://sydney.edu.au/china_studies_centre/images/content/ccpublications/policy_paper_series/2013/Lessons-learned-in-China-from-the-collapse-of-the-Soviet-Union.shtml.pdf에서 확인 가능.

36 캐리황, '부자 명단에 이름을 올린 마오쩌둥의 손녀가 논쟁을 불러일으키다', 사우스차이나 모닝포스트(2013년 5월 9일)에서 인용. http://www.scmp.com/news/china/article/1233208/mao-zedong-granddaughters-addition-rich-list-prompts-debate?page=all에서 확인 가능.

37 로버트 포일 헌윅, '유토피아 홈페이지 폐쇄'(판징강 인터뷰), 단웨이(2012년 4월 14일).

38 이 책을 집필 중인 현재(2016년 4월)를 기준으로 이 웹사이트는 여전히 접속불가 상태이다. 해당 웹사이트를 방문하면 열람 가능한 내용은 http://www.wyzxwk.com과 서점용 홈페이지(http://www.wyzxsd.com)에 있다는 안내가 나온다.

39 헌윅, '유토피아 홈페이지 폐쇄'에서 인용.

40 마오위스, '마오쩌둥을 사람으로 되돌리기, 차이신 온라인(2011년 4월 26일). http://cmp.hku.hk/2011/04/28/chairman-mao-humbled-in-rare-essay에서 확인 가능.

41 '엄청난 괴물을 향한 끝없는 충성', 이코노미스트(2011년 5월 26일)에서 인용.

42 에드 장, '어느 마오쩌둥주의자의 유토피아가 온라인에 모습을 드러내다', 사

우스차이나 모닝포스트(2011년 6월 26일)에서 인용. http://www.scmp.com/
article/971754/maoist-utopia-emerges-online에서 확인 가능.

43 헌웍, '유토피아 홈페이지 폐쇄'에서 인용.

44 조나단 와츠, '중국인 교수가 홍콩 주민들을 "영국 제국주의자들의 개"라고 부
르다', 가디언(2012년 1월 24일). http://www.theguardian.com/world/2012/jan/24/
chinese-professor-hong-kong-dogs에서 확인 가능.

45 엄청난 로비 활동에도 불구하고 덩리췬은 한 번도 공산당 중앙위원회의 위원으로
선출되지 못했다. 당내에 그의 사상을 싫어하는 사람들이 많았기 때문이다. 덩리
췬은 2015년 3월 사망했다.

46 Wang Hui, *The End of the Revolution: China and the Limits of Modernity*(London:
Verso, 2009), pp. 77-8.

47 위의 책, p. 6.

48 톰 필립스, '문화혁명의 첫 번째 살인 사건에 대해 홍위병이 사과하다', 데일
리 텔레그래프(2014년 1월 14일). http://www.telegraph.co.uk/news/worldnews/
asia/china/10568280/Red-Guard-apologies-for-first-murder-of-Cultural-
Revolution.html에서 확인 가능.

49 Liu Binyan, *A Higher Kind of Loyalty*(London: Methuen, 1990).

제4장   시진핑의 정치 프로그램

1 Xi Jinping, *The Governance of China* [English version](Beijing: Foreign Languages Press,
2014), p. 77.

2 '총리 : 중국이 경제 성장 유지를 자신하다', 신화통신(2007년 3월 16일).

3 Yasheng Huang, *Selling China: Foreign Direct Investment During the Reform
Era*(Cambridge: Cambridge University Press, 2005), p. 79 onwards.

4 이 때문에 유럽연합은 중국을 시장 경제 국가로 분류하지 않는다.

5 Xi Jinping, *Governance*, p. 85.

6 위의 책, p. 86.

7 '국가의 힘', 이코노미스트(2011년 6월 23일)에서 인용. http://www.economist.com/
node/18832034에서 확인 가능.

8 라이언 루코스키, '중국 국유기업들은 왜 사업다각화를 원하는가', 피터슨 국제경제연구소: 중국 경제 관찰(2013년 7월 22일). http://blogs.piie.com/china/?p=2994 에서 확인 가능.

9 벤저민 캉 림, 벤 블랜차드, '중국 정부가 전직 공안 최고위자의 가족 및 측근들로부터 145억 달러를 몰수하다', 로이터통신(2014년 3월 30일). http://www.reuters.com/article/2014/03/30/us-china-corruption-zhou-idUSBREA2T02S20140330 에서 확인 가능.

10 Odd Arne Westad, *Restless Empire: China and the World since 1750*(London: Bodley Head, 2012) 참조.

11 Ma Rong, *Population and Society in Contemporary Tibet*(Hong Kong: Hong Kong University Press, 2011), p. 170.

12 Emily T. Yeh, *Taming Tibet: Landscape Transformation and the Gift of Chinese Development*(Ithaca, NY, and London: Cornell University Press, 2013), p. 98 이후 부분에 이에 대한 훌륭한 논의가 이루어지고 있다.

13 Xi Jinping, *Governance*, p. 89.

14 알프레드 우, '재정 책임을 찾아서: 중국의 예산 개혁에 대한 비판적 검토', China: An International Journal xii/1(April 2014), pp. 87-107 참조.

15 후커우 제도는 가구 등록 문서이며, 출생 시 발행된다. 중국 국민들은 호구를 기준으로 도시 거주민과 농촌 거주민을 나누어지며 사회복지 등 여러 측면에서 다른 대우를 받는다. 이 제도는 1950년대에 도입되었으며 1980년대 자유화가 이루어지기 전까지 후커우는 국내용 여권의 기능을 담당했다. 자유화가 이루어지기는 했지만 지금도 여전히 후커우는 국민들이 장기적으로 어디에 거주할 수 있는지, 그리고 세금을 얼마나 내야 하는지 등의 문제에 영향을 준다.

16 Xi Jinping, *Governance*, p. 90.

17 이런 식의 협의 과정이 어떻게 진행되는지에 대한 설명은 Gerard Lemos, *The End of the Chinese Dream: Why Chinese People Fear the future*(New Haven, CT, and Londin: Yale University Press, 2012) 참조.

18 이에 적용할 수 있는 몇 가지 시나리오에 대해서 Bruce Gilley, *China's Democratic Future: How It Will Happen and Where It Will Lead*(New York: Columbia University Press, 2004)에서 다루고 있다.

19 Ma Jingshun, *Xi Jinping neibu jianghua* [The internal talks of Xi Jinping](Hong Kong: Guangdu Shuju Publishing, 2014), pp. 148-53. 이 부분에 인용한 '9호 문건'의 내용은 내가 직접 번역한 것이다. 하지만 전문을 영어로 읽고 싶다면 'Document 9: a ChinaFile translation', ChinaFile(2013년 11월 8일 기준)을 참조하도록 한다. http://www.chinafile.com/document-9-chinafile-translation에서 확인 가능.

20 실리아 해튼, '중국 언론인 가오위가 국가기밀누설죄로 재판을 받다', BBC News: China Blog(2014년 11월 20일). http://www.bbc.com/news/blogs-china-blog-30125635에서 확인 가능.

21 위젠룽, '중국 농촌 지역의 사회적 갈등', China Security iii/2(spring 2007), p. 7.

22 해당 관리의 이름은 량원융이다. 해당 동영상은 http://world.time.com/201309/17/chinese-official-pigs-out-at-lavish-banquet-disses-countrymen-gets-fired에서 열람 가능.

23 '중국의 관리 옌린쿤이 벌인 공항 소동이 사람들의 입소문을 타고 있다', 데일리 텔레그래프(2013년 2월 25일). http://www.telegraph.co.uk/news/worldnews/asia/china/9892547/China-official-Yan-Linkuns-airport-rampage-goes-viral.html에서 확인 가능.

24 '중국의 항공 승무원이 군 간부가 자신을 구타했다고 주장하다', *chinaSMACK*(2012년 9월 2일). http://www.chinasmack.com/2012/stories/chinese-flight-attendant-claims-military-official-beat-her.html에서 확인 가능.

25 Xi Jinping, *Governance*, p. 92.

26 라일라 해두, '2013년 국가별 사형 통계(Death penalty statistics country by country, 2013)', 가디언(2014년 3월 27일). http://www.theguardian.com/world/datablog/2014/mar/27/death-penalty-statistics-2013-by-country에서 확인 가능.

27 '중국 리옌의 사형 선고가 획기적인 판결로 번복되다', 국제사면위원회(2014년 7월 10일). http://www.amnesty.org.uk/li-yan-death-sentence-overturned-landmark-decision#.VQEPZBtDGUk에서 확인 가능.

28 Xi Jinping, *Governance*, pp. 92-3.

29 OECD의 정의 전문을 읽고 싶다면 제1장 참조.

30 Xi Jinping, *Governance*, p. 93.

31 국제투명성기구 홈페이지에서 중국에 관한 자료를 열람할 수 있다. http://www.

transparency.org/country#CHN에서 열람 가능.

32 디디 커스틴 태틀로, '빈발하는 자살 사건은 반부패 운동과 연관되어 있다', 뉴욕 타임스(2014년 9월 11일). http://www.nytimes.com/2014/09/12/world/asia/suicide-cases-across-china-tied-to-drive-against-graft.html?_r=0에서 확인 가능.

33 Wang Xiaofang, *The Civil Servant's Notebook*(Beijing: Penguin, 2012).

34 류샤오보, '신이 중국에 주신 선물', *Index on Censorship xxxv/4*(2006), pp. 179-81 참조.

35 Ma Jingshun, *Xi Jinping neibu jianghua*, p. 165.

36 '사정을 호소하던 여인이 정신병원에 보내지다', 라디오프리 아시아(2012년 5월 18일). http://www.rfa.org/english/news/china/petitioner-05182012113540.html/참조.

37 Ma Jingshun, *Xi Jinping neibu jianghua*, p. 192.

38 위의 책, pp. 206-9.

39 Xi Jinping, *Governance*, p. 94.

40 위의 책, p. 95.

41 이에 대해서는 Kerry Brown, *The New Emperors: Power and the Princelings in China*(London: I.B. Tauris, 2014), pp. 12-13에서 다룬다.

42 Xi Jinping, *Governance*, p. 233.

제5장 시진핑은 외부 세계를 어떻게 보고 있는가?

1 키신저는 이를 두고 중국의 바둑은 공간을 통제하는 데 초점을 맞추는 반면 서양의 체스는 선형 전략 목표의 달성에 더 중점을 두고 있다는 설명으로 양쪽을 비교했다. Henry Kissinger, *On China*(New York: Penguin, 2011), pp. 22-32.

2 Wang Hui, *The End of the Revolution: China and the Limits of Modernity*(London: Verso, 2009), p. 132.

3 Yan Xuetong, *Ancient Chinese Thought, Modern Chinese Power*(Princeton, NJ, and Oxford: Princeton University Press, 2011), p. 99. 옌쉬에퉁의 주장에 대한 베이징대학의 양첸루는 중국의 문제는 '지금도 먼 미래에도 마찬가지로 우리의 생존, 발전, 안전을 보장하는 것이지 세계를 이끄는 것이 아니다'라고 답했다(위의 책, p. 153).

4 '전문: 홍콩 특별행정구 "일국양제" 정책의 관행', 신화통신(2015년 6월 10일).

5 재커리 켁, '중국이 홍콩 시위의 배후에 미국이 있다고 주장하다', 디플로맷(2014년 10월 12일) 참조. http://thediplomat.com/2014/10/china-claims-us-behind-hong-kong-protests/에서 확인 가능.

6 로렌스 청, '"일국양제"는 타이완에 적용하기에도 적합한 방식이라고 시진핑 주석이 반복해서 이야기하다', 사우스차이나 모닝포스트(2014년 9월 27일). http://www.scmp.com/news/china/article/1601307/one-country-two-systems-right-formula-taiwan-xi-jinping-reiterates?page=all에서 확인 가능.

7 백악관 공보실, '양자 회담 이후 오바마 대통령과 중화인민공화국 시진핑 주석의 발표문', 백악관(2013년 6월 8일). https://www.whitehouse.gov/the-press-office/2013/06/08/remarks-president-obama-and-president-xi-jinping-peoples-republic-china-에서 확인 가능.

8 빌 클린턴 '내가 중국에 가는 이유', 뉴스위크(1998년 6월 29일). http://www.washingtonpost.com/wp-srv/newsweek/why.htm에서 확인 가능.

9 이 부분과 뒤에 이어지는 백서의 인용구들의 출처는 다음과 같다. 'China's policy paper on the EU: deepen the China-EU comprehensive strategic partnership for mutual benefit and win-win cooperation', Ministry of Foreign Affairs of the People's Republic of China(2 April 2014). http://www.fmprc.gov.cn/mfa_eng/wjdt_665385/wjzcs/t1143406.shtml에서 확인 가능.

10 '시진핑 주석의 유럽 대학 연설', 중국인터넷신문중심(2014년 4월 1일). http://www.china.org.cn/world/2014-04/04/content_32004856.htm에서 확인 가능.

11 Mark Edward Lewis, *China's Cosmopolitan Empire: The Tang Dynasty*(Cambridge, MA: Belknap, 2009), pp. 3, 159.

12 Andrew Small, *The China-Pakistan Axis: Asia's New Geopolitics*(New York: Hurst, 2015)와 Robert S. Ross, China's Security Policy: Structure, Power and Politics (London: Routledge, 2009) 참조.

13 이 역사에 대한 간결한 개요를 알아보고 싶다면 Lo Bobo, *Axis of Convenience: Moscow, Beijing and the New Geopolitics*(Washington DC: Brookings Institution Press, and London: Chatham House, 2008), 특히 제2장 '역사의 부담'의 pp. 17-35 참조.

14 Jang Jin-sung, *Dear Leader: From Trusted Insider to Enemy of the State, My Escape from North Korea*, trans. Shirley Lee(London: Rider, 2014), pp. 260-1.

15 Martin Jacques, *When China Rules the World: The Rise of the Middle Kingdom and the End of the Western World*(London and New York: Allen Lane, 2009)과 Joshua Cooper Ramo, *The Beijing Consensus*(London: Foreign Policy Centre, 2004) 참조. http://fpc. org.uk/fsblob/244.pdf에서 확인 가능.

16 Rosemary Foot and Andrew Walter, *China, the United State, and Global Order* (Cambridge: Cambridge University Press, 2011), p. 65에서는 중국 금융 개혁의 필요성과 국제무역기구의 가입이 이를 어떻게 뒷받침했는지에 대한 내용을 잘 보여주고 있다.

17 이에 대해서는 특히 Richard Ned Lebow, *A Cultural Theory if International Relations*(Cambridge: Cambridge University Press, 2008), ch. 2, 'Fear, interst and honour'(pp. 43-121)에 잘 설명되어 있다.

18 Dominique Moïsi, *The Geopolitics of Emotion: How Cultures of Fear, Humiliation and Hope Are Reshaping the World*(New York: Doubleday, 2009).

19 Robert Cooper, *The Breaking of Nations: Order and Chaos in the Twenty-First Century*(London: Atlantic, 2003), in particular p. 116.

20 아마 가장 악명 높은 사건은 공자학원을 운영하는 주체인 한반[Hanban]이 2014년 포르투갈에서 열린 행사의 회의기록지에서 타이완의 장징궈 재단에 대한 내용을 삭제해 달라고 요청했던 일일 것이다. 'EACS to protest Hanban's academic meddling: source', 타이페이타임스(2014년 7월 31일) 참조. http://www.taipeitimes. com/News/taiwan/archives/2014/07/31/2003596335에서 확인 가능.

제6장 시진핑이 구상하는 향후 20년

1 2014년 9월 3일 리위안차오 중국 부총리가 인민대회당에서 세계의 학자들과 만난 자리에서 새 지도부 시대의 목표로 반복적으로 언급했다.

2 M. Taylor Fravel, *Strong Borders, Secure Nation: Cooperation and Conflict in China's Territorial Disputes*(Princeton, NJ: Princeton University Press, 2008).

3 세계은행, 중국 국무원 개발연구센터, 중국 2030: 현대적이고 조화로운 창의적 사회 건설(Washington DC: World Bank, 2012). http://documents.worldbank.org/ curated/en/781101468239669951/pdf/762990PUB0china0Box374372B00PUBL

IC0.pdf에서 확인 가능.

4 저우톈융, 왕창장, 왕안링, '요새를 급습하라 : 17차 당대회 이후 중국 정치 시스템 개혁에 대한 보고서'(Xinjiang:XinjiangProductionCorpsPublicationHouse,2007).

5 지니 계수는 소득 분배의 불평등을 측정하는 방식이다. 지니 계수 0은 완전히 평등한 소득 분배 상태를 나타내며(즉, 사회 전체적으로 소득이 동일한 상태), 지니 계수 1은 완전히 불평등한 소득 분배 상태를 의미한다(소수의 사람들이 모든 부를 가지며 대다수의 사람들은 아무것도 가지지 못한 상태).

결론

1 이몬 더피, '교황은 누구인가?', 뉴욕 리뷰 오브 북스(2015년 2월 19일), p. 11. http://nybooks.com/articles/archives/2015/feb/19/who-is-pope-francis/에서 확인 가능.

2 Xi Jinping, *The Governance of China* [English version](Beijing: Foreign Languages Press, 2014), p. 4.

3 Yu Jie, *Zhongguo Jiaofu* [China's godfather](Hong Kong and New York, NY: Open Books, 2014), p. 3.

4 위의 책, p. 15.

5 위의 책, p. 20.

6 위의 책, p. 72.

| 참고문헌 |

Barmé, Geremie, 'New China newspeak', *The China Story* [website] (2 August 2012). Available at http://www.thechinastory.org/lexicon/new-china-newspeak/.

Bo Zhiyue, *China's Elite Politics: Governance and Democratization* (Singapore: World Scientific, 2010).

——— 'Xi Jinping's advisors' [East Asian Institute Background Brief no. 847, September 2013].

Bonnin, Michel, *The Lost Generation: The Rustication of China's Educated Youth* (1968–1980), trans. Krystyna Horko (Hong Kong: Chinese University Press, 2013).

Brown, Kerry, *Hu Jintao: China's Silent Ruler* (Singapore: World Scientific, 2012).

——— *The New Emperors: Power and the Princelings in China* (London: I.B.Tauris, 2014).

CCP Party History Office, *Zhongguo gongchandang lishi 1949–1978* [Chinese Communist Party history 1949–1978] (Beijing: Zhonggong Dangshi Chubanshe, 2011).

Chen Guidi and Wu Chuntao, *Will the Boat Sink the Water? The Life of China's Peasants*, trans. Zhu Hong (New York: PublicAffairs, 2007).

Chen Jie and Bruce Dickson, *Allies of the State: China's Private Entrepreneurs and Democratic Change* (Cambridge, MA: Harvard University Press, 2010).

Chung, Chuihua Judy, Jeffrey Inaba, Rem Koolhaas and Sze Tsung Leong (eds), *Great Leap Forward* (Cambridge, MA: Harvard Design School and Taschen, 2001).

Confucius, *The Analects*, trans. Arthur Waley (London: Everyman, 2000).

Cooper, Robert, *The Breaking of Nations: Order and Chaos in the Twenty-First Century* (London: Atlantic, 2003).

Fairclough, Norman, *New Labour, New Language?* (London: Routledge, 2005).

Foot, Rosemary, and Andrew Walter, *China, the United States, and Global Order* (Cambridge: Cambridge University Press, 2011).

Foucault, Michel, *Power: The Essential Works of Michel Foucault 1954–1984*, vol. 3, ed. James D. Faubion (London: Penguin, 2002).

Fravel, M. Taylor, *Strong Borders, Secure Nation: Cooperation and Conflict in China's Territorial Disputes* (Princeton, NJ: Princeton University Press, 2008).

Frazier, Mark W., *Socialist Inequality: Pensions and the Politics of Uneven Development in China* (Ithaca: Cornell University Press, 2010).

Gao, Mobo, *The Battle for China's Past* (London: Pluto Press, 2008).

Gilley, Bruce, *China's Democratic Future: How It Will Happen and Where It Will Lead* (New York: Columbia University Press, 2004).

Han Fei Tzu, *Basic Writings*, trans. Burton Watson (New York: Columbia University Press, 1967).

Harari, Yuval Noah, *Sapiens: A Brief History of Humankind* (London: Harvill Secker, 2014).

Heath, Timothy R., *China's New Governing Party Paradigm: Political Renewal and the Pursuit of National Rejuvenation* (Farnham: Ashgate, 2014).

Hibbard, Peter, *The Bund: Shanghai Faces West* (Hong Kong: Odyssey Books, 2007).

Huang, Yasheng, *Selling China: Foreign Direct Investment During the Reform Era* (Cambridge: Cambridge University Press, 2005).

——— *Capitalism with Chinese Characteristics* (Cambridge: Cambridge University Press, 2008).

Ignatieff, Michael, *Fire and Ashes: Success and Failure in Politics* (Cambridge, MA: Harvard University Press, 2013).

Jacobson, Linda, 'Local governance: village and township elections', in Jude Howell (ed.), *Governance in China* (Oxford: Rowman & Littlefield, 2004).

Jang Jin-sung, *Dear Leader: From Trusted Insider to Enemy of the State, My Escape from North Korea*, trans. Shirley Lee (London: Rider, 2014).

Kallio, Jonas, *Tradition in Chinese Politics: The Party-State's Reinvention of the Past* (Helsinki: Finnish Institute of International Affairs, 2011).

Ke Lizi, *Yinxiang Xi Jinping de ren* [The people who influence Xi Jinping] (Deer Park,

NY: Mirror Books, 2013).

Kissinger, Henry, *On China* (New York: Penguin, 2011).

Kuhn, Robert Lawrence, *How China's Leaders Think: The Inside Story of China's Past, Current and Future Leaders* (rev. edn; London: John Wiley, 2011).

Lam, Willy Wo-Lap, *Chinese Politics in the Hu Jintao Era: New Leaders, New Challenges* (Armonk, NY, and London: M. E. Sharpe, 2006).

Lebow, Richard Ned, *A Cultural Theory of International Relations* (Cambridge: Cambridge University Press, 2008).

Lemos, Gerard, *The End of the Chinese Dream: Why Chinese People Fear the Future* (New Haven, CT, and London: Yale University Press, 2012).

Lewis, Mark Edward, *China's Cosmopolitan Empire: The Tang Dynasty* (Cambridge, MA: Belknap, 2009).

Leys, Simon, *The Hall of Uselessness* (Collingwood: Black Inc., 2012).

Li, Cheng, *China's Leaders: The New Generation* (Boulder, CO: Rowman & Littlefield, 2001).

Li Taohua and Hu Lili, *Xi Jinping dazhuan* [Biography of Xi Jinping] (Deer Park, NY: Mirror Books, 2013).

Lieberthal, Kenneth, Cheng Li and Yu Keping, *China's Political Development: Chinese and American Perspectives* (Washington DC: Brookings Institution Press, 2014).

Link, Perry, *An Anatomy of Chinese* (Cambridge, MA: Harvard University Press, 2013).

Liu Binyan, *A Higher Kind of Loyalty* (London: Methuen, 1990).

Liu Xiaobo, *No Enemies, No Hatred*, ed. Perry Link, Tienchi Martin-Liao and Liu Xia (Cambridge, MA: Belknap, 2012).

Lo Bobo, *Axis of Convenience: Moscow, Beijing and the New Geopolitics* (Washington DC: Brookings Institution Press, and London: Chatham House, 2008).

Ma Jingshun, *Xi Jinping neibu jianghua* [The internal talks of Xi Jinping] (Hong Kong: Guangdu Shuju Publishing, 2014).

Ma Rong, *Population and Society in Contemporary Tibet* (Hong Kong: Hong Kong University Press, 2011).

Mitter, Rana, *A Bitter Revolution: China's Struggle with the Modern World* (Oxford: Oxford

University Press, 2004).

——— *China's War with Japan 1937–1945: The Struggle for Survival* (London: Allen Lane, 2013).

Moïsi, Dominique, The *Geopolitics of Emotion: How Cultures of Fear, Humiliation and Hope Are Reshaping the World* (New York: Doubleday, 2009).

Morozov, Evgeny, *The Net Delusion: How Not to Liberate the World* (London and New York: Penguin, 2011).

Naughton, Barry, *The Chinese Economy: Transitions and Growth* (Cambridge, MA: MIT Press, 2007).

Nussbaum, Martha, *Political Emotions: Why Love Matters for Justice* (Cambridge, MA: Harvard University Press, 2013).

Pantsov, Alexander V., and Steven I. Levine, *Mao: The Real Story* (New York: Simon & Schuster, 2012).

Ross, Robert S., *China's Security Policy: Structure, Power and Politics* (London: Routledge, 2009).

Schoenhals, Michael, *Spying for the People: Mao's Secret Agents 1949–1967* (Cambridge: Cambridge University Press, 2013).

Small, Andrew, *The China–Pakistan Axis: Asia's New Geopolitics* (New York: Hurst, 2015).

Vogel, Ezra F., *Deng Xiaoping and the Transformation of China* (Cambridge, MA, and London: Belknap, 2011).

Walder, Andrew G., *Fractured Rebellion: The Beijing Red Guard Movement* (Cambridge, MA, and London: Belknap, 2009).

Wang Hui, *The End of the Revolution: China and the Limits of Modernity* (London: Verso, 2009).

Wang Xiaodong, Song Shaojun, Huang Jilao and Song Qiang (eds), *Zhongguo bu gaoxing* [China is not happy] (Nanjing: Phoenix Publishing and Jiangsu People's Publishing Company, 2009).

Wang Xiaofang, *The Civil Servant's Notebook* (Beijing: Penguin, 2012).

Weber, Max, *The Vocation Lectures: Science as a Vocation, Politics as a Vocation*, ed. David S. Owen, Tracy B. Strong and David Livingstone (New York: Hackett, 2004).

Wedeman, Andrew, *Double Paradox: Rapid Growth and Rising Corruption in China* (Ithaca, NY: Cornell University Press, 2012).

Westad, Odd Arne, *Restless Empire: China and the World since 1750* (London: Bodley Head, 2012).

World Bank and Development Research Centre of the State Council, *China 2030: Building a Modern, Harmonious, Creative Society* (Washington DC: World Bank, 2012). Available at http://www.worldbank.org/content/dam/Worldbank/document/China-2030-complete.pdf.

Wu Ming, *Xi Jinping Zhuan* [A biography of Xi Jinping] (Hong Kong: Hong Kong Culture and Arts Publishing, 2008).

Wu, Alfred M., 'Searching for fiscal responsibility: a critical review of the budget reform in China', *China: An International Journal* xii/1 (April 2014), pp. 87–107.

Xi Jinping, *The Governance of China* [English version] (Beijing: Foreign Languages Press, 2014).

Xiang Jiangyu, *Xi Jinping tuandui* [The groups of Xi Jinping] (Deer Park, NY: Mirror Books, 2013).

Yan Xuetong, *Ancient Chinese Thought, Modern Chinese Power* (Princeton, NJ, and Oxford: Princeton University Press, 2011).

Yeh, Emily T., *Taming Tibet: Landscape Transformation and the Gift of Chinese Development* (Ithaca, NY, and London: Cornell University Press, 2013).

Yu Jianrong, 'Social conflict in rural China', *China Security* iii/2 (spring 2007), pp. 2–17.

Yu Jie, *Zhongguo Jiaofu* [China's godfather] (Hong Kong and New York, NY: Open Books, 2014).

Zhang, Jianjun, *Marketization and Democracy in China* (London and New York: Routledge, 2008).

Zhou Tianyong, Wang Changjiang and Wang Anling, *Gong jian, Zhongguo zhengzhi tizhi gaige yanjiu bao gao, shi qi da hou* [Storm the fortress: a report on the reform of China's political system after the 17th Party congress] (Xinjiang: Xinjiang Production Corps Publication House, 2007).